HISTOIRE

2de

W0208514

Sous la direction de
Jean-Michel LAMBIN
Agrégé d'histoire, professeur en Première supérieure
et Lettres supérieures au lycée Watteau, Valenciennes

Catherine CASSAGNE
Agrégée d'histoire, professeur au lycée Branly, Nogent-sur-Marne

Hélène SADOWSKI
Agrégée d'histoire, professeur au gymnase Jean-Sturm, Strasbourg

Marcel SPISSER
Agrégé d'histoire

Robert STEEGMANN
Agrégé d'histoire, professeur en Première supérieure
et Lettres supérieures au lycée Fustel-de-Coulanges, Strasbourg

Jean VASSORT
Agrégé d'histoire, professeur en Première supérieure
et Lettres supérieures au lycée Descartes, Tours

Jean-Luc VILLETTE
Agrégé d'histoire, professeur en Première supérieure
et Lettres supérieures au lycée Gambetta, Arras

Ouvrage conforme au programme d'histoire de Seconde. B.O.E.N. n° 6 du 31 août 2000.

HACHETTE
Éducation

Sommaire

Le programme de seconde en histoire et votre manuel

Le programme	Votre manuel
I - Un exemple de citoyenneté dans l'Antiquité : le citoyen à Athènes au Vᵉ siècle avant J.-C. – Être citoyen à Athènes – Une conception restrictive de la citoyenneté	**PARTIE 1 : Le citoyen à Athènes dans l'Antiquité** Chapitre 1 : Être citoyen à Athènes au Vᵉ s. av. J.-C.
II - Naissance et diffusion du christianisme – Le contexte religieux et historique de la naissance du christianisme – La diffusion du christianisme jusqu'à la fin du IVᵉ s.	**PARTIE 2 : Naissance et diffusion du christianisme** Chapitre 2 : La naissance du christianisme Chapitre 3 : La diffusion du christianisme
III - La Méditerranée au XIIᵉ siècle : carrefour de trois civilisations – Les espaces de l'Occident chrétien, de l'Empire byzantin et du monde musulman – Différents contacts entre ces trois civilisations : guerres, échanges commerciaux, influences culturelles	**PARTIE 3 : La Méditerranée au XIIᵉ siècle, carrefour de trois civilisations** Chapitre 4 : Une mer, trois civilisations Chapitre 5 : Les relations dans le monde méditerranéen au XIIᵉ s.
IV - Humanisme et Renaissance – Une nouvelle vision de l'homme et du monde – La Renaissance artistique	**PARTIE 4 : Le temps de l'humanisme et de la Renaissance** Chapitre 6 : Les débuts de l'humanisme et de la Renaissance Chapitre 7 : Une nouvelle vision de l'homme et du monde
V - La Révolution et les expériences politiques en France jusqu'en 1851 – Ruptures avec l'Ancien Régime – Mise en œuvre des principes révolutionnaires – Héritages conservés, héritages remis en cause	**PARTIE 5 : La Révolution et les expériences politiques en France jusqu'en 1852** Chapitre 8 : La remise en cause de l'absolutisme Chapitre 9 : La France en Révolution (1789-1799) Chapitre 10 : La France napoléonienne Chapitre 11 : Les expériences politiques de la France de 1815 à 1852
VI - L'Europe en mutation dans la première moitié du XIXᵉ siècle – Les transformations économiques et sociales – Les aspirations libérales et nationales jusqu'aux révolutions de 1848 – Un tableau de l'Europe au milieu du XIXᵉ siècle	**PARTIE 6 : Les révolutions libérales et nationales** Chapitre 12 : La Révolution et l'Europe Chapitre 13 : Mouvements libéraux et nationaux (1815-1850) Chapitre 14 : Les transformations économiques et sociales (1800-1850)

ISBN 978-2-01-135363-4

Préparation au baccalauréat

Méthode

Présentation du manuel d'histoire

L'introduction du chapitre

Titre

Introduction du chapitre

Problématique

Axe chronologique donnant les grandes dates et périodes du chapitre

Deux documents complémentaires :
– résumant une idée essentielle du chapitre
– présentant un aspect de la problématique du chapitre

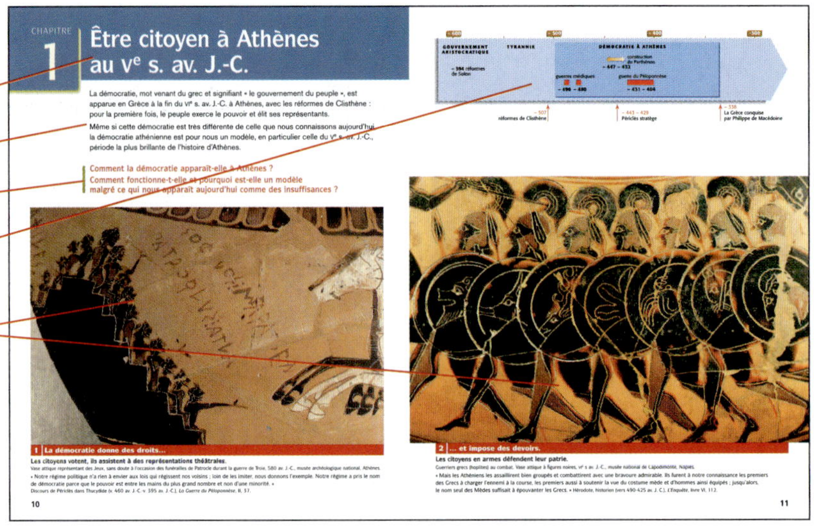

Les pages de « Cours »

Titre

Mots de vocabulaire définis :
– dans la page
– dans le lexique p. 308-313

Les documents avec des questions éventuelles

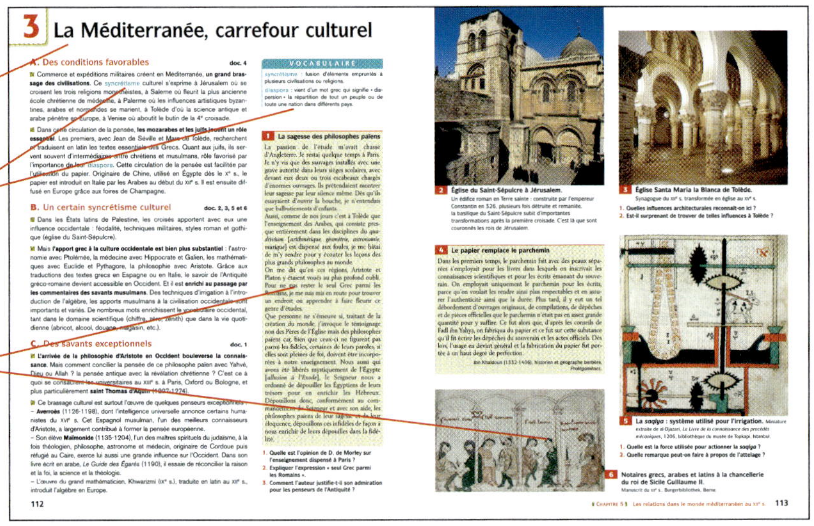

Les pages « Dossier » ou « Cartes »

Titre

Introduction

Documents

Questions permettant d'exploiter les documents et de se préparer à l'épreuve du baccalauréat

Les pages « Fiche de révision » « Exercice »

Fiche de révision
Elle est destinée à rappeler les informations essentielles du chapitre et comprend toujours quatre rubriques :

Dates essentielles à mémoriser

Bilan du chapitre

Biographies (voir les biographies complètes pages 314-319)

Notions ou mots voisins qu'il ne faut surtout pas confondre

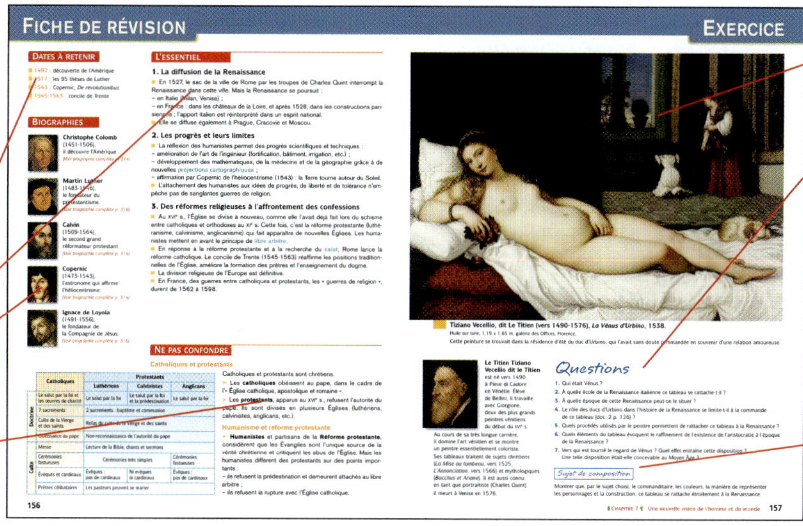

Exercice
Document point de départ de l'exercice

Questions :
– Elles font appel à des connaissances acquises (travail de **révision**)
– Elles se rapportent à l'étude du document (travail d'**analyse**)

Sujet de composition
sujets complémentaires de composition

Cette page est à relire en entier à la veille d'un devoir surveillé

Les pages « Méthode »

Un ou des documents à étudier

Des questions

L'exposé de la méthode d'analyse ou de comparaison du ou des documents

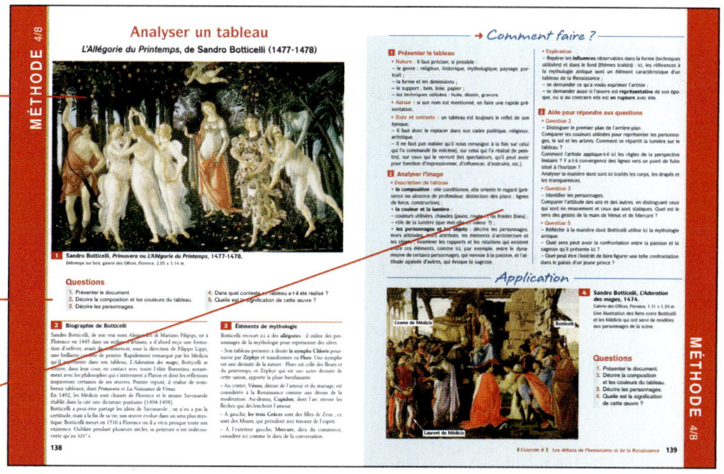

Les pages « Vers le Bac »

Le type d'épreuve

Le sujet

L'exposé de la méthode d'analyse ou de comparaison du ou des documents

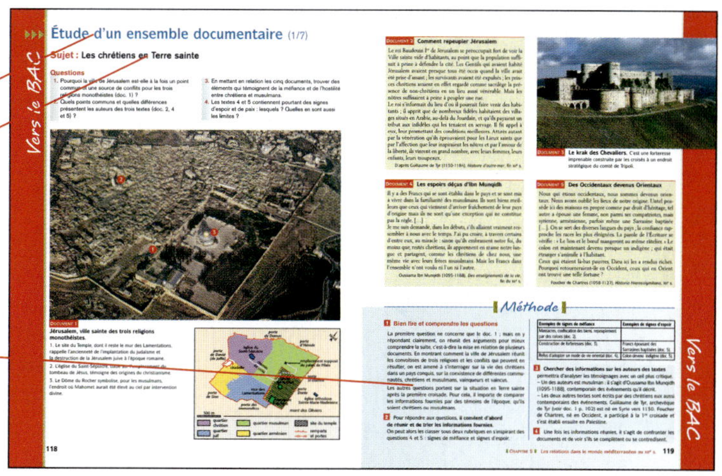

En fin de manuel

– **un lexique** reprenant l'ensemble des définitions données dans les pages de cours et les pages « Dossier ».
– **un dictionnaire des biographies** des personnages historiques présentés dans les pages « Fiche de révision ».

PARTIE

1

Le citoyen à Athènes dans l'Antiquité

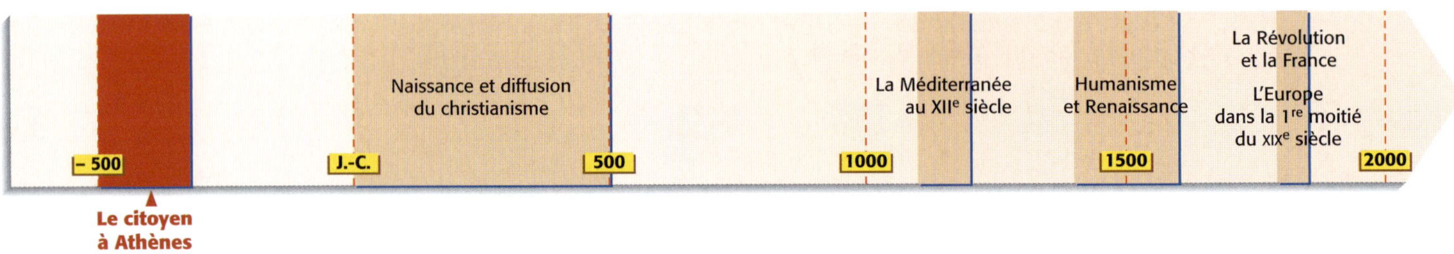

Athènes, l'Acropole et l'Agora.

Au premier plan, la colline de l'Acropole et le Parthénon, temple d'Athéna, déesse protectrice de la cité ;
en bas à gauche, le théâtre de Dionysos sur le flanc sud de l'Acropole ;
en haut à droite, l'Agora, la place principale de la cité d'Athènes, à la fois marché et lieu civique.

CHAPITRE 1

Être citoyen à Athènes au Ve s. av. J.-C.

La démocratie, mot venant du grec et signifiant « le gouvernement du peuple », est apparue en Grèce à la fin du VIe s. av. J.-C. à Athènes, avec les réformes de Clisthène : pour la première fois, le peuple exerce le pouvoir et élit ses représentants.

Même si cette démocratie est très différente de celle que nous connaissons aujourd'hui, la démocratie athénienne est pour nous un modèle, en particulier celle du Ve s. av. J.-C., période la plus brillante de l'histoire d'Athènes.

Comment la démocratie apparaît-elle à Athènes ?
Comment fonctionne-t-elle et pourquoi est-elle un modèle malgré ce qui nous apparaît aujourd'hui comme des insuffisances ?

1 | La démocratie donne des droits…

Les citoyens votent, ils assistent à des représentations théâtrales.

Vase attique représentant des Jeux, sans doute à l'occasion des funérailles de Patrocle durant la guerre de Troie, 580 av. J.-C., musée archéologique national, Athènes.

« Notre régime politique n'a rien à envier aux lois qui régissent nos voisins ; loin de les imiter, nous donnons l'exemple. Notre régime a pris le nom de démocratie parce que le pouvoir est entre les mains du plus grand nombre et non d'une minorité. »

Discours de Périclès dans Thucydide (v. 460 av. J.-C.-v. 395 av. J.-C.), *La Guerre du Péloponnèse*, II, 37.

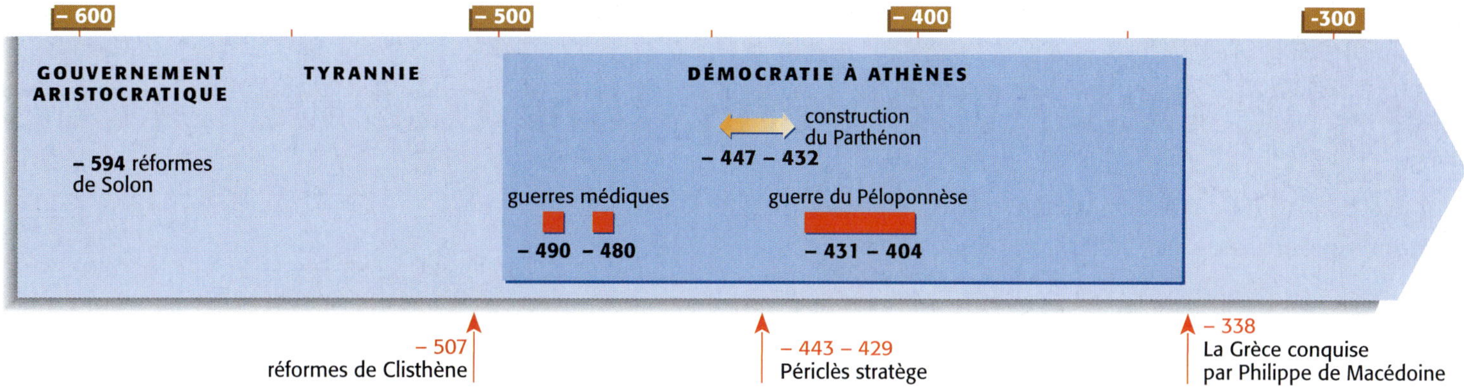

2 | … et impose des devoirs.

Les citoyens en armes défendent leur patrie.

Guerriers grecs (hoplites) au combat. Vase attique à figures noires, VIe s av. J.-C., musée national de Capodimonte, Naples.

« Mais les Athéniens les assaillirent bien groupés et combattirent avec une bravoure admirable. Ils furent à notre connaissance les premiers des Grecs à charger l'ennemi à la course, les premiers aussi à soutenir la vue du costume mède et d'hommes ainsi équipés ; jusqu'alors, le nom seul des Mèdes suffisait à épouvanter les Grecs. » Hérodote, historien (vers 490-425 av. J. C.), *L'Enquête*, livre VI, 112.

La cité des Athéniens, une cité de Grèce

• La cité des Athéniens est l'une des cinq cents cités du monde grec. Ce dernier est composé des cités de Grèce d'Europe, de la Grèce d'Asie et de nombreuses colonies fondées du VIIIe au Ve s. av. J.-C. en Méditerranée et en mer Noire.

Questions

1. Comment les relations entre Athènes et les ports du Pirée sont-elles protégées (doc. 1) ?
2. Quelles sont les principales cités de Grèce d'Europe ? Quels sont les grands sanctuaires (doc. 2 ?)
3. Qu'est-ce que l'Acropole (doc. 4) ? Quels édifices servent à la vie politique de la cité ? Quels sont ceux qui servent à sa vie religieuse ?
4. Quelle différence existe-t-il entre la cité des Athéniens et la ville d'Athènes ?
5. Quelles sont les principales cités à l'origine de la colonisation grecque (doc. 5) ?

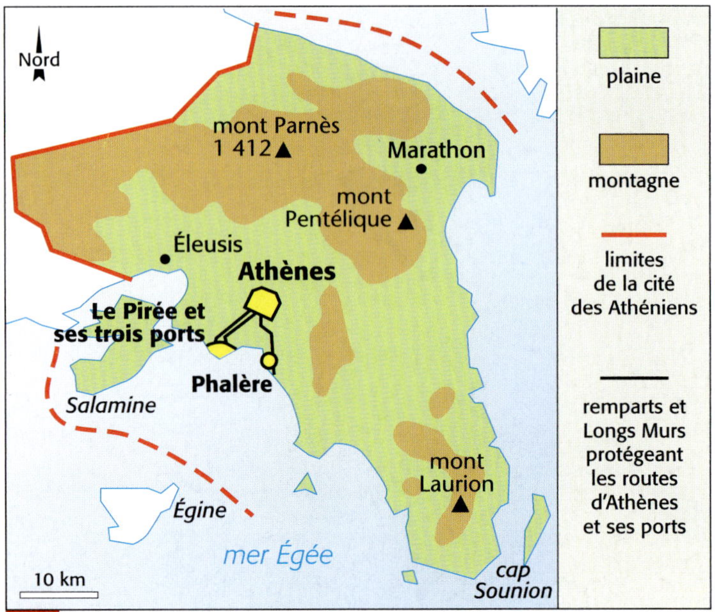

1 La cité des Athéniens à la fin du Ve s. av. J.-C.

2 La Grèce d'Europe au Ve s. av. J.-C.

3 L'origine de la Grèce selon l'historien grec Thucydide

Le pays que l'on appelle maintenant la Grèce ne semble pas avoir été habité dès l'origine d'une manière stable ; il s'y produisit d'abord des migrations, car les habitants changeaient souvent de région, sous la pression d'arrivants sans cesse plus nombreux. [...]
C'étaient surtout les meilleures terres qui avaient le plus à souffrir des changements de population : la Thessalie, la Béotie, le Péloponnèse [...]. En effet, grâce à la fertilité du sol, les ressources, en s'accroissant sans cesse, provoquaient des révolutions qui ruinaient le pays et l'exposaient aussi davantage aux attaques des étrangers. Quant à l'Attique, depuis longtemps, en raison même de l'aridité de son sol, elle ignorait les révoltes et fut occupée sans interruption par les mêmes habitants. [...]
Avant la guerre de Troie, la Grèce ne paraît pas avoir entrepris quoi que ce soit en commun et, à mon avis, ce nom ne s'appliquait pas à la totalité de la Grèce. Avant Hellen, fils de Deucalion, chaque peuple [...] prêtait à la Grèce une appellation tirée de son nom particulier.

Thucydide (v. 460 av. J.-C.-v. 395 av. J.-C.), *La Guerre du Péloponnèse*, I, 2 et 3.

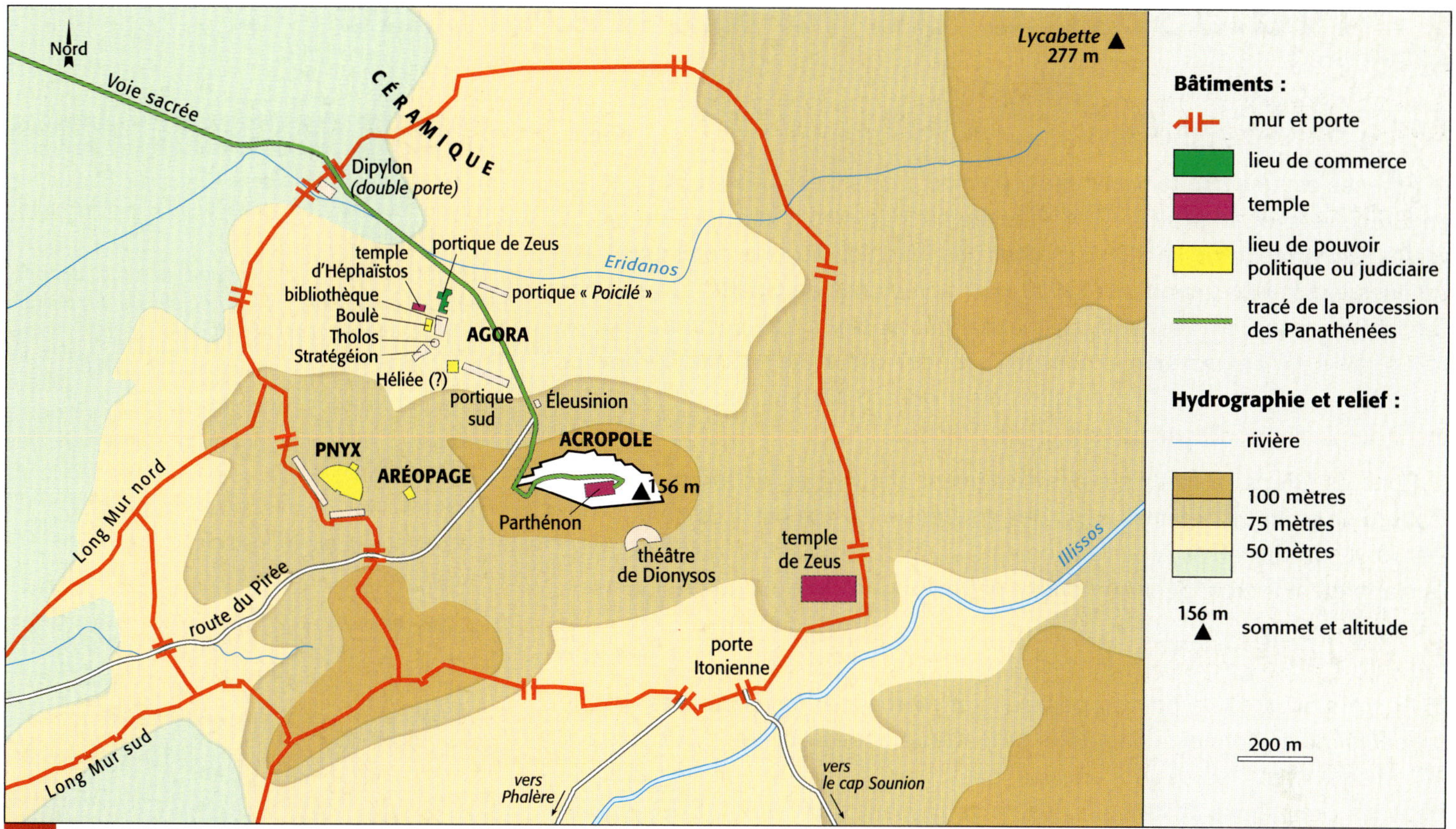

4 La ville d'Athènes au ve siècle av. J.-C.

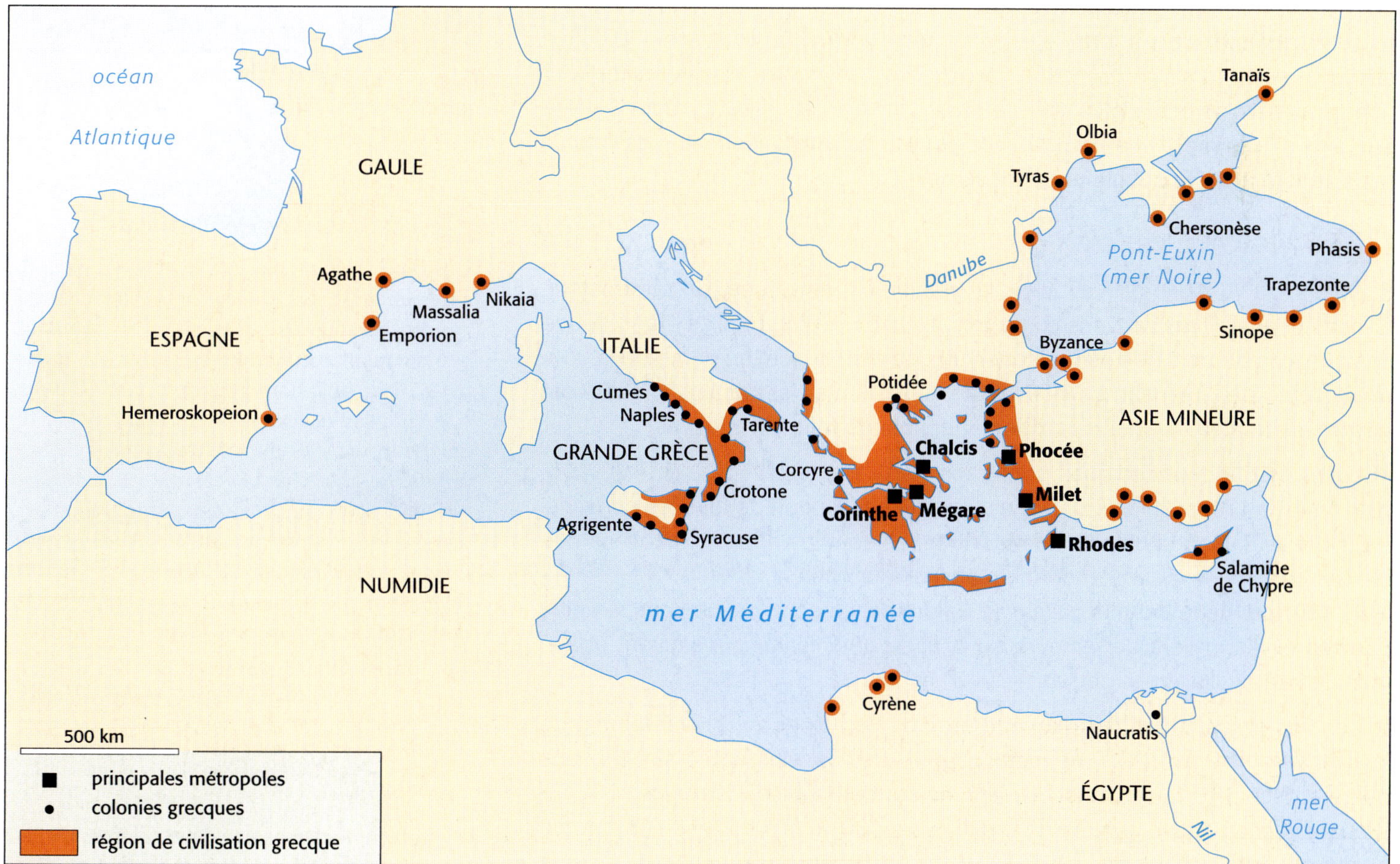

5 Le monde grec.

1 Naissance de la démocratie

A. La naissance d'Athènes — doc. 1

■ Athènes est une **cité** (*polis* en grec) parmi d'autres. Les cités sont apparues en Grèce vers le VIIIe s. av. J.-C., il en existe près de cinq cents, plus ou moins vastes. Le territoire de la cité des Athéniens, que l'on appelle communément Athènes, est le plus important (2 400 km^2) après celui de Sparte. On sait par l'archéologie que la ville haute d'Athènes, l'Acropole, a été occupée dès le XIVe s. av. J.-C. **Les Athéniens pensent que leur cité a été fondée par un roi légendaire, Thésée, sous la protection de la déesse Athéna**, par le regroupement de plusieurs villages qui ont formé Athènes.

■ Pour les Grecs, la cité n'est pas seulement une ville ou un territoire : **c'est d'abord un groupe d'hommes**, celui des **citoyens**. « La cité est là où se trouvent les citoyens » disent les Athéniens en 411 av. J.-C., lorsque, réfugiés à Samos, ils s'apprêtent à reconquérir Athènes contre l'**oligarchie** des Quatre-Cents.

B. De l'aristocratie à la tyrannie — doc. 4

■ Au VIIe s. av. J.-C., le pouvoir politique est exercé à Athènes par des grands propriétaires qui forment une **aristocratie**. Cette domination est contestée par les artisans et les marchands enrichis, qui veulent participer à la vie politique. **Dans les campagnes de l'Attique, les petits paysans s'endettent**. S'ils ne peuvent rembourser leurs dettes, ils perdent leurs terres, risquent la prison et peuvent même perdre leur liberté, devenant ainsi des esclaves.

■ En 594 av. J.-C., Solon, le premier réformateur athénien, fait adopter des lois qui interdisent l'esclavage pour dettes, favorise l'artisanat et, surtout, **met en place l'isonomie, c'est-à-dire l'égalité de tous devant la loi**. L'ensemble des citoyens mâles forme le ***démos***. Ils sont divisés en quatre classes selon leur richesse. Mais durant la plus grande partie du VIe s. av. J.-C., le régime politique a pris la forme d'une **tyrannie** : **le pouvoir est entre les mains de tyrans, qui s'appuient sur le peuple pour gouverner.**

C. La victoire du *démos* — doc. 2, 3, 5 et 6

■ À la fin du VIe s., en 507 av. J.-C., la tyrannie est renversée. Un réformateur, Clisthène, répartit les citoyens en dix tribus, chacune d'entre elles étant formée des citoyens de trois dèmes (cantons), un dème de la ville, un dème de la côte et un dème de l'intérieur. Le pouvoir des aristocrates est affaibli ; **la cité est désormais fondée sur une répartition équitable de tous les citoyens.**

■ Lors des guerres médiques contre les Perses et les Mèdes, en 492-490, puis en 480-479 av. J.-C., Athènes est sauvée par l'action de tous les citoyens.
– **En 490 av. J.-C., à la bataille de Marathon**, ce sont les hoplites, citoyens des classes moyennes, qui défendent et sauvent leur cité.
– **En 480, lors de la bataille navale de Salamine**, ce sont les citoyens les plus pauvres et les milliers de rameurs de la flotte athénienne qui sauvent également la cité de l'invasion perse.

■ Les uns et les autres ont gagné le droit de participer au gouvernement de la ville. Vers 450 av. J.-C., une indemnité, le *misthos*, est versée aux citoyens qui remplissent certaines fonctions, afin de permettre, même aux plus pauvres, de participer au gouvernement de la cité ; vers 400, le *misthos* est même versé à ceux qui assistent aux travaux de l'Assemblée. Athènes devient ainsi une véritable **démocratie**.

VOCABULAIRE

cité : en grec, *polis* ; dans l'Antiquité, État souverain qui réunit le plus souvent une ville et le territoire environnant.

citoyen : celui qui possède le droit de cité. Membre du *démos*, il peut décider de la politique de la cité, il doit aussi la défendre.

oligarchie : voir Ne pas confondre, p. 30.

aristocratie : voir Ne pas confondre, p. 30.

***démos* :** mot grec désignant l'ensemble des citoyens dans une cité.

tyrannie : voir Ne pas confondre, p. 30.

démocratie : voir Ne pas confondre, p. 30.

1 Le visage d'Athènes ?
Tête de bronze de la fin du VIe s. av. J.-C. découverte dans la ville d'Athènes en 2004.

2 Les réformes de Clisthène

Clisthène, s'étant placé à la tête du peuple après la chute des tyrans, commença d'abord par répartir tous les Athéniens en dix tribus au lieu de quatre, voulant les mélanger afin qu'ils participent plus nombreux à la gestion de la cité. Il divisa également le territoire de la cité en trente dèmes[1], dix rassemblant les dèmes urbains, dix ceux de la côte, dix ceux de l'intérieur. Chaque nouvelle tribu comprend trois dèmes, de telle sorte qu'elle en ait un de chacune de ces trois régions. Depuis cette mesure, les Athéniens, lorsqu'ils se rencontrent, se désignent du nom de leur dème[2].

D'après Aristote, philosophe (384-322 av. J.-C.), *Constitution d'Athènes*, XXI, XXII.

1. Subdivision de base de la cité, un canton.
2. Voici comment était désigné un citoyen athénien célèbre : « Périclès, fils de Xanthippos, du dème de Chorlagès ».

1. Combien de dèmes une tribu comprend-elle ?
2. Quelles sont les conséquences de cette nouvelle répartition des citoyens ?

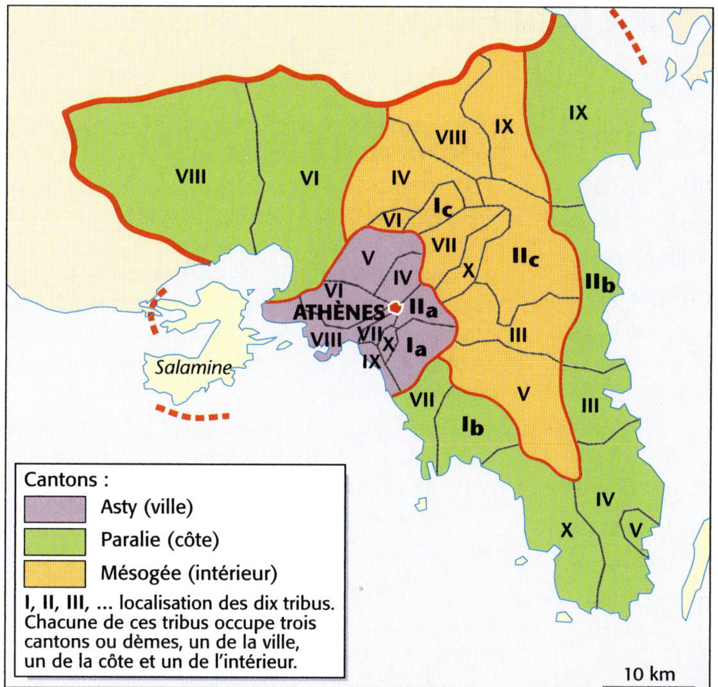

Exemple : les trois cantons (dèmes) des tribus I et II

		tribu I	tribu II
canton de la ville	=	I_a	II_b
canton de la côte	=	I_b	II_b
canton de l'intérieur	=	I_c	II_c

3 **La nouvelle organisation de la cité par Clisthène.**

1. Quels sont les trois grands ensembles créés par Clisthène ?
2. Retrouver les trois cantons qui composent les tribus I et II.
Que remarque-t-on ?
Quelle est la raison de cette répartition ?
3. Les grands propriétaires peuvent-ils encore aisément contrôler le pouvoir ? Pourquoi ?

4 **Un cavalier athénien, un représentant de l'aristocratie.**

Coupe à figures rouges, début Ve s. avant J.-C., Staatliche Antikensammlungen und Glyptothek, Munich.

Les réformes de Solon partagent les citoyens en quatre classes reposant sur la richesse : les citoyens des deux premières classes servent dans l'armée comme cavaliers.

5 **Des rameurs athéniens sur une trière, des représentants des couches populaires de la cité.**

Bas-relief en marbre, fin Ve s. av. J.-C., musée de l'Acropole, Athènes.

La trière est un navire à trois rangs de rameurs ; des navires de ce type ont été utilisés à Salamine.

6 **Un artisan bronzier athénien, un représentant des classes moyennes.**

Vase à figures rouges, Ashmolean Museum, Oxford.

2 Devenir citoyen à Athènes

A. Qui est citoyen à Athènes ? doc. 1, 2 et 5

■ **Seuls les hommes peuvent devenir citoyens**. L'enfant reçoit le statut de ses parents, selon des règles complexes, durcies en 451 av. J.-C. : un enfant d'esclaves est esclave ; un enfant dont le père est citoyen et la mère fille de citoyen est citoyen, à condition que son père l'accepte à sa naissance. Ces règles limitent le nombre des citoyens. Aux Ve et IVe s. av J.-C., **la cité des Athéniens compte de 25 000 à 45 000 citoyens**. Les femmes de citoyens, les étrangers et les esclaves restent en dehors du *démos*.

■ **On peut également perdre sa citoyenneté**. La loi athénienne dénombre vingt-quatre cas qui entraînent cette perte, notamment la lâcheté au combat, le vol, les dettes, l'entrave à la justice, l'impiété, c'est-à-dire le non-respect des dieux et des rites religieux. L'exil, voté par l'Assemblée des citoyens dans une procédure appelée **ostracisme**, peut provoquer également une perte de la citoyenneté pour dix ans. La démocratie est parfois aveugle ou ingrate : Thémistocle, vainqueur des Perses à Salamine, a ensuite été ostracisé !

B. Le citoyen, un soldat doc. 3, 4 et 6

■ **Le premier devoir du citoyen est de défendre la terre de ses ancêtres, sa cité** : le citoyen athénien est d'abord un propriétaire terrien ; il cultive sa propriété ou la fait cultiver par des esclaves. À dix-huit ans, le jeune Athénien, l'**éphèbe**, effectue son service militaire. Il termine celui-ci en effectuant le tour des sanctuaires qui marquent les limites de l'Attique et offre à cette occasion des sacrifices aux dieux de ces différents sanctuaires. Il devient ensuite citoyen et reste mobilisable dans l'armée jusqu'à l'âge de 49 ans.

■ La place occupée dans l'armée dépend de la fortune de chacun, depuis l'époque de Solon. Chaque soldat doit payer lui-même son propre équipement :
- **les citoyens les plus riches** combattent comme cavaliers ;
- **les citoyens moins riches** sont des fantassins, les **hoplites** ;
- **les citoyens les plus pauvres** combattent comme fantassins faiblement armés ou sont rameurs à bord des navires de la flotte de guerre.

■ Pendant la guerre du Péloponnèse, qui est dirigée contre Sparte, cité ennemie d'Athènes (431-404 av. J.-C.), un impôt de guerre est créé : les plus riches citoyens doivent équiper pendant un an une **trière** à leurs frais.

C. Les devoirs civiques et religieux du citoyen doc. 7

■ Le citoyen exerce son devoir civique, sa citoyenneté, en assistant aux débats de l'*Ecclésia*, l'Assemblée. Mais l'ensemble des citoyens ne participe pas régulièrement à ces débats. D'ailleurs, **pour prendre les décisions importantes, le nombre minimum de citoyens présents est fixé à 6 000**. La vie politique tend à être l'affaire des citoyens les plus riches : ils assistent très régulièrement aux travaux de l'*Ecclésia* et sont élus plus souvent que les autres à des charges importantes, comme celle de stratège, fonction à la fois politique et militaire, équivalent dans ce dernier cas à la fonction de général.

■ Les citoyens doivent également assister aux sacrifices et participer aux grandes fêtes religieuses de la cité comme les Panathénées. Les plus riches doivent financer une dépense publique lourde ou **liturgie**. **Participer aux dépenses de la cité est un honneur**, mais aussi un moyen de s'attirer les faveurs du peuple si l'on veut entreprendre une carrière politique.

VOCABULAIRE

ostracisme : du grec *ostrakon*, « tesson de poterie ». Opération par laquelle les citoyens peuvent exiler pour dix ans l'un d'entre eux, accusé de menacer la liberté de la cité. On inscrit le nom de celui que l'on veut exiler sur un tesson de poterie. Il faut au moins 6 000 voix pour que l'exil soit décidé. Au terme de son exil, le condamné retrouve sa citoyenneté.

éphèbe : jeune Athénien de 18 ans. Avant de devenir citoyen, il doit accomplir un service militaire de deux ans, l'éphébie.

hoplite : fantassin grec. Il porte un casque, une cuirasse, des jambières, une lance et une épée.

trière : navire de guerre grec à trois rangs de rameurs.

liturgie : prise en charge par un citoyen riche des dépenses exigées par un service public. Certaines sont ordinaires (entretien d'une troupe de théâtre, paiement des frais d'un gymnase, etc.), d'autres extraordinaires (entretien d'une trière).

1 Un *ostrakon*.
Celui-ci réclame l'ostracisme de Thémistocle, le vainqueur de Salamine.

2 Le nombre des citoyens à Athènes au Ve s. av. J.-C.

	Vers 480 av. J.-C.	Vers 432 av. J.-C.	Vers 400 av. J.-C.
Citoyens	25 000 à 30 000	35 000 à 45 000	20 000 à 25 000
Nombre total d'habitants à Athènes	160 000 environ	250 000 à 360 000	140 000 à 200 000

D'après M.-C. Amouretti et F. Ruzé, *Le Monde grec antique*, coll. « HU », Hachette, 2003.

1. Calculer la part que représentent les citoyens par rapport au nombre total d'habitants d'Athènes vers 480, vers 432 et vers 400 av. J.-C.
2. Que peut-on en conclure sur la démocratie athénienne à la lecture de ce tableau ?

3 Comment on devient citoyen athénien

Prennent part à la vie politique ceux qui sont nés de parents ayant tous deux le statut de citoyen. Les jeunes gens sont inscrits au nombre des habitants d'un dème à l'âge de 18 ans. Au moment de l'inscription, les habitants du dème, après serment, décident par un vote, premièrement s'ils ont l'âge exigé par la loi ; deuxièmement s'ils sont de condition libre et de naissance légitime.
Après que les éphèbes ont subi cet examen à 18 ans, leurs pères élisent, parmi les membres de la tribu âgés de plus de 40 ans, les trois citoyens qu'ils jugent les plus capables de prendre soin d'eux. Les éphèbes reçoivent de la cité des armes et partent en garnison. Pendant leurs deux ans de service militaire, ils sont exempts de toute charge. À l'expiration des deux années, ils deviennent des citoyens.

D'après Aristote (384-322 av. J.-C.), *Constitution d'Athènes*, XLII.

1. Comment devient-on citoyen athénien ?
2. Quelles sont les obligations du citoyen athénien ?
3. Quels sont les points communs et les différences entre la citoyenneté athénienne et la citoyenneté française d'aujourd'hui ?

4 Hoplites au combat. Coupe attique, Ve s. av. J.-C.

1. Décrire l'armement de l'hoplite.
2. L'hoplite athénien est-il un soldat de métier ?

5 Discours de Périclès au début de la guerre du Péloponnèse

La Constitution qui nous régit n'a rien à envier à celle de nos voisins. Loin d'imiter les autres peuples, nous leur offrons plutôt un exemple.
Notre régime a pris le nom de démocratie parce que le pouvoir est entre les mains du plus grand nombre et non d'une minorité. Mais si, en ce qui concerne le règlement de nos différends particuliers, nous sommes tous égaux devant la loi, c'est en fonction du rang que chacun de nous occupe dans l'estime publique que nous choisissons les magistrats de la cité, les citoyens étant désignés selon leur mérite plutôt qu'à tour de rôle. D'un autre côté, quand un homme sans fortune peut rendre quelques services à l'État, l'obscurité de sa condition ne constitue pas pour lui un obstacle. Nous nous gouvernons dans un esprit de liberté et cette même liberté se retrouve dans nos rapports quotidiens, d'où la méfiance est absente. [...] Mais, si nous sommes tolérants dans les relations privées, dans la vie publique, nous évitons très scrupuleusement d'enfreindre les règles établies. Nous obéissons aux magistrats qui se succèdent à la tête de la cité, comme nous obéissons aux lois, à celles surtout qui assurent la protection des victimes de l'injustice et à ces lois non écrites qui attirent sur ceux qui les transgressent le mépris général.

Thucydide (v. 460 av. J.-C.-v. 395 av. J.-C.), *La Guerre du Péloponnèse*, II, 37.

1. Comment Périclès définit-il la démocratie ?
2. Quels sont les avantages de ce régime politique selon Périclès ?

6 Le serment des éphèbes

Je ne déshonorerai pas les armes sacrées. Je n'abandonnerai pas mon compagnon de combat là où je serai en ligne. Je combattrai pour la défense de ce qui est prescrit par les dieux et par les hommes. Je ne laisserai pas ma patrie amoindrie mais plus grande et plus forte, dans la mesure de mes forces et avec l'aide de tous. J'obéirai à ceux qui exercent à chaque fois le pouvoir avec sagesse ainsi qu'aux lois établies et à celles qui seront établies avec sagesse. Et si quelqu'un veut renverser ces lois ou les enfreindre, je ne le permettrai pas mais je les défendrai dans la mesure de mes forces et avec l'aide de tous. Je respecterai les cultes ancestraux.

Inscription grecque du IVe siècle av. J.-C.

1. Montrer que l'éphèbe est un défenseur de la démocratie.
2. Classer les devoirs de l'éphèbe : militaires, civiques et religieux.

7 Périclès (vers 494-429 avant J.-C.).
Buste en marbre, Pergamonmuseum, Berlin.
Son nom est lié à l'apogée de la civilisation athénienne au Ve s. D'origine aristocratique, brillant orateur, il dote Athènes d'un empire maritime, mais l'entraîne dans une longue guerre contre Sparte à partir de 431 av. J.-C. Il meurt de la peste lors du siège d'Athènes en 429 av. J.-C.

3 Le fonctionnement de la démocratie

A. L'Assemblée des citoyens et le Conseil doc. 1 et 5

L'ensemble des citoyens, le *démos*, exerce sa **souveraineté** en siégeant à **l'Assemblée des citoyens, l'*Ecclésia*, qui se réunit tous les dix jours sur la colline de la Pnyx**. La démocratie athénienne fonctionne de façon directe, sans intermédiaires : le peuple réuni décide de l'avenir de la cité.

Le travail de l'Assemblée est préparé par un Conseil, **la *Boulè*, composé de 500 membres ou bouleutes, tirés au sort** parmi les candidats, à raison de 50 par tribu. Les Athéniens pensent que les dieux, et en particulier la déesse Athéna, veillent sur ce choix, afin de désigner les meilleurs. La *Boulè* examine les propositions de loi des citoyens et les présente ensuite devant l'*Ecclésia*.

B. Le tribunal du peuple et les magistrats doc. 3 et 5

Le peuple forme également les tribunaux : **on tire au sort pour un an 6 000 citoyens, les héliastes, qui forment le tribunal de l'Héliée**. Les héliastes, répartis entre différents tribunaux, jugent les affaires privées ou publiques en une seule journée. Lors d'un procès, on juge d'abord de la culpabilité de l'accusé ; puis, si celle-ci est établie, le coupable et l'accusateur proposent chacun la peine qui leur semble juste. Ainsi, lors de son procès en 399 av. J.-C., Socrate, s'estimant injustement accusé, demande pour peine une récompense (!), mais les juges votent la peine réclamée par l'accusateur, c'est-à-dire la mort.

Les citoyens choisissent également des **magistrats**, qui exercent leur charge le plus souvent pour un an. **À leur sortie de charge, ils doivent rendre des comptes à l'*Ecclésia***. Certains, comme les dix archontes, sont tirés au sort pour un an parmi les citoyens les plus riches ; ils jugent les affaires familiales et président certaines fêtes religieuses. Quand ils ne sont plus en fonction, ils sont membres à vie de l'Aréopage, tribunal chargé de juger des crimes impliquant des citoyens. Les magistrats les plus prestigieux sont **les dix stratèges**, qui sont élus. Ils commandent l'armée et dirigent la cité. Certains citoyens importants ont été élus stratèges plusieurs fois : Périclès l'a été de 443 à 429 av. J.-C.

C. L'évolution de la démocratie doc. 2, 4 et 6

La victoire sur les Perses accroît le prestige d'Athènes qui crée la ligue de Délos en 478 av. J.-C. Les États alliés doivent lui verser un tribut (un impôt) et participer aux **Panathénées**. C'est l'âge d'or de la démocratie athénienne, sous le gouvernement de Périclès. Des grands travaux embellissent l'Acropole. En même temps, Athènes profite de la ligue de Délos pour fonder un empire en mer Égée en obligeant d'autres cités à se placer sous sa protection : la démocratie athénienne génère un impérialisme.

La démocratie n'est pas acceptée par tous : certains accusent le *démos* de se laisser tromper par les flatteries et les mensonges de ceux qui cherchent ses voix, les **démagogues**, au détriment des intérêts de la cité. D'autres soulignent **le caractère inégalitaire du régime**, car les magistrats sont souvent originaires des mêmes familles. Certains, enfin, favorisent le retour à une oligarchie. Un tel régime s'installe à Athènes, à la fin de la guerre du Péloponnèse, en 411-410, puis en 403-401 av. J.-C. La démocratie est ensuite rétablie, mais les critiques sont mal acceptées : en 399 av. J.-C., la démocratie athénienne condamne à mort le philosophe Socrate à cause de son enseignement.

VOCABULAIRE

souveraineté : autorité suprême. Pouvoir qui n'est soumis à aucun contrôle supérieur.

magistrat : dans l'Antiquité, personne qui occupe une fonction politique, militaire ou judiciaire pendant une période limitée, en général pendant un an.

Panathénées : voir p. 26-27.

démagogue : homme politique qui mène le peuple par la flatterie et lui dit ce qu'il a envie d'entendre, afin d'obtenir le pouvoir ou de le conserver.

1 L'exercice de la démocratie

Le régime populaire porte d'abord le plus beau nom qui soit, égalité ; en second lieu, il ne commet aucun des excès dont un monarque se rend coupable : le sort distribue les charges, le magistrat rend compte de ses actes, toute décision y est portée devant le peuple. Mettons le peuple au pouvoir, car seule doit compter la majorité.

Hérodote (vers 490-425 av. J.-C.), *Histoires*, III, 80.

1. Chercher qui est Hérodote. Quel est le fondement de la démocratie selon Hérodote ?
2. Comment s'exerce la démocratie ?
3. À quel régime politique s'oppose-t-elle ?

2 La monnaie athénienne, la drachme.

Chaque cité frappe monnaie ; la monnaie exprime l'indépendance, la souveraineté de la cité.

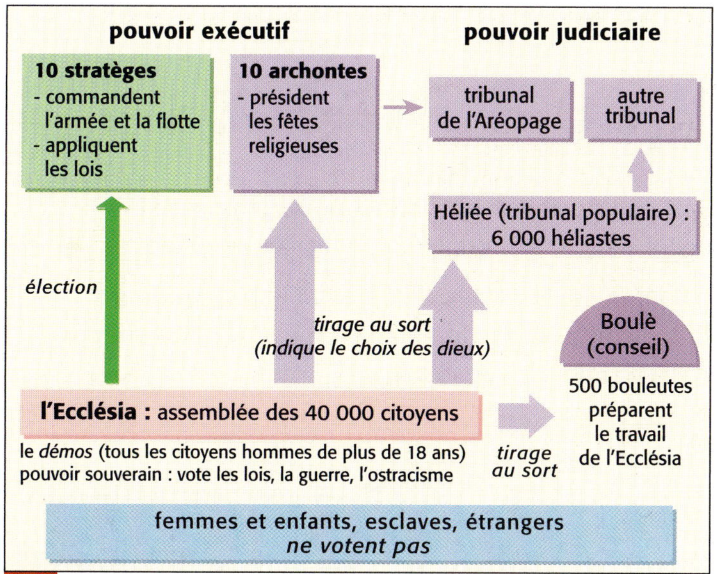

3 **Les institutions athéniennes au milieu du Ve s. av. J.-C.**

1. **De quoi dépendent tous les pouvoirs à Athènes ?**
2. **Pourquoi le tirage au sort a-t-il une place aussi importante ?**
3. **Montrer que la religion joue un rôle important dans la démocratie athénienne.**

4 L'impérialisme athénien : la prise de Mélos

Les Méliens invitèrent les envoyés athéniens à exposer l'objet de leur mission devant les magistrats de la cité. Ceux-ci prirent alors la parole : « Une chose nous paraît peu en accord avec cette proposition [*la soumission de Mélos à Athènes*], c'est cet appareil guerrier avec lequel vous nous menacez. Car nous le voyons bien, vous allez, à la suite de ces débats, vous ériger vous-mêmes en juges. Si, après avoir triomphé sur le plan du droit, nous refusons de céder, ce sera pour nous la guerre, et si nous nous inclinons, ce sera la servitude. »

Les Athéniens : « Vous savez aussi bien que nous que les arguments de droit n'ont de poids que dans la mesure où les adversaires en présence disposent de moyens de contrainte équivalents et que, si tel n'est pas le cas, les plus forts tirent tout le parti possible de leur puissance, tandis que les plus faibles n'ont qu'à s'incliner. Nous sommes venus à Mélos pour le bien de notre empire. Nous voulons établir notre domination sur vous sans coup férir. »

Les Méliens : « Mais comment pourrions-nous avoir autant d'intérêt à devenir vos esclaves que vous à devenir nos maîtres ? »

Les Athéniens : « Mais parce que, en vous soumettant, vous éviterez le pire, et que nous, en vous épargnant, nous pourrons tirer des revenus de votre cité. »

D'après Thucydide (v. 460 av. J.-C.-395 av. J.-C.), *La Guerre du Péloponnèse*.

Après l'échec des négociations, l'île de Mélos (voir carte p. 31) est prise par les Athéniens. Les hommes sont massacrés, les femmes et les enfants réduits en esclavage et cinq cents colons athéniens s'installent sur place.

1. **Qui discute ? Quel est l'enjeu de cette discussion ?**
2. **Expliquer la première réponse des Athéniens en comparant les expressions « les arguments de droit » et « les plus forts tirent tout le parti possible de leur puissance ».**
3. **Les Méliens se sont-ils soumis ? Ont-ils « évité le pire » ?**
4. **À l'aide de ce texte et des réponses ci-dessus, expliquer le sens de l'expression « impérialisme athénien ».**

a

b

5 **Deux modes de désignation.**

a. Le tirage au sort sous le regard des dieux, ici la déesse Athéna. Coupe attique, Ve s. av. J.-C., Kunsthistorisches Museum, Vienne.
b. Scène de vote. Coupe attique, Ve s. av. J.-C., musée des Beaux-Arts, Dijon.

6 Que faire si tu n'aimes pas Athènes ?

Après avoir été condamné à mort, Socrate répond à ceux qui lui conseillent de fuir :

Toi que l'on dit sage, oublies-tu que l'on doit plus de respect, d'obéissance et d'amour à sa patrie qu'à son père et qu'il faut ou bien faire ce qu'elle ordonne, ou bien la persuader de changer d'avis ? Tu n'as pas le droit de désobéir aux lois : car nous qui t'avons donné la vie, l'éducation et l'instruction, nous qui t'avons procuré, ainsi qu'à tous les autres citoyens, tout le bien dont nous étions capables, nous déclarons ceci : quiconque, parmi les Athéniens ne nous apprécie pas, peut, quand il a eu connaissance des affaires de la cité et de ses lois, prendre ses biens et s'en aller où il le désire. Celui d'entre vous qui reste à Athènes alors qu'il connaît la manière dont nous jugeons les procès et dont nous administrons la cité, nous affirmons que dès lors, il a pris l'engagement tacite de nous obéir.

D'après Platon (427 av. J.-C.-347 av. J.-C.), *Criton*, 50-51.

1. **Quelle doit être l'attitude du citoyen vis-à-vis des lois de la cité ?**
2. **Expliquer « quiconque,… ne nous apprécie pas, peut… s'en aller où il le désire ».**
3. **À quelle condition peut-on vivre à Athènes ?**

Les lieux de la vie civique à Athènes

• À Athènes, la vie politique s'exerce dans quelques lieux bien précis. Les citoyens se retrouvent sur la colline de la Pnyx pour écouter les orateurs qui s'expriment devant l'Ecclésia. Les travaux de l'autre assemblée, les réunions du tribunal de l'Héliée ont lieu dans des bâtiments qui bordent l'Agora. L'Agora est également le lieu principal de la vie économique.

• Toutes ces activités se déroulent sous le regard des dieux, dont les temples principaux sont construits sur l'Acropole.

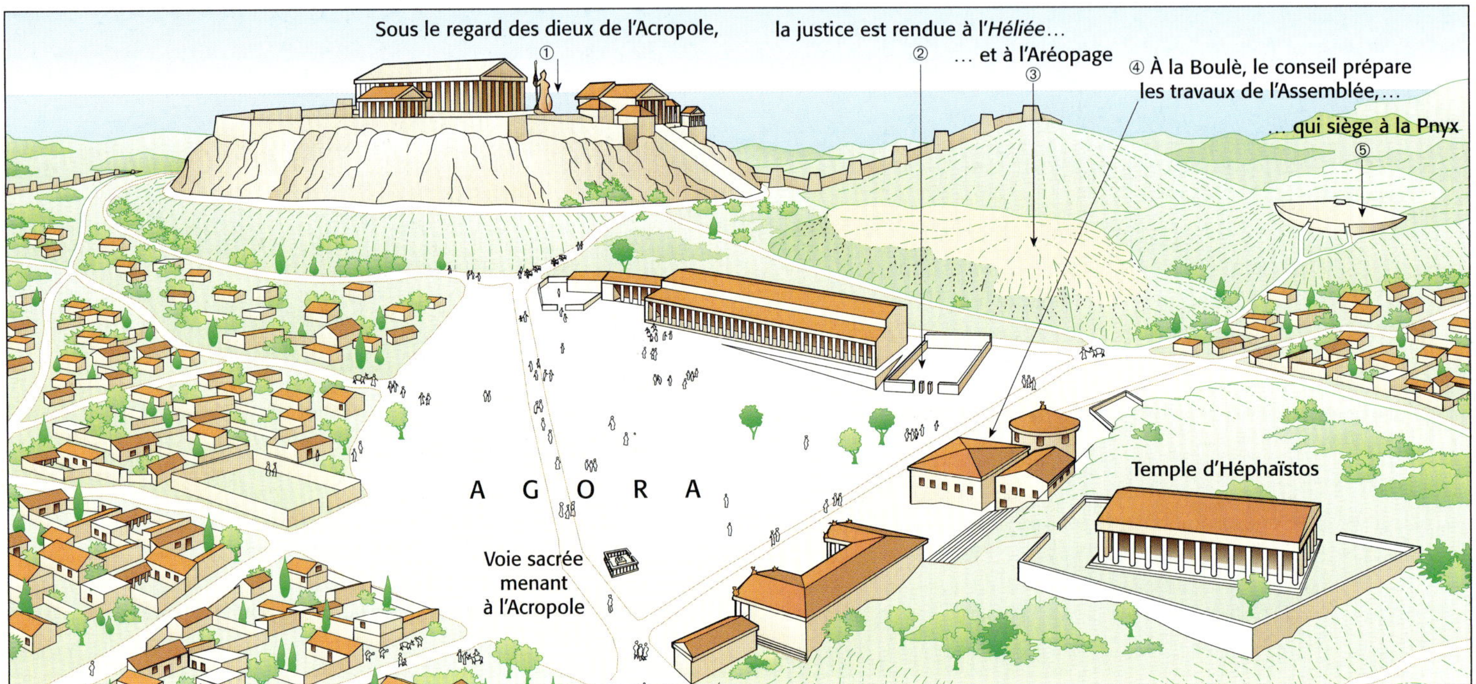

1 Les lieux du pouvoir à Athènes au Ve siècle av. J.-C. Reconstitution.

2 La colline de la Pnyx.
1. Tribune de l'orateur
2. Emplacement de la clepsydre (horloge à eau) mesurant le temps de parole

3 Jetons de vote, fouilles de l'Agora.
La tige pleine signifie l'acquittement, la tige creuse, la condamnation. Le juré prend le jeton par les extrémités pour le placer ensuite dans une amphore sous la surveillance d'un juge.

4 **L'Acropole d'Athènes aujourd'hui.**

1. Propylées (portes)
2. Pinacothèque
3. Temple d'Athéna Niké (victorieuse)
4. Statue d'Athéna par Phidias
5. Parthénon
6. Statue d'Athéna Parthénos (vierge) par Phidias
7. Autel d'Athéna
8. Érechthéion (temple consacré à Érechthée)
9. Portique des Caryatides
10. Olivier sacré d'Athéna
11. Temple d'Athéna Ergané (ouvrière)
12. Temple d'Artémis
13. Odéon d'Hérode Atticus (époque romaine)

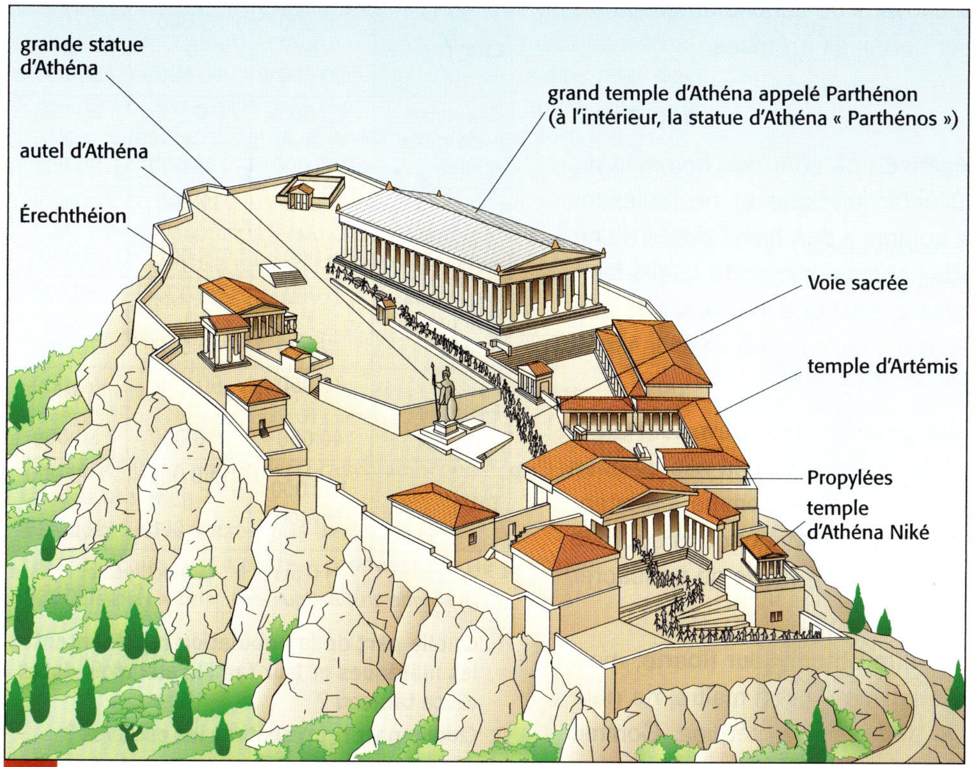

5 **L'Acropole d'Athènes.** Reconstitution.

Questions

A Observer les documents

1. Quelle est la nature des différents documents ?

B Retirer des informations des documents

2. Dans quels lieux la justice est-elle rendue (doc. 1) ?

3. Où se réunissent les citoyens (doc. 1 et 2) ? Que se passe-t-il à la Boulè ?

4. Que voit-on à l'arrière-plan de la photo (doc. 2) Qu'est-ce que cela indique ?

5. Pourquoi doit-on tenir son jeton par les extrémités de la tige (doc. 3) ?

6. Quel monument traverse-t-on lorsqu'on se dirige vers le Parthénon (doc. 4 et 5) ? Quelle statue voit-on de l'Agora (doc. 1) ?

C Rédiger

7. Quelle est l'importance des dieux dans la vie civique à Athènes ?

5 La cité unie par les dieux et le théâtre

A. L'importance de la religion et des sacrifices doc. 2

■ À Athènes, comme dans les autres cités grecques, il n'existe aucune séparation entre les affaires politiques et la religion. Ainsi, un **sacrifice** et une prière ouvrent chaque séance de l'Assemblée. Tous les magistrats sont choisis après un examen religieux ; ils ont tous des charges religieuses. L'impiété est considérée comme l'un des délits les plus graves, avec la trahison et le meurtre.

■ Les sacrifices ne prennent vraiment tout leur sens que s'ils sont **accomplis en présence de tous les habitants libres de la cité** : magistrats, citoyens, femmes, métèques. Ces sacrifices civiques portent le nom de *thusia*. La victime est tuée, apprêtée, les viandes partagées avant le banquet qui termine la cérémonie. Le déroulement de la *thusia* met en scène la cité : viennent d'abord les sacrificateurs, puis les magistrats et les autres citoyens, enfin les femmes et les métèques. **Cependant, seuls les citoyens participent au banquet rituel** qui suit le sacrifice, les femmes et les métèques recevant une part de viande crue à consommer à domicile, hors du cercle civique.

B. Une religion civique doc. 5 et 6

■ Le terme de religion civique désigne les cultes rendus aux dieux considérés comme essentiels pour la vie de la cité. À Athènes, les cultes les plus importants sont rendus à **Athéna, déesse protectrice de la cité, à Dionysos et à Héphaïstos**, dieu forgeron honoré par tous les artisans qui font usage du feu dans leur activité (forgerons, potiers). Les fêtes civiques, célébrées chaque année, rassemblent toute la population libre d'Athènes. Il s'agit des Panathénées en l'honneur d'Athéna (voir p. 26) et des Dionysies qui célèbrent Dionysos, dieu lié au théâtre, à la démesure et à l'ivresse.

■ **Les femmes participent aux célébrations civiques**. Elles peuvent remplir des fonctions religieuses importantes : être la prêtresse d'Athéna Polias (protectrice de la cité) ou faire partie du groupe des arrhéphores, les jeunes filles chargées de tisser le *péplos* (vêtement ample) d'Athéna, puis de l'apporter à la déesse lors de la fête des Panathénées.

C. La place des jeux et du théâtre doc. 1, 3 et 4

■ Les jeux sportifs et le théâtre jouent également un rôle civique. **Lors des Panathénées**, des concours athlétiques célèbrent Athéna ; les vainqueurs reçoivent une amphore remplie d'huile d'olive pressée à partir des fruits de l'olivier sacré de l'Acropole. Une récompense identique est offerte aux vainqueurs des jeux d'Olympie.

■ **Les fêtes en l'honneur de Dionysos donnent lieu à des représentations théâtrales** placées sous la protection du dieu. Les pièces de théâtre des plus grands auteurs antiques (Eschyle, Euripide, Sophocle, Aristophane), tous Athéniens du Ve s. av. J.-C., ont ainsi été jouées et récompensées dans le théâtre de Dionysos, au pied de l'Acropole.

■ Les **tragédies** jouent un rôle civique essentiel, montrant aux citoyens la grandeur de leur patrie, de ses combats (par exemple contre les Perses, titre d'une tragédie d'Eschyle), la valeur de ses institutions, l'importance des lois ainsi que la nécessité de les respecter. Les **comédies** d'Aristophane dénoncent, quant à elles, les travers de la vie politique, tournant en dérision magistrats et philosophes, dénonçant les défauts des citoyens.

VOCABULAIRE

sacrifice : offrande faite à un dieu lors d'une cérémonie religieuse.

tragédie : du grec *tragôdia*, « chant du bouc » (animal consacré à Dionysos). Pièce de théâtre jouée à l'occasion des fêtes religieuses en l'honneur de Dionysos. La plus ancienne représentation tragique date de 534 av. J.-C.

comédie : du grec *komôs*, cortège de danseurs en l'honneur de Dionysos. Dans les comédies dont le principal auteur est Aristophane, le public est souvent pris à partie par les acteurs.

1 Une comédie : Aristophane dénonce les travers de la justice

Le juge porte un nom, inventé par Aristophane, qui signifie « qui aime Cléon ». Allusion à l'homme politique athénien Cléon, qui fit augmenter de 50 % l'indemnité versée aux juges de l'Héliée.

Le juge Philocléon : Mon régal à moi ce n'est pas le saumon ni les anguilles : je préférerais me mettre sous la dent un bon petit procès mignon, cuit à l'estouffade. Y a-t-il plus délicieuse béatitude que celle d'un juge, par le temps qui court ?
D'abord, dès mon petit lever, on me guette aux abords du prétoire, des hauts personnages, des grosses légumes ! Et puis, sitôt que je m'approche, une main qui a raflé des deniers publics se glisse dans la mienne ; supplications, courbettes à grand renfort de lamentations : « Pitié pour moi, mon petit père, si jamais tu as ratissé toi aussi quelque chose dans les fonctions que tu as remplies ! »
Et puis, une fois entré en séance je ne fais rien de ce que j'ai promis ; j'écoute les accusés parler sur tous les tons pour se tirer d'affaire. Parbleu ! quelles cajoleries n'est-on pas appelé à entendre quand on juge !
Les uns geignent sur leur pauvreté et ils en rajoutent ; d'autres nous racontent des anecdotes ou une petite drôlerie d'Ésope ; les autres enfin lancent des blagues pour me faire rire et désarmer ma mauvaise humeur. Et si nous restons sourds à tout ça, le type s'empresse de traîner ses gosses à la barre. Là-dessus, le père, en leur nom, m'implore comme un dieu, tout tremblant, de ne pas le condamner pour malversation.
N'est-il pas ample, mon pouvoir ? Ai-je à envier quelque chose à Zeus ? Et le plus agréable de tout, que j'avais oublié : c'est quand je rentre avec mon salaire.

D'après Aristophane (445-386 av. J.-C.), *Les Guêpes*, 422 av. J.-C.

2 **Un sacrifice.** Tablette de bois peinte, Corinthe, 540 av. J.-C. Musée archéologique national, Athènes.

3 **La malédiction des Atrides.** Vase, vers 350 av. J.-C., musée national de Capodimonte, Naples.

Un sujet fréquemment représenté dans les tragédies grecques. Ici Électre pleure sur le tombeau de son père, Agamemnon, assassiné à son retour de Troie par sa femme, Clytemnestre, et par l'amant de celle-ci, Égisthe.

4 **Le théâtre de Dionysos à Athènes,** Vᵉ s. av. J.-C. L'*orchestra* a été modifié à l'époque romaine.

5 Le rôle religieux des archontes

L'archonte nomme les chorèges[1] pour les concours de comédie. L'archonte organise la procession en l'honneur d'Asklépios, celle des Grandes Dionysies, la procession des Thargélies célébrant le printemps et la procession en l'honneur de Zeus Sauveur. Il dirige également le concours des Grandes Dionysies et celui des Thargélies.

L'archonte-roi[2] veille à la célébration des Mystères d'Éleusis, puis à la célébration des Dionysies lénéennes, qui comprennent une procession et un concours. L'archonte-roi organise aussi toutes les courses aux flambeaux. C'est lui encore qui a la direction de tous les sacrifices dont l'institution remonte aux ancêtres. Il s'occupe des actions publiques d'impiété. C'est lui aussi qui s'occupe des actions de meurtre, et c'est lui qui proclame l'interdit religieux contre ceux qui sont sous le coup de ces accusations.

D'après Aristote (384-322 av. J.-C.), *Constitution d'Athènes*, 56-58.

1. Citoyens qui subventionnent les chœurs.
2. Archonte principal, reprenant les fonctions religieuses des anciens rois.

1. De quelles fêtes religieuses s'occupent les archontes ? En quoi consistent ces fêtes ?
2. Montrer que la religion fait partie de la vie civique à Athènes.

6 Les femmes et la religion

Jamais notre grand-père n'a offert de sacrifice sans nous ; toujours nous y assistions et y participions. Avec lui, nous accomplissions tous les rites, et il demandait pour nous la santé et la prospérité, comme il est naturel de la part d'un grand-père.

Ce ne sont pas ces faits seulement qui mettent en évidence que notre mère était fille légitime de Kiron, mais encore la conduite de notre père et l'attitude des femmes du dème envers elle. Quand il prit notre mère en mariage, il offrit un repas de noce et il y invita trois de ses amis ainsi que ses proches parents. Les femmes du dème, par la suite, choisirent notre mère pour présider aux Thesmophories[1] et accomplir avec celles-ci les cérémonies d'usage.

Isée, orateur athénien (420-343 av. J.-C.), *Discours*, VIII, 15-17.

1. Fêtes en l'honneur de Déméter, déesse de la fécondité.

1. Comment les femmes sont-elles intégrées à la vie religieuse de la famille ?
2. Comment sont-elles intégrées à la vie religieuse de la cité ?

Les Panathénées

- Athènes est placée sous la protection de la déesse Athéna. À chaque début d'année, pendant le mois d'Hékatombaion (juillet-août), ont lieu les fêtes en son honneur , les Panathénées, et, **tous les quatre ans, les Grandes Panathénées**, encore plus solennelles.
- Une grande procession, conduite par les magistrats, parcourt la ville, empruntant la Voie sacrée qui traverse l'Agora et monte à l'Acropole. Un grand voile brodé, le *péplos*, est offert à Athéna par des jeunes filles vierges. Un sacrifice est offert à la déesse, suivi d'un banquet collectif, d'un concours de poésie et de jeux sportifs.
- La procession s'achève au Parthénon. Ce temple est décoré d'une frise extérieure longue de 160 m sur laquelle, de 444 à 438 av. J.-C., le sculpteur Phidias a représenté les principaux moments de la fête religieuse.
- Religion, fête, sport et art célèbrent ainsi l'unité de la cité autour de sa déesse protectrice Athéna.

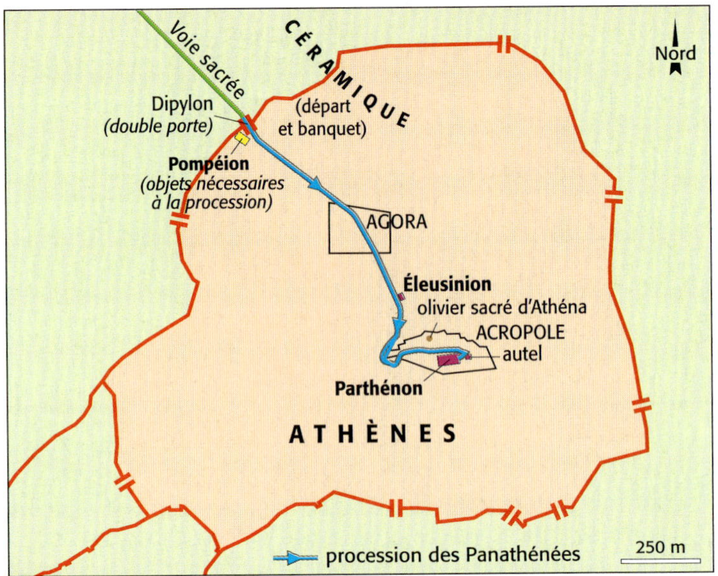

1 La procession des Panathénées.

2 La frise des Panathénées sur le Parthénon.

3 Plan du temple d'Athéna, le Parthénon, et emplacement de la frise des Panathénées.

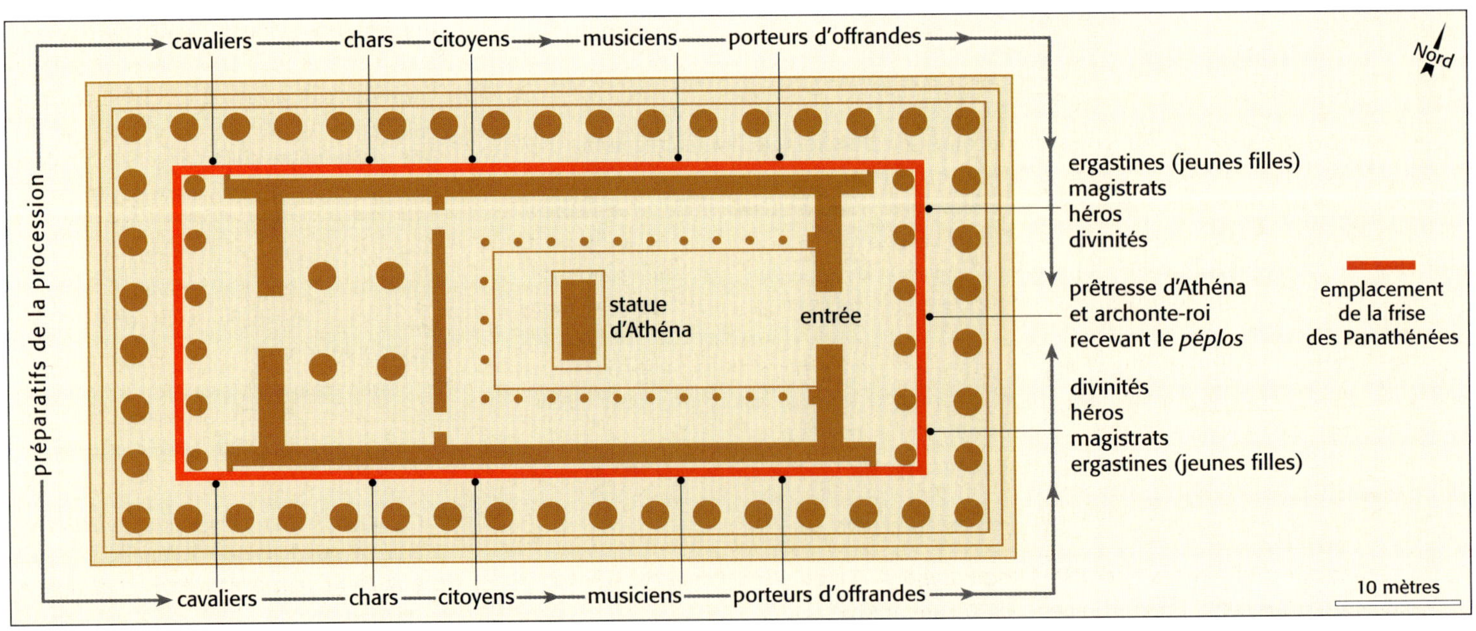

4 **Les ergastines,** jeunes filles choisies parmi les grandes familles athéniennes pour aider les arrhéphores (fillettes âgées de 7 à 10 ans) à tisser et broder le *péplos* offert à la déesse. Détail de la frise des Panathénées, Ve s. av. J.-C., musée du Louvre, Paris.

5 **Des brebis menées au sacrifice.** Détail de la frise des Panathénées, musée de l'Acropole, Athènes.

6 **La prêtresse d'Athéna reçoit le *péplos*** d'une des arrhéphores. Détail de la frise des Panathénées, British Museum.

7 **Les cavaliers, jeunes aristocrates athéniens.** Détail de la frise des Panathénées, British Museum.

8 **Les dieux assis accueillent la procession.** Détail de la frise des Panathénées, musée de l'Acropole, Athènes.

Questions

A Observer et décrire les documents

1. Classer les documents en deux catégories : documents d'époque et reconstitutions.

B Retirer des informations des documents

2. À l'aide du doc. 1, décrire le parcours de la procession des Panathénées. Quelle est la signification de cet itinéraire ?

3. Où est placée la frise des Panathénées (doc. 2 et 3) ?

4. Quels sont les animaux sacrifiés (doc. 5) ?

5. Quelle est le rôle des femmes dans la fête (doc. 4 et 6) ? Qu'est-ce que cela montre en ce qui concerne la place des femmes dans la cité ?

6. Par quoi se continue la fête après le sacrifice ?

C Confronter différents documents

7. Comment s'organise la procession (doc. 1, 3, 4, 5, 6, 7) ? Quelle image de la cité donne-t-elle ?

D Rédiger

8. Montrer que la fête célèbre la gloire d'Athéna et d'Athènes.

Dossier

Ce que nous devons aux Grecs

- Les Grecs se sont révélés être de remarquables inventeurs et découvreurs de connaissances.
- Dans des domaines aussi différents que les mathématiques, la médecine, l'histoire, la géographie, la philosophie, la physique, ils ont, non seulement fait progresser la connaissance, mais parfois donné naissance à la discipline elle-même.
- Dans le domaine des lettres et des arts, ils ont inventé la tragédie et créé à la fois des techniques et une grammaire architecturale, encore utilisées de nos jours.
- À l'occasion de jeux, à Olympie, Delphes, Corinthe, Némée, ils ont su faire cesser leurs querelles et leurs guerres, le temps d'une trêve olympique ou delphique.

1 Des textes fondateurs : L'*Iliade* et l'*Odyssée*, attribués à Homère (VIIIe s. av. J.-C.). Homère aveugle, chantant les exploits des héros de la guerre de Troie. Tableau de Leloir, XIXe s., musée du Louvre.

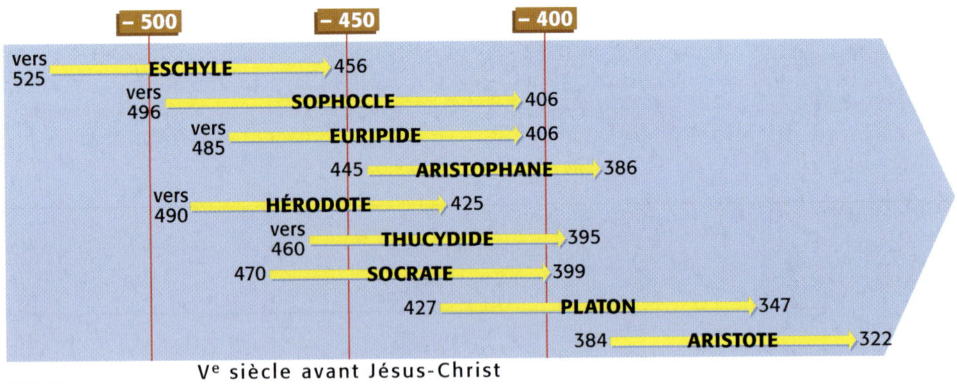

2 Les acteurs du « miracle grec ».

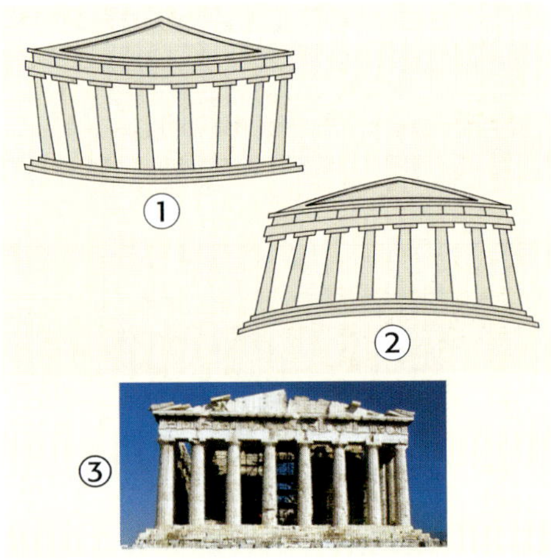

4 La recherche de la perfection.
L'architecte du Parthénon a tenu compte des déformations optiques. S'il ne l'avait pas fait, l'œil l'aurait vu comme en (1). Pour éviter cela et donner l'impression que les lignes sont vraiment droites, le sol est convexe, les colonnes inclinées vers l'intérieur et le fronton légèrement courbé, comme en (2). L'œil voit alors le temple comme en (3).

3 Les jeux Olympiques.
Astérix aux jeux Olympiques, Goscinny et Uderzo, éditions Albert René.

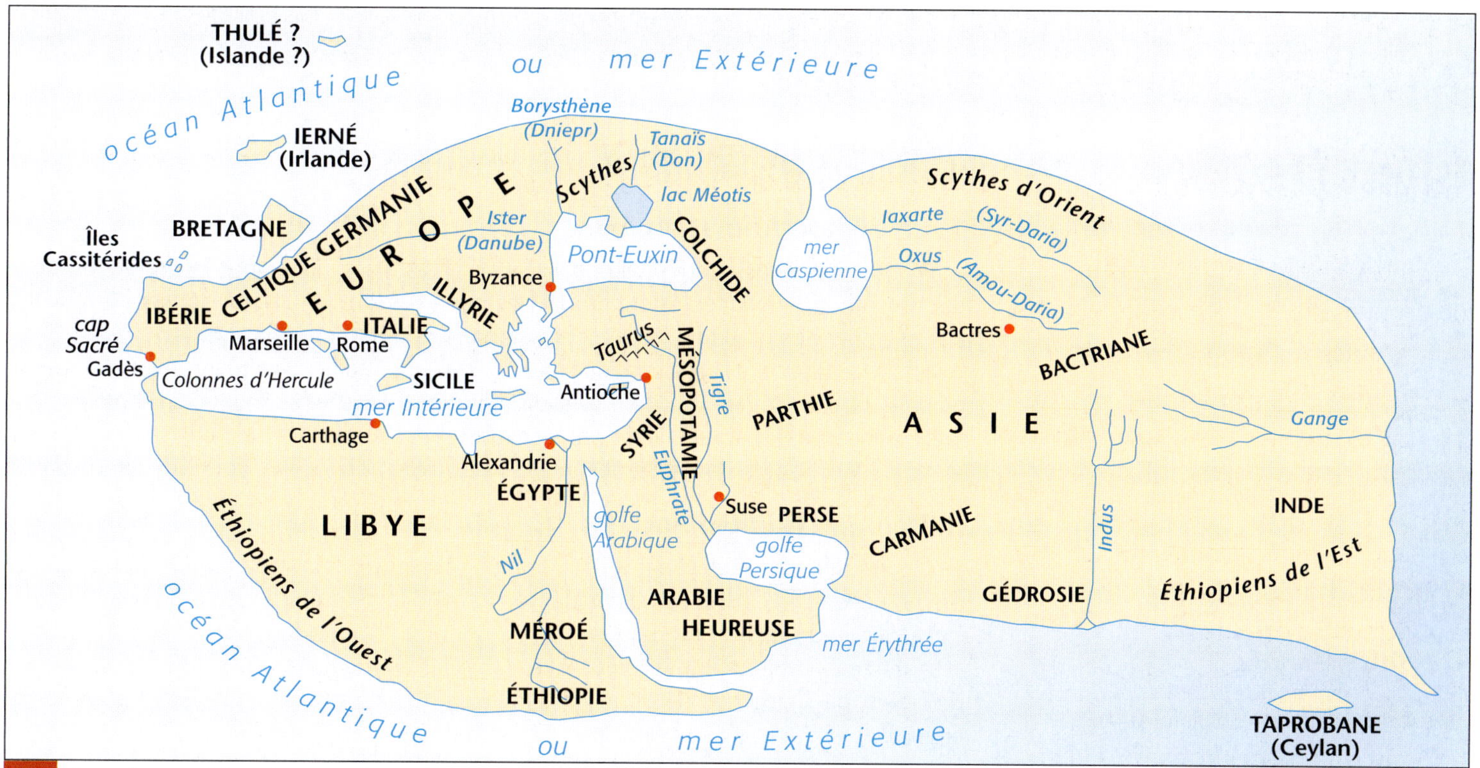

5 La géographie : le monde connu au temps de Strabon. Le mot géographie vient du grec *graphein* (« écrire ») et *Gê* (« la Terre »).
« Selon Ératosthène, la Terre forme un cercle de telle sorte que, si l'immensité n'y faisait obstacle, il nous serait facile d'aller par mer depuis l'Ibérie en suivant le même parallèle, jusqu'en Inde. » D'après Strabon (63 av. J.-C.-25 ap. J.-C.), *Géographie*, I, 3.

6 L'Histoire selon Hérodote

Le mot histoire vient du grec historia *(« recherche, exploration, enquête »).*
Hérodote d'Halicarnasse présente ici les résultats de son enquête, afin que le temps n'abolisse pas les travaux des hommes et que les grands exploits accomplis soit par les Grecs soit par les Barbares [*les Perses*] ne tombent pas dans l'oubli. Il donne en particulier la raison du conflit qui mit ces deux peuples aux prises lors des guerres médiques. […]
Je parlerai des cités des hommes, des petites comme des grandes, car les cités qui furent grandes ont, en général, perdu maintenant leur importance et celles qui étaient grandes de mon temps ont d'abord été petites. Donc, parce que je sais que la prospérité de l'homme n'est jamais stable, je parlerai des unes comme des autres.

Hérodote (vers 490-425 av. J.-C.), *L'Enquête*, livre I, 1, 5.

8 Le diagnostic médical selon Hippocrate

Le mot diagnostic vient du grec diagnôstikos, *(« apte à reconnaître »).*
Hippocrate est né dans l'île de Cos en 460 av. J.-C. Il est considéré comme le père de la médecine.
Notre connaissance de la maladie s'appuie sur la nature humaine, commune à tous, et sur la nature propre de chaque individu, sur les maladies, sur le malade, sur les substances administrées, sur les habitudes du malade, les occupations, l'âge de chacun ; sur les paroles, les silences, les pensées qui l'occupent, le sommeil, la nature et le moment des songes ; sur les gestes désordonnés des mains et sur les larmes, la sueur, le refroidissement, la toux.

D'après Hippocrate (vers 460-vers 370 av. J.-C.), *Épidémies*, I.

7 Socrate et la philosophie

Le mot philosophie vient du grec *philos* (« ami ») et *sophia* (« sagesse »).
La Grèce a donné les trois plus grands philosophes de l'Antiquité : Socrate, qui n'a rien écrit mais qui enseigna oralement, Platon, son élève, qui nous a transmis la pensée de Socrate dans ses *Dialogues*, et Aristote, le précepteur d'Alexandre le Grand. Ils ont vécu à la fin du Ve et au IVe s. av. J.-C. Socrate était athénien, Platon et Aristote ont fondé deux écoles de philosophie à Athènes, l'Académie et le Lycée.

Questions

A Observer et décrire les documents

B Retirer des informations des documents

1. Quelle image d'Homère ce tableau cherche-t-il à transmettre (doc. 1) ?
2. Classer les différents personnages selon les écrits qu'ils nous ont laissé en histoire, philosophie, théâtre (doc. 2).
3. La trêve olympique est-elle toujours respectée de nos jours (doc. 3) ?
4. Montrer que dans l'art, les Grecs recherchent la perfection (doc. 4).
5. Que démontre l'extrait de la *Géographie* de Strabon (doc. 5) ?
6. Quels buts Hérodote se donne-t-il (doc. 6) ?
7. Sur quoi Hippocrate fonde-t-il son diagnostic (doc. 8) ? Comment Hippocrate définit-il la manière d'exercer le métier de médecin ?

D Rédiger

8. Dans deux domaines au choix, rédiger deux paragraphes présentant les aspects de l'héritage grec qui est aujourd'hui le nôtre.

FICHE DE RÉVISION

DATES À RETENIR

- **507 av. J.-C. :** réformes de Clisthène
- **490 av. J.-C. :** 1re guerre médique, victoire des Athéniens à Marathon
- **480 av. J.-C. :** 2e guerre médique, victoire des Grecs à Salamine
- **431-404 av. J.-C. :** guerre du Péloponnèse entre Athènes et Sparte
- **399 av. J.-C. :** mort de Socrate

BIOGRAPHIES

Périclès
(vers 494-429 av. J.-C.)
Homme politique athénien.
(Voir biographie complète p. 318)

Hérodote
(vers 490-425 av. J.-C.)
historien grec.
(Voir biographie complète p. 316)

Thucydide
(vers 460-vers 395 av. J.-C.)
historien grec.
(Voir biographie complète p. 319)

L'ESSENTIEL

1. La démocratie athénienne

- La **cité** d'Athènes, fondée vers le VIIIe s. av. J.-C., est placée sous la protection de la déesse Athéna. Avec les réformes de Clisthène (507 av. J.-C.) qui donnent le pouvoir à l'ensemble des **citoyens**, au ***démos***, Athènes devient une **démocratie**.
- Seuls les hommes libres sont citoyens. Ils doivent être fils de citoyen, avoir été reconnus à la naissance par leur père et avoir effectué à 18 ans leur service militaire.
- Le citoyen est d'abord un soldat : cavalier, **hoplite** ou rameur, selon sa richesse. Il participe aux débats de l'Assemblée, aide à gouverner la cité et doit honorer les dieux.

2. Son fonctionnement

- Les citoyens se réunissent à l'Assemblée (*Ecclésia*), dont les travaux sont préparés par un conseil, la *Boulè*. Les citoyens peuvent également être juges ou devenir **magistrats**, par tirage au sort ou par élection.
- Après sa victoire sur les Perses lors des guerres médiques, Athènes fonde la ligue de Délos, qui lui permet de dominer la mer Égée en se trouvant à la tête d'un véritable empire.
- Les habitants d'Athènes sont unis :
  – par la religion, en particulier les fêtes des **Panathénées** en l'honneur d'Athéna ;
  – par le théâtre, avec les **tragédies** et les **comédies** jouées au théâtre de Dionysos.

3. Les non-citoyens

- Les femmes vivent dans le **gynécée**. Elles sont mises à l'écart de la vie civique, sauf lors des grandes fêtes religieuses.
- Les étrangers résidant à Athènes et travaillant à Athènes, les métèques.
- Les esclaves, privés de liberté, n'ont aucun droit.

NE PAS CONFONDRE

Cité et ville

➤ **Cité** est un terme politique qui désigne l'ensemble des citoyens ; c'est pourquoi, dans l'Antiquité on utilise le plus souvent l'expression « les Athéniens » ou « les Lacédémoniens » pour désigner Athènes ou Sparte.

➤ La **ville** (en grec, *asty*) est un ensemble de rues et de maisons, souvent protégées par des murailles (ex. Athènes).

Démocratie, aristocratie, oligarchie et tyrannie

➤ La **démocratie** (du grec *démos*, « le peuple », et *kratein*, « gouverner ») est le gouvernement exercé par le peuple, directement ou par l'intermédiaire de représentants élus ou choisis par tirage au sort.

L'**aristocratie** (du grec *aristoi*, « les meilleurs ») est un système de gouvernement dans lequel le pouvoir appartient aux hommes les plus influents par leur naissance, leur éducation ou leur richesse.

L'**oligarchie** (du grec *oligoi*, « quelques-uns ») est un système de gouvernement dans lequel le pouvoir est exercé seulement par quelques citoyens.

La **tyrannie** (du grec *turannos*, « tyran ») est le gouvernement d'un seul homme. Il gouverne en s'appuyant sur le peuple.

Esclave et barbare

➤ Un **esclave** est un homme ou une femme ne disposant d'aucune liberté, n'ayant pas d'existence juridique. Un esclave est donc un non-libre.

➤ Un **barbare**, pour un Grec, est quelqu'un qui ne parle pas le grec. Un barbare est donc un non-Grec. Les Grecs s'approvisionnent en esclaves chez les barbares.

Un barbare.
Vase attique, Ve s. av. J.-C., BNF, Paris.

Un jeune esclave.

Le gouvernement d'Athènes par Périclès

Périclès tentait de dissiper la colère dont il était l'objet et de détourner des maux présents la pensée des Athéniens. En ce qui concerne les affaires publiques, il se rendirent à ses raisons. Ils n'envoyèrent plus d'ambassades aux Lacédémoniens et mirent plus d'ardeur à poursuivre la guerre. Mais les particuliers s'affligeaient de leurs souffrances : le peuple se voyait privé des maigres ressources qu'il possédait ; les riches avaient perdu leurs beaux domaines de la campagne [...].

On se plaignait surtout d'avoir la guerre au lieu de la paix. Leur colère à tous ne cessa que lorsqu'ils eurent infligé une amende à Périclès. Pourtant, peu de temps après, par un revirement dont le peuple est coutumier, ils le réélurent stratège en lui confiant la mission suprême des affaires ; [...] on l'estimait le plus capable de remédier à la situation critique de l'État. Tout le temps que, pendant la paix, il fut à la tête des affaires, il avait fait preuve de modération et de fermeté dans la conduite de l'État, qui sous lui parvint au comble de sa puissance : la guerre une fois déclarée, on constata qu'il avait évalué exactement la puissance d'Athènes.

Après sa mort, on vit mieux encore l'exactitude de ses prévisions. Il avait prédit le succès aux Athéniens s'ils donnaient tous leurs soins à la marine, s'ils renonçaient à augmenter leur empire pendant la guerre et s'ils ne mettaient pas l'État en danger. Mais sur tous ces points, on fit juste le contraire. D'autres entreprises, qui paraissaient sans rapport avec la guerre, furent menées avec la seule préoccupation de la gloriole et de l'intérêt personnels ; elles furent désastreuses pour les Athéniens et leurs alliés. [...]

Voici la cause de ce changement : Périclès avait de l'influence en raison de la considération qui l'entourait et de la profondeur de son intelligence ; il était d'un désintéressement absolu ; il contenait la multitude qu'il menait, beaucoup plus qu'elle ne le menait. N'ayant acquis son influence que par des moyens honnêtes, il n'avait pas à flatter la foule. Grâce à son autorité personnelle, il pouvait lui tenir tête et même lui montrer son irritation. Chaque fois que les Athéniens s'abandonnaient à contretemps à l'audace et à l'orgueil, il les frappait de crainte : s'ils s'effrayaient sans motif, il les ramenait à la confiance. Ce gouvernement portait le nom de démocratie, en réalité c'était le gouvernement d'un seul homme. Mais ses successeurs, dont aucun n'avait sa supériorité et qui voulaient tous se hisser au premier rang étaient portés, pour flatter le peuple, à lui abandonner les affaires. De là tant de fautes, explicables dans un État puissant et possesseur d'un empire étendu.

Thucydide (vers 460-vers 395 av. J.-C.), *Guerre du Péloponnèse*, II, 65, trad. Jean Voilqui, 1966, Garnier-Flammarion.

Athènes et ses alliés, Sparte et ses alliés à la veille de la guerre du Péloponnèse.

Questions

1. Contre qui Athènes est-elle en guerre ? Comment s'appelle cette guerre ?
2. Par qui le stratège est-il élu ? Pour combien de temps ? Pendant quelle période Périclès a-t-il été stratège ?
3. Comment Périclès a-t-il assuré la puissance d'Athènes pendant la paix ?
4. Quels moyens Périclès utilise-t-il pour gouverner ?
5. Quels changements sont introduits après sa mort dans le gouvernement des Athéniens ?
6. Quel jugement Thucydide porte-t-il sur ces changements ?
7. Comment expliquer le succès de Périclès en politique ?
8. Montrer que les différentes institutions d'Athènes se contrôlent mutuellement.

Sujet de composition

Quelles sont les qualités d'homme d'État de Périclès ?

Étudier un texte historique

Par quoi commencer ?
- **le titre**
- **la date**
- **la source**

Titre donné par les auteurs du manuel →

La bataille de Salamine, septembre 480 av. J.-C.

← Date de l'événement

LA REINE : Athènes a-t-elle échappé à la ruine ?
LE MESSAGER : Oui car la cité qui garde ses hommes possède le plus sûr rempart.
LA REINE : Mais qui entama la lutte ?
LE MESSAGER :

[…] = coupe dans le texte →

[…] Quand le jour aux blancs coursiers épand sa clarté sur la terre, voici que s'élève une clameur du côté des Grecs, et dont l'éclat est répercuté d'île en île par l'écho des rochers. Et la terreur alors saisit tous les Barbares[1] car ce n'était pas pour fuir que les Grecs entonnaient ce chant solennel mais pour s'élancer au combat pleins de courage et d'audace. Aussitôt les rames bruyantes frappent en cadence l'eau profonde. La flotte entière s'avançait et on pouvait entendre, tout proche, un immense appel : « Allez, enfants des Grecs, délivrez votre patrie, délivrez vos enfants et vos femmes, les sanctuaires des dieux de vos pères et les tombeaux de vos aïeux : c'est la lutte suprême. » De notre côté, on répond par des cris en langue perse. Aussitôt, vaisseaux contre vaisseaux heurtent leurs éperons de bronze. Tout d'abord le torrent de l'armée perse tint bon. Mais comme la multitude de nos vaisseaux était entassée dans une passe étroite, et qu'ils s'entrechoquaient avec leurs éperons de bronze, ils brisaient toutes leurs rames et, alors, les trières grecques se glissent adroitement autour d'eux et les frappent ; les coques se renversent, la mer disparaît sous un amas d'épaves. Toute la flotte des Barbares s'enfuit en désordre tandis que les Grecs les frappent comme des thons ou des poissons pris au filet et leur cassent les reins avec des tronçons de rames et des fragments d'épaves. Des gémissements mêlés de sanglots s'entendent sur la mer jusqu'à l'heure où la nuit au sombre visage vient tout arrêter. Jamais, sache-le, une telle quantité d'hommes n'a péri en un seul jour.
LA REINE : Hélas un océan de maux a déferlé sur les Perses et sur toute la race des Barbares.

La source : Auteur, date, titre de l'œuvre dont le texte est extrait →

Eschyle, combattant athénien à la bataille de Salamine et poète tragique grec (525-457 av J.-C.), extrait de sa pièce de théâtre *Les Perses*, représentée pour la première fois à Athènes en 472 av. J.-C. D'après la traduction d'Émile Chambry, 1956.

← Nom du traducteur et date de la traduction (ne sont pas toujours indiquées ; ne le sont jamais lorsque le texte est adapté : en ce cas il est écrit « D'après »).

1. Nom que les Grecs utilisent pour désigner tous ceux qui ne parlent pas le grec ; ici : les Perses

Questions

1. Présenter le contexte historique.
2. Qu'est-ce qui est ici essentiel pour les Grecs ?
3. À quoi les Grecs doivent-ils la victoire, d'après le texte ?
4. Expliquer la phrase « la cité qui garde ses hommes possède le plus sûr rempart ».

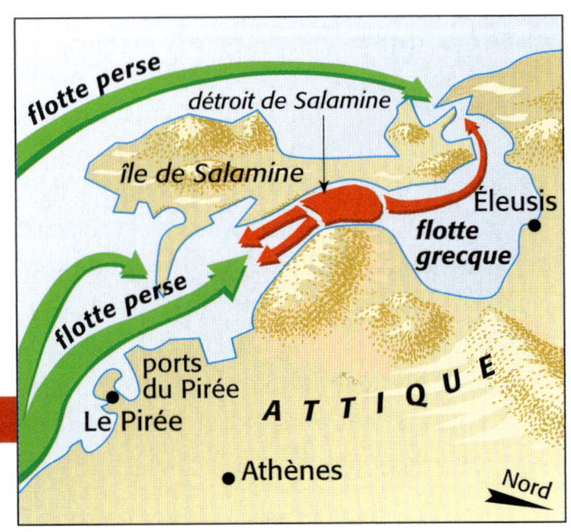

DOCUMENT D'ACCOMPAGNEMENT

Plan de la bataille de Salamine.

→ Comment faire ?

1 Avant de répondre aux questions, il faut…

… comprendre le texte en le lisant lentement…

Il s'agit d'un dialogue entre deux personnages.

• *Que décrit le messager ?*
– Une bataille navale (allusion aux vaisseaux, à la mer).
• *Qui a gagné cette bataille ? Qui l'a perdue ?*
– Les Grecs ont gagné, les Perses ont perdu.
• *À quel camp appartient l'auteur du texte ?*
– Au camp des Grecs, puisqu'il s'agit du grand auteur tragique athénien, Eschyle.
• *Comment le récit est-il construit ?*
– Très curieusement, c'est un Perse (vaincu) qui raconte la bataille ; c'est un « retour en arrière », procédé qui a souvent été repris bien plus tard au cinéma.

… TOUJOURS replacer le document que l'on étudie (texte, image, objet, plan de ville ou de bâtiment, statistiques) **dans son contexte historique**.

• *De quelle grande période de l'histoire, de quel pays s'agit-il ?*
– L'histoire de la Grèce dans l'Antiquité.
• *Dans quel cadre général se situe l'événement décrit ici, la bataille de Salamine ?*
– Les guerres médiques (voir axe chronologique p. 11), double affrontement entre Grecs et Perses.

2 Utiliser la source et le titre

Le texte a un **auteur** :
Le nom de l'auteur est indiqué dans la source. Se renseigner sur l'auteur : qui est-il ? à quelle époque a-t-il vécu ? Utiliser d'abord sa mémoire et ses connaissances, faire appel aux informations du manuel ; si nécessaire utiliser un dictionnaire, une encyclopédie, les ressources du CDI.

Le texte a une **date** :
Elle est indiquée dans la source mais n'est pas toujours précise.

Le texte rapporte des **événements** :
Le titre renseigne sur les événements évoqués.
Se demander si le texte est écrit en même temps que les événements décrits ou s'il s'agit d'un récit postérieur aux événements.

La critique de la source :
Quel rapport existe-t-il entre l'auteur et les faits rapportés ? Dans le cas présent, Eschyle a participé à la bataille qu'il décrit. C'est un témoin direct. Mais comme il s'agit d'un conflit, il se peut qu'il se montre plutôt favorable à son camp dans son récit.

Le texte est-il contemporain des faits rapportés ? Dans le cas présent, le texte date de 472 av. J.-C. et l'événement rapporté est de 480 av. J.-C. : le document est donc très proche de l'événement rapporté. Cette précision est nécessaire pour savoir si l'on peut faire confiance au document. Rédigé longtemps après l'événement (plus de vingt ou trente ans), un document peut comporter des oublis, des erreurs, des déformations introduites, volontairement ou non par l'auteur du texte.

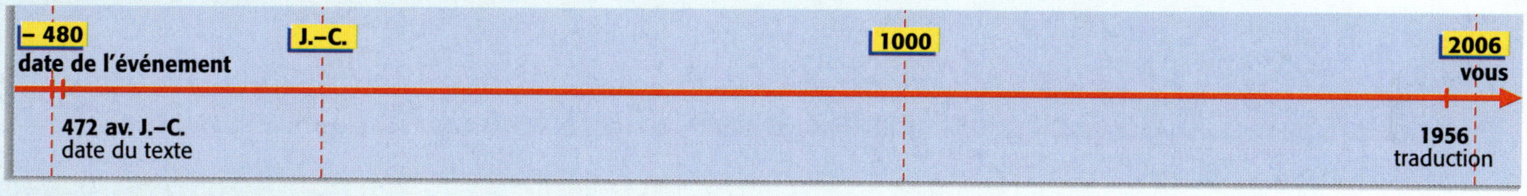

Pour ne pas confondre…
– date de l'événement relaté par le texte,
– date de rédaction du texte,
– date de publication du livre ou de la traduction,

…. relire attentivement le titre et la source.

3 Aide pour répondre aux questions

1. Présenter le contexte historique.
Voir ci-dessus.

2. Qu'est-ce qui est ici essentiel pour les Grecs ?
Cela signifie : pour quoi sont-ils prêts à mourir ? Voir lignes 12 à 15 : les enfants, la patrie, les sanctuaires des dieux, les tombeaux des aïeux.

3. À quoi est due la victoire grecque ?
Observer la carte (doc. complémentaire).

4. Expliquer la phrase « la cité qui garde ses hommes possède le plus sûr rempart ».
– Revoir la définition de la cité ;
– songer à la phrase de Thucydide : « la cité est là où sont les citoyens ». Pour Eschyle, également, ce qui compte dans une cité, ce sont les citoyens : « ses hommes ».

Les types de documents en histoire

Le travail de l'historien repose sur l'étude de documents. Les documents qui vous sont présentés sont authentiques. Les historiens ont vérifié qu'ils le sont, ils ont procédé à ce que l'on appelle la « critique externe ».

Le document historique témoigne des traces laissées par le passé. Il en existe de nombreux types.

1 Les documents écrits (voir p. 32-33)

- Ce sont des documents bruts.

a) **La date** : avant tout commentaire, il faut bien définir la date à laquelle le document a été rédigé :
– document contemporain des événements qu'il décrit (exemple : une loi, un traité) ;
– document postérieur aux événements décrits : description tardive ; travail d'un historien plus récent (ex. l'historien grec Hérodote racontant les guerres médiques) ; jugement apportant une réflexion sur les faits ;

b) **Que savons-nous de l'auteur du texte ? Qui est-il ?**
– Un acteur des événements ? Son avis est-il impartial ou partial ? Il peut chercher à justifier une action ou à défendre un point de vue.
– Un témoin qui a assisté à l'événement ?
– Un adversaire qui cherche à dénoncer les faits ?
– Un historien qui cherche à les exposer ?
Si l'auteur écrit longtemps après les faits, se demander s'il est digne de foi.

2 Les documents statistiques (voir p. 296-297)

- Ils se présentent sous forme de tableau de chiffres, de diagrammes ou de courbes.
- Les chiffres ne sont pas obligatoirement plus sûrs que les textes ou les images. Ils peuvent être trompeurs. Là aussi, il faut les interpréter.

3 Les documents iconographiques (voir p. 52-53, 138-139, 158-159, 274-275)

- Leur variété est infinie. Ce sont aussi des documents bruts. Il est parfois difficile de les analyser :
– peintures sur vases, décors muraux ;
– monnaies et médailles ;
– tableaux, statues, monuments ;
– dessins, caricatures ;
– affiches, tracts, prospectus ;
– photographies, etc.

Attention : un document iconographique est parfois plus difficile à analyser qu'un texte et n'est pas plus objectif : comme l'auteur n'est pas toujours connu, il faut se demander ce qu'il a voulu dire dans le contexte de son époque, chercher s'il n'y a pas un sens caché, une volonté de propagande.

4 Les documents reconstitués (voir p. 224-225)

- Ce ne sont pas des documents bruts. Ils présentent une part plus ou moins grande d'interprétation ou de simplification : cartes, plans, croquis, schémas.

Les renseignements fournis par les documents

Ils peuvent être divers :
– politiques : un discours, une loi, une Constitution, etc. ;
– religieux : extrait d'un texte religieux, plan d'un lieu de culte ;
– militaire : le récit d'une guerre, un schéma de bataille ;
– économique et social : des chiffres de production, la description ou l'image d'une usine, etc. ;
– artistique : une œuvre d'art ;
– ayant trait à la vie quotidienne : des objets trouvés lors de fouilles dans une maison, une scène représentée sur un vase, etc.

Attention : un document peut nous renseigner dans plusieurs domaines. Ainsi, un tableau peut être étudié sous l'angle artistique, mais aussi d'un point de vue politique, si le sujet s'y prête.

L'étude d'un document

- Chercher qui est l'auteur du document.
- Définir le contexte dans lequel le document a été produit.
- Répondre aux questions afin de trouver quel est l'intérêt du document.

VOCABULAIRE

document : du latin *documentum* (vient de *docere*, enseigner). Désigne toute trace laissée par une action des hommes et qui nous donne des renseignements historiques.

iconographique : du grec *eikon*, image. Tout ce qui se rapporte à une image, quelle que soit sa nature.

Identifier un document, c'est d'abord répondre à quelques questions simples

QUOI : quelle est la nature du document ?
QUI : qui est l'auteur du document ?
QUAND : quelle est la date du document ?
À QUI ce document est-il destiné ?

Un document iconographique : **1**
la statue d'Athéna au Parthénon, IIe s. av. J.-C., réplique de la statue de Phidias, musée national d'archéologie, Athènes.

2 **Un document chiffré reconstitué :**
le nombre de travailleurs sur le chantier de l'Érechthéion, construit à l'époque de Périclès.

	Citoyens	Métèques	Esclaves	Inconnus	Total
Architectes	2	0	0	0	2
Secrétaire	1	0	0	0	1
Gardien	0	0	0	1	1
Maçons	9	12	16	7	44
Sculpteurs	3	5	0	1	9
Sculpteurs sur cire	0	2	0	1	3
Sculpteurs sur bois	1	5	0	1	7
Charpentiers	5	7	4	3	19
Scieurs	0	1	0	1	2
Menuisiers	0	1	0	1	2
Tourneur	0	0	0	1	1
Peintres	0	2	0	1	3
Doreur	0	1	0	0	1
Manœuvres	1	5	0	3	9
TOTAL	**22**	**41**	**20**	**21**	**104**

D'après R. H. Randall, *American Journal of Archeology*, 1953.

3 **Un document écrit d'époque : Thésée défend la démocratie devant l'envoyé du tyran de Thèbes**

Thésée : Notre cité n'est pas au pouvoir d'un seul homme, elle est libre. Son peuple la gouverne. Tour à tour, les citoyens reçoivent le pouvoir pour un an. Elle n'accorde aucun privilège à la fortune. Le pauvre et le riche y ont des droits égaux.

Le héraut thébain : La cité dont je viens est gouvernée par un seul homme et non par la foule. Personne ne le flatte ou ne l'exalte par son éloquence, personne ne la tourne ou ne la retourne selon son intérêt particulier. […] Comment le peuple, qui n'est pas capable de raisonner droit, pourrait-il mener une cité sur le droit chemin ? Un pauvre paysan, même instruit, ne peut consacrer son attention aux affaires publiques.

Thésée : Pour une cité, rien n'est pire qu'un tyran. Sous la tyrannie, les lois ne sont pas les mêmes pour tous […], l'égalité n'existe plus. Au contraire, sous le règne des lois écrites, pauvres et riches ont les mêmes droits. Le faible peut répondre à l'insulte du fort, et le petit, s'il a le droit pour lui, peut l'emporter sur le grand. La liberté, elle est dans ces paroles : « Qui veut donner à l'assemblée un sage avis pour le bien de la cité ? » Qui veut parler se met en avant, qui n'a rien-à-dire se tait. Peut-on imaginer de plus belle égalité entre les citoyens ?

Euripide (v. 485-406 av. J.-C.), *Les Suppliantes*, v. 422 av. J.-C., vers 404 et suivants.

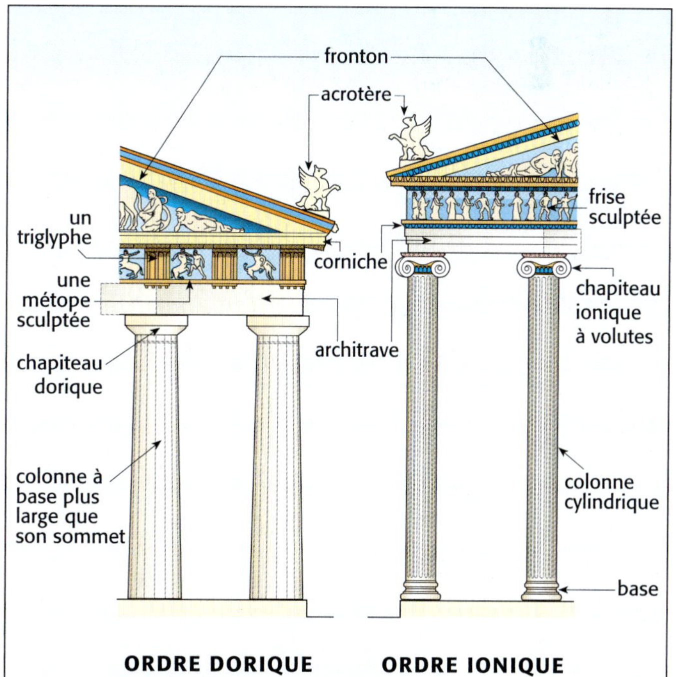

4 **Un document reconstitué :**
les différences entre l'ordre ionique et l'ordre dorique.

Vers le BAC

PARTIE
2

Naissance et diffusion du christianisme

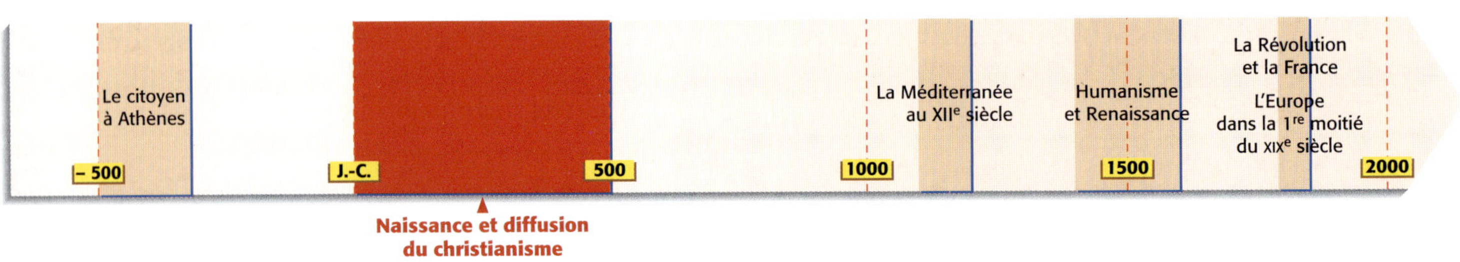

Le Bon Pasteur.

Mosaïque du mausolée de Galla Placidia, Ve s., Ravenne.

« Je suis le bon berger, je connais mes brebis et mes brebis me connaissent, comme mon Père me connaît et que je connais mon père : et je me dessaisis de ma vie pour mes brebis. J'ai d'autres brebis qui ne sont pas de cet enclos et celles-là aussi il faut que je les mène ; elles écouteront ma voix et il y aura un seul troupeau et un seul berger. »
Évangile de Jean, 10, 14-16.

CHAPITRE 2

La naissance du christianisme

Le christianisme est né au Proche-Orient, au Ier s. ap. J.-C. Il repose sur l'enseignement de Jésus de Nazareth (Jésus-Christ pour les chrétiens) dont le message est connu par les témoignages des auteurs des Évangiles : Matthieu, Marc, Luc et Jean.

Le contenu du christianisme est très différent de celui de la religion juive ou des autres religions de l'Antiquité : il s'adresse à tous les hommes, Juifs, Grecs, Romains ou barbares, hommes libres ou esclaves, hommes ou femmes, et c'est sans doute là une des raisons de son succès. Le christianisme a d'abord profondément marqué l'Empire romain, dans lequel il s'est diffusé pacifiquement du Ier au IVe s., puis l'Occident tout entier avant de s'étendre au reste du monde.

Quels sont les différents épisodes de la vie de Jésus ?
Quel est son message ?

1 D'une naissance dans une étable à Bethléem…

***La Nativité*, par Fra Angelico, 1442.**
Fresque, Museo di San Marco, Florence.

« Or en ce temps-là parut un édit de César Auguste pour faire recenser le monde entier. […] Joseph aussi monta de la ville de Nazareth en Galilée à la ville de David qui s'appelle Bethléem en Judée, parce qu'il était de la famille et de la descendance de David, pour se faire recenser avec Marie son épouse, qui était enceinte. Or, pendant qu'ils étaient là, le jour où elle devait accoucher arriva ; elle accoucha de son fils premier-né, l'emmaillota et le déposa dans une mangeoire parce qu'il n'y avait pas de place pour eux dans la salle d'hôtes.
Il y avait dans le même pays des bergers qui vivaient aux champs […]. Un ange du Seigneur se présenta devant eux [et] leur dit :
« […] Je viens vous annoncer une bonne nouvelle… Il vous est né aujourd'hui dans la ville de David un Sauveur, qui est le Christ-Seigneur. »
Évangile de Luc, 2, 1-11.

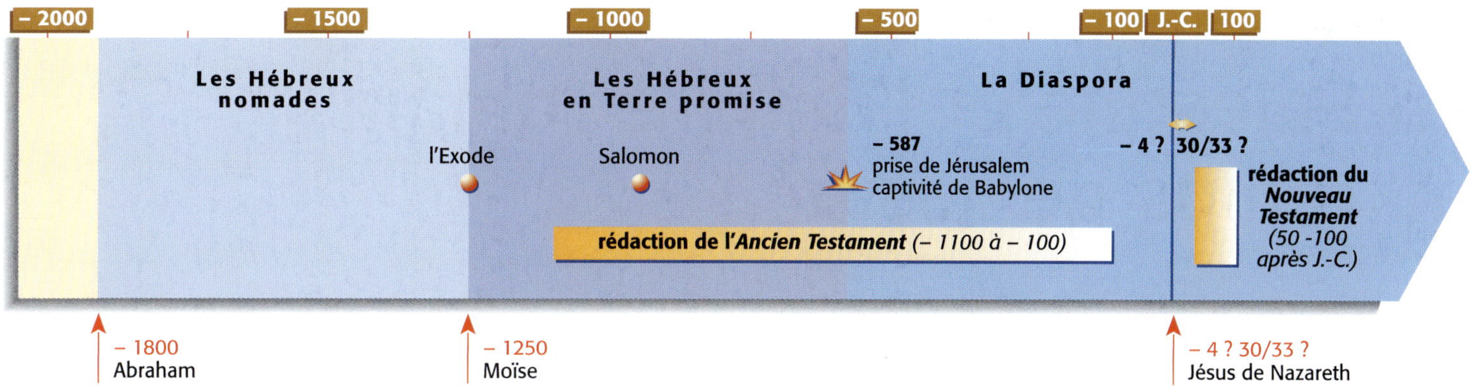

2 | … à la mort sur la Croix pour sauver tous les hommes.

***Le Calvaire*, par Mantegna, vers 1456-1459.** Huile sur bois, musée du Louvre, Paris.

« Arrivés au lieu dit Golgotha, ce qui veut dire lieu du Crâne, ils lui donnèrent du vin mêlé de fiel […]. Quand ils l'eurent crucifié, ils partagèrent ses vêtements en tirant au sort. Et ils étaient là assis à le garder. Au-dessus de sa tête, ils avaient placé le motif de sa condamnation, ainsi libellé : « celui-ci est Jésus, le roi des Juifs »[1]. Deux bandits sont alors crucifiés, l'un à droite, l'autre à gauche. »

Évangile de Matthieu, 27, 33-38.

1. Il s'agit du I.N.R.I., Iesus Nazarenus Rex Iudaeorum (Jésus le Nazaréen, roi des Juifs).

La Palestine et l'Empire romain au temps de Jésus

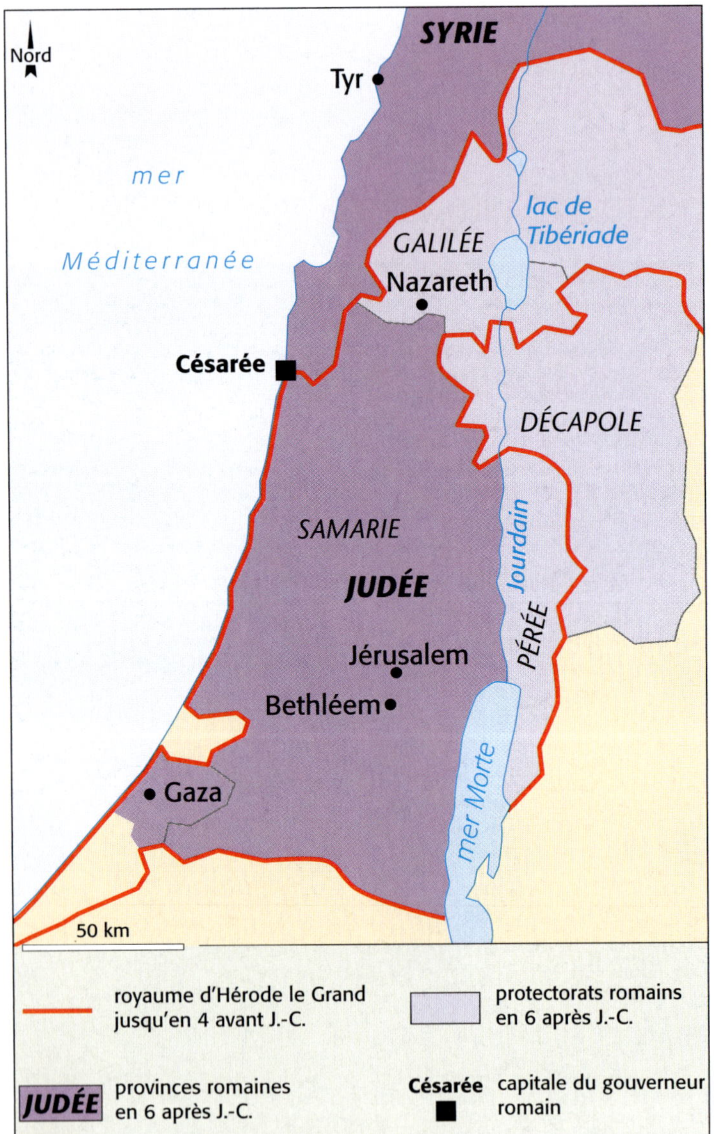

1 La Palestine au temps de Jésus.

Questions

1. Quelles régions forment le royaume d'Hérode le Grand (doc. 1) ?
2. Quelles sont celles qui forment ensuite la province romaine de Judée ?
3. Quelles régions sont des protectorats romains ?
4. Situer la Judée par rapport au reste de l'Empire romain et des régions voisines au temps de Jésus (doc. 2).
5. Quelles sont les limites de l'Empire romain sur chacun des continents ? Quelles régions ou pays d'Europe en font partie ?

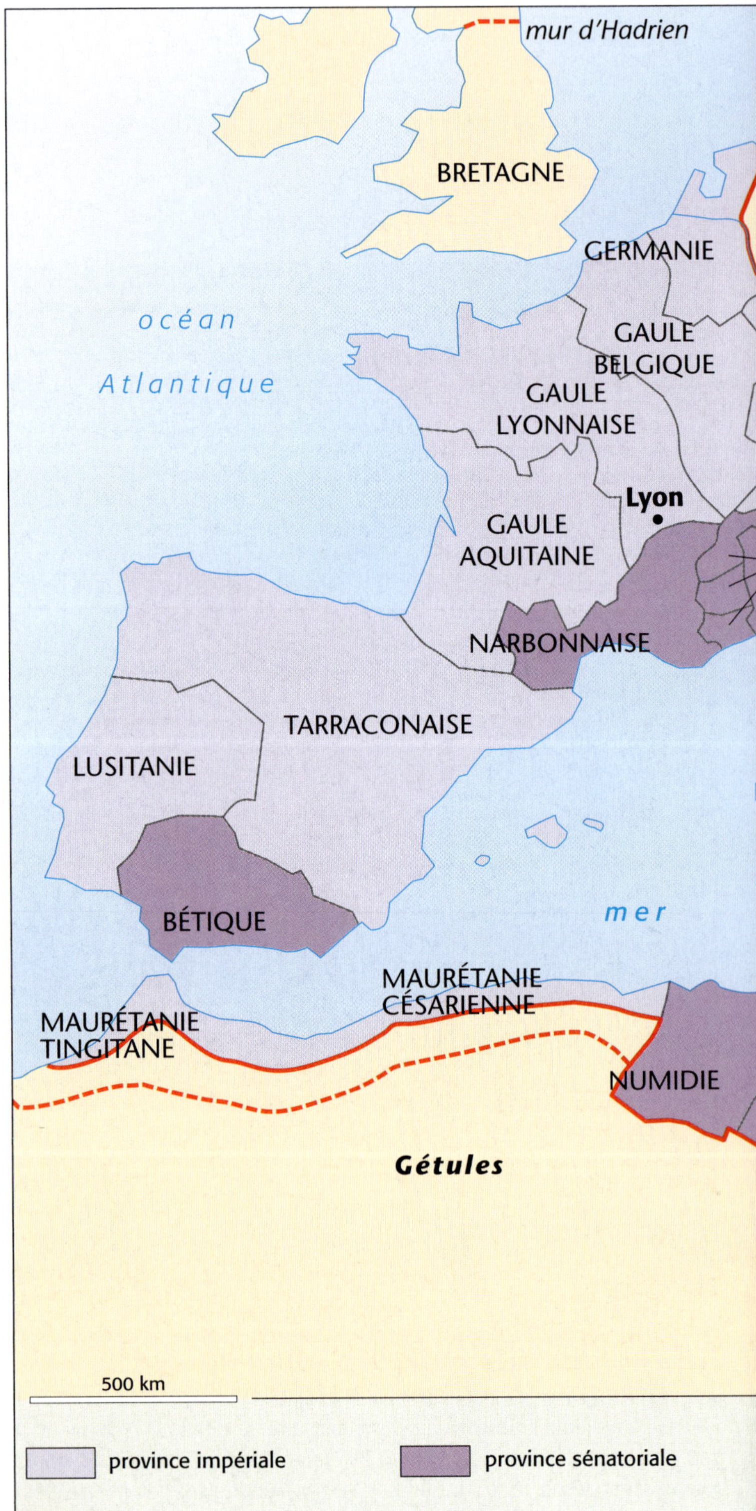

2 L'Empire romain au temps de Jésus.

• Au Ier millénaire av. J.-C. le peuple juif, descendant des Hébreux, vit au Proche-Orient, dans une zone comprise entre la Méditerranée et le Jourdain.

• Vers 1200 av. J.-C, les Hébreux se sont installés dans le pays de Canaan. Pour eux, il s'agit de la « Terre promise » par Dieu à Abraham et à ses descendants. Ils y créent le royaume d'Israël. À la mort du roi Salomon en 931, le royaume est divisé. En 587 av. J.-C., le dernier État hébreu est conquis par le roi de Babylone. Ce territoire est ensuite inclus dans les empires successifs qui dominent la région, avant d'être conquis par les Romains en 63 av. J.-C. Entre 37 et 4 av. J.-C., il est gouverné par Hérode, un roi juif nommé par Rome. À la mort d'Hérode, cette terre, appelée Palestine par les Grecs et les Romains, est partagée entre une province romaine (la Judée) et des protectorats romains (Galilée, Décapole, Pérée).

limite de l'Empire à la mort d'Auguste (14 ap. J.-C.)

Empire dans sa plus grande extension (117 ap. J.-C.)

limite de province

GALATIE nom de province

La Bible

• Les peuples de l'Antiquité croient en de nombreux dieux, ils sont polythéistes. Le peuple juif fait exception, car il ne croit qu'en un seul dieu, Yahvé, qui a conclu, selon la Bible, une alliance avec ceux qui observent les commandements transmis à Moïse.

• La **Bible** est le livre sacré des Juifs et des chrétiens. Le contenu de la Bible juive a d'abord été transmis oralement, avant d'être mis par écrit entre le XIe et le Ier s. av. J.-C. Ces textes relatent l'Alliance conclue entre Yahvé et les Juifs, l'histoire des Juifs et l'action des **prophètes** parlant au nom de Yahvé.

• Les textes de la Bible juive ont été repris dans un ordre différent par les chrétiens pour constituer l'Ancien Testament. Les chrétiens y ont ajouté d'autres textes qui forment le Nouveau Testament : les quatre **Évangiles**, les Actes des apôtres, les Épîtres et l'Apocalypse.

VOCABULAIRE

Bible : du grec *biblia*, « livres » ; la Bible est formée par les textes sacrés des religions juive et chrétienne.

prophète : du grec *prophètes*, « interprète d'un dieu » ; personne inspirée par un dieu et parlant en son nom.

Évangile : du grec *eu aggelion*, « bonne nouvelle ». Le mot désigne : 1. L'enseignement de Jésus-Christ. 2. L'ouvrage écrit par chacun des quatre évangélistes (Matthieu, Marc, Luc et Jean) ; 3. Au pluriel, le recueil formé par les quatre évangiles.

1 Les dix commandements : l'Alliance conclue entre Dieu et Moïse

C'est moi le Seigneur, ton Dieu, qui t'ai fait sortir du pays d'Égypte, de la maison de servitude.
Tu n'auras pas d'autres dieux face à moi.
Tu ne te feras pas d'idole […]. Tu ne te prosterneras pas devant ces dieux et tu ne les serviras pas, car c'est moi le Seigneur, ton Dieu, un Dieu jaloux, poursuivant la faute des pères chez les fils sur trois et quatre générations – s'ils me haïssent – mais prouvant sa fidélité à des milliers de générations – si elles m'aiment et gardent mes commandements.
Tu ne prononceras pas à tort le nom du Seigneur, ton Dieu […].
Tu travailleras six jours, faisant tout ton ouvrage, mais le septième jour, c'est le sabbat du Seigneur, ton dieu. Tu ne feras aucun ouvrage, ni toi, ni ton fils, ni ta fille, pas plus que ton serviteur, ta servante, tes bêtes ou l'émigré que tu as dans tes villes. Car en six jours le Seigneur a fait le ciel et la terre, la mer et tout ce qu'ils contiennent, mais il s'est reposé le septième jour. C'est pourquoi le Seigneur a béni le jour du sabbat et l'a consacré.
Honore ton père et ta mère, afin que tes jours se prolongent sur la terre que te donne le Seigneur, ton Dieu.
Tu ne commettras pas de meurtre.
Tu ne commettras pas d'adultère.
Tu ne commettras pas de rapt.
Tu ne témoigneras pas faussement contre ton prochain.
Tu n'auras pas de visées sur la maison de ton prochain. Tu n'auras pas de visées sur la femme de ton prochain, ni sur son serviteur, sa servante, son bœuf ou son âne, ni sur rien qui appartienne à ton prochain.

Exode, 20, 2-17.

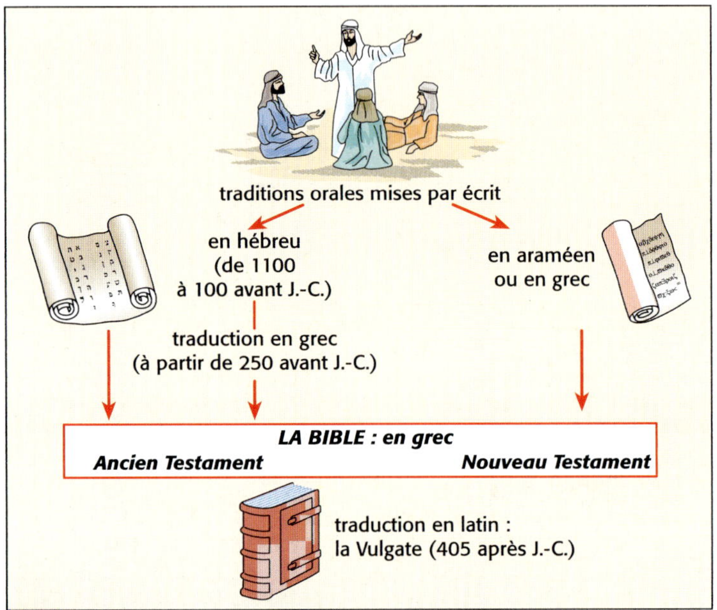

2 Naissance de la Bible chrétienne.

3 **Fragment d'un relief dit de Moïse,** 1re moitié du Ve s., musée de Berlin. Il provient d'Istanbul, où il était encastré dans le mur d'enceinte de l'empereur Théodose. Moïse apparaît deux fois : à gauche, il refuse la mission de Dieu, et, à droite, il l'accepte, recevant le rouleau qui l'institue chef du peuple juif.

4 **Lecture de la Torah devant le mur des Lamentations.**

Les Juifs priaient Dieu depuis l'époque de Salomon dans un seul temple, le Temple de Jérusalem. Le mur des Lamentations, à Jérusalem, est tout ce qui reste du Temple, reconstruit sous le règne du roi Hérode et détruit par les Romains en 70 ap. J.-C.

5 **Les quatre évangélistes.** Évangéliaire de Saint-Médard de Soissons, IXe s., détail, BNF, Paris.
Marc est symbolisé par un lion, Matthieu par un homme, Luc par un taureau et Jean par un aigle.

Bible juive	Bible chrétienne	Contenu
Torah : « Au commencement » ; « Tels sont les noms » ; « Et Yahvé appela Moïse » ; « Dans le désert » ; « Telles sont les paroles ».	**Le Pentateuque :** La Genèse ; L'Exode ; Le Lévitique ; Les Nombres ; Le Deutéronome.	La création du monde par Dieu et la vie des Hébreux jusqu'à leur arrivée en Égypte ; la sortie d'Égypte et l'Alliance de Dieu avec Moïse ; les prescriptions de la religion juive ; la vie au désert et l'installation en Terre promise.
Prophètes : Josué ; Les Juges ; Samuel ; Les Rois ; Isaïe ; Jérémie ; Ézéchiel ; Les Douze (petits prophètes).	**Les livres historiques :** Josué ; Les Juges ; Ruth ; 2 livres de Samuel ; 2 livres des Rois ; 2 livres des Chroniques ; Esdras-Néhémie ; *Tobie* ; *Judith* ; Esther ; *2 livres des Macchabées*.	La formation du royaume d'Israël (David, Salomon) ; histoire des royaumes d'Israël et de Juda ; la prise de Jérusalem et la captivité de Babylone ; le retour en Palestine et le rétablissement du Temple ; la révolte des Macchabées.
Les Écrits : Psaumes ; Job ; Proverbes ; Ruth ; Cantiques des cantiques ; Qohélet ; Lamentations ; Esther ; Daniel ; Esdras et Néhémie ; Chroniques.	**Poèmes et Sagesse :** Job ; Psaumes ; Proverbes ; Ecclésiaste ; Cantique des cantiques ; *Sagesse de Salomon* ; *Ecclésiastique*.	Contes, proverbes, chants et louanges adressés à Dieu.
	Prophètes : Isaïe ; Jérémie ; Lamentations ; *Baruch* ; Ézéchiel ; Daniel ; douze autres prophètes.	L'enseignement des prophètes ; complainte sur la ruine de Jérusalem.
	Les quatre Évangiles : Matthieu, Marc, Luc et Jean.	La vie et l'enseignement du Christ.
	Actes des apôtres (Luc).	Les débuts du christianisme.
	Épîtres (Paul, Jacques, Pierre, Jean et Jude).	21 lettres adressées aux premières communautés chrétiennes.
	L'Apocalypse (Jean).	Annonce du retour du Christ et du Jugement dernier.

Ancien Testament

Nouveau Testament

6 **La composition de la Bible.**

7 **Quelques symboles bibliques et leur interprétation**

Comment symboliser l'idée de...	... dans la Bible	Interprétation
Dieu	Le ciel	Demeure des dieux dans l'Antiquité
La présence de Dieu	Un nuage	Il est présent dans le ciel
Le don de Dieu	Le pain	Nourriture de base dans l'Antiquité
La divinité	Le blanc	Couleur éclatante désignant l'envoyé de Dieu
La perfection	Sept	Chiffre sacré dans la Bible : le repos du 7e jour
La pureté spirituelle	Le désert	Le désert évoque l'Exode des Hébreux, lieu propice à la méditation
Les hommes	La terre	Les hommes vivent sur la terre
Le peuple de Dieu	Douze	Les douze tribus d'Israël
Les forces du mal	La mer	On la craint en raison des tempêtes, des naufrages
La rencontre avec Dieu	La montagne	Position élevée, proche du ciel, de Dieu, lieu propice à la méditation. Moïse y reçoit les 10 commandements
Une longue durée	Quarante	Nombre signifiant une longue durée : l'Exode dura quarante ans dans le désert

Questions

A Observer et décrire les documents

1. Décrire la Torah (doc. 4).

B Retirer des informations des documents

2. En quoi consiste l'Alliance entre Dieu et Moïse (doc. 1) ? Quels sont les commandements transmis à Moïse ?

3. Comment se sont transmis les textes qui ont formé la Bible (doc. 2) ?

4. Dans quelle partie de la Bible situer la Genèse, l'Exode, le Cantique des cantiques, l'Évangile de Marc (doc. 6) ?

C Mettre en relation les documents

5. Présenter les points communs et les différences entre la Bible juive et la Bible chrétienne (doc. 1, 2 et 6).

D Rédiger

6. Dans les textes de ce chapitre, chercher quels symboles bibliques sont utilisés.

Étudier une image

Une représentation de l'Ascension

L'Ascension du Christ. Évangéliaire de Rabbula (Mésopotamie), VIe s., bibliothèque Laurentienne, Florence.

Le char de Yahvé selon Ézéchiel

Au centre, je discernai quelque chose qui ressemblait à quatre êtres vivants. Ils ressemblaient à des hommes et tous les quatre avaient une face de lion à droite, une face de taureau à gauche et tous les quatre avaient une face d'aigle [...]. Des roues avançaient dans les quatre directions.

D'après Ézéchiel, 1, 5-17.

L'Ascension d'après l'Évangile

Comme les disciples parlaient ainsi, Jésus fut présent au milieu d'eux. [...]
Puis il les emmena jusque vers Béthanie et, levant les mains, il les bénit. Or, comme il les bénissait, il se sépara d'eux et fut emporté au ciel.

Évangile de Luc, 24, 36 et 50-51.

Questions

1. Présenter le document. Quelle scène est ici représentée ?
2. Décrire les différents éléments composant cette scène.
3. Où est le Christ ? Par quoi et par qui est-il entouré ?
4. Quels sont les personnages au centre, au premier plan ?
5. Quels éléments ont inspiré cette représentation ? Quels sont les éléments ajoutés par l'auteur ?

→ Comment faire ?

1 L'image, un document iconographique

L'image est une **source** importante pour l'historien.
Comme tous les autres types de documents, l'image nécessite une approche rigoureuse et objective. Elle doit être replacée dans son contexte historique. Les images que l'historien étudie peuvent être de nature très variée.

VOCABULAIRE

Source : document datant en général de l'époque étudiée. Une source peut être plus ou moins proche de l'époque étudiée. Attention ! Tout document n'est pas forcément une source : carte, axe chronologique, schéma, ne sont pas des sources.

2 Présentation de l'image

Comme pour tout autre document, la présentation nécessite de répondre à quatre questions :

QUOI ? QUI ? À QUI ? QUAND ?

- **QUOI : la nature du document.** Il faut préciser :
– le genre : historique, religieux, mythologique, paysage, portrait ;
– le format : forme (rectangle, carré, cercle…) et dimensions (si possible) ;
– le support : sur quoi l'image est-elle exécutée (bois, pierre, toile, papier, parchemin…) ? ;
– les techniques utilisées : peinture à l'huile, dessin, gravure, mosaïque…
- **QUI : l'auteur.** Le présenter rapidement s'il est connu. Les documents iconographiques anciens sont très souvent anonymes.
- **QUAND : la date et le contexte.** Une image est le reflet de son époque. La présenter, c'est la dater et la replacer dans son cadre politique, religieux, artistique.

Question importante : l'image est-elle contemporaine des événements évoqués ?

S'il y a décalage dans le temps, l'image peut correspondre à une réinterprétation.
Mais une image contemporaine de l'événement ne signifie pas nécessairement une image « plus vraie » que si elle date d'une époque postérieure.

- **À QUI s'adresse le document ?** Quel rapport l'image entretient-elle avec la réalité ? L'image répond-elle à une commande (un tableau pour son commanditaire, une caricature pour un journal, etc.).

3 Analyse de l'image

A. D'abord décrire le document…

- La composition du dessin ou du tableau : elle conditionne le regard du spectateur face à l'œuvre représentée.
– Quelles sont les lignes de force et de construction ?
– Y a-t-il présence ou absence de profondeur ?
– Quels sont les différents plans (voir Aide) ?
- Les couleurs et la lumière :
– Quelles sont les couleurs utilisées, couleurs chaudes (rouge, jaune, etc.) ou froides (bleu, etc.) ?
– Quel est le rôle de la lumière, que met-elle en évidence ?
- Les personnages et les objets :
– décrire la scène représentée : personnages, éléments d'architecture, objets, paysage ;
– relever les caractéristiques de chacun des objets représentés (nombre, taille, rôle, etc.) ;

B. … ensuite l'expliquer…

- Se demander quelles influences peuvent être relevées :
– dans la forme (techniques utilisées) ;
– dans le fond (thèmes représentés, à partir d'autres œuvres, comme des images ou des textes littéraires) ;
– l'auteur suit-il fidèlement ces influences ou s'en écarte-t-il pour apporter des éléments nouveaux ?
- Sait-on quel a été l'impact de l'image sur les contemporains ?

C. … sans oublier d'en faire une analyse critique

– Y a-t-il volonté de valoriser le fait représenté ? Image proche de la propagande.
– S'agit-il d'une image qui dénonce les faits ou les personnages, qui les montre sous un jour négatif ? Satire, image proche de la caricature (voir doc. 1 p. 68).

4 Aide pour répondre à certaines questions

Les différents plans d'une image.

Question 1
Voir la méthode ci-dessus.

Question 2
Aller du premier plan vers l'arrière-plan et de haut en bas.

Question 3
Décrire la partie supérieure de la miniature.

Question 4
L'un d'eux est une femme. Qui peut-elle être ?

Question 5
Utiliser le texte d'Ézéchiel ; trouver ensuite les éléments représentés sur la miniature et non cités dans les textes.

Explication d'un document (1/3)

Sujet : Le Jugement dernier

Questions

1. Décrire les scènes représentées.
2. Observer les représentations du Christ et dégager leur signification.
3. Commenter le déroulement du Jugement dernier.
4. Quelle image de l'enfer et du paradis le document donne-t-il ?
5. Montrer que l'œuvre vise à la fois à l'instruction religieuse des chrétiens et à leur élévation morale.

DOCUMENT 1 Le Jugement dernier.
Mosaïque, fin du XIIe et XIIIe siècles, cathédrale Santa Maria Assunta, île de Torcello, dans la lagune de Venise.

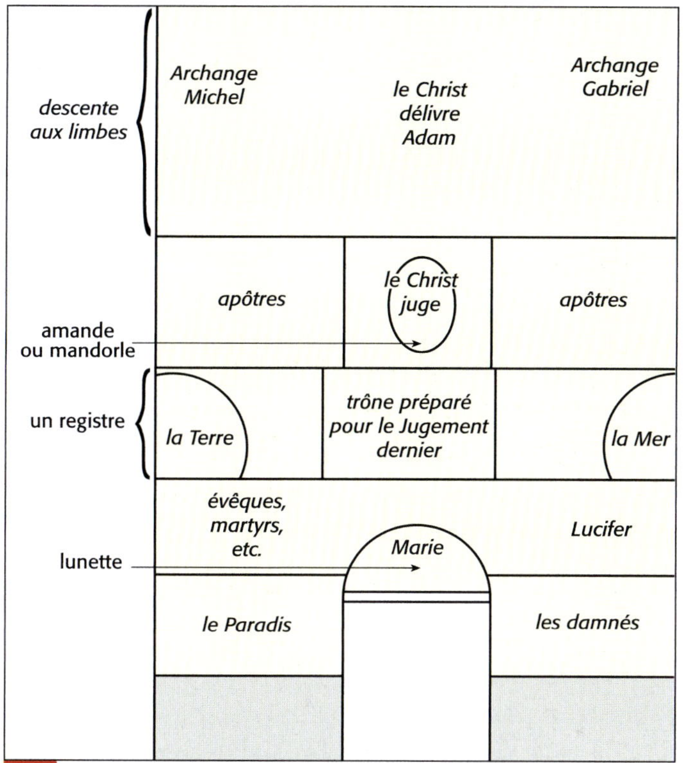

Schéma d'interprétation

Document d'accompagnement **Évangile de Matthieu, 25, 31-46**

Le fils de l'homme prendra place sur son trône de gloire. Devant lui seront rassemblées toutes les nations, et il séparera les gens les uns des autres, tout comme le berger sépare les brebis des boucs. Il placera les brebis à sa droite, et les boucs à sa gauche. Alors le roi dira à ceux de droite : « Venez les bénis de mon Père, recevez en héritage le royaume qui vous a été préparé depuis la fondation du monde » [...]. Alors il dira à ceux de gauche : « Allez loin de moi, maudits, dans le feu éternel qui a été préparé pour le Diable et ses anges ». [...] Et ils s'en iront, ceux-ci à une peine éternelle, et les justes à la vie éternelle.

Le Jugement dernier est traité selon la tradition byzantine :
– le groupe formé du Christ, de la Vierge et de Jean le Baptiste implorant le pardon pour les pécheurs ;
– le Christ descendant aux Enfers, en piétinant les portes brisées et en sortant Adam ; – HANAC pour Anastasis évoque la descente aux Limbes à l'entrée de l'enfer ;
– ĨC X̃C signifie en grec byzantin Jésus-Christ.
– M̃P Θ̃N signifie en grec byzantin mère de Dieu.

Méthode

1 Aide générale

Avant de répondre aux questions, il faut

a. Examiner attentivement le document

– en préciser la nature : un document iconographique. Quelle est la technique utilisée ?
– étudier la composition : le document comporte plusieurs bandes horizontales, un axe central. Comment le lire ? De haut en bas. Utiliser le schéma d'interprétation.

b. Le situer dans le temps et dans l'espace

L'œuvre est réalisée aux XIIe-XIIIe s. Le christianisme est alors religion officielle depuis plusieurs siècles. La prospérité de Venise (voir p. 108) et de Torcello (une île dans la lagune) permet la construction de la cathédrale et sa décoration par des artistes utilisant une technique et des traditions byzantines : Venise est alors fortement influencé par Byzance.

c. Le déchiffrer

On peut identifier quelques personnages : le Christ (représenté deux fois), Pierre (avec ses clés) et les apôtres, Jean le Baptiste (l'auréole et la barbe), le bon larron (le torse nu et la croix).
Quelques représentations symboliques : le fleuve de feu pour l'enfer, la double croix pour la résurrection.
Quelques scènes : le Christ aux Enfers, la pesée des âmes.

Analyser le titre et mobiliser ses connaissances

Pour les chrétiens, quand ce jugement doit-il être rendu ? Par qui ? Qui est jugé ? Sur quoi débouche le jugement ?

Faire la critique du document

Il s'agit d'une image religieuse. Ceux qui l'ont réalisée considèrent que les Évangiles et l'Apocalypse disent la vérité.

2 Exemple de réponse : question 2

La mosaïque de Torcello comporte deux représentations du Christ aux deux registres supérieurs.

La première montre le Christ descendant aux Limbes, à l'entrée des Enfers. Il est ressuscité (il brandit la double croix, symbole de résurrection). Il brise les portes de l'enfer (clés et serrures par terre), écrase Satan et entraîne Adam. Le Christ apparaît ici comme le ***triomphateur*** *(il est très grand et Satan tout petit) et le* ***rédempteur*** *(il sauve Adam).*

La deuxième, en-dessous, montre le Christ trônant dans un ovale (une mandorle). Il porte aux mains et aux pieds, les marques du supplice sur la croix. Marie et Jean le Baptiste l'entourent ainsi que les douze apôtres. C'est le ***Christ-juge****. Les ressuscités iront soit en enfer, soit au paradis, selon leurs actes, pour lesquels le Christ ressuscité les juge.*

3 Aide pour répondre à d'autres questions

• Aide à la question 4 :

Recenser les personnages, les éléments de décor et les symboles qui caractérisent l'un et l'autre.

• Aide à la question 5 :

Quelles croyances chrétiennes fondamentales le document illustre-t-il ?

Quelles craintes peuvent naître d'une telle vision ? Quels espoirs peuvent naître d'une telle vision ?

CHAPITRE

3

La diffusion du christianisme

Le christianisme se diffuse dans l'Empire romain à partir du milieu du Ier s. Il gagne d'abord la partie orientale de l'Empire, puis Rome et enfin l'Occident.

Rome se montrait, en général, assez tolérante envers les religions différentes de la religion romaine. Mais à plusieurs reprises, le pouvoir persécute les chrétiens, en raison de leur refus de rendre un culte à l'empereur. Il faut attendre l'an 313 et l'édit de Milan pour que le christianisme devienne une religion tolérée. En 391, les cultes païens sont interdits ; le christianisme devient la religion officielle du monde romain.

Comment se diffuse le christianisme ?
Comment expliquer son succès ?

1 Une religion persécutée à Rome et dans l'Empire romain…

Catacombes de saints Marcellin et Pierre, martyrs,
Rome, via Casilina. Seconde moitié du IIIe s.

Le Christ, entouré de saint Pierre et de saint Paul, est représenté en majesté au-dessus de l'agneau divin, vers lequel se tournent les quatre principaux martyrs inhumés dans ces catacombes. Ce sont, de gauche à droite, Gorgonius, Pierre, Marcellin et Tiburce.

« Si vous croyez qu'il faut persécuter les chrétiens, qu'allez-vous faire des milliers et des milliers d'hommes et de femmes de tous âges et de toutes conditions qui se présentent à vous ? De combien de feux et de combien d'épées aurez-vous besoin ? Comment Carthage va-t-elle tolérer de voir sa population décimée entre vos mains, quand chacun connaît des parents ou des amis qui ont été supprimés ? »
Lettre d'un Père de l'Église, Tertullien, au gouverneur romain de la province d'Afrique, début du IIIe s.

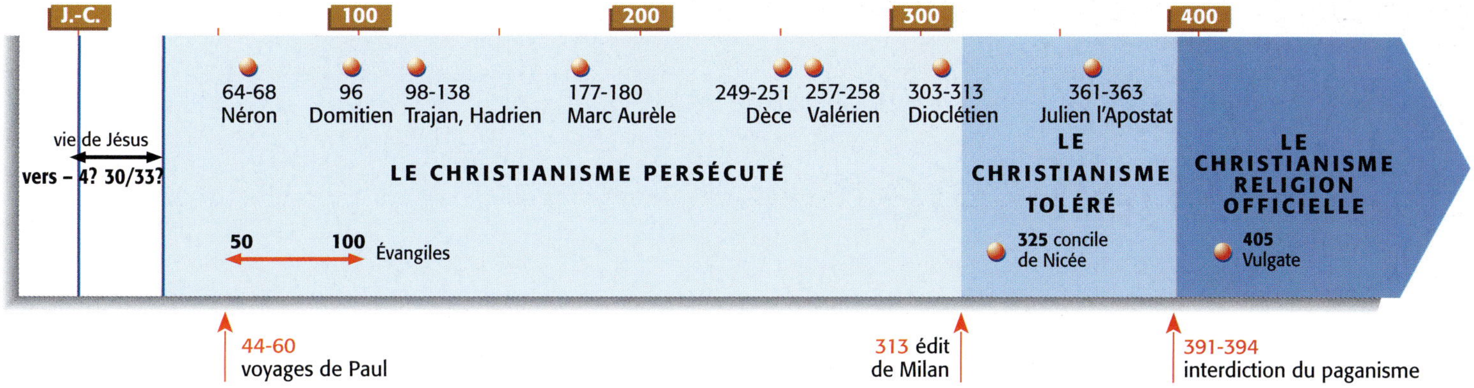

2 | … qui devient une religion d'État à la fin du IVe s dans l'Empire romain.

L'intérieur de la basilique Sainte-Sabine, une des premières églises chrétiennes à Rome (410).

« Nous, Constantin et Licinius, avons décidé d'accorder aux chrétiens et à tous les autres la liberté de pratiquer la religion qu'ils préfèrent, afin que la Divinité qui réside dans le ciel soit propice et favorable aussi bien à nous qu'à tous ceux qui vivent sous notre domination. […] Que Votre Excellence sache qu'à partir de ce moment, nous permettons aux chrétiens de pratiquer leur religion, sans qu'ils puissent être inquiétés ou molestés d'aucune manière. » Édit de Milan, 313.

L'extension du christianisme

• Au Ier s., le christianisme se propage surtout au sein des communautés juives de la Diaspora. Il touche d'abord des personnes modestes (esclaves, artisans, marins) puis, à la fin du IIe s., toutes les couches de la société.

• Les chrétiens sont très nombreux en Orient (Judée, Égypte, Syrie, Asie Mineure), mais aussi en Afrique du Nord. À la fin du IVe s., la partie orientale de l'Empire romain est presque entièrement chrétienne. On trouve même des chrétiens hors de l'Empire, en Mésopotamie et en Arménie. Le royaume d'Arménie est le premier État au monde qui a adopté le christianisme comme religion officielle. Au sud de l'Égypte, l'Éthiopie est christianisée à partir du début du IVe s.

• En Occident, le christianisme s'implante en Italie ainsi que dans certaines régions d'Espagne et de Gaule.

• L'Église s'est organisée autour des patriarcats. Quatre des cinq patriarcats se trouvent en Orient.

1 **Dès le début du IVe siècle, le christianisme pénètre en Éthiopie.** Il y est introduit par des missionnaires envoyés par le patriarche d'Alexandrie.
Saint Pierre et saint Paul, Abraham, Isaac et Jacob, icône du XVe siècle. Institute of Ethiopian Studies, Addis Abeba.

Questions

1. Quelles sont les régions christianisées aux Ier et IIe s. ?
2. Quelles sont les régions nouvellement christianisées au IIIe s. ? Au IVe s. ?
3. Qu'est-ce qui montre l'importance du christianisme en Orient ?
4. Comment l'expliquer ?

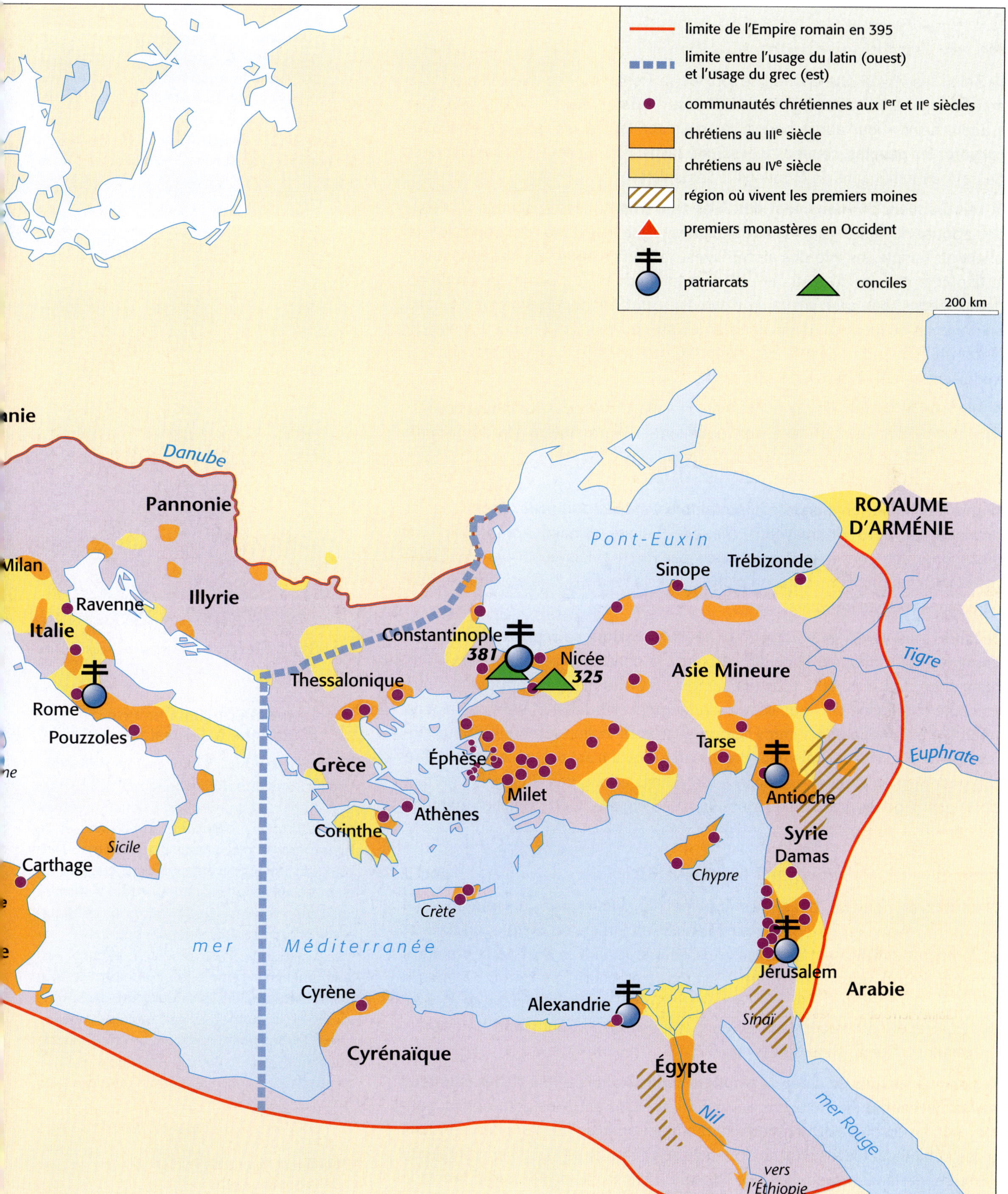

2 L'expansion du christianisme dans l'Empire romain du Ier au IVe s.

1 Les premiers chrétiens

A. La première communauté chrétienne — doc. 1, 2 et 4

■ Selon les *Actes des apôtres*, le jour de la Pentecôte, soit cinquante jours après **Pâques**, les disciples réunis ont reçu l'« Esprit saint » (voir p. 70). Cet « Esprit saint » leur aurait permis de maîtriser toutes les langues et **d'aller convertir les peuples, comme l'a enseigné Jésus**. Pierre devient le premier chef de cette communauté de chrétiens, à Jérusalem.

■ **Les premiers chrétiens sont des Juifs convertis** qui se rassemblent autour des apôtres. Ils restent fidèles aux pratiques juives telles que la circoncision, la prière au Temple, les interdits alimentaires. Ils s'en différencient cependant par le baptême au nom de Jésus et par la « fraction du pain », commémoration du dernier repas, pris avec Jésus, la Cène. Ils s'en distinguent aussi par la mise en commun de leurs biens et l'assistance aux pauvres. Ils donnent à Jésus de Nazareth le nom de Jésus-Christ, du mot grec « christos », signifiant « oint » et traduisant le mot hébreu « messie ».

■ Pierre et les autres disciples prêchent l'Évangile devant le Temple et convertissent des Juifs. Les autorités s'en inquiètent et **Pierre doit quitter Jérusalem**.

B. La séparation d'avec le judaïsme — doc. 3

■ **Une deuxième communauté importante est créée à Antioche**, capitale de la province de Syrie et troisième ville de l'Empire romain, après Rome et Alexandrie. Les conversions sont faites par Pierre, mais aussi par Paul (voir pp. 62-63). Le premier s'adresse plutôt aux Juifs tandis que le second se tourne surtout vers les non-Juifs.

■ Tandis que, sous l'action de Paul, **le christianisme se répand avec succès parmi les non-Juifs**, une question se pose : le christianisme s'adresse-t-il uniquement à des Juifs, ou à tous les hommes ? Cette question oppose la communauté chrétienne de Jérusalem (recrutée parmi les Juifs) et celle d'Antioche (recrutée en grande partie parmi des personnes de culture grecque). Sous l'influence de Paul, il est finalement décidé en 49 **qu'il n'est pas nécessaire d'être Juif pour devenir chrétien** : le salut a été promis à tous par le Christ, il ne faut donc pas imposer aux chrétiens non-Juifs la Loi juive. Cette position détache les chrétiens du judaïsme.

C. Les chrétiens hors du judaïsme — doc. 5

■ La religion nouvelle, désormais appelée « christianisme », en référence au Christ, se répand en Judée, en Asie Mineure, en Grèce, en Égypte, en Italie et à Rome, essentiellement dans les villes. **Pierre devient le chef de la première communauté chrétienne de Rome**. Il est arrêté et meurt vers 64 ou 67, lors de la **persécution** déclenchée par l'empereur Néron, après l'incendie de la ville, dont on rend les chrétiens faussement responsables. Paul meurt peu après, également à Rome, sans doute vers 67.

■ **Lorsque les Juifs de Judée se révoltent contre Rome de 66 à 70, les chrétiens ne les suivent pas** ; les relations deviennent difficiles entre les deux communautés. À la fin du Ier s., les chrétiens se recrutent en majorité parmi les non-Juifs et les communautés les plus nombreuses se situent dans la moitié orientale de l'Empire, de langue grecque, et à Rome. Le christianisme touche à la fois la population modeste et certains milieux aisés (par exemple des sénateurs romains). Il pénètre encore très peu dans les campagnes.

VOCABULAIRE

Pâques : dans le christianisme, le mot est toujours au pluriel ; fête commémorant la résurrection du Christ.

persécution : mesures injustes et violentes prises contre une personne ou un groupe de personnes.

1 **Saint Pierre.** Bas-relief, IVe s., Aquilée, Italie.

2 La première communauté chrétienne à Jérusalem

Ils étaient assidus à l'enseignement des apôtres et à la communion fraternelle, à la fraction du pain et aux prières. La crainte gagnait tout le monde : beaucoup de prodiges et de signes s'accomplissaient par les apôtres. Tous ceux qui étaient devenus croyants étaient unis et mettaient tout en commun. Ils vendaient leurs propriétés et leurs biens, pour en partager le prix entre tous, selon les besoins de chacun. Unanimes, ils se rendaient chaque jour assidûment au Temple ; ils rompaient le pain à domicile, prenant leur nourriture dans l'allégresse et la simplicité de cœur. Ils louaient Dieu et trouvaient un accueil favorable auprès du peuple tout entier. Et le Seigneur adjoignait chaque jour à la communauté ceux qui trouvaient le salut.

Luc, *Actes des apôtres*, 2, 42-47.

1. **Comment vivent les fidèles de la communauté ?**
2. **Que rappelle l'expression « ils rompaient le pain » ?**

3 Le conflit à propos de la Loi juive

Certaines gens descendirent alors de Judée, qui voulaient endoctriner les frères [*d'Antioche*] : « Si vous ne vous faites pas circoncire selon la Loi de Moïse, disaient-ils, vous ne pouvez pas être sauvés. » Un conflit en résulta et des discussions assez graves opposèrent Paul et Barnabé à ces gens. On décida que Paul, Barnabé et quelques autres monteraient à Jérusalem trouver les apôtres et les anciens à propos de ce différend. L'Église d'Antioche pourvut à leur voyage. [...]

Les apôtres et les anciens se réunirent pour examiner cette affaire. Comme la discussion était devenue vive, Pierre intervint pour déclarer : « Vous le savez, frères, c'est par un choix de Dieu que, dès les premiers jours et chez vous, les nations païennes ont entendu de ma bouche la parole de l'Évangile et sont devenues croyantes. Dieu, qui connaît les cœurs, [...] leur a donné, comme à nous, l'Esprit saint. Sans faire la moindre différence entre elles et nous, c'est par la foi qu'il a purifié leur cœur. » [...] Jacques à son tour prit la parole : « [...] Je suis d'avis de ne pas accumuler les obstacles devant ceux des païens qui se tournent vers Dieu. Écrivons-leur simplement de s'abstenir des souillures de l'idolâtrie, de l'immoralité, de la viande étouffée et du sang. » [...] D'accord avec toute l'Église, les apôtres et les anciens décidèrent alors de choisir dans leurs rangs des délégués qu'ils enverraient à Antioche.

Luc, *Actes des apôtres*, 15, 1-22.

1. **Quel est le sujet de la controverse à Antioche ?**
2. **Que font alors les chrétiens d'Antioche ? Pourquoi ?**
3. **Quelle décision est prise par Pierre et la communauté de Jérusalem ?**

4 La Pentecôte. Manuscrit du XIIe s., bibliothèque Mazarine, Paris.
« Alors leur apparurent comme des langues de feu qui se partageaient et il s'en posa sur chacun d'eux. Ils furent tous remplis d'Esprit saint et se mirent à parler d'autres langues. »
Actes des apôtres, 2, 3-4.

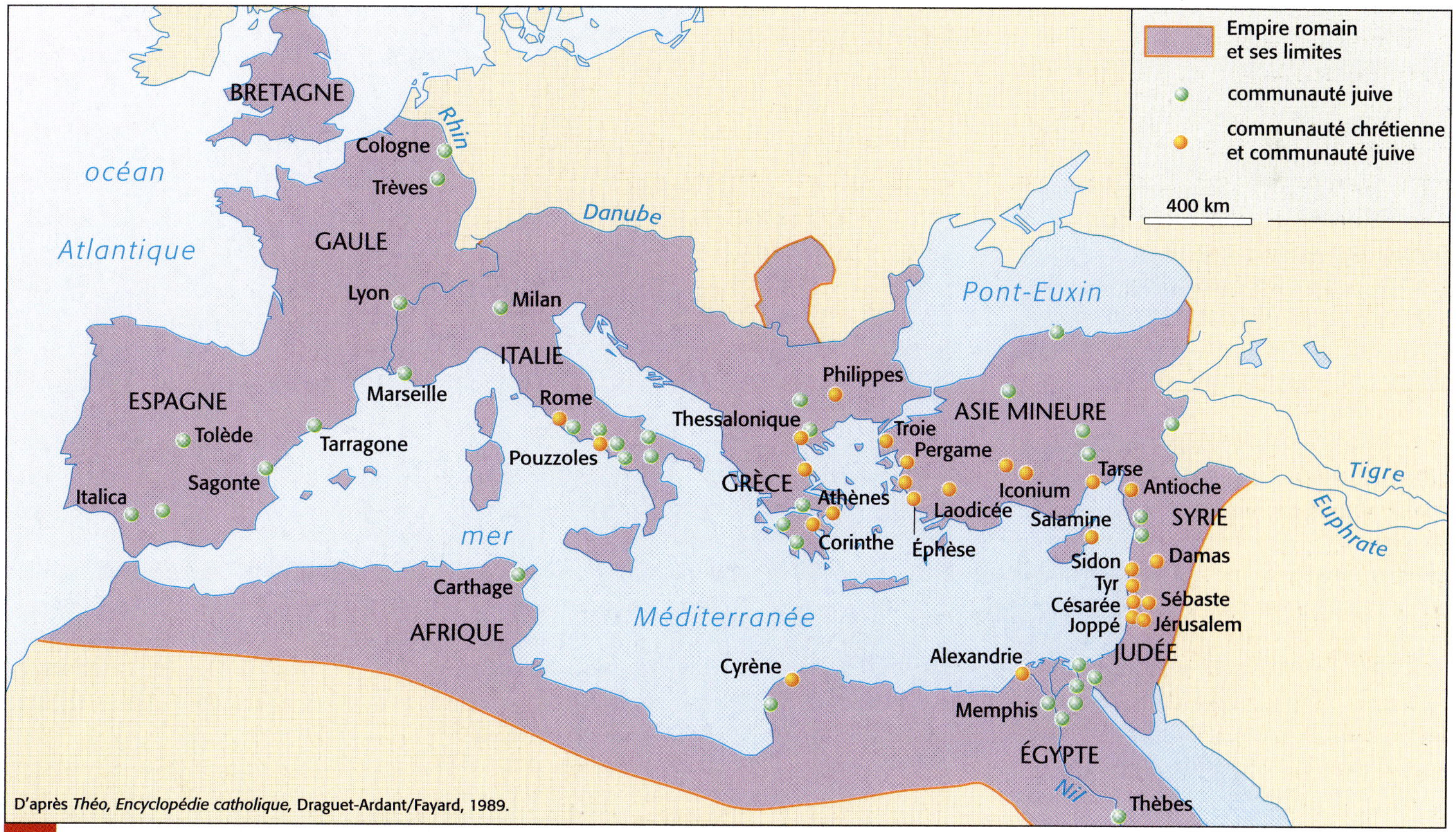

5 Chrétiens et Juifs dans l'empire romain à la fin du Ier s.

1. **Où trouve-t-on des communautés chrétiennes à la fin du Ier s. ?**
2. **Comment peut-on expliquer cette répartition ?**

DOSSIER

Paul, apôtre des Gentils

1 Saint Paul.
Fresque du VIe s. découverte en 1998 dans la grotte dite « grotte de Paul » à Éphèse.

- Juif de la Diaspora, citoyen romain de langue grecque né vers 15, Saül est d'abord hostile aux chrétiens. Il combat la communauté de Jérusalem avant de partir persécuter les chrétiens de Damas. En route, il a une vision et se convertit au christianisme. Il est baptisé sous le nom de Paul, puis entreprend trois grands voyages en Asie Mineure et en Grèce, entre 45 et 58. Il prêche d'abord devant un public juif, puis devant des non-Juifs, d'où son surnom d'« apôtre des **Gentils** ». Rejeté à Éphèse et à Athènes, il est mieux accueilli par les Grecs de Corinthe.
- Paul reste en liaison avec les communautés qu'il a fondées, par ses épîtres (lettres). Il est le premier à dire que le christianisme concerne tous les peuples qui acceptent la parole de Dieu : la foi remplace l'observance de la Loi de Moïse ; la notion de « peuple des croyants » remplace celle de « peuple élu ». Arrêté en 58, il meurt vers 67.

VOCABULAIRE

Gentils : nom donné par les Juifs aux non-Juifs.

2 La conversion de Saül

Saül, ne respirant toujours que menaces et meurtres contre les disciples du Seigneur, alla demander au Grand Prêtre des lettres pour les synagogues de Damas. S'il trouvait là des adeptes [*du Christ*], il les amènerait, enchaînés, à Jérusalem.
Poursuivant sa route, il approchait de Damas, quand, soudain, une lumière venue du ciel l'enveloppa de tout son éclat. Tombant à terre, il entendit une voix qui lui disait : « Saül, Saül, pourquoi me persécuter ? – Qui es-tu, Seigneur ? demanda-t-il. – Je suis Jésus, c'est moi que tu persécutes. Mais relève-toi, entre dans la ville, et on te dira ce que tu dois faire. » [...] Saül se releva de terre, mais bien qu'il eût les yeux ouverts, il n'y voyait plus rien.

[Après trois jours à Damas, Dieu envoie à Paul un chrétien nommé Ananias.]

Ananias partit, entra dans la maison, lui imposa les mains et dit : « Saül, mon frère, c'est le Seigneur qui m'envoie [...] afin que tu retrouves la vue et que tu sois rempli de l'Esprit saint. » [...] Saül retrouva la vue. Il reçut alors le baptême.

Luc, *Actes des apôtres*, 9, 1-17.

3 Paul prêchant dans la synagogue de Damas.
Mosaïque, XIIe s., cathédrale de Monreale (Sicile).

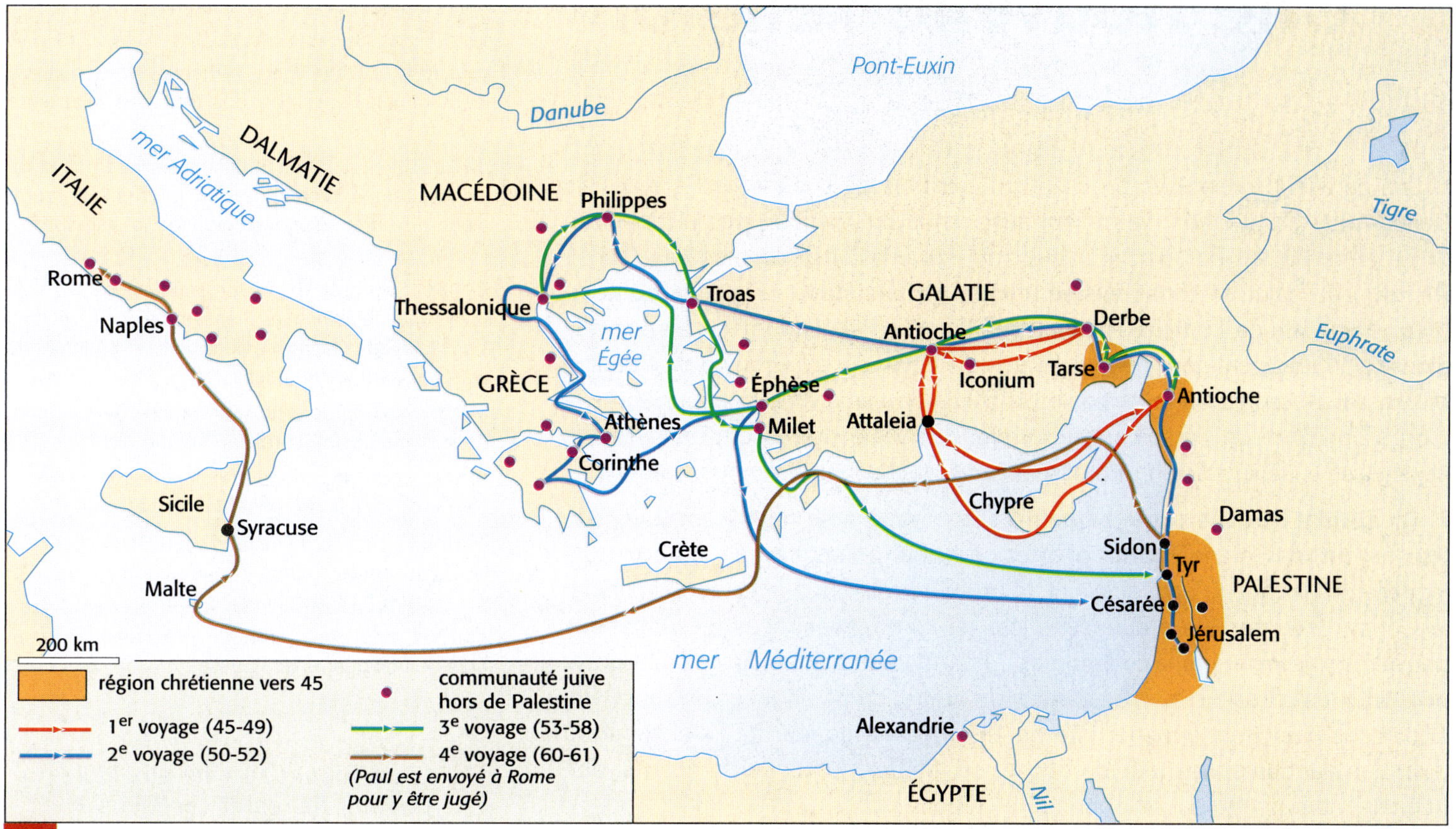

4 Les voyages de Paul.

5 La mission de Paul en Asie Mineure

Paul et ses compagnons [...] arrivèrent à Antioche de Pisidie. Le jour du sabbat, ils entrèrent dans la synagogue. Après la lecture de la Loi et des Prophètes [...], Paul se leva, fit signe de la main et dit : « Israélites, écoutez-moi. [...] Nous aussi, nous vous annonçons cette Bonne Nouvelle : la promesse faite aux pères, Dieu l'a pleinement accomplie à l'égard de nous, leurs enfants, quand il a ressuscité Jésus [...]. » À leur sortie, on pria instamment Paul et Barnabé de reparler du même sujet le sabbat suivant.

Le sabbat venu, presque toute la ville s'était rassemblée pour écouter la parole du Seigneur. À la vue de cette foule, les Juifs furent pris de fureur et c'étaient des injures qu'ils opposaient aux paroles de Paul. Paul et Barnabé eurent alors la hardiesse de déclarer : « C'est à vous d'abord que devait être adressée la parole de Dieu ! Puisque vous la repoussez et que vous vous jugez vous-mêmes indignes de la vie éternelle, alors nous nous tournons vers les païens. Car tel est bien l'ordre que nous tenons du Seigneur : Je t'ai établi lumière des nations, pour que tu apportes le salut aux extrémités de la terre. »

À ces mots, les païens tout joyeux glorifiaient la parole du Seigneur et tous ceux qui se trouvaient destinés à la vie éternelle devinrent croyants. [...]

À Iconium, il se passa la même chose : Paul et Barnabé se rendirent à la synagogue, et parlèrent de telle sorte que des Juifs et des Grecs en grand nombre devinrent croyants.

Luc, *Actes des apôtres*, 13, 13-48, et 14, 1-2.

6 Qui est chrétien ?

La Loi [*juive*] a été notre surveillant en attendant le Christ, afin que nous soyons justifiés par la foi. Mais après la venue de la foi, nous ne sommes plus soumis à ce surveillant. Car tous, vous êtes, par la foi, fils de Dieu, en Jésus-Christ. Oui, vous tous qui avez été baptisés en Christ, vous avez revêtu Christ. Il n'y a plus ni Juif, ni Grec ; il n'y a plus ni esclave, ni homme libre ; il n'y a plus l'homme et la femme ; car tous vous n'êtes qu'un en Jésus-Christ.

Paul, *Épître aux Galates*, 3, 24-28, milieu du Ier s.

Questions

A Présenter les documents

1. Quelles sont les sources contemporaines de l'époque de Paul ? Quelles sont les sources postérieures ?

B Retirer des informations des documents

2. Comment se passe la conversion de Saül (doc. 2) ?
3. Comment Paul est-il représenté (doc. 1 et 3) ?
4. À qui s'adresse-t-il (doc. 3) ?
5. Dans quelle partie de l'Empire romain se déroulent les voyages de Paul (doc. 4) ? Quelle est la différence entre les trois premiers voyages et le quatrième ?
6. Par qui Paul est-il accueilli dans les villes qu'il traverse (doc. 5) ? Est-ce un avantage ? À qui s'adresse-t-il ?
7. Qui sont les chrétiens (doc. 6) ?

C Rédiger

8. Montrer à l'aide des documents de ces deux pages que le christianisme se présente comme une religion universelle.

2 Une nouvelle religion

A. Une religion du salut — doc. 4 et 5

■ Les chrétiens croient en un Dieu qui unit trois personnes, le Père, le Fils (Jésus) et le Saint-Esprit. Ils croient aussi en la résurrection des morts et en la vie éternelle, au paradis pour ceux qui suivent l'enseignement du Christ. **Religion** du salut, **le christianisme répond à l'inquiétude religieuse de nombreux habitants de l'Empire romain**. Beaucoup se sont tournés vers les religions orientales comme le culte de la déesse égyptienne Isis ou du dieu iranien Mithra qui promettent à leurs fidèles la survie de l'âme et le bonheur après la mort à condition de participer aux cérémonies réservées aux **initiés**. Mais le christianisme, seule religion s'adressant à tous les hommes, s'impose peu à peu.

■ **On devient chrétien par le baptême**. Les chrétiens se réunissent le dimanche, le jour du Seigneur, pour prier et participer à l'eucharistie, au cours de laquelle on partage le pain et le vin ; le prêtre répète les gestes accomplis par le Christ et les paroles prononcées lors de son dernier repas. **Les chrétiens peuvent s'y associer par la communion**, le partage du pain et du vin étant devenus, pour les chrétiens, par les paroles du prêtre, corps et sang du Christ. Par ailleurs, ils cherchent à mener une vie en rapport avec leur foi : s'éloigner du luxe, des banquets, des jeux du cirque, du théâtre ; pratiquer la charité, être honnête, ne pas être soldat pour ne pas tuer.

B. Les premières Églises — doc. 2 et 3

■ Dans chaque ville, les fidèles forment une communauté, **l'Église**, qui est dirigée par un **évêque**. À la fin du Ier s., l'organisation devient plus complexe : l'évêque est aidé par des prêtres (en grec, *presbyteroi*, « anciens ») et des diacres (« serviteurs »).

■ Chaque Église achète une maison pour assurer le culte, un lieu pour enterrer les morts. La communauté s'occupe également des pauvres et de l'enseignement de l'Évangile aux nouveaux convertis. **Lettres et voyages mettent en relation les différentes communautés chrétiennes**. Parmi toutes ces Églises, celle de Rome jouit d'un rang particulier : c'est à la fois la capitale de l'Empire et le lieu dont l'apôtre Pierre a été le premier évêque.

C. Les chrétiens dans l'Empire romain — doc. 1 et 6

■ Les chrétiens considèrent les multiples dieux de l'Empire romain comme des idoles ; ils **refusent de considérer l'empereur comme *divus* (divin) et de lui offrir des sacrifices**. Ils rejettent donc le culte impérial, ce qui, pour Rome, ne peut que mécontenter leurs dieux et affaiblir l'Empire. Les Romains pensent que cette attitude fait des chrétiens de mauvais citoyens, ce qui justifie à leurs yeux les persécutions.

■ À partir du IIe s., le christianisme gagne toutes les couches de la population. L'Église qui s'est proclamée catholique – c'est-à-dire universelle – connaît de grands débats sur des questions de **dogme**. Les discussions sont alimentées par des **penseurs chrétiens comme Tertullien, Origène, Cyprien, appelés « Pères de l'Église »**. Ils commentent l'enseignement des apôtres, luttent par leurs écrits contre les auteurs païens, combattent ceux qui semblent s'éloigner des croyances officielles et tombent dans l'**hérésie**. Il devient indispensable de **fixer le dogme**. C'est la tâche, non seulement des Pères de l'Église comme saint Augustin, mais de l'ensemble des dirigeants de l'Église, patriarches, évêques qui, réunis à plusieurs reprises en **concile**, y travailleront aux IVe et Ve s.

VOCABULAIRE

religion : du latin *ligere*, « attacher » ; ce qui relie les hommes, l'ensemble des pratiques relatives à une croyance.

initié : celui qui, ayant pris connaissance de paroles, de gestes, d'objet cachés, peut ensuite participer aux rites d'une religion ou d'une société secrète.

Église : du gres *ekklésia*, « assemblée », l'Église (avec une majuscule) est l'ensemble des chrétiens. L'église avec une minuscule, signifie le bâtiment où se réunissent les chrétiens.

évêque : du grec *episcopos*, « surveillant » ; chef de la communauté chrétienne d'une ville.

dogme : du grec *dogma*, « croyance » ; l'ensemble de ce qu'il faut croire dans une religion.

hérésie : du grec *hairesis*, « choix » ; une conception considérée comme erronée en matière de foi par rapport à ce qu'enseigne l'Église.

concile : du latin *concilium*, « réunion » ; assemblée des dirigeants de l'Église.

1 Ceux qui ont sacrifié aux idoles peuvent-ils rester chrétiens ?

Héraclius n'admet pas que les *lapsi [ceux qui étaient chrétiens et ont sacrifié aux idoles]* puissent faire pénitence de leurs péchés et rester chrétiens. Le pape Eusèbe[1], au contraire, enseigne que ces malheureux peuvent rester chrétiens. Le peuple se divise en deux partis ; il en naît des luttes et des discordes.

Damase, pape de 366 à 384.

1. Pape en 309-310.

1. Que peut-on reprocher aux *lapsi* ? Pourquoi l'ont-ils fait ?
2. Comment peut-on qualifier l'attitude du pape Eusèbe ?

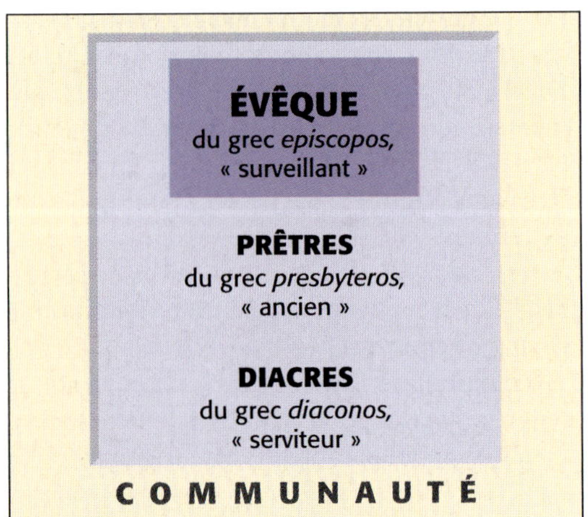

2 L'organisation d'une Église selon Ignace d'Antioche.
L'évêque, au centre de la communauté, est aidé par les prêtres et les diacres.

3 **Une des premières églises en Syrie, IVe s.**

Le monastère Qalat Seman, dans le nord de la Syrie, fondé là où vécut saint Siméon le Stylite, ainsi appelé parce qu'il méditait au sommet d'une colonne.

4 Vivre en chrétien

Que l'amour fraternel demeure. N'oubliez pas l'hospitalité. [...] Que le mariage soit honoré de tous et le lit conjugal sans souillure, car les débauchés et les adultères seront jugés par Dieu. Que l'amour de l'argent n'inspire pas votre conduite.

Paul, *Épître aux Hébreux*, 13, 1-5, vers 67-95.

Le jour qu'on appelle le jour du soleil, tous se réunissent dans un même lieu. On lit les mémoires des apôtres et les écrits des prophètes [...]. La lecture finie, celui qui préside prend la parole pour avertir et exhorter à imiter ces beaux enseignements. Ensuite, nous nous levons tous et nous prions à haute voix. Puis, lorsque la prière est terminée, on apporte du pain avec du vin et de l'eau. Celui qui préside fait monter au ciel les prières et les actions de grâce. Puis on partage et on distribue à chacun les choses consacrées [*le pain et le vin*]. Ceux qui sont dans l'abondance et qui veulent donner, donnent librement chacun ce qu'il veut. Ce qui est recueilli est remis aux orphelins, veuves, malades, indigents, prisonniers et hôtes étrangers ; en un mot à tous ceux qui sont dans le besoin.

Nous nous assemblons tous le jour du soleil, parce que c'est le premier jour où Dieu créa le monde, et que, ce même jour, Jésus-Christ notre Sauveur ressuscita des morts. La veille du jour de Saturne, il fut crucifié, et le lendemain de ce jour, c'est-à-dire le jour du soleil, il apparut à ses apôtres et à ses disciples et leur enseigna cette doctrine.

Justin (vers 100-vers 165), philosophe chrétien et martyr, *Apologie*, I, 67, milieu du IIe s.

1. **Comment se passe la réunion entre les chrétiens ? Que commémore-t-elle ?**
2. **En quoi consiste la morale chrétienne ?**

5 Les chrétiens sont-ils de bons citoyens ?

Par des prières incessantes, nous demandons pour les empereurs une longue vie, un règne tranquille, un palais sûr, des troupes valeureuses, un Sénat fidèle, un peuple loyal, l'univers paisible, enfin tout ce qu'un homme ou un César peuvent souhaiter.

Tertullien (155-vers 225), écrivain latin converti au christianisme, *Apologétique*, XXX, fin du IIe s.

On se demande maintenant si un fidèle peut être soumis au service militaire, et si un soldat peut être admis à la foi. [...] Il n'y a pas d'accord possible entre le serment divin et le serment humain, entre l'étendard du Christ et l'étendard du diable, entre le camp de la lumière et le camp des ténèbres : une âme ne peut se vouer à deux maîtres, à Dieu et à César.

Tertullien, *Sur la couronne*, 211.

Tu as longtemps vécu en sacrilège, tu as réuni autour de toi beaucoup de complices de ta coupable conspiration, tu t'es fait l'ennemi des dieux de Rome et de ses lois saintes. Nos pieux et très sacrés empereurs, Valérien et Gallien Augustes, n'ont pu te ramener à la pratique de leur culte. C'est pourquoi [...] nous ordonnons que Thascius Cyprien soit mis à mort par le glaive.

Condamnation à mort de saint Cyprien, 258.

1. **Quelles actions doit accomplir un bon citoyen romain ?**
2. **Que reproche-t-on aux chrétiens ?**

Un baptistère à Apollonia (Libye). **6**

Basilique orientale, Ve s.

Le futur chrétien descend dans la cuve pour y être lavé du péché originel. Il devient ainsi chrétien.

Les persécutions

• Même si les chrétiens se proclament fidèles à l'empereur, suivant en cela l'enseignement de Jésus – « Rendez à César ce qui est à César et à Dieu ce qui est à Dieu » dit l'Évangile de Marc –, ils apparaissent pour les autorités en marge de la société romaine. En effet, ils refusent les actes qui cimentent l'unité de l'Empire : cultes rendus dans le cadre de la famille et de la cité, culte rendu à l'empereur et à Rome. Aux yeux des non-chrétiens, les chrétiens sont donc de mauvais citoyens. Tant que les chrétiens sont perçus comme des membres d'une secte juive, ils bénéficient du statut particulier accordé aux Juifs par Rome. Mais, dès que les chrétiens sont majoritairement des non-Juifs, cette protection disparaît.

• À partir du milieu du IIe s., ceux qui refusent de sacrifier aux dieux risquent la condamnation à mort. Les persécutions sont d'abord locales, déclenchées par des dénonciations.

• À la fin du IIe s. sont publiés des édits destinés à empêcher l'extension du christianisme ou à obliger les chrétiens à sacrifier aux dieux et à l'empereur : les persécutions deviennent officielles. L'opinion romaine, et parfois les empereurs eux-mêmes, sont persuadés que les chrétiens sont responsables des malheurs du temps, des premières invasions des peuples barbares. Certains chrétiens recherchent d'eux-mêmes le **martyre** pour gagner le paradis, mais cette attitude est condamnée par les évêques.

• Les persécutions ont sans doute fait entre 5 000 et 10 000 victimes, qui sont appelées **martyrs** par les chrétiens.

VOCABULAIRE

martyre : le fait d'être condamné à cause de sa foi. Mort que quelqu'un endure pour la défense de sa foi.

martyr : celui ou celle qui souffre et est condamné à mort à cause de sa foi.

1 Les principales persécutions

Période et empereur	Raisons	Régions touchées	Principales victimes
64-68 (Néron)	incendie de Rome	Rome	Pierre, Paul (67)
96 (Domitien)	difficultés intérieures	Rome, Asie Mineure, Judée, Syrie	Flavius Clemens, cousin de l'empereur et son épouse
98-117 (Trajan)	dénonciations populaires	Rome, Asie Mineure, Judée, Syrie	
177-180 (Marc Aurèle)	dénonciations populaires	Rome, Gaule, Afrique, Asie Mineure	les martyrs de Lyon (177) : l'évêque Pothin, Blandine
202-211 (Septime Sévère)	édit impérial interdisant l'extension du christianisme	Rome, Afrique, Égypte	
235-238 (Maximin)	édit impérial contre les évêques	Rome, Afrique, Asie Mineure	le pape Pontien (235)
250-251 (Dèce)	attaques aux frontières ; obligation de sacrifier aux dieux	tout l'Empire	le pape Fabien ; Saturnin, évêque de Toulouse
252-253 (Gallus)	difficultés extérieures	Rome, Égypte	le pape Corneille (253)
257-258 (Valérien)	attaques aux frontières	tout l'Empire	le pape Étienne Ier (257) ; le pape Sixte II ; Cyprien, évêque de Carthage (258)
303-305 (Dioclétien)	attaques aux frontières	tout l'Empire	
305-311 (Galère)	attaques aux frontières	Italie, Orient, Afrique, Asie Mineure	

2 Les chrétiens, des boucs émissaires ?

Aucun moyen humain, ni largesses princières [...] ne faisaient reculer la rumeur infamante d'après laquelle l'incendie [*de Rome*] avait été ordonné. Aussi, pour l'anéantir, Néron supposa des coupables et infligea des tourments raffinés à ceux que leurs abominations faisaient détester et que la foule appelait chrétiens. [...] Cette détestable superstition perçait de nouveau, non pas seulement en Judée [...] mais encore dans Rome, où tout ce qu'il y a d'affreux et de honteux dans le monde afflue et trouve une nombreuse clientèle. On commença donc par se saisir de ceux qui confessaient leur foi, puis, sur leurs révélations, d'une multitude d'autres, qui furent convaincus moins du crime d'incendie que de haine contre le genre humain.

Tacite (vers 55-vers 120), historien romain, *Annales*, XV, 44, vers 115-117.

Ils regardent les chrétiens comme la cause de tous les désastres publics, de tous les malheurs nationaux. Le Tibre a-t-il débordé dans Rome, le Nil n'a-t-il pas débordé dans les campagnes [...], la terre a-t-elle tremblé, la famine ou la peste se sont-elles déclarées, aussitôt on crie : « Les chrétiens aux lions ! »

Tertullien (155-vers 225), écrivain latin converti, *Apologétique*, XI, fin du IIe s.

Leur aversion pour les temples, les statues et les autels est comme la marque et le signe de ralliement mystérieux et secret dont ils sont convenus entre eux. Leur refus de participer aux cérémonies publiques repose sur la même conception erronée de Dieu.

Origène (vers 184-vers 253), théologien, Père de l'Église grecque, *Contre Celse*, IIIe s. (Celse est un adversaire du christianisme).

3 **Chrétiens livrés au bûcher.** Fresque de l'église paléochrétienne Santa Maria in Stelle, Vérone. Seuls les esclaves étaient livrés aux bêtes lors des jeux du cirque. Les citoyens romains étaient décapités ; les hommes libres non-citoyens livrés au bûcher.

5 L'empereur Trajan (98-117) et les chrétiens

a) Lettre de Pline[1] à l'empereur

Voici la règle que j'ai suivie envers ceux qui m'étaient déférés comme chrétiens. À ceux qui avouaient, je l'ai demandé une seconde et une troisième fois en les menaçant du supplice ; ceux qui persévéraient, je les ai fait exécuter. […]

Ceux qui niaient être chrétiens ou l'avoir été, s'ils invoquaient les dieux selon la formule que je leur dictais et sacrifiaient par l'encens et le vin devant ton image et les statues des divinités […], si, en outre, ils blasphémaient le Christ – toutes choses qu'il est, dit-on, impossible d'obtenir de ceux qui sont vraiment chrétiens – j'ai pensé qu'il fallait les relâcher. […]

D'autres prétendirent qu'ils ne l'étaient pas, mais avaient cessé de l'être. […] Ils affirmaient que toute leur faute ou leur erreur s'était bornée à avoir l'habitude de se réunir à jour fixe avant le lever du soleil, de chanter entre eux alternativement un hymne au Christ comme à un dieu, de s'engager par serment […] à ne commettre ni vol, ni brigandage, ni adultère, à ne pas manquer à la parole donnée ; ces rites accomplis, ils avaient l'habitude de se séparer ; […] Je n'ai découvert [*là*] qu'une mauvaise superstition, sans mesure.

1. Ami de l'empereur, gouverneur, vers 110-113, de la province de Bithynie en Asie Mineure.

b) La réponse de l'empereur Trajan

Tu as suivi la conduite que tu devais dans l'examen des causes de ceux qui t'avaient été déférés comme chrétiens. […] Il n'y a pas à les poursuivre d'office. S'ils sont déférés, et convaincus, il faut les condamner. […] Celui qui aura nié être chrétien et en aura par les faits eux-mêmes donné la preuve manifeste, je veux dire en sacrifiant à nos dieux, même s'il a été suspect en ce qui concerne le passé, obtiendra le pardon. […]

Quant aux dénonciations anonymes, elles ne doivent jouer aucun rôle dans quelque accusation que ce soit ; c'est un procédé d'un détestable exemple et qui n'est plus de notre temps.

Pline le Jeune (61-113), *Lettres*, entre 111 et 113.

4 Avec saint Polycarpe, première apparition du mot « martyr »

La foule alla ramasser dans les ateliers et les bains du bois et des fagots. Quand le bûcher fut prêt, saint Polycarpe déposa lui-même tous ses vêtements et détacha sa ceinture. On plaça autour de lui le bois préparé pour le bûcher et on l'attacha. Les mains derrière le dos, il paraissait comme un bélier, choisi dans un grand troupeau pour le sacrifice, un holocauste agréable préparé pour Dieu.

Nous vous écrivons, frères, au sujet des martyrs et du bienheureux Polycarpe qui par son martyre a pour ainsi dire mis le sceau à la persécution en la faisant cesser. Bienheureux donc et généreux tous ces martyres qui sont arrivés selon la volonté de Dieu. Déchirés par les fouets, au point qu'on pouvait voir la constitution de leur chair jusqu'aux veines et aux artères intérieures , les martyrs demeuraient fermes si bien que les spectateurs eux-mêmes en gémissaient de compassion.

D'après le *Martyre de Polycarpe de Smyrne*, 168, lettre de l'évêque de Smyrne (Asie Mineure) à l'Église de Philadelphie.

6 La persécution de Dioclétien

La dix-neuvième année du règne de Dioclétien [*en 302*], partout furent affichés des édits qui ordonnaient de raser les églises et de jeter les Écritures au feu, et qui proclamaient déchus de leurs charges les fonctionnaires de l'État et privés de la liberté ceux qui étaient en service chez des particuliers, s'ils demeuraient fidèles au christianisme. Peu après, d'autres édits ordonnèrent de mettre aux fers tous les chefs des Églises puis de les forcer à sacrifier aux dieux par tous les moyens. Alors donc, un très grand nombre parmi les chefs des Églises supportèrent courageusement de terribles souffrances. Mais des milliers d'autres faiblirent facilement au premier choc.

Les premiers édits furent suivis par d'autres, selon lesquels les prisonniers qui avaient sacrifié aux dieux étaient libérés, tandis qu'il était ordonné de tourmenter ceux qui résistaient, par mille supplices.

D'après Eusèbe de Césarée (265-340), *Histoire ecclésiastique*, VIII, 323.

Questions

A Présenter les documents (date, auteur)

1. Classer les sources écrites en deux catégories : sources chrétiennes, sources non chrétiennes.

B Retirer des informations des documents

2. Les persécutions touchent-elles tout l'Empire romain (doc. 1) ? Quelles en sont les raisons ?

3. De quoi les chrétiens sont-ils accusés (doc. 1 et 2) ? Quelles accusations vous semblent fantaisistes ?

4. Quel est le châtiment appliqué (doc. 3 et 4) ?

5. Quelle est la position de l'empereur Trajan (doc. 5) ?

6. Quelle est celle de l'empereur Dioclétien en 302 (doc. 6) ?

C Mettre en relation les documents

7. Comparer les persécutions à l'époque de Néron, Trajan et Dioclétien (raisons, lieux, objectifs recherchés et conséquences).

D Rédiger

8. Montrer que les persécutions sont d'abord épisodiques et locales avant d'être généralisées. Préciser le but de ces persécutions.

3 Le triomphe du christianisme

A. Une religion tolérée doc. 1 et 2

■ Après les difficultés des IIe et IIIe s., le IVe s. commence par **une violente persécution, celle de l'empereur Dioclétien**. Celui-ci cherchait à restaurer le pouvoir et l'unité de l'Empire romain et voulait en faire disparaître le christianisme, considéré comme un danger qui l'affaiblissait.

■ Après l'abdication de Dioclétien en 305, commence une période de lutte pour le pouvoir. L'un des prétendants, le général Constantin, place un symbole chrétien (le chrisme) sur ses étendards. Après la victoire remportée près de Rome en 312, **l'édit de Milan, en 313, fait du christianisme une religion tolérée dans tout l'Empire**. Constantin n'est alors pas chrétien, mais sa bienveillance vis-à-vis du christianisme lui permet de s'imposer dans toutes les régions de l'Empire en 324.

B. Constantin, premier empereur chrétien

■ Constantin règne de 324 à 337. Il utilise le christianisme pour assurer l'unité de l'Empire. Il se dit « semblable aux apôtres » et intervient dans la vie de l'Église, en réunissant des conciles chargés de régler les problèmes qui agitent l'Église et en particulier de préciser le dogme. **Constantin convoque ainsi, en 325, le concile de Nicée** qui affirme la double nature du Christ, à la fois homme et fils de Dieu, condamne l'hérésie d'Arius, ou **arianisme**, et fixe les paroles du *Credo*. Finalement, Constantin se fait baptiser avant sa mort et meurt chrétien : il est donc le premier empereur chrétien.

■ Sous son règne sont construits les premiers grands monuments chrétiens, comme la première **basilique** Saint-Pierre à Rome ou l'église du Saint-Sépulcre à Jérusalem. Constantin agrandit l'ancienne ville grecque de Byzance, où sont construites de nombreuses églises, et en fait, à partir de 330, sa capitale sous le nom de **Constantinople (« ville de Constantin »)**. Elle devient la seconde capitale d'un empire qui n'est pas encore devenu entièrement chrétien puisque l'empereur reste chef de la religion romaine (*pontifex maximus*) jusqu'en 379.

C. Le christianisme, religion officielle doc. 3, 4, 5, 6 et 7

■ **Après Constantin, tous les empereurs sont favorables au christianisme, à l'exception de Julien l'Apostat** (361-363) qui abandonne la religion chrétienne (c'est le sens du mot « apostat ») et tente de rénover la vieille religion **païenne**. Cet essai est sans suite ; le christianisme est définitivement bien implanté dans les villes de l'Empire romain. Les dernières résistance face au christianisme se manifestent dans l'armée, dans les vieilles familles romaines et surtout dans les campagnes.

■ En Orient, des chrétiens se retirent en des lieux isolés pour y mener une vie de prière : ce sont les premiers moines. En 391, l'empereur Théodose interdit les sacrifices aux dieux païens et supprime les jeux Olympiques ; il proclame **le christianisme seule religion de l'Empire**. Les temples païens sont détruits, fermés ou transformés en églises : 350 ans après la mort de Jésus, le christianisme triomphant devient une religion d'État, c'est-à-dire une religion officiellement reconnue par l'État.

■ Interrogé une dernière fois, l'oracle de Delphes, répond en 394 :

« Apollon n'a plus de demeure ni de laurier prophétique,
La source est tarie et l'eau qui babillait s'est tue. »

VOCABULAIRE

arianisme : première grande hérésie, répandue au IVe s. par un prêtre d'Alexandrie, Arius. Il affirmait que Jésus n'était pas Dieu, mais un homme exceptionnel, devenu le fils adoptif de Dieu.

basilique : bâtiment romain servant de tribunal ; son plan sert de modèle pour les premières églises.

païen : du latin *paganus*, « paysan » ; le mot finit par signifier non-chrétien en raison du faible nombre de chrétiens dans les campagnes de l'Empire.

1 « Alexamenos adore son dieu », graffiti du IIe s. Musée national des Thermes, Rome.

1. **Qu'est-ce qui rappelle le christianisme ?**
2. **Montrer qu'il s'agit d'un graffiti antichrétien.**

2 Extraits de l'édit de Milan (313)

Nous, Constantin et Licinius, avons décidé d'accorder aux chrétiens et à tous les autres la liberté de pratiquer la religion qu'ils préfèrent afin que la Divinité qui réside dans le ciel soit propice et favorable aussi bien à nous qu'à tous ceux qui vivent sous notre domination. Il nous est apparu que c'était un système très bon et très raisonnable de ne refuser à aucun de nos sujets, qu'il soit chrétien ou qu'il appartienne à un autre culte, de suivre la religion qui lui convient le mieux. À partir de ce moment, nous permettons aux chrétiens de pratiquer leur religion, sans qu'ils puissent être inquiétés ou molestés d'aucune manière. Nous laissons aux chrétiens la liberté la plus complète de pratiquer leur culte. Et puisque nous l'accordons aux chrétiens, les autres doivent posséder le même droit.

1. **Quelle est la décision prise ?**
2. **Montrer que la liberté religieuse est maintenant totale.**

Un chrisme. Pierre tombale du tonnelier Seberus, Rome, première moitié du IVe s. Le *X* (ch en grec) et le *P* (r en grec). Ces deux premières lettres du nom du Christ sont souvent entourée par α et ω (alpha et oméga), les premières et dernières lettres de l'alphabet grec, signifiant que Dieu est le début et la fin de toute chose.

3

4 L'ermite Hilarion

Il se construisit une petite cellule, large de quatre pieds, haute de cinq, de sorte que c'était un sépulcre plutôt qu'une demeure. C'est avec le suc des herbes et quelques figues qu'après avoir jeûné trois ou quatre jours il soutenait sa vie défaillante, priant fréquemment, creusant la terre avec une bêche, afin que la fatigue de ce labeur redoublât la fatigue des jeûnes. Et en même temps, il tressait des corbeilles de jonc, suivant la maxime de l'apôtre saint Paul qui a dit : « Que celui qui ne travaille pas ne mange pas. » […] Il ne coupait ses cheveux qu'une fois l'an, le jour de Pâques. Ce fut sur la terre nue et une natte de jonc qu'il coucha jusqu'à sa mort, ne lavant jamais le sac dont il s'était revêtu, et disant que les recherches de la propreté étaient superflues.

Saint Jérôme (347-420), *Vie de saint Hilarion*, ve s.

◂ Mosaïque de la basilique Saint-Marc, Venise, XIVe s.

5 Une chrétienne en prière.
L'inscription grecque signifie « Que Théodora repose en paix ».
Stèle funéraire égyptienne de Théodora, ve s. musée de Berlin.

6 Le triomphe du christianisme

Que nul ne souille avec des victimes, que nul ne sacrifie un animal innocent, que nul n'entre dans les sanctuaires, ne fréquente les temples et n'adore de statues façonnées de main d'homme, sous peine de se rendre passible de sanctions divines et humaines.

Édit de Milan, 391.

Que personne, quel que soit son rang dans les dignités humaines, qu'il soit puissant par le hasard de la naissance ou modeste par le sort de sa condition, ne sacrifie une victime innocente à des statues dépourvues d'intelligence ni, par un sacrilège plus discret, adorant son dieu lare[1] par du feu, son génie[2] par du vin pur, ses pénates[3] par du parfum, n'allume des lampes, ne répande de l'encens, n'accroche des guirlandes. Si quelqu'un a osé immoler une victime, qu'il soit dénoncé.

Édit de Constantinople, 392.

1. Dieu lare : dieu veillant sur les routes, les jardins et les maisons.
2. Génie : principe de vie assurant la descendance.
3. Pénates : dieux protégeant le foyer de la maison.

1. Quel empereur a promulgué ces édits ?
2. Montrer que cet empereur interdit tout culte païen.

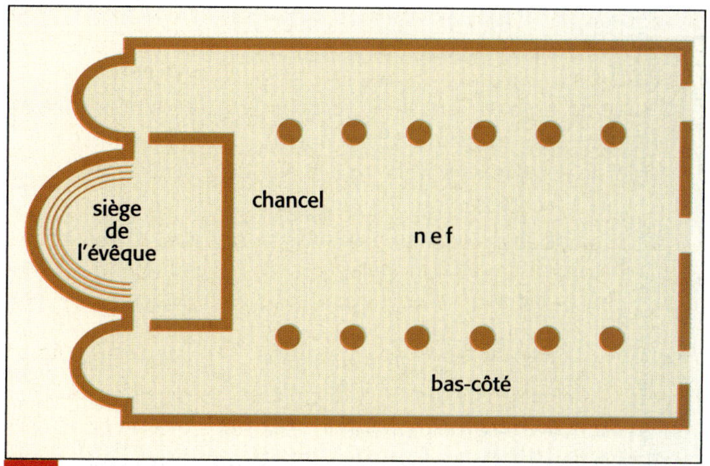

7 Basilique chrétienne à Pétra (Jordanie), Ve-VIe s.
Basilique dégagée par des fouilles archéologiques menées entre 1993 et 2002. Pétra a eu une communauté chrétienne et un évêque du Ier s. au début du VIIe s.

La foi des chrétiens

- On devient chrétien par le baptême. Les chrétiens sont monothéistes, ils croient en un Dieu en trois personnes, le Père, le Fils et le Saint-Esprit, qui forment la Trinité.
- Le calendrier chrétien suit les grandes étapes de la vie du Christ : Noël commémore la naissance de l'Enfant Jésus. La mort de Jésus sur la croix est célébrée le Vendredi saint et sa résurrection le jour de Pâques. Le jeudi de l'Ascension rappelle la croyance des chrétiens en sa montée au ciel et la Pentecôte la croyance en la descente de l'Esprit saint sur les apôtres. Chaque dimanche, les chrétiens assistent à la messe et peuvent communier.
- En 325, le concile de Nicée a fixé l'essentiel du dogme chrétien.

Le baptême du Christ. 1
Mosaïque, VIe s., baptistère des Ariens, Ravenne.
Jésus est baptisé dans les eaux du Jourdain par Jean le Baptiste, en présence du Saint-Esprit. Le personnage situé à gauche est une personnification du fleuve Jourdain.

2 Pâques, l'Ascension, la Pentecôte

Pâques
À l'aube du premier jour de la semaine, Marie Madeleine et l'autre Marie vinrent regarder le sépulcre. Et voilà qu'il y eut une grande secousse, car un ange du Seigneur descendit du ciel, s'approcha, roula la pierre et s'assit dessus [...]. Et l'ange dit aux femmes : « Ne craignez pas ; car je sais que vous cherchez Jésus crucifié ; il n'est pas ici, il s'est relevé comme il l'a dit [...] et allez vite dire à ses disciples qu'il s'est relevé d'entre les morts. [...] Et voilà que Jésus vint au-devant d'elles et leur dit bonjour. Elles se prosternèrent devant lui.

Matthieu, 38, 1, 2, 5-7.

Ascension
Il dit aux apôtres : « Allez dans le monde entier proclamer l'évangile ; celui qui a foi sera sauvé, et celui qui se méfie sera condamné. Et voici les signes qui accompagneront ceux qui auront foi : ils chasseront des démons en mon nom, ils parleront de nouvelles langues [...], ils poseront les mains sur les malades et en feront des bien portants. Le Seigneur, après lui avoir parlé, fut enlevé vers le ciel et s'assit à la droite de Dieu. Et eux sont sortis prêcher partout avec le concours du Seigneur qui confirmait la parole en l'accompagnant de signes.

Marc, 16, 14-20.

La Pentecôte
Le jour de la Pentecôte, ils [*les apôtres*] étaient tous ensemble dans le même lieu quand soudain vint du ciel un bruit comme un violent coup de vent qui remplit toute la maison où ils étaient assis, et ils virent des langues, comme de feu, se partager et se poser sur chacun d'entre eux, et tous, remplis de l'Esprit saint, commencèrent à parler en d'autres langues, selon que l'Esprit leur ordonnait de les prononcer.

Actes des apôtres, 2, 1-4, 6.

3 Le *Credo* fixé par le concile de Nicée (325)

Je crois en un seul Dieu, le Père tout puissant, Créateur de toutes choses visibles et invisibles, et en un seul Seigneur, Jésus-Christ, le Fils de Dieu, né du Père comme Fils unique, de même nature que le Père, Dieu né de Dieu, Lumière née de la Lumière, vrai Dieu né du vrai Dieu, engendré, non pas créé, consubstantiel au Père, par qui tout a été fait, ce qui est au ciel et ce qui est sur la terre, et qui, pour nous les hommes, et pour notre salut, est descendu et a pris chair, s'est fait homme, a souffert et est ressuscité le troisième jour, est remonté aux cieux, d'où il viendra juger les vivants et les morts,
Je crois dans le Saint-Esprit.
Je crois en l'Église, une, sainte, catholique et apostolique.

Jésus et Marie. 4
Vierge à l'Enfant. San Apollinare Nuovo, Ravenne, VIe s.

5 Le calendrier et les fêtes chrétiennes

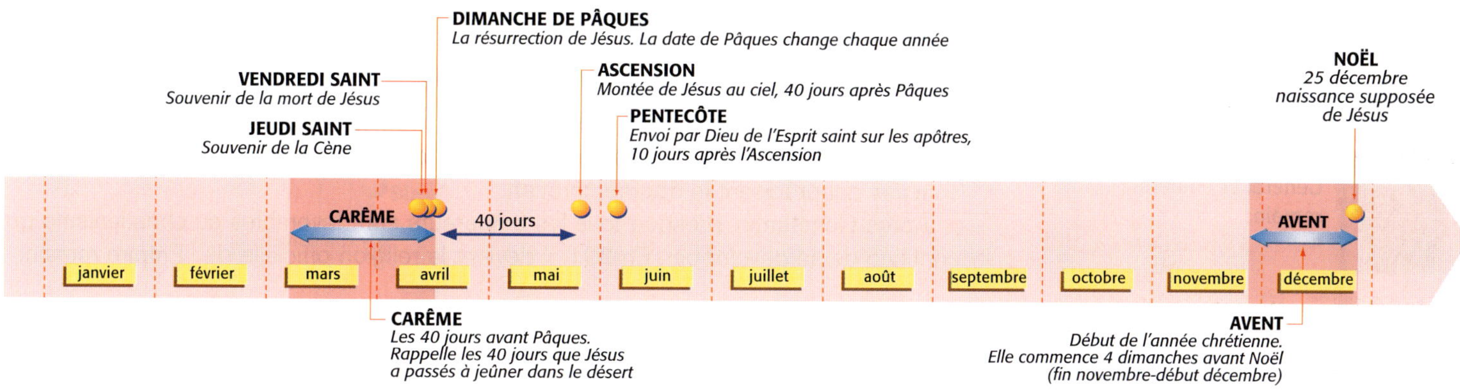

6 La fin des temps et le Jugement dernier

Et j'ai vu un ange descendre du ciel avec la clé de l'abîme et une grande chaîne dans la main. Il a tenu le dragon, l'antique serpent qui est le diable et le Satan, et il l'a enchaîné pour mille ans. [...] À la fin des mille ans, le Satan sera délié de sa prison. Il sortira égarer les nations [...], les rassembler pour la guerre [...]. Ils ont cerné le camp des saints et la ville aimée, un feu est descendu du ciel et les a dévorés. Et le diable qui les égarait a été jeté dans l'étang de feu et de soufre où sont la bête et le faux prophète. Ils y seront tourmentés jour et nuit dans les âges des âges.
Et j'ai vu un grand trône blanc, et celui qui est dessus [...] et j'ai vu les morts, grands et petits, se tenir devant le trône et on a ouvert des livres. [...] Et on a jugé les morts selon leurs œuvres d'après ce qui a été écrit dans les livres. La mer a donné les morts qu'elle avait, la mort et l'Hadès[1] ont donné les morts qu'ils avaient [...]. Si quelqu'un n'était pas trouvé inscrit dans le livre de vie, on le jetait dans l'étang de feu.

Jean, *Apocalypse*, 20, 1-4, 7-15, fin du Ier s.

1. L'Hadès : royaume des enfers dans la mythologie grecque.

Questions

A Présenter les documents

1. Quelle différence peut-on établir entre le doc. 3 d'une part et les doc. 2 et 6 d'autre part ?

B Retirer des informations des documents

2. Laquelle de ces fêtes chrétiennes entretient un rapport étroit avec une grande fête juive (doc. 2) ?
3. Quels sont les principaux aspects de la religion chrétienne (doc. 3) ? Quels sont ceux qui viennent de l'Ancien Testament ?
4. Quels sont ceux qui viennent du Nouveau Testament ?
5. Quelle est l'importance de Marie dans la religion chrétienne (doc. 4) ?
6. Quelles fêtes du calendrier chrétien sont célébrées aujourd'hui par des jours fériés (doc. 5) ?
7. Que doit-il se passer à la fin des temps selon saint Jean (doc. 6) ?

D Rédiger

8. Quels éléments de la religion chrétienne marquent aujourd'hui encore l'héritage européen, que l'on soit chrétien ou non ?

Composition (1/5)

Sujet : Quels rapports entretiennent Rome et les chrétiens du Ier au IVe s. ?

CHRONOLOGIE INDICATIVE

- **64-68 :** Néron fait persécuter les chrétiens à Rome
- **112 :** Pline s'inquiète auprès de Trajan des progrès du christianisme dans sa province
- **177-180 :** persécutions en Gaule, en Afrique et en Asie Mineure sous Marc Aurèle
- **249-251 :** persécution ordonnée par Dèce
- **257-258 :** persécution ordonnée par Valérien
- **303-313 :** persécution ordonnée par Dioclétien
- **313 :** édit de Milan
- **325 :** concile de Nicée
- **391-394 :** interdictions des cultes païens

DOCUMENT 1
Mosaïque romaine, IIe siècle, musée d'El Djem (Tunisie).

DOCUMENT 2
Statue de Valentinien Ier (364-375).

Méthode

1 Le sujet « composition »

La composition est un exercice proposé en première partie de l'épreuve d'histoire-géographie du baccalauréat. Elle est l'occasion de faire la preuve de ses connaissances et de sa capacité à les organiser.
Dans le temps disponible pour l'épreuve d'histoire-géographie au BAC (4 heures), on peut lui consacrer 2 h 30 environ.
La première étape est brève mais capitale : lire le sujet avec attention. La cohérence du devoir en dépend.
Une fois le sujet choisi, **ne plus changer d'avis**.

2 Lire le sujet

- Il se compose ici de deux **mots-clés** « Rome » et « les chrétiens » reliés par un **mot de liaison** dans un certain ordre ; le sujet est situé dans le temps.
Tous ces éléments sont importants : il faut donc **recopier** soigneusement le sujet.
- Le sujet est ici accompagné, comme c'est fréquent au baccalauréat, d'une **chronologie indicative**, c'est-à-dire une liste de quelques dates utiles.
Il ne s'agit pas de **commenter** la chronologie.

3 Analyser le sujet

Un sujet de composition en histoire concerne toujours un **ESPACE**, une **PÉRIODE**, un **THÈME**.

- **L'espace** (la ville, l'Empire romain, ou le pouvoir romain ?)
- **La période** concernée est-elle une période de changement ou une période de stabilité ?

Quels rapports entretiennent Rome et les chrétiens du Ier au IVe siècle ?

- **Le thème** Mot de liaison : Comparaison ? Opposition ?
- **Un groupe.** Qu'est-ce qui en assure la cohésion ?

4 Utiliser la chronologie

Une composition n'est pas un commentaire de la chronologie. Cette dernière doit servir à :
– vérifier une date (quand Néron a-t-il persécuté les chrétiens ?) ;
– ne pas oublier un fait important (comme l'édit de Milan) ;
– repérer les dates clés.

Se demander :
- qui sont les personnages mentionnés ?
- quelle(s) attitude(s) ils ont à l'égard des chrétiens ?

Repérer les dates-clés qui correspondent à un changement d'attitude.

La chronologie nous renseigne sur la nature des rapports : persécution, tolérance.

Dégager le thème principal :
- Comment faut-il comprendre la référence à Rome et aux chrétiens ?
- Comment caractériser la période ?
- Quel sens donner au mot de liaison ?

L'ordre dans lequel est libellé le sujet est important : le premier mot-clé indique l'angle sous lequel aborder le sujet ; ce n'est pas le point de vue des chrétiens qui importe. On en déduit le thème du sujet : l'évolution des relations entre le pouvoir romain et les chrétiens du Ier au IVe siècle.

5 La problématique

C'est la question que pose le sujet et à laquelle le devoir doit répondre de façon ordonnée.

- Caractériser l'attitude du pouvoir romain vis-à-vis des chrétiens au début et à la fin de la période à étudier : que constate-t-on ?
- Deux formulations possibles pour la problématique.

– Le sujet à la forme interrogative : comment ont évolué les relations entre le pouvoir romain et les chrétiens entre le Ier et le IVe siècle ?
– Une formulation plus précise : pourquoi l'Empire romain, après avoir persécuté les chrétiens, est-il devenu chrétien ?

6 Choisir et élaborer le plan

- Le sujet porte sur une longue période et invite à s'interroger sur des transformations. Il appelle un plan chronologique.
- Les dates-clés repérées sur la chronologie permettent de découper la période en trois :

– de 64 à 249 (quelques années de persécutions en deux siècles)
– de 249 à 313 (édit de Milan)
– de 313 à la fin du IVe s. (cultes païens interdits)

Le plan comporte donc trois parties.
Chaque partie correspond à une attitude du pouvoir romain à l'égard des chrétiens.
I – De 64 à 249, mouvements spontanés de persécution.
II – De 249 à 313, l'Empire procède à des persécutions systématiques et plus rapprochées.
III – De 313 à la fin du IVe siècle, l'Empire devient tolérant puis chrétien. On compte des empereurs chrétiens.

Exercice

Faire l'analyse des sujets proposés et les mettre en relation avec leur problématique.

Sujets	Problématiques
a. Christianisme et Empire romain (Ier-IVe s.)	**1.** Quelles implications a pour les chrétiens le passage du statut précaire de minorité dans l'Empire à celui de majorité triomphante ?
b. Romains et chrétiens dans l'Empire romain (Ier-IVe s.)	**2.** Quelle influence le christianisme et l'Empire romain ont-ils exercé l'un sur l'autre au cours des premiers siècles de leur histoire commune ?
c. Être chrétien dans l'Empire romain (Ier-IVe s.)	**3.** Pourquoi et comment les Romains, après avoir rejeté les chrétiens, en sont-ils venus à se convertir et à les imiter ?

PARTIE

3

La Méditerranée au XIIe siecle, carrefour de trois civilisations

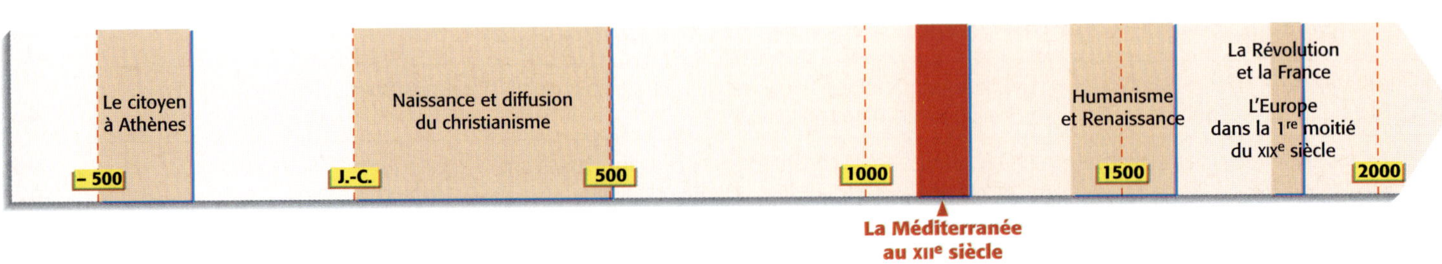

La Méditerranée au XIIe siècle.

CHAPITRE

4 Une mer, trois civilisations

Au XIIe s., autour du Bassin méditerranéen, s'épanouissent trois brillantes civilisations aux caractéristiques religieuses, sociales, politiques et culturelles bien définies.

Héritiers de l'Empire romain, de la culture grecque et du christianisme, l'Empire byzantin orthodoxe et l'Europe occidentale catholique ont en commun la religion chrétienne, même s'ils sont séparés par un schisme depuis 1054.

Depuis la conquête musulmane aux VIIe et VIIIe s., les territoires chrétiens du Proche-Orient et du nord de l'Afrique sont passés sous domination arabo-musulmane.

Quelles sont les principales caractéristiques religieuses, politiques, sociales et culturelles de chacune de ces trois civilisations méditerranéennes au XIIe s. ?

1 | Des religions qui marquent le paysage...

Sainte-Sophie de Constantinople, VIe s.

Construite par l'empereur byzantin Justinien entre 532 et 537, l'église Sainte-Sophie, au plan à croix grecque couverte d'une vaste coupole qui servit de modèle aux églises orthodoxes et aux mosquées de l'Empire ottoman, symbolise la puissance byzantine et l'importance de la religion dans l'Empire.

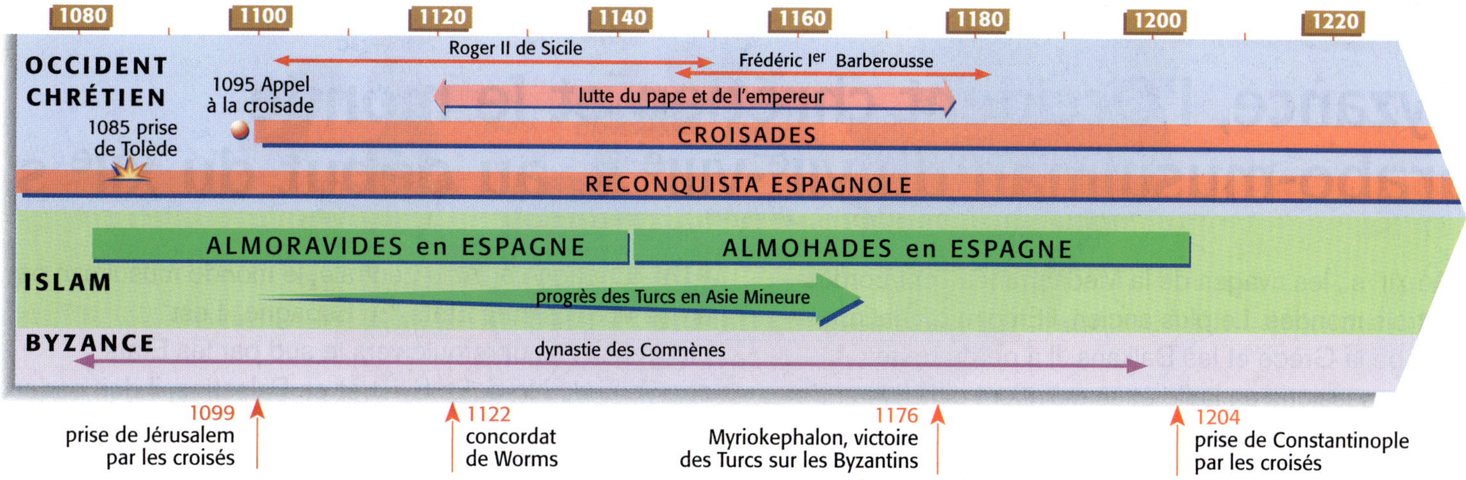

2 ... et influent sur les affrontements militaires et politiques.

Prise de Jérusalem par les croisés en 1099.

Miniature, début XIVe s., BNF, Paris.

L'assaut est donné par les croisés le 15 juillet 1099. À gauche, le camp des croisés ; à droite, une tour sur roues permet aux croisés, Lorrains, Flamands, Champenois et Catalans, dirigés par Godefroy de Bouillon, de prendre pied sur les remparts tandis qu'un trébuchet jette des pierres contre la muraille. Surmontant ces remparts, l'auteur de la miniature a représenté différents tableaux de la vie de Jésus de Nazareth : l'arrestation et le « baiser de Judas », le Christ flagellé, la montée au Calvaire, la crucifixion, la mise au tombeau.

1 L'Occident : un monde féodal

A. La société féodale doc. 1 et 2

■ En Occident, **la société du Moyen Âge comprend trois ordres** : ceux qui prient, les clercs, ceux qui combattent et protègent, les nobles et les chevaliers, et ceux qui travaillent, les paysans et les artisans. Les deux premiers ordres possèdent les seigneuries cultivées par les paysans ; en ville travaillent les commerçants et les artisans.

■ Dans les premiers siècles du Moyen Âge, **une organisation nouvelle de la société se met en place** : devant l'insécurité croissante, des hommes libres se placent sous la protection des seigneurs qui possèdent un château ; ils deviennent les vassaux de ces seigneurs appelés suzerains. Ce lien entre deux hommes est réalisé par la cérémonie de l'hommage : les deux personnes sont liées par un serment en échange de la remise d'un fief ; c'est la raison pour laquelle cette société est appelée « féodale ».

■ Beaucoup de grands seigneurs se comportent en rois, levant des impôts, frappant monnaie ou menant des guerres privées. Il en résulte un émiettement du pouvoir, mais au XIIe s., avec le renforcement de l'autorité royale, cette situation commence à se modifier.

B. Les royaumes, l'Empire et la papauté doc. 3

■ Certains réussissent cependant à imposer leur pouvoir et à mettre en place une administration et **un État véritable**. Les rois capétiens, en France, ainsi que leurs rivaux, les Plantagenêts en Angleterre, étendent et unifient leurs possessions, même si quelques puissants seigneurs leur résistent.

■ En Allemagne et en Italie, la situation est plus complexe : l'empereur du Saint-Empire est en principe élu, mais son pouvoir est contesté par les princes allemands et par le pape. Face à l'empereur habitué à nommer évêques et abbés, le pape veut être le seul à leur donner l'investiture spirituelle et l'investiture temporelle. Après un long conflit appelé « querelle des investitures », le problème est réglé lors du concordat de Worms de 1122 : **au pape revient l'investiture spirituelle, à l'empereur l'investiture temporelle**. Mais l'affrontement continue surtout en Italie où des villes soutenant le pape s'opposent à l'empereur Frédéric Ier Barberousse.

C. Le dynamisme économique doc. 4 et 5

■ Au XIIe s., l'Occident chrétien connaît un grand développement économique. La population européenne augmente ; pour la nourrir, **les paysans défrichent et colonisent des terres nouvelles**, utilisant de meilleurs outils. Ils se servent davantage du fer et appliquent les progrès techniques : la charrue remplace l'araire, les moulins à eau et à vent succèdent à l'antique meule à main, le collier d'épaule permet aux attelages de tirer des charges plus lourdes.

■ L'artisanat et le commerce bénéficient de cette croissance qui enrichit les villes. Les bourgeois s'émancipent de leurs seigneurs, c'est le mouvement communal. Les villes marchandes, italiennes en particulier, développent en Méditerranée, avec l'Empire byzantin et l'Orient musulman, un commerce actif. Amalfi et sa rivale Pise deviennent des républiques commerciales et maritimes florissantes. Au XIIe s., parmi les six villes d'Europe de plus de 50 000 habitants, cinq sont méditerranéennes : **Milan, Florence, Gênes, Venise et Palerme**.

VOCABULAIRE

seigneurie : ensemble de terres et de droits possédés par un seigneur.

fief : bien, consistant le plus souvent en une terre, confié par un seigneur (noble, abbé, évêque, roi, empereur) à un vassal qui dépend de lui. Le vassal bénéficie du revenu de son fief ; en échange, il doit à son seigneur fidélité, conseil et aide en cas de guerre.

Capétiens : dynastie qui a régné sur la France de 987 à 1848 ; elle porte ce nom en référence à son ancêtre, Hugues Capet (987-996).

Saint-Empire : empire fondé par Otton Ier en 962 dans les pays germaniques, incluant ensuite l'Italie du Nord et dont l'objectif est de rétablir l'Empire romain.

investiture spirituelle et investiture temporelle : par l'investiture spirituelle, l'évêque ou l'abbé reçoit la crosse et l'anneau symbolisant son pouvoir religieux. Par l'investiture temporelle, il reçoit l'autorité politique, juridique et les revenus qui y sont attachés.

mouvement communal : mouvement qui consiste pour les villes à se libérer de la dépendance à l'égard d'un seigneur. Une ville ainsi affranchie devient une commune.

1 Le roi d'Aragon reçoit l'hommage de ses vassaux (fin du XIIe s.).

1. Que font les personnages ? Expliquer leurs gestes.
2. D'après ce que l'on sait de la cérémonie de l'hommage, où est le vassal ?

Aux clercs, Dieu ordonne d'enseigner à garder la vraie foi, et de plonger ceux qu'ils ont instruits dans l'eau sainte du baptême. Ils doivent s'abstenir de bien des aliments, prier sans cesse pour les misères du peuple et pour les leurs. [...]
Les nobles sont les guerriers, protecteurs des églises ; ils sont défenseurs du peuple, des grands comme des petits. [...]
L'autre classe est celle des serfs : argent, vêtement, nourriture, les serfs fournissent tout à tout le monde ; pas un homme libre ne pourrait subsister sans les serfs. [...]
La maison de Dieu, que l'on croit une, est donc divisée en trois : les uns prient, les autres combattent, les autres enfin travaillent.

Adalbéron de Laon, *Poème au roi Robert*, 1025-1027.

2 La société féodale.
Enluminure du XIIIe s., British Library, Londres.

1. **Présenter le texte.**
2. **Décrire les personnages.**
3. **À quels attributs des différents personnages reconnaît-on les trois ordres de la société féodale ?**

3 Le couronnement du roi de France à Reims.
Manuscrit du XIIIe s., BNF, Paris.

1. **Pourquoi le roi de France est-il couronné à Reims ?**
2. **Qui couronne le roi ?**

4 Principales routes et villes commerciales au XIIe s.

1. **Quels sont les principaux produits échangés ? D'où proviennent-ils ?**
2. **Quels sont les principaux ports de l'Occident chrétien ?**
3. **Par où passent les grandes routes commerciales nord-sud de l'Europe occidentale ?**

5 Les changeurs.
Vitrail de la cathédrale de Chartres, première moitié du XIIIe s.

1. **Avec quel instrument le changeur travaille-t-il ?**
2. **Pourquoi les changeurs sont-ils indispensables au commerce de cette époque ?**
3. **Le changeur travaille sur un banc. Quel nom en est issu pour désigner son activité ?**

L'art et la culture au service de l'Église

- Au Moyen Âge, toute la vie culturelle de la chrétienté passe par l'Église. Le savoir est dispensé dans les monastères et les universités ; on y apprend que toute sagesse et toute science proviennent de Dieu.
- Dans le domaine artistique, la ferveur religieuse s'exprime dans la construction d'églises et de cathédrales. Le style roman, qui domine au début du XIIe s., est progressivement remplacé par le style gothique : des édifices plus vastes, plus hauts, plus lumineux.

1 Une vision chrétienne des arts et des sciences.
Page extraite de l'*Hortus Deliciarum* (*Le jardin des délices*), 1167-1195.
S'inspirant des œuvres de saint Augustin, Herrade de Landsberg (1130-1195) résume la sagesse médiévale en une miniature. Dans le cercle central trône l'image de la sagesse ou Philosophie ; elle tient une banderole affirmant que « tout savoir vient de Dieu ».
À sa droite, un texte précise :
« Les sept sources de la sagesse de la Philosophie créent les arts libéraux (grammaire, rhétorique, dialectique, musique, arithmétique, géométrie, astronomie) et c'est le Saint-Esprit qui en est l'inventeur. »
Cette image de la sagesse représente en réalité l'Église qui amène, par son enseignement, l'homme aux portes du paradis.
Aux pieds de Philosophie sont représentés Socrate et Platon, philosophes païens, mais dont l'œuvre est considérée, depuis saint Augustin, comme « inspirée ».

Questions

A Présenter les documents

B Retirer des informations des documents

1. Pourquoi Socrate et Platon sont-ils situés aux pieds de « Philosophie » (doc. 1) ? Quelle idée ce document suggère-t-il ?
2. L'offrande de cadeaux à l'Enfant Jésus (doc. 2) est à l'origine d'une coutume suivie dans tout l'occident chrétien à l'occasion de l'anniversaire supposé de la naissance de Jésus ; laquelle ?
3. Décrire la forme de la voûte et les piliers (doc. 3).
4. Décrire la forme de la voûte et les piliers (doc. 4).

C Mettre en relation les documents

5. Comparer les doc. 3 et 4. Comment l'architecture des églises a-t-elle évolué au XIIe s. ?

D Rédiger

6. D'après l'ensemble des documents, à quelles préoccupations l'art médiéval s'efforce-t-il de répondre ?

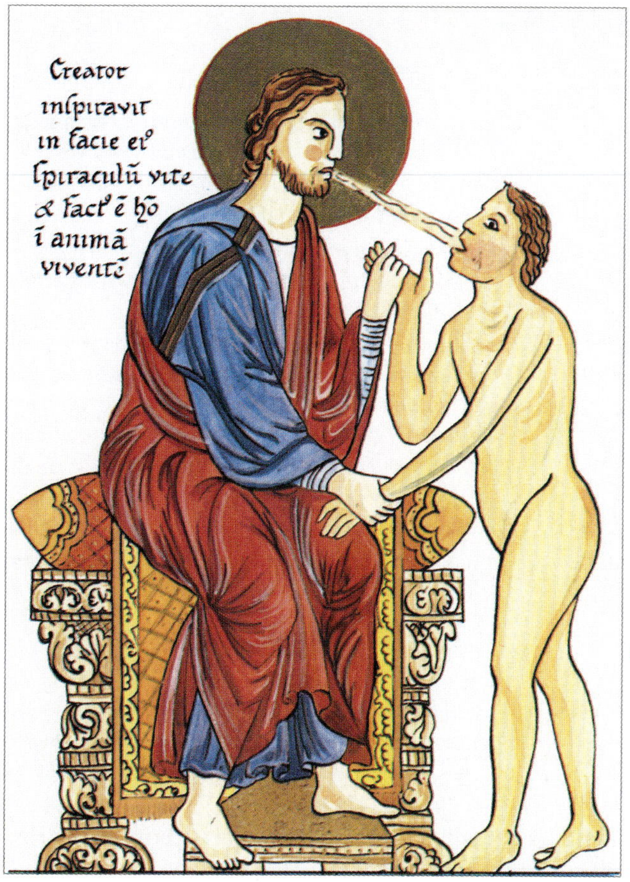

2 La création de l'homme ; les offrandes des rois mages à l'Enfant Jésus.

Hortus Deliciarum (Le jardin des délices), 1167-1195.

La miniature de gauche illustre la phrase de la Bible : « Dieu insuffla dans ses narines une haleine de vie et l'homme devint un être vivant » Genèse, 2, 7. Sur la miniature ci-dessus, les rois mages, de droite à gauche, Melchior, Gaspar et Patisar (ou Balthazar), offrent l'or, l'encens et la myrrhe à l'Enfant Jésus assis sur les genoux de sa mère.

3 La nef d'une église romane : Saint-Sernin de Toulouse, fin XIe-XIIe s.

4 La nef d'une église gothique : cathédrale Notre-Dame de Laon, fin XIIe s.

2 La civilisation byzantine

A. Un empereur représentant de Dieu sur Terre doc. 1

■ L'unité de la civilisation byzantine repose à la fois sur le pouvoir de l'empereur et sur la religion orthodoxe. Héritier de l'empereur romain, le **basileus** est considéré comme le représentant de Dieu sur terre. **Il concentre entre ses mains à la fois les pouvoirs temporel et spirituel**. Élu, c'est-à-dire choisi par Dieu, il occupe donc une place au-dessus du patriarche de Constantinople, le chef religieux de l'Empire. Tous ses actes ont par conséquent un caractère symbolique et sacré et sont entourés d'un imposant cérémonial.

■ Pour gouverner, **le basileus s'appuie sur une administration nombreuse et compétente** ; il dispose d'une flotte puissante et d'une armée de soldats-paysans. Mais le service militaire est de plus en plus souvent remplacé par un impôt servant à recruter des mercenaires. Au XIIe s., les empereurs appartiennent à la dynastie des Comnènes dont les principaux représentants sont Alexis (1081-1118), son fils Jean II et son petit-fils Manuel Ier.

B. Une Église séparée de Rome

■ Entre les chrétiens d'Occident et les chrétiens de l'Empire byzantin, les divergences augmentent. Elles résultent surtout d'**une différence culturelle (on parle grec en Orient, latin en Occident** et les Byzantins sont souvent appelés « Grecs »), mais aussi d'une conception différente du pouvoir politique, de désaccords sur des questions de **théologie** ou de pratique religieuse.

■ Ces querelles aboutissent au **schisme** de 1054 entre le pape et le patriarche de Constantinople. **La rupture avec Rome ne devient irréversible qu'avec la quatrième croisade en 1204**, lorsque les croisés latins prennent Constantinople. Mais le schisme marque le début de la séparation entre chrétiens d'Occident, catholiques, et chrétiens de l'empire byzantin ou christianisés par Byzance, formant l'**orthodoxie**. C'est ainsi que les pays slaves, convertis au christianisme sous l'impulsion de Cyrille et Méthode, inventeurs de l'**alphabet cyrillique**, restent fidèles à Byzance.

C. Une production artistique éblouissante doc. 2, 3 et 4

■ La splendeur de la production artistique et littéraire byzantine est sans égale au XIIe s. Attachés à l'héritage gréco-romain, les Byzantins le transmettent à la postérité.

■ **Les églises et les monastères sont les plus parfaites expressions de la civilisation byzantine**. Connus pour leur plan en croix grecque et leurs nombreuses coupoles, ces édifices sont sobres à l'extérieur, mais l'intérieur, décoré de mosaïques, est un véritable livre d'images qui raconte les épisodes de la Bible et de la vie du Christ. Ces églises sont également décorées de peintures sur bois, les **icônes**, représentant le Christ, la Vierge et les saints.

■ La **littérature byzantine**, souvent l'œuvre de théologiens, est d'abord d'inspiration religieuse. Mais la littérature non religieuse produit également des chefs-d'œuvre. Quelques historiens ont laissé des travaux qui étonnent par leur sens critique, rare pour l'époque. Parmi eux, l'écrivain le plus remarquable est Anne Comnène qui raconte le règne de son père Alexis Ier. On compare souvent à la *Chanson de Roland* l'œuvre populaire romanesque (XIe s.) la plus appréciée pendant tout l'Empire, les aventures de Basile, surnommé *Digénis Akritas*.

VOCABULAIRE

basileus : mot grec signifiant « roi » ; nom donné à l'empereur dans l'Empire byzantin.

théologie : du grec « *theos* », dieu, et « *logos* », parole ou écriture ; c'est l'étude des questions religieuses, fondée sur les textes sacrés.

schisme : du grec « *skisma* », scission ; séparation des fidèles d'une religion qui reconnaissent des autorités différentes. En 1054, un schisme oppose le patriarche de Constantinople, Michel Cérulaire et le pape Léon IX.

orthodoxie : du grec « *orthos* », droit, et « *doxa* », opinion ; « la bonne opinion ». La religion orthodoxe est la religion de l'Empire byzantin et des peuples christianisés par Byzance (Russes, Bulgares, Serbes, Roumains, etc.). Les orthodoxes ne reconnaissent pas l'autorité du pape.

alphabet cyrillique : alphabet créé à partir de l'alphabet grec par les moines Cyrille et Méthode au IXe s. afin de noter par écrit les langues slaves. Il sert aujourd'hui à transcrire le russe, le serbo-croate et le bulgare.

icône : image sacrée peinte sur bois.

1 L'investiture de l'empereur byzantin Jean II Comnène (1118-1143) et de son fils Alexis.

Miniature, XIIe s., Bibliothèque vaticane.

1. Par qui sont-ils couronnés ? Expliquer ce geste.
2. L'empereur est entouré de la Justice et de la Clémence ; qu'est-ce que cela indique ?

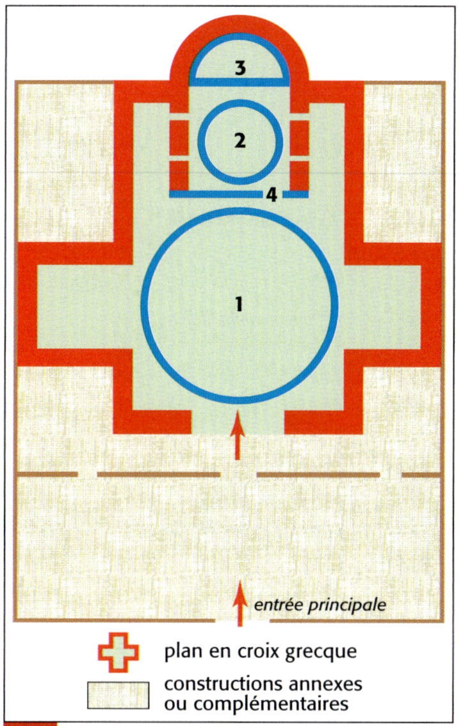

2 Intérieur de l'église principale d'Hosios Loukas, Grèce, XIIe s. Le décor d'une église grecque conduit les fidèles depuis la vie terrestre du Christ, des martyrs et des prophètes, à travers le monde des anges et des archanges, jusqu'au ciel.

3 Un savant byzantin

J'étais alors dans ma vingt-cinquième année et je poursuivais ces deux objets : façonner ma langue au beau langage par la rhétorique et épurer mon esprit par la philosophie. […] Je m'attachai ensuite à la philosophie, étant suffisamment maître dans l'art de raisonner, soit en descendant des causes à leurs conséquences immédiates, soit en remontant de diverses manières des effets aux causes. […] Ayant trouvé la philosophie expirante du côté de ceux qui font profession de philosophes, je l'ai moi-même ranimée et vivifiée sans avoir rencontré le secours d'aucun professeur éminent et sans avoir trouvé, malgré mes recherches en tous lieux, un germe philosophique soit en Grèce, soit chez les barbares. […]
Après quoi, voulant m'élever à la philosophie supérieure et m'initier à la science pure, j'étudiai d'abord les choses incorporelles dans ce qu'on appelle la mathématique. […] Et puis, je m'adonnai à la musique et à l'astronomie, et les autres disciplines qui en dépendent, je n'en ai négligé aucune. D'abord, je m'attachai à chacune en particulier, puis je les rassemblai toutes, sachant qu'elles tendent les unes par les autres à une fin unique. Ainsi, grâce à ces sciences, je m'élançai vers les connaissances plus élevées.

Michel Psellos (1018-1078), *Chronographie*.

4 Le Christ pantocrator (« tout-puissant ») d'Hosios Loukas (Grèce).
Dans les églises grecques, le ciel est symbolisé par la grande coupole dorée du haut de laquelle le Christ pantocrator bénit les fidèles. Les inscriptions signifient I C (première et dernière lettre grecque de Jésus) et X C (première et dernière lettre grecque de Christos).

1. **Quelle est la technique ici utilisée ?**
2. **Décrire la composition, les couleurs ainsi que le personnage.**
3. **Que tient-il dans la main gauche ?**

Constantinople

• Du IVe au milieu du XVe s., Constantinople a été l'une des grandes capitales de la chrétienté. La « nouvelle Rome » est fondée en 330 par l'empereur Constantin à l'emplacement d'une ancienne ville grecque, Byzance, créée au VIIe s. av. J.-C. sur le détroit du Bosphore (ce qui signifie en grec : le « passage de la vache »). À cet endroit se croisent les routes terrestres et maritimes entre l'Europe et l'Asie.

• Au XIIe s., Constantinople, capitale politique de l'Empire byzantin, siège du patriarcat orthodoxe, grand port et carrefour de communications, émerveille tous ceux qui y passent, commerçants, diplomates, savants, pèlerins et croisés.

1 Constantinople, entre Europe et Asie.

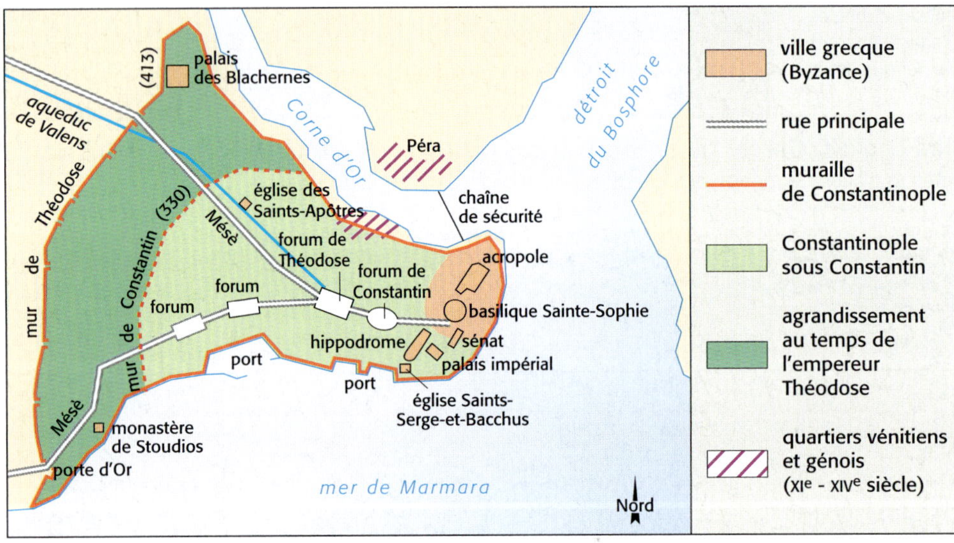

2 **Plan de Constantinople.**
La ville accueille des visiteurs d'horizons divers, marchands génois et vénitiens qui possèdent leurs quartiers, mais aussi Grecs, Bulgares, Arméniens, Turcs, Juifs, Russes, etc.

3 Une ville fascinante

a) Les marchands viennent à Constantinople de tous les pays, par terre et par mer. Il n'y a pas de semblable ville au monde, à l'exception de Bagdad. Les Grecs s'habillent de parures de soie brodée d'or ; ils montent à cheval et ressemblent à des princes. Le pays est riche en étoffes de toutes natures, en pain, viande et vin. On y côtoie des hommes instruits de tous les livres des Grecs. L'empereur Manuel Comnène a fait bâtir un palais dont les colonnes et les murs sont couverts d'or et d'argent.

D'après Benjamin de Tudèle, *Livre de voyages*, XIIe s.

b) Quelle ville splendide, que de monastères d'une majestueuse beauté ! Que de palais dressés dans ses rues et dans ses avenues, au prix d'un labeur incroyable ! Que d'œuvres d'art pour l'enchantement de qui les contemple ! On se lasserait de décrire tant de merveilles, tant d'or et d'argent, de costumes d'une variété infinie, de reliques d'une telle sainteté. À tout moment, des bateaux touchent terre dans son port, de sorte qu'il n'est rien que l'homme puisse désirer qui n'y soit apporté.

Foucher de Chartres, *Histoire du pèlerinage des Francs à Jérusalem*, XIIe s.

c) Beaucoup regardèrent Constantinople qui jamais ne l'avaient vue et ils ne pouvaient croire qu'il pût être si riche ville en tout le monde, lorsqu'ils virent ces hauts murs et ces riches tours dont elle était toute enclose à la ronde ; et ces riches palais et hautes églises dont il y avait tant que nul ne pouvait croire, s'il ne vît de ses yeux, et la longueur et la largeur de la Ville.

Villehardouin, *La Conquête de Constantinople*, début XIIIe s.

4 **La porte d'Or sur le rempart ouest.**
De là partait la *Mésè* (« route du milieu »), véritable voie royale, voie des honneurs et des triomphes, qui menait vers les palais en traversant les forums monumentaux. Elle était bordée d'élégantes boutiques offrant des produits de luxe : soieries, parfums, bijoux, cuirs, verres…

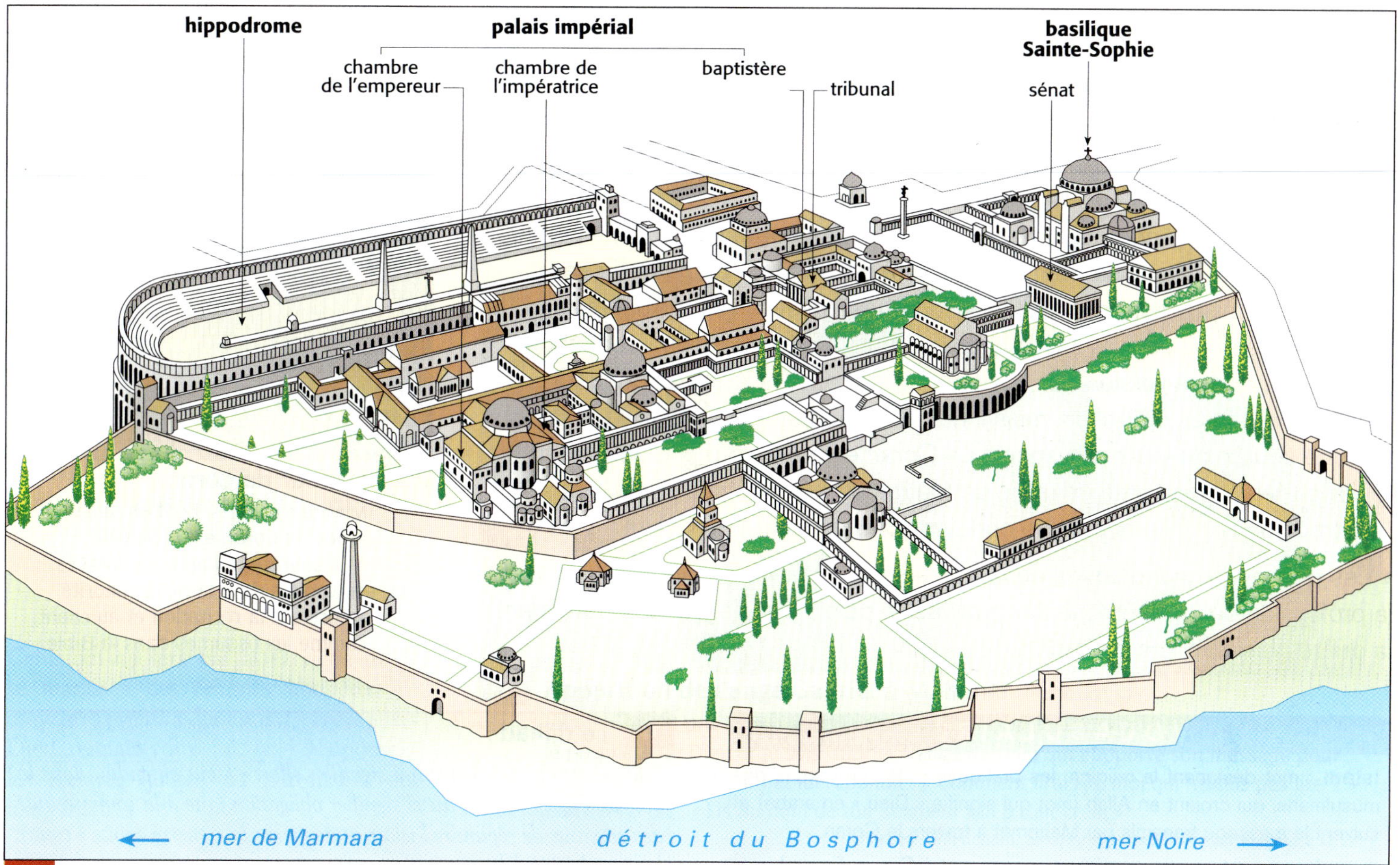

5 **Le quartier impérial de Constantinople** (reconstitution).

6 **Mosaïque de Sainte-Sophie de Constantinople, Xe s.**

Cette mosaïque, située au-dessus du portail sud de l'église Sainte-Sophie, montre, à droite, l'empereur Constantin portant une maquette de la cité à laquelle il a donné des remparts réputés imprenables et, à gauche, l'empereur Justinien présentant une maquette de l'église Sainte-Sophie ; les deux souverains placent leur ville sous la protection de la Vierge (MP ΘY = *Mater Théon* = « mère de Dieu »).

Questions

A Présenter les documents

1. En quoi la situation de Constantinople est-elle exceptionnelle (doc. 1) ?

2. Localiser la reconstitution (doc. 5) sur le plan de Constantinople (doc. 2). Identifier l'emplacement des doc. 4 et 6 sur le plan ou sur la reconstitution.

B Retirer des informations des documents

3. D'après les doc. 1 et 3, d'où provient la richesse de Constantinople ?

4. Montrer que Constantinople est un important centre religieux et commercial (doc. 2). Montrer qu'elle conserve des traces de l'Antiquité.

C Mettre en relation les documents

5. Par quels édifices les trois forces principales de l'Empire byzantin (le peuple, l'autorité impériale et la religion) s'inscrivent-elles dans le paysage de la ville ?

D Rédiger

6. D'après l'ensemble des documents, Constantinople mérite-t-elle le titre de « nouvelle Rome » ? Justifier la réponse.

3 La civilisation musulmane au XIIe s.

A. Un empire éclaté

■ Dans les années qui suivent la mort de Mahomet (632), les Arabes conquièrent le Moyen-Orient et le sud de la Méditerranée, **détruisant l'Empire perse et affaiblissant l'Empire byzantin**. Ils créent un vaste empire, de l'Espagne à l'Asie centrale. Gouvernant depuis sa capitale, Bagdad, le **calife** en est le chef politique et religieux. À partir du Xe s., l'Empire éclate en États rivaux en raison de son étendue et des querelles religieuses entre **sunnites** et **chiites**.

■ Dans ce contexte, des puissances nouvelles émergent au XIIe s. **Les Turcs** seldjoukides, venus d'Asie centrale et convertis depuis peu à l'islam, s'installent en Anatolie et en Iran, puis s'emparent de Bagdad et menacent Byzance. À l'ouest, l'Espagne musulmane et l'Afrique du Nord sont conquises par **les Almoravides, nomades berbères** venus du Sahara, auxquels succèdent au XIIe s. **les Almohades**. Mais ceux-ci sont vaincus par les chrétiens à Las Navas de Tolosa en 1212. L'islam recule en Espagne.

B. Une civilisation urbaine

doc. 3

■ Les villes musulmanes sont très peuplées (Bagdad comptait sans doute 500 000 habitants) et très animées : fonctionnaires résidant autour des palais, copistes, libraires et marchands de parchemins autour des écoles et des mosquées. Les quartiers les plus animés sont **les bazars et les souks** : c'est là que se fabriquent et s'échangent les produits d'un artisanat réputé.

■ Dans les grandes villes comme Damas, Bagdad, Le Caire, Kairouan, Cordoue affluent les **produits venant de tout le monde arabe et de sa périphérie** : tapis, armes, lampes de cuivre et de verre, cuirs de Cordoue, esclaves blancs venant des Balkans, esclaves noirs venant du sud du Sahara et de l'Afrique de l'Est. Les ports comme Alexandrie connaissent une activité commerciale de grande envergure. En effet, les Arabes occupent une place clé entre l'Europe, l'Afrique noire, l'Inde et la Chine ; leurs monnaies d'or (le dinar) et d'argent (le dirham) sont partout utilisées.

■ Si l'irrigation connaît des progrès notables, la majorité de la population est composée de paysans qui cultivent une terre souvent peu fertile avec un outillage médiocre.

C. Une grande unité culturelle

doc. 1, 2, 4 et 5

■ Grâce à leur situation géographique, les musulmans connaissent les découvertes scientifiques gréco-romaines, perses, indiennes et chinoises, et y ajoutent leurs propres recherches. Les mathématiciens étudient l'algèbre (le mot est d'origine arabe : *al djabr*), adoptent le zéro et les chiffres dits « arabes » mais qui ont été inventés par les Indiens. Au XIIe s., à la fois philosophe et médecin, **Averroès est considéré comme le fondateur de la médecine moderne**. Al-Idrisi publie en 1154 un traité de géographie qui rassemble les connaissances de son époque en ce domaine. Les astronomes réussissent à mesurer la circonférence de la Terre, grâce à l'astrolabe, instrument qui permet de mesurer la hauteur des astres et de calculer la latitude.

■ Cette culture se répand d'autant plus facilement que la langue arabe, celle des conquérants et de l'islam, s'est imposée à tout l'empire. La poésie s'épanouit dans les cours princières où les poètes célèbrent les exploits des guerriers et chantent les plaisirs de l'amour (les contes des *Mille et Une Nuits*).

VOCABULAIRE

calife : successeur de Mahomet. Le calife est à la fois un chef politique et religieux. Il ne peut y avoir qu'un seul calife.

sunnite : voir Ne pas confondre, p. 96.

chiite : voir Ne pas confondre, p. 96.

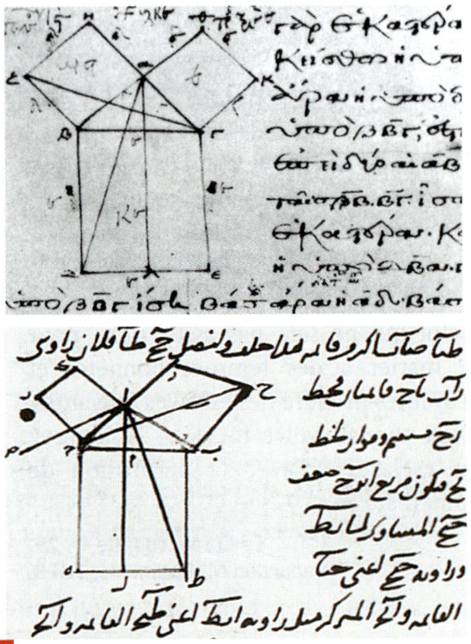

1 Pythagore traduit en arabe.
Manuscrits grec et arabe représentant le théorème de Pythagore, XIIIe s., BNF, Paris.

1. Qui était Pythagore ?
2. Chercher l'énoncé de son théorème.

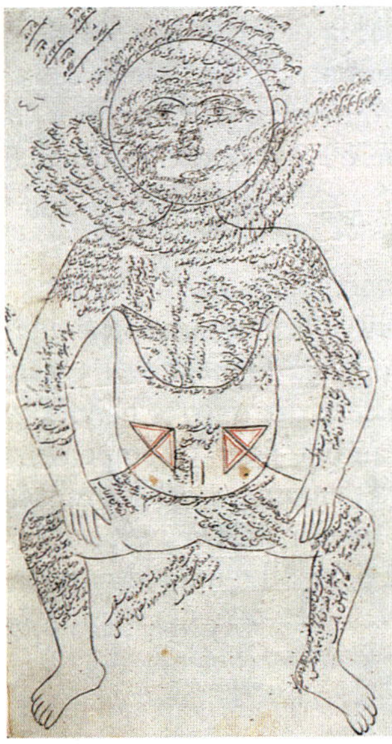

2 Le système nerveux dessiné par Avicenne.
D'origine iranienne, Avicenne vécut au XIe s. et fut à la fois philosophe, savant, médecin, poète et musicien.

3 Al-Fostat (Le Caire), grande ville musulmane

Al-Fostat est la capitale de l'Égypte : c'est là que sont groupés les bureaux de l'administration et que réside le calife. Sa surface est vaste, ses habitants nombreux, son district florissant, son nom célèbre, sa valeur estimée. C'est elle la capitale de l'Égypte, celle qui éclipse Bagdad, celle dont s'enorgueillit l'islam, celle où toute l'humanité vient commercer : plus considérable que Bagdad, elle est l'entrepôt du Maghreb, le dock de l'Orient. On ne saurait trouver parmi les villes plus populeuses qu'elle des marchandises et des spécialités merveilleuses, de bons souks et de bons métiers, des bains qui sont d'un raffinement extrême, des marchés clos pleins d'élégance et de splendeur. On ne trouve pas, dans tout l'islam, plus fréquentées que les assemblées de sa grande mosquée, plus magnifique que les vêtements de ses habitants, plus abondant en navires que son port… Elle offre des nourritures fines, des assaisonnements délicats, des douceurs à bon marché : elle est riche en bananes et en dattes fraîches, foisonnant de légumes, ayant des eaux légères et un climat sain, agréable en hiver.

D'après al-Mogaddasi, *Les Régions de la Terre*, fin Xe s.

1. Quelles sont les principales fonctions du Caire ?
2. Comment transparaît la richesse du Caire ?

4 Aristote et ses disciples.
Manuscrit du XIIIe s., bibliothèque Topkapi, Istanbul.

5 La Méditerranée dessinée par le géographe al-Idrisi au XIIe s.
Al-Idrisi, *Le Livre de Roger*, fac-similé vers 1154, Bodleian Library, Oxford.

1. Où place-t-on le nord sur les cartes musulmanes ?
2. Quelles sont les régions du monde les mieux représentées par al-Idrisi ? Pour quelles raisons ?

Explication d'un document (2/3)

Sujet : Constantinople vue par un croisé au milieu du XIIe s.

Document à étudier : Constantinople vue par un croisé au milieu du XIIe s.

Constantinople est la gloire des Grecs ; sa richesse est légendaire, la réalité surpasse cette renommée. Sa forme est celle d'un triangle, comme celle d'une voile de navire.

Dans un angle, on trouve Sainte-Sophie et le palais de Constantin […]. Le palais des Blachernes[1] a été construit avec un luxe et un art parfait. La beauté de l'extérieur en est presque incomparable et celle de l'intérieur dépasse tout ce que je pourrais en dire. L'or et les couleurs variées resplendissent partout et le pavement est fait de marbre, avec un grand art. Sur deux côtés, la ville est baignée par la mer. Le troisième côté du triangle donne sur la campagne mais est fortifié […]. Au pied du rempart, la terre est libre pour les travaux de la charrue et de la houe et elle contient des jardins qui produisent toutes sortes de légumes pour les citadins. Des conduits souterrains apportent en abondance des eaux douces dans la ville. Mais la ville elle-même est sale et malodorante. Les riches obscurcissent les rues avec leurs demeures et laissent aux pauvres et aux voyageurs la crasse et les ténèbres. Là, ce ne sont que crimes, actes de brigandages et autres forfaits. […]

Constantinople est orgueilleuse de ses richesses, fourbe dans ses mœurs et sa foi est corrompue. À cause de sa richesse, elle craint tous les hommes, mais tous les hommes doivent la redouter à cause de ses ruses et parce que c'est une ville d'infidèles. Si elle n'avait pas ces défauts, son climat tempéré et sain, la fertilité de sa terre et la facilité du passage pour la propagation de la foi pourraient la faire préférer à tout autre lieu.

Elle a en effet le Bosphore, poissonneux et salé comme une mer, qu'on peut traverser comme un fleuve sept ou huit fois par jour dans les deux sens. Au delà, il y a une terre très vaste [*l'Asie Mineure*], hérissée de hautes montagnes, qui s'étend au sud jusqu'à Antioche et qui, vers l'Orient, est en partie turque après avoir appartenu tout entière aux Grecs. Là où les Grecs gardent des places fortes, les revenus sont partagés avec les Turcs. Ce lâche peuple aurait tout perdu s'il ne se rachetait sans cesse avec de l'or.

Eudes de Deuil, *La croisade de Louis VII, roi de France*, livres IV et V, 1148, publiée par H. Waquet, Paris, 1949, traduction P. Cassagne.

1. Palais des Blachernes : Palais impérial.

DOCUMENT D'ACCOMPAGNEMENT

Représentation de Constantinople,
manuscrit latin, XIIIe s.

Questions

1. Qu'est-ce qui, selon l'auteur, fait de Constantinople « la gloire des Grecs » ? À quoi, selon lui, la ville doit-elle sa richesse ?
2. Expliquer les expressions « sa forme est celle d'un triangle », « c'est une ville d'infidèles » et « sa foi est corrompue ».
3. Quelle image l'auteur donne-t-il des Byzantins ?
4. Montrer que cette présentation de Constantinople et de son peuple est incomplète et partiale.

Méthode

1 Avant de répondre aux questions, il faut…

a. **Lire attentivement le document.**

– De quelle nature est-il ?

– Sous quel autre nom Constantinople est-elle connue ?

– Qui sont les Grecs ?

b. **Le situer dans l'espace et dans le temps.**

– Repérer sur une carte les lieux mentionnés dans le texte. Replacer Constantinople dans l'Empire byzantin.

– Eudes se rend à Constantinople en 1147 à l'occasion de la 2e croisade (1145-1148, voir p. 104-105).

Quelles sont, à cette date, les relations :

– Entre les Byzantins et les Occidentaux ?

– Entre les Byzantins et les Turcs ?

Chercher quels sont les résultats de la 1re croisade.

2 Utiliser les informations

• Le texte a un auteur : Eudes de Deuil.
Une encyclopédie ou un dictionnaire peut fournir quelques indications sur lui.

Eudes de Deuil

Né vers 1100/1110, Eudes de Deuil est un moine bénédictin de l'abbaye de Saint-Denis.
Il est abbé de l'abbaye de Saint-Corneille de Compiègne. Protégé de Suger, l'abbé de Saint-Denis, il est très lié au roi de France Louis VII (1137-1180) qui participa à la deuxième croisade en 1147-1148. Chapelain du roi, il rédige le récit de la croisade dans son œuvre *La croisade de Louis VII, roi de France, livres IV et V* (1148). À son retour, il est nommé par le roi Louis VII, abbé de Saint-Denis en 1151 où il succède à Suger. Il meurt en 1162.

• Dans la source apparaît la date 1949 ; c'est celle de **l'édition** du texte. La date importante est 1148, date de rédaction de l'ouvrage de Eudes de Deuil.

3 Faire la critique du document

• **Ce travail est essentiel pour bien comprendre le texte : aucun texte n'est totalement objectif.**
– Eudes est un observateur direct : il a séjourné à Constantinople et rédigé son ouvrage peu de temps après avoir quitté la ville ; ses observations sont donc fiables.

– Mais c'est un Occidental, un Latin, et les Occidentaux sont volontiers critiques à l'égard des Grecs qui, à l'inverse, considèrent les Latins comme des barbares.
C'est aussi un homme d'Église fidèle au pape, donc peu favorable aux orthodoxes.

4 Aide pour répondre à certaines questions

• **Aide à la question 1 :**

Sélectionner et classer les informations témoignant de l'admiration éprouvée par l'auteur. Distinguer ce qu'il admire (par exemple la diversité des légumes cultivés) des explications qu'il propose (la fertilité du sol).

• **Aide à la question 2 :** Expliquer les expressions « sa forme est celle d'un triangle », « c'est une ville d'infidèles » et « sa foi est corrompue ».
– « sa forme est celle d'un triangle » : observer le plan de Constantinople proposé en document d'accompagnement.
– Se demander par rapport à quoi le mot « infidèle » est utilisé.

Question 2 : Réponse partielle proposée.

L'expression « sa foi est corrompue » renvoie aux querelles religieuses entre Latins et Byzantins, séparés depuis le schisme de 1054. Eudes de Deuil, clerc latin, considère que la foi des Byzantins n'est pas la bonne : ils ont contesté la nature divine du Christ, ils rendent un culte aux images et ils refusent l'autorité du pape.

Question 3 : Quelle image l'auteur donne t-il des Byzantins ?

Réponse proposée : *L'auteur donne une image très négative des Byzantins. Il les dit orgueilleux (de leur capitale et de ses richesses), lâches (ils ont perdus l'Asie Mineure et s'entendent avec les Turcs : « les revenus sont partagés ») et rusés. À l'en croire, la population de Constantinople n'est faite que de riches égoïstes et de bandits miséreux. Tout au plus reconnaît-il aux Byzantins du savoir-faire dans le travail du marbre (« le pavement est fait de marbre, avec un grand art ») et en matière d'agriculture (« les jardins qui produisent pour les citadins toutes sortes de légumes »). Pour désigner les Byzantins, Eudes de Deuil utilise les mots de « Grecs » et d'« infidèles » pour souligner ce qui les distingue des Latins fidèles au pape, réputés pour leur simplicité et leur ardeur à combattre.*

• **Aide à la question 4 :**
Mobiliser ses connaissances ; rassembler les observations et les confronter aux connaissances : le texte mentionne-t-il les activités les plus caractéristiques de Constantinople ? À quoi peut-on attribuer l'attitude de l'auteur vis-à-vis des Byzantins ?

CHAPITRE

5 Les relations dans le monde méditerranéen au XIIe s.

La Méditerranée au XIIe s. est un carrefour de civilisations entre chrétiens d'Occident, Byzantins et musulmans. Les affrontements guerriers mettent aux prises les chrétiens et les musulmans lors des croisades et de la guerre sainte (le djihad). Cependant la Méditerranée connaît également des échanges commerciaux – grâce en particulier aux villes italiennes – et des échanges culturels.

Ces relations de nature contrastée s'expriment plus fortement dans les zones de contact que sont la Terre sainte, le sud de l'Espagne et la Sicile.

Quels contacts entretiennent l'Occident, Byzance et le monde musulman en Méditerranée au XIIe s. ?

1 De sanglants conflits...

Bataille entre croisés et musulmans en Terre sainte, 1119.

Enluminure extraite du manuscrit écrit par Guillaume de Tyr (1130-1184), chancelier du royaume de Jérusalem puis archevêque de Tyr, *Histoire d'outre-mer*.

« Combattez-les jusqu'à ce que vous n'ayez point à craindre la tentation, et que tout culte soit celui du Dieu unique », Coran, sourate II, verset 189.

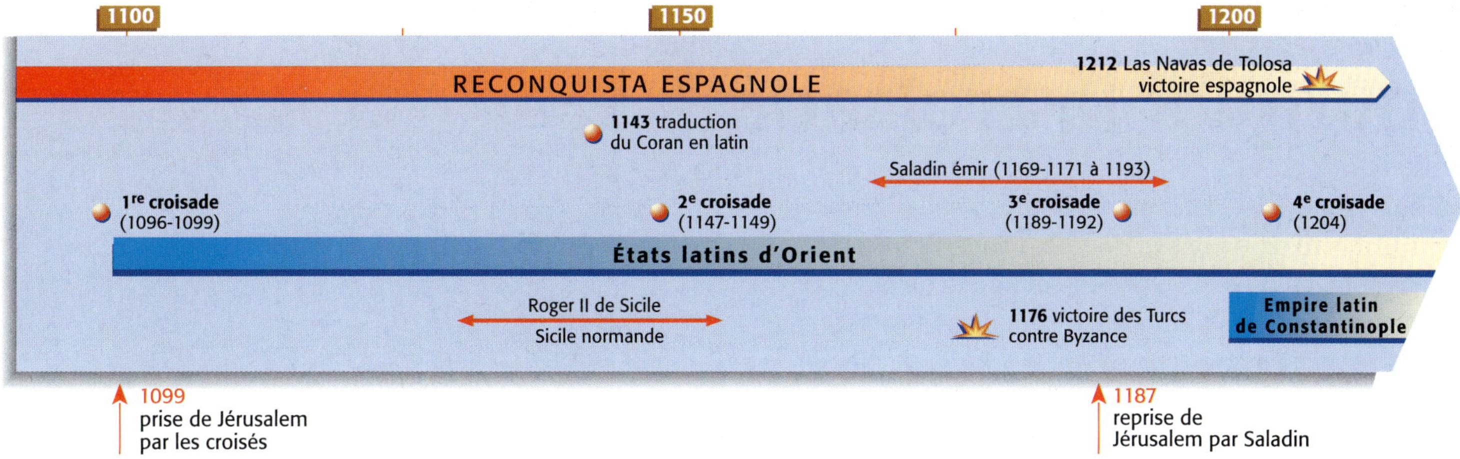

2 | … mais de fructueux échanges commerciaux et culturels.

Un musulman et un chrétien jouant du luth en Espagne. Miniature du *Cantigas de Santa Maria* d'Alphonse V le Sage, XIIIe s.

Pourquoi la croisade ?

- Après la mort de Mahomet, les Arabes se lancent dans le djihad et, en moins de trente ans (632-661), soumettent les peuples chrétiens d'Afrique du Nord et du Moyen-Orient. Ils autorisent néanmoins les chrétiens à faire des pèlerinages sur les **Lieux saints**, du moins jusqu'à l'arrivée des Turcs seldjoukides, en 1078.
- L'Occident chrétien, à l'initiative du pape, organise alors des pèlerinages armés en vue de reconquérir les territoires perdus par la chrétienté. Ceux qui partent d'Occident portent une croix sur leurs vêtements ; on dit qu'ils sont « croisés » ; les musulmans les appellent les « Francs ». Bien plus tard, au XIVe s., on appellera ces expéditions des **croisades**.

2 Des croisés sous la direction de Pierre l'Ermite, XIIe siècle, British Museum.

VOCABULAIRE

Lieux saints : lieux et villes de Palestine (Jérusalem, Bethléem, Nazareth) où a vécu et prêché le Christ.

croisade : nom tardif (XIVe s.) donné à des expéditions militaires organisées par le pape afin de libérer les Lieux saints de la domination musulmane. Au XIIe s., on parle de « pélérinage de la croix », de « voyage de Jérusalem ».

1 La Terre sainte à la veille de la première croisade

Les mécréants[1] venaient à grand bruit et à grands cris et s'asseyaient sur les autels, renversaient les calices, brisaient les lampes et les cierges et, pour courroucer encore plus la chrétienté, ils prenaient souvent le patriarche, qui y était alors, par la barbe et par les cheveux et le ruaient à terre et le piétinaient.

Guillaume de Tyr, *Histoire des croisades*, éd Guizot, 1824, cité dans J. Heers, *La Première Croisade*, Tempus, 2002.

Les Turcs infligeaient des maux aux chrétiens qui allaient prier à Jérusalem, les frappaient, les pillaient, prélevaient la capitation à la porte de Jérusalem et aussi au Golgotha et au Sépulcre. Toutes les fois qu'ils voyaient une caravane de chrétiens, surtout ceux qui venaient de Rome ou des pays d'Italie, ils s'ingéniaient à la faire périr de diverses manières.

Michel le Syrien, patriarche de l'Église jacobite d'Antioche, *Chronique*, éd. Chabot, 1910, cité dans J. Heers, *La Première Croisade*, Tempus, 2002.

Il n'est personne sous le ciel qui puisse comprendre tous les maux et toutes les tribulations, toutes les tortures mortelles que les insolents Gentils[1] faisaient endurer à ceux qui allaient visiter les Lieux saints et l'on doit croire sans doute que Dieu en était bien plus affligé que de la captivité de sa croix et du sépulcre livré entre des mains profanes.

Guibert de Nogent, *Autobiographie*, cité dans J. Heers, *La Première Croisade*, éd Tempus, 2002.

1. Les musulmans.

3 Les causes des croisades vues par un musulman

Leur roi Baudoin avait rassemblé une grande armée franque. Il était parent de Roger le Franc qui avait conquis la Sicile et il lui fit dire qu'ayant réuni une grande armée il allait venir dans son pays, passer de là en Afrique et la conquérir. [...] Roger dit à l'ambassadeur de Baudouin : « Si vous avez l'intention de faire la guerre sainte contre les musulmans, il vaut mieux conquérir Jérusalem ; vous la libérerez de leurs mains et vous en retirerez la gloire. Pour ce qui est de l'Afrique, il y a entre moi et ses habitants foi et traité. On dit aussi que les seigneurs Alides[1], lorsqu'ils eurent vu grandir la puissance des Turcs seldjoukides et assisté à la conquête par ceux-ci de la Syrie, prirent peur et firent demander aux Francs d'envahir la Syrie afin d'en prendre possession et de s'interposer entre eux et leurs ennemis turcs.

Ibn al-Athir, historien musulman, 1160-1233, *La Perfection des histoires*, XIIIe s.

1. Les chiites, qui contrôlent alors l'Égypte sous le nom de dynastie fatimide.

4 L'appel à la croisade d'Urbain II

Il est urgent d'apporter à vos frères d'Orient l'aide si souvent promise. Les Turcs et les Arabes les ont attaqués comme beaucoup d'entre vous le savent et se sont avancés dans le territoire de la Romanie[1] jusqu'au détroit des Dardanelles, pénétrant toujours plus avant dans le pays des chrétiens, en ont tué et fait captifs un grand nombre, ont détruit les églises et dévasté le royaume[1]. Si vous les laissez à présent sans résister, ils vont étendre leur vague plus largement sur beaucoup de fidèles serviteurs de Dieu.
Si ceux qui iront là-bas perdent leur vie pendant le voyage sur terre ou sur mer, ou dans la bataille contre les païens, leurs péchés seront remis.

Discours du pape Urbain II en 1095 retranscrit par Foucher de Chartres, (1058-1127), *Histoire du pèlerinage des Francs à Jérusalem*, XIIe s.

1. L'Empire byzantin.

5 La prise de Jérusalem par les croisés en 1099

C'était le sixième jour de la semaine et la neuvième heure de la journée. Il semble que ce moment fut choisi par Dieu même, puisque à pareil jour et à pareille heure, le Seigneur avait souffert dans la même ville pour le salut du monde. Le duc Godefroy de Bouillon[1] et tous ceux qui étaient entrés avec lui s'étant réunis, couverts de leurs casques et de leurs boucliers, parcouraient les rues et les places, le glaive nu, frappant indistinctement tous les ennemis qui s'offraient à leurs coups, et n'épargnant ni l'âge ni le rang. On voyait tomber de tous côtés de nouvelles victimes, les têtes détachées des corps s'amoncelaient çà et là, et déjà l'on ne pouvait passer dans les rues qu'à travers des monceaux de cadavres.
Dès qu'ils furent parvenus sur les remparts, ils allèrent ouvrir la porte du midi, qui se trouvait près de là, et tout le peuple chrétien pénétra facilement par ce nouveau côté. L'illustre et vaillant comte de Toulouse entra dans la place.
On dit qu'il périt dans l'enceinte même du Temple environ dix mille ennemis sans compter tous ceux qui avaient été tués de tous côtés […].
Avant même qu'ils se fussent emparés de la ville, les croisés étaient convenus entre eux qu'aussitôt qu'ils s'en seraient rendus maîtres, tout ce que chacun pourrait prendre pour son compte lui serait acquis et qu'il le posséderait à jamais.

Guillaume de Tyr, (1130-1184), *Histoire d'outre-mer*.

1. Godefroy de Bouillon (1061-1100) devient le premier roi chrétien de Jérusalem mais se contente du titre d'« Avoué du Saint-Sépulcre ».

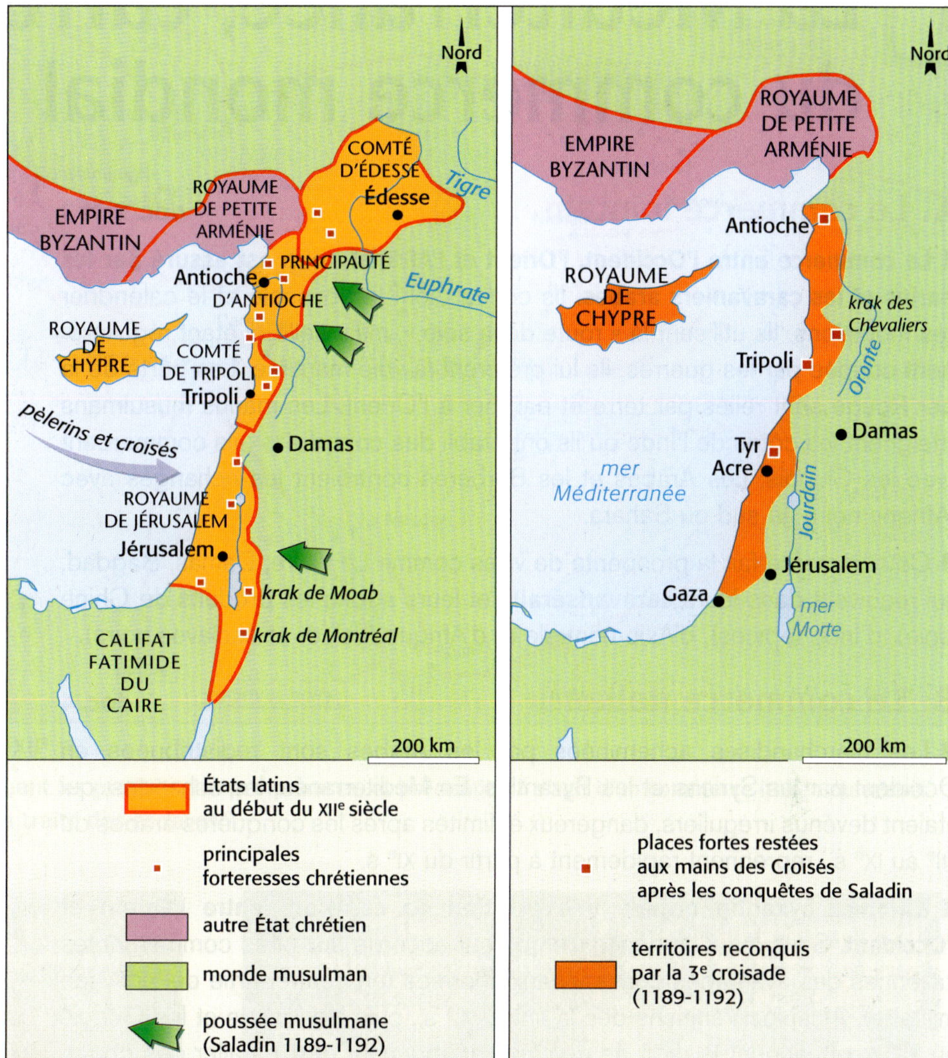

6 Les États latins d'Orient aux XIIe et XIIIe s.

7 La prise de Jérusalem par Saladin en 1187

Quand les Francs virent la vigueur de l'attaque musulmane, ils pensèrent se rendre sur parole et remettre Jérusalem à Saladin. Le sultan consentit à accorder la vie sauve aux Francs, étant entendu que chaque homme, qu'il fût pauvre ou riche, devrait payer dix dinars, les garçons et les filles deux dinars, les femmes cinq dinars. Celui qui verserait cette somme dans les quarante jours serait libre, celui qui au bout de quarante jours n'aurait pas payé serait réduit en esclavage. […]
Et la ville se rendit le 27 Rajab [2 octobre 1187]. Sur le sommet de la coupole du Rocher, il y avait une grande croix dorée. Lorsque les musulmans, le vendredi, entrèrent dans la ville, quelques-uns grimpèrent sur la cime pour en arracher la croix […]. Saladin fit remettre les édifices dans leur état ancien.

Ibn al-Athir, *La Perfection des histoires*, XIIIe s.

Questions

A Observer les documents

1. Quels sont les auteurs des différents textes de ce dossier ? Sont-ils contemporains des événements qu'ils rapportent ?
2. Est-il important de connaître leur origine pour interpréter les textes ?

B Retirer des informations des documents

3. Quelle est la situation en Terre sainte avant la première croisade (doc. 1) ?
4. D'après le doc. 2, quel rôle semble jouer le moine Pierre l'Ermite ?
5. D'après le doc. 2, expliquer le sens du mot « croisé ».
6. D'après les doc. 3 et 4, quelles sont les causes des croisades ? Sont-elles contradictoires ?
7. D'après le doc. 5, les motivations des croisés sont-elles uniquement religieuses ?
8. Comment les chefs de la première croisade ont-ils organisé les territoires conquis (doc. 6) ?
9. D'après le doc. 7 et la biographie de Saladin, montrer pourquoi ce chef musulman a beaucoup impressionné les croisés.

C Rédiger

10. À l'aide des documents, présenter les causes des croisades.

La Sicile, terre de contact entre civilisations au XIIe s.

• Au milieu de la Méditerranée, la Sicile est une île où, depuis des siècles, les civilisations méditerranéennes grecque, carthaginoise, romaine et byzantine ont laissé leur empreinte.

• Au XIIe s., Italiens et Normands côtoient Grecs (Byzantins) et Arabes (la conquête arabe date du IXe s.), ainsi que des minorités juives, arméniennes ou slaves.

• Le royaume normand de Sicile a été fondé par des chevaliers occidentaux, mais il emprunte beaucoup à l'Orient byzantin et arabe : les ministres sont aussi bien normands que byzantins ou arabes et l'administration du palais rédige ses actes en grec, en latin ou en arabe. Monastères orthodoxes, églises catholiques et mosquées voisinent dans l'île ; chaque peuple conserve son droit et sa langue.

1 Roger II, roi de Sicile de 1130 à 1154, couronné par le Christ. Mosaïque, église de la Martorana, vers 1150.
Roger II (1101-1154), fils de Roger Guiscard qui avait conquis la Sicile et une partie de l'Italie du Sud, devient duc, puis roi d'Italie du Sud et de Sicile. Il fixe sa capitale à Palerme.

2 Le royaume normand d'Italie et de Sicile au XIIe s.
Les rois de Sicile occupent temporairement des terres musulmanes et byzantines. Roger II occupe la Tunisie jusqu'à Kairouan. Son petit-fils Guillaume II débarque dans les Balkans et prend Thessalonique, deuxième ville de l'Empire byzantin, en 1185.

3 Le roi de Sicile Guillaume Ier vu par un musulman

L'attitude du roi est vraiment extraordinaire. Il a une conduite parfaite envers les musulmans ; il leur confie des emplois, il choisit parmi eux ses officiers et tous, ou presque tous, gardent secrète leur foi et restent attachés à la foi de l'islam. Le roi a pleine confiance dans les musulmans et se repose sur eux de ses affaires et de l'essentiel de ses préoccupations, à tel point que l'intendant de sa cuisine est un musulman.
Par l'éclat de sa pompe royale, par l'étalage de sa parure, il ressemble au roi musulman. Un autre trait que l'on rapporte de lui et qui est extraordinaire, c'est qu'il lit et écrit l'arabe.
On nous a raconté que cette île fut secouée d'un tremblement de terre, dont il fut fort effrayé. Il parcourut alors son palais, où il n'entendit qu'invocations à Dieu et à son prophète, prononcées par ses femmes et par ses eunuques. Si ceux-ci manifestèrent quelques troubles à sa vue, il leur dit pour les rassurer : « Que chacun de vous invoque celui qu'il adore et dont il suit la foi ! »

Ibn Jobaïr (1145-1217), *Voyages*, 1184.

4 Cloître de Monreale, Palerme, XIIe s.

Dans les églises de Palerme, l'architecture et de la décoration comportent des éléments aussi bien arabes (arabesques) que byzantins (mosaïques, coupoles) ou occidentaux.
À Palerme, le cloître de Monreale, avec sa fontaine à l'orientale, ses colonnettes décorées de mosaïques et ses chapiteaux romans, est un beau témoignage de ce syncrétisme réussi entre trois civilisations.

5 Palerme au XIIe s.

En cette cité, les musulmans conservent quelques restes de leur foi ; ils fréquentent la plupart de leurs mosquées et ils y célèbrent la prière rituelle sur un appel clairement entendu. Ils ont des faubourgs qu'ils habitent seuls à l'exclusion des chrétiens […]. Ils ont un cadi[1] devant lequel ils élèvent leurs procès […]. Les mosquées ordinaires sont innombrables. Pour la plupart, elles servent de classes pour les professeurs du Coran […].
L'un des édifices des infidèles les plus extraordinaires que nous ayons vu est l'église dite de l'Antiochien[2]. Ses murs sont, à l'intérieur, entièrement revêtus d'or, avec des plaques de marbre de différentes couleurs, tel qu'on n'en vit jamais de pareils ; ils sont ornés partout de mosaïques d'or et couronnés d'arborescences en mosaïques vertes.

Ibn Jobaïr (1145-1217), *Voyages*, 1184.

1. Juge en pays musulman.
2. Église Sainte-Marie-de-l'Amiral, dite la Martorana, fondée par l'amiral Georges d'Antioche.

6 Un médecin et un astrologue arabes au chevet de Guillaume II. Miniature, *Libres ad honorem* Augusti de Petrus de Ebule, vers 1200. Burgerbibliotek, Berne.

7 Brève chronologie de l'histoire de la Sicile médiévale

- **491 :** occupation par les Ostrogoths.
- **535 :** reconquête par les Byzantins.
- **827-878 :** conquête arabe.
- **XIe s. :** conquête normande (Robert Guiscard et son frère Roger) ; conquête achevée en 1091.
- **1130-1154 :** règne de Roger II, premier roi normand de Sicile.
- **1186 :** Henri, fils de l'empereur Frédéric Barberousse, de la dynastie des Hohenstaufen, épouse Constance, héritière du royaume normand. Le royaume de Sicile revient ainsi aux Hohenstaufen en 1194.
- **XIIIe s. :** la Sicile devient la résidence favorite de l'empereur Frédéric II (1197-1250). Élevé dans une triple culture (italienne, germanique et normande), il se montre ouvert aux trois civilisations.

Questions

A Observer les documents

1. Décrire les personnages représentés sur le doc. 1. Quelle influence peut-on percevoir ici (voir chap. 4) ?
2. À l'aide de la carte (doc. 2), montrer que les rois normands de Sicile n'ont pas une attitude uniquement pacifique à l'égard de leurs voisins.

B Retirer des informations des documents

3. À l'aide d'exemples, montrer que Guillaume Ier est un roi tolérant (doc. 3). Quel est le titre officiel du « roi musulman » ? Expliquer « invocations à Dieu et à son prophète ».
4. Mettre en évidence les différentes influences qui s'exercent en Sicile dans le domaine artistique (doc. 4 et 6).
5. Quels détails permettent d'identifier les personnages (doc. 6) ?
6. Donner des exemples de tolérance pris dans les documents de ce dossier.
7. Quelle aide la chronologie de l'histoire de la Sicile (doc. 7) peut-elle apporter à la compréhension des documents de ce dossier ?

C Rédiger

8. Rédiger un petit texte argumenté montrant que le terme « syncrétisme » s'applique très bien à la Sicile du XIIe s.

FICHE DE RÉVISION

DATES À RETENIR

- **1099 :** les croisés prennent Jérusalem ; naissance des États latins d'Orient
- **1187 :** Saladin écrase les croisés à Hattin et reprend Jérusalem
- **1204 :** les croisés prennent Constantinople ; naissance de l'Empire latin d'Orient
- **1212 :** victoire chrétienne de Las Navas de Tolosa sur les musulmans en Espagne

BIOGRAPHIE

Saladin
(1137-1193)
Chef musulman qui combat les croisés en Terre sainte.
(Voir biographie complète p. 319)

1 Un Franc du Vᵉ s.
Childéric Iᵉʳ, roi des Francs, père de Clovis. Sceau, Vᵉ s.

2 Francs du XIIᵉ s.
Godefroy de Bouillon et des chevaliers francs pendant la première croisade. Miniature du XIIIᵉ s.

L'ESSENTIEL

1. La Méditerranée, entre djihad et croisade

- L'Occident chrétien, à l'initiative du pape, essaie de reconquérir par les armes des territoires perdus lors de l'expansion arabe du VIIᵉ s.
- La 1ʳᵉ **croisade** aboutit à la prise de Jérusalem en 1099 et à la création des États latins d'Orient.
- Une autre croisade, la 4ᵉ, se réduit à un affrontement avec les Byzantins et à la prise de Constantinople en 1204.
- En Espagne, les petits royaumes chrétiens du Nord entreprennent la **Reconquista**.

2. La Méditerranée, carrefour du commerce mondial

- Même pendant les croisades, les échanges économiques se perpétuent essentiellement par l'intermédiaire de **comptoirs** commerciaux créés par les villes italiennes : Gênes, Pise et surtout Venise, dont la puissance met en danger l'Empire byzantin.

3. La Méditerranée, carrefour culturel

- Des échanges intellectuels enrichissent les différentes civilisations : les auteurs grecs comme Aristote sont commentés par les Arabes, tandis que le Coran est traduit en latin.
- Ce rapprochement favorise le **syncrétisme** culturel et l'apparition d'une civilisation originale en Espagne, où la tolérance permet aux fidèles des trois religions (christianisme, judaïsme, islam) de vivre en paix. C'est surtout en Sicile, passée successivement sous contrôle byzantin, arabe et normand que s'exprime le mieux le syncrétisme dans l'art, la culture et la tolérance réciproque.

NE PAS CONFONDRE

Arabes et musulmans

➤ Les **Arabes** sont, à l'origine, les habitants de la péninsule Arabique et leurs descendants. Les **musulmans** sont ceux qui pratiquent la religion islamique. Des peuples vaincus lors des conquêtes arabes aux VIIᵉ et VIIIᵉ s. (Égyptiens, Syriens…) ont adopté à la fois la religion musulmane, la langue et la culture arabes. Les Iraniens, les Berbères, les Pakistanais sont musulmans, mais ne sont pas arabes. Inversement, il existe au Proche-Orient des Arabes chrétiens dont les ancêtres ne se sont jamais convertis à l'islam.

Maures et mozarabes

➤ Dans l'Antiquité, les **Maures** sont des populations berbères d'Afrique du Nord et du Sahara. Au Moyen Âge, on a pris l'habitude de désigner par ce mot les musulmans du sud de la Méditerranée et plus particulièrement les conquérants de l'Espagne.

➤ Les **mozarabes** sont des chrétiens qui vivent sous domination musulmane en Espagne ; ils gardent leur religion mais adoptent un style de vie à l'orientale et parlent un dialecte arabe.

Francs au Vᵉ s. et Francs au XIIᵉ s.

➤ **Francs (Vᵉ s.)** : à l'origine, le mot Francs désigne une peuplade germanique vivant dans le nord de la Germanie, sur les rives du Rhin. À partir du Vᵉ s., lors des grandes invasions, les Francs s'installent dans le nord de la Gaule ; avec Clovis (481-511), ils se rendent maîtres de la Gaule, qui devient bien plus tard la France.

➤ **Francs (XIIᵉ s.)** : le mot désigne, à Byzance et dans le monde musulman, les Occidentaux qui participent aux croisades, qu'ils soient français, anglais, allemands ou italiens.

Description de la ville de Saint-Jean-d'Acre au XIIe s.

Que Dieu l'anéantisse et la rende à l'islam !

C'est la capitale des cités des Francs en Syrie, l'escale des voiles se dressant comme des étendards sur la mer immense, le port de tout navire, l'égale par sa grandeur et son animation de Constantinople, centre de réunion des bateaux et des caravanes, rendez-vous des marchands chrétiens et musulmans de tous pays. Ses rues et ses voies publiques regorgent de la foule, et la place est étroite où poser son pas ; elle brûle dans l'incroyance et l'iniquité ; elle regorge de cochons et de croix ; sale, dégoûtante, toute remplie d'immondices et d'ordures.

Les Francs l'ont enlevée aux musulmans, dès la première décade du VIe s. ; l'islam l'a pleurée à pleines paupières : ce fut l'une de ses lourdes peines. Les mosquées y sont devenues des églises et les minarets des sonnoirs à cloches. Dieu a conservé pure, dans sa mosquée principale, une place qui est restée aux musulmans, comme un petit oratoire où les musulmans venus de l'extérieur se réunissent pour célébrer la prière rituelle. […]

À l'est de la ville est une source appelée « source de la Vache » […]. On descend à cette source par des degrés fort doux. Elle est proche d'une mosquée dont le mihrab est resté intact ; les Francs se sont donné un autre mihrab dans la partie est ; ainsi musulmans et chrétiens s'y assemblent et prennent les uns une direction de prière, les autres une autre. Entre les mains des chrétiens, cette mosquée est vénérée, respectée.

Ibn Jobaïr (1145-1217), *Voyages*, 1184.

Vue aérienne de Saint-Jean-d'Acre.

Questions

1. Lors de quelle expédition militaire les Francs ont-ils pris Saint-Jean-d'Acre ? À quoi se réfère la date (VIe s.) donnée par l'auteur du texte, Ibn Jobaïr ?
2. Comment les Francs ont-ils organisé les territoires conquis lors de cette expédition ? De quel ensemble la cité de Saint-Jean-d'Acre fait-elle partie ?
3. Quels aspects de la civilisation occidentale ont alors été introduits dans ces territoires ?
4. À quelle grande capitale méditerranéenne l'auteur compare-t-il Saint-Jean-d'Acre ? Qu'est-ce qui peut justifier une telle comparaison ?
5. Pourquoi Ibn Jobaïr souhaite-t-il l'anéantissement de Saint-Jean-d'Acre ?
6. Comparer cette description de Saint-Jean-d'Acre à la description que fait al-Idrisi de la ville espagnole Almería (doc.6 p. 111).
7. Comparer la description de Saint-Jean-d'Acre à la description de Palerme (doc. 5 p. 115).
8. Pourtant l'auteur de ce texte trouve à Saint-Jean-d'Acre un bel exemple de tolérance entre chrétiens et musulmans. Lequel ?

Sujet de composition

Quelles conséquences des croisades le texte d'Ibn Jobaïr met-il en évidence ?

Étude d'un ensemble documentaire (1/7)

Sujet : Les chrétiens en Terre sainte

Questions

1. Pourquoi la ville de Jérusalem est-elle à la fois un point commun et une source de conflits pour les trois religions monothéistes (doc. 1) ?
2. Quels points communs et quelles différences présentent les auteurs des trois textes (doc. 2, 4 et 5) ?
3. En mettant en relation les cinq documents, trouver des éléments qui témoignent de la méfiance et de l'hostilité entre chrétiens et musulmans.
4. Les textes 4 et 5 contiennent pourtant des signes d'espoir et de paix : lesquels ? Quelles en sont aussi les limites ?

DOCUMENT 1

Jérusalem, ville sainte des trois religions monothéistes.

1. Le site du Temple, dont il reste le mur des Lamentations, rappelle l'ancienneté de l'implantation du judaïsme et la destruction de la Jérusalem juive à l'époque romaine.

2. L'église du Saint-Sépulcre, bâtie sur l'emplacement du tombeau de Jésus, témoigne des origines du christianisme.

3. Le Dôme du Rocher symbolise, pour les musulmans, l'endroit où Mahomet aurait été élevé au ciel par intervention divine.

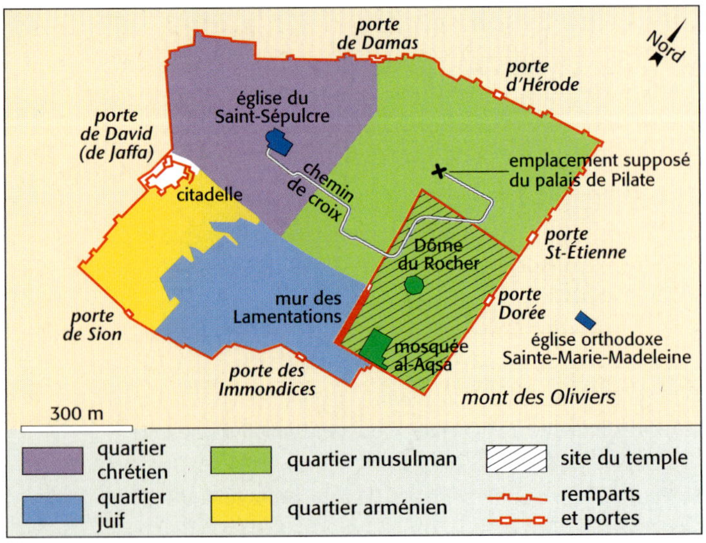

Document 2 Comment repeupler Jérusalem

Le roi Baudouin Ier de Jérusalem se préoccupait fort de voir la Ville sainte vide d'habitants, au point que la population suffisait à peine à défendre la cité. Les Gentils qui avaient habité Jérusalem avaient presque tous été occis quand la ville avait été prise d'assaut ; les survivants avaient été expulsés ; les princes chrétiens avaient en effet regardé comme sacrilège la présence de non-chrétiens en un lieu aussi vénérable. Mais les nôtres suffisaient à peine à peupler une rue.

Le roi s'informait du lieu d'où il pourrait faire venir des habitants ; il apprit que de nombreux fidèles habitaient des villages situés en Arabie, au-delà du Jourdain, et qu'ils payaient un tribut aux infidèles qui les tenaient en servage. Il fit appel à eux, leur promettant des conditions meilleures. Attirés autant par la vénération qu'ils éprouvaient pour les Lieux saints que par l'affection que leur inspiraient les nôtres et par l'amour de la liberté, ils vinrent en grand nombre, avec leurs femmes, leurs enfants, leurs troupeaux.

D'après Guillaume de Tyr (1130-1184), *Histoire d'outre-mer*, fin XIIe s.

Document 3 Le krak des Chevaliers. C'est une forteresse imprenable construite par les croisés à un endroit stratégique du comté de Tripoli.

Document 4 Les espoirs déçus d'Ibn Munqidh

Il y a des Francs qui se sont établis dans le pays et se sont mis à vivre dans la familiarité des musulmans. Ils sont bien meilleurs que ceux qui viennent d'arriver fraîchement de leur pays d'origine mais ils ne sont qu'une exception qui ne constitue pas la règle. [...]

Je me suis demandé, dans les débuts, s'ils allaient vraiment ressembler à nous avec le temps. J'ai pu croire, à travers certains d'entre eux, au miracle : sinon qu'ils embrassent notre foi, du moins que, restés chrétiens, ils apprennent en masse notre langue et partagent, comme les chrétiens de chez nous, une même vie avec leurs frères musulmans. Mais les Francs dans l'ensemble n'ont voulu ni l'un ni l'autre.

Oussama Ibn Munqidh (1095-1188), *Des enseignements de la vie*, fin du XIIe s.

Document 5 Des Occidentaux devenus Orientaux

Nous qui étions occidentaux, nous sommes devenus orientaux. Nous avons oublié les lieux de notre origine. Untel possède ici des maisons en propre comme par droit d'héritage, tel autre a épousé une femme, non parmi ses compatriotes, mais syrienne, arménienne, parfois même une Sarrasine baptisée [...]. On se sert des diverses langues du pays ; la confiance rapproche les races les plus éloignées. La parole de l'Écriture se vérifie : « Le lion et le bœuf mangeront au même râtelier. » Le colon est maintenant devenu presque un indigène ; qui était étranger s'assimile à l'habitant.

Ceux qui étaient là-bas pauvres, Dieu ici les a rendus riches. Pourquoi retourneraient-ils en Occident, ceux qui en Orient ont trouvé une telle fortune ?

Foucher de Chartres (1058-1127), *Historia Hierosolymitana*, XIIe s.

Méthode

1 Bien lire et comprendre les questions

La première question ne concerne que le doc. 1 ; mais en y répondant clairement, on réunit des arguments pour mieux comprendre la suite, c'est-à-dire la mise en relation de plusieurs documents. En montrant comment la ville de Jérusalem réunit les convoitises de trois religions et les conflits qui peuvent en résulter, on est amené à s'interroger sur la vie des chrétiens dans un pays conquis, sur la coexistence de différentes communautés, chrétiens et musulmans, vainqueurs et vaincus.

Les autres questions portent sur la situation en Terre sainte après la première croisade. Pour cela, il importe de comparer les informations fournies par des témoins de l'époque, qu'ils soient chrétiens ou musulmans.

2 Pour répondre aux questions, **il convient d'abord de réunir et de trier les informations fournies**.

On peut alors les classer sous deux rubriques en s'inspirant des questions 4 et 5 : signes de méfiance et signes d'espoir.

Exemples de signes de méfiance	Exemples de signes d'espoir
Massacres, confiscation des biens. repeuplement par des colons (doc. 2).	
Construction de forteresses (doc. 3).	Francs épousant des Sarrasines baptisées (doc. 5).
Refus d'adopter un mode de vie oriental (doc. 4).	Colon devenu indigène (doc. 5).

3 Chercher des informations sur les auteurs des textes permettra d'analyser les témoignages avec un œil plus critique.

– Un des auteurs est musulman : il s'agit d'Oussama Ibn Munqidh (1095-1188), contemporain des événements qu'il décrit.

– Les deux autres textes sont écrits par des chrétiens eux aussi contemporains des événements. Guillaume de Tyr, archevêque de Tyr (voir doc. 1 p. 102) est né en Syrie vers 1130. Foucher de Chartres, né en Occident, a participé à la 1re croisade et s'est établi ensuite en Palestine.

4 Une fois les informations réunies, il s'agit de confronter les documents et de voir s'ils se complètent ou se contredisent.

Vers le BAC

3 L'affirmation de la Renaissance

A. Des conditions nouvelles doc. 4 et 5

Au XVe s., en Italie et en Flandre surtout, la prospérité assure aux notables, dirigeants de l'Église et aux princes les moyens de passer des commandes aux artistes. Les **mécènes** sont nombreux, en particulier en Italie, où les rivalités entre villes entraînent la multiplication des chantiers d'églises et de palais. Considérés jusqu'alors comme de simples artisans anonymes, **les artistes, qui signent désormais leurs œuvres**, deviennent des personnalités connues de tous.

Les arts bénéficient de progrès techniques. La sculpture exploite l'amélioration de la métallurgie du bronze. L'architecture s'appuie sur le progrès du savoir-faire des ingénieurs, comme le montre la construction de la coupole de l'église Santa Maria del Fiore à Florence par Brunelleschi au début du XVe s. En peinture, le tableau sur toile et chevalet se développe parallèlement à la fresque ; la technique de la peinture à l'huile est mise au point en Flandre.

B. Des thèmes nouveaux doc. 1 et 2

Marqués par l'humanisme, les mécènes, comme les artistes, rejettent l'art du Moyen Âge. **Ils se tournent vers les modèles antiques**, dont les exemples sont nombreux en Italie : c'est pourquoi la période est appelée **Renaissance**. Les architectes reprennent les principes du théoricien romain du Ier s av. J.-C. Vitruve, en recherchant les proportions idéales, l'harmonie, la symétrie. En peinture, les sujets religieux ne sont pas rejetés mais les sujets non religieux deviennent plus fréquents. Les thèmes du portrait et du corps, de la représentation des paysages et de la nature se développent. Dans la sculpture, qui n'est plus un simple élément de décoration architecturale, apparaissent les statues équestres et le nu masculin, imités de l'art romain.

Les peintres du XVe s. maîtrisent la perspective : pour cela, ils jouent à la fois sur la construction des lignes et sur le dégradé des couleurs. Grâce à la perspective, ils représentent la réalité avec plus de justesse, alors qu'au Moyen Âge les artistes étaient attentifs en priorité au sens religieux de l'œuvre. Mais la Renaissance est également tournée vers **la recherche du beau idéal**, qu'encouragent les valeurs platoniciennes de l'humanisme.

C. De Florence à Rome doc. 3

C'est à Florence que s'épanouit d'abord la Renaissance, grâce au mécénat des Médicis et à la présence des humanistes réunis à l'Académie. Après les premières expériences du peintre Giotto (1266-1337), l'art nouveau se développe avec Brunelleschi (1377-1446) qui impose la symétrie en architecture, Donatello (1386-1466) dont la sculpture reprend l'héritage antique, et Masaccio (1401-1428) qui introduit le premier la perspective dans la peinture. Il est illustré ensuite par Piero della Francesca (1416-1492) et par Sandro Botticelli (1446-1510).

Mais à la fin du XVe s., Florence connaît une période de troubles. **Rome devient alors le grand foyer de la Renaissance**. Les papes Jules II et Léon X y multiplient les chantiers. Sur celui de la basilique Saint-Pierre, ils font travailler l'architecte Bramante (1444-1514), les peintres Raphaël (1483-1520) et Michel-Ange (1475-1564). Ce dernier, artiste complet, peint le plafond de la chapelle Sixtine, conçoit le plan de la place du Capitole et réalise la *Pietà* conservée dans la basilique Saint-Pierre.

VOCABULAIRE

mécène : personne riche qui soutient financièrement les écrivains et les artistes.

Renaissance : période artistique qui couvre le XVe et le XVIe s., mais concerne surtout la période 1450-1550. Le terme est utilisé pour la première fois par Vasari en 1550. Il souligne que les artistes de l'époque entendent faire renaître l'Antiquité.

1 Raphaël, *Le Mariage de la Vierge*, 1504, huile sur toile, 1,70 x 1,17 m, pinacothèque de Brera, Milan.

2 La redécouverte de l'Antiquité par l'architecte florentin Brunelleschi

Il s'en alla à Rome ; à cette époque s'offraient au regard du public beaucoup de belles œuvres. Tout en regardant les sculptures, il remarqua aussi le mode de construction des Anciens et sa symétrie : il crut y reconnaître une sorte d'ordre comme de membres et d'os, en homme que Dieu éclairait pour de grandes choses ; ce type de construction le frappa comme étant très différent de celui qu'on employait alors.

Vasari, *Vies des plus excellents peintres, sculpteurs et architectes italiens*, 1550.

1. **Qu'est-ce qui caractérise l'architecture des Anciens, selon ce texte ?**
2. **Qui, à côté des Anciens, inspire ici Brunelleschi ?**

3 Michel-Ange, *La Création d'Adam* (1508-1512). Détail de la fresque de la voûte de la chapelle Sixtine, palais du Vatican, Rome, 2,80 x 5,70 m.

4 Jan Van Eyck (vers 1390-1441), *Les Époux Arnolfini*, 1434, Huile sur bois, National Gallery, Londres, 0,84 x 0,64 m.

1. **Définir le genre et le sujet du tableau.**
2. **Décrire le tableau (personnages, décor, origine de la lumière).**
3. **Comment l'artiste montre-t-il l'aisance des époux ?**
4. **Observer le miroir rond sur le mur du fond. Qu'y voit-on précisément ?**

Détail du miroir.

5 La peinture flamande

a. Jean van Eyck commença à réfléchir afin de trouver le moyen de faire une sorte de vernis qui sécherait à l'ombre, sans qu'on soit obligé de mettre la peinture au soleil. Après avoir expérimenté beaucoup de choses, l'huile de lin et l'huile de noix, bouillies avec d'autres mélanges, lui donnèrent le vernis désiré. La renommée de l'invention s'étant répandue en Flandre, en Italie et ailleurs, fit naître chez les artistes un très grand désir de savoir par quel moyen il communiquait tant de perfection à son œuvre. Devenu vieux, il le fit connaître à Roger de Bruges.

D'après Vasari, *Vies des plus excellents peintres, sculpteurs et architectes italiens*, 1550.

b. La peinture flamande satisfera un dévot plus qu'aucun peintre d'Italie. Elle plaira aux femmes comme aux nonnes et à certains gentilshommes privés du sens musical et de la véritable harmonie. On peint en Flandre pour tromper la vue extérieure, soit des choses agréables à voir, soit des choses dont on ne puisse dire du mal, comme par exemple des saints et des prophètes. Cette peinture n'est que chiffons, masures, verdure de champ, ombres d'arbres, et ponts et rivières qu'ils nomment paysages.

Michel-Ange, entretien avec le peintre espagnol F. da Hollanda, milieu du XVIe s.

1. **D'après ces textes, quel est l'apport de la peinture flamande à l'art de la Renaissance ?**
2. **Quels arguments Michel-Ange emploie-t-il pour critiquer la peinture flamande ?**

Un foyer majeur de la Renaissance : Florence

• Toutes les conditions favorisent l'épanouissement de la Renaissance dans la Florence du **Quattrocento** (XVe s.) : prospérité, goût de la bourgeoisie pour les choses de l'art et de l'esprit et mécénat des Médicis qui gouvernent la cité.

• Au temps de Cosme de Médicis (1429-1464) s'y illustrent l'architecte Brunelleschi, le sculpteur Donatello et le peintre Masaccio, cependant que les plus grands humanistes se retrouvent à l'Académie platonicienne, autour de Marsile Ficin. Sous Laurent de Médicis (1469-1492), Florence connaît son apogée culturel avec Botticelli et Léonard de Vinci.

• Au Cinquecento (XVIe s.), Florence perd de son éclat. Mais son rayonnement fait ensuite longtemps sentir ses effets en Italie et en Europe.

VOCABULAIRE

Quattrocento : nom donné en Italie au XVe siècle (les années commençant par 14..), le XVIe s. étant appelé Cinquecento et le XIVe s. Trecento.

1 **Donatello, *David*, vers 1430.**
Bronze, musée du Bargello, Florence, hauteur : 1,59 m.

2 **Benozzo Gozzoli, *Le Cortège des rois mages*.** Fresque de la chapelle Riccardi-Médicis (détail), Florence, vers 1460.
Cette fresque, dont le thème est tiré de l'Évangile, est en réalité un prétexte pour figurer Laurent de Médicis (Laurent « le Magnifique » que l'on voit au premier plan en tunique jaune) chevauchant en nombreuse compagnie à travers la campagne florentine. Laurent de Médicis n'est plus ici un marchand, mais un prince à la tête d'un État qui comprend la ville de Florence, où s'est constituée la fortune de sa famille, et les campagnes environnantes.

3 Francesco Rosselli, *Vue de Florence*, dite *Vue de la Chaîne*, vers 1472. Musée des Offices, Florence.
Dominée par les clochers de ses églises et par le dôme de sa cathédrale, Santa Maria del Fiore (au centre de l'image), Florence s'étend surtout sur la rive nord du fleuve Arno. La puissance politique de la cité est matérialisée par ses remparts, et par le Palazzo Vecchio, siège des autorités de l'État, à droite de la cathédrale.

4 Le rôle de Laurent de Médicis

Laurent de Médicis songea ensuite à rendre sa cité plus grande et plus belle. Comme elle renfermait beaucoup d'espaces dépourvus d'habitations, il fit tracer sur ces terrains de nouvelles rues pour y construire des bâtiments, ce qui la rendit plus belle et plus grande. Grâce à lui, la ville, chaque fois qu'elle n'était pas en guerre, était perpétuellement en fête, assistant à des tournois, à des cortèges où l'on représentait les événements et les plus hauts faits de l'Antiquité. Son but était de maintenir l'abondance dans la patrie, l'union parmi le peuple et de voir la noblesse honorée. Il chérissait et s'attachait tous ceux qui excellaient dans les arts ; il protégeait les gens de lettres [...]. Laurent faisait surtout ses délices de la musique, de l'architecture, de la poésie. Il existe de lui, dans ce dernier genre, plusieurs morceaux qu'il a non seulement composés, mais encore enrichis de commentaires. Afin que la jeunesse de Florence pût se livrer à l'étude des belles-lettres, il fonda l'université de Pise où il appela les hommes les plus instruits qui fussent alors en Italie.

Nicolas Machiavel (1469-1527), homme politique et philosophe florentin, dont la pensée politique porte sur le pouvoir, les moyens de le conquérir puis de le conserver, *Histoires florentines*, vers 1520.

5 Dôme de Santa Maria del Fiore.
La coupole fut construite par Brunelleschi entre 1420 et 1436.

Questions

A Observer les documents (nature, date, auteur, etc.)

B Retirer des informations des documents

1. Quelles innovations de la Renaissance le doc. 1 illustre-t-il ?
2. Quels éléments caractéristiques de l'art de la Renaissance apparaissent sur le doc. 2 ?
3. Relever dans les doc. 3 et 5 les éléments qui témoignent du dynamisme de Florence au temps de la Renaissance.
4. À partir du doc. 4, montrer pourquoi on peut qualifier Laurent le Magnifique de « prince de la Renaissance ».

C Mettre en relation les informations des documents

5. À partir des doc. 2, 3, 4 et 5, décrire les principaux aspects du paysage de Florence à l'époque de Laurent de Médicis.

D Rédiger

6. Présenter les caractères de la Renaissance florentine vers 1500.

Explication d'un document (3/3)

Sujet : Tableau de Hans Holbein le Jeune, *Les Ambassadeurs*, 1533

Hans Holbein le Jeune, *Les Ambassadeurs*, 1533.
Huile sur bois (2,07 x 2,09 m), National Gallery, Londres.

Questions

1. Présenter le document.
Comment l'œuvre est-elle composée ?
2. Décrire les deux personnages.
Montrer que l'œuvre est un portrait.
3. Étudier le décor et les accessoires.
Pourquoi peut-on considérer que l'œuvre est aussi une nature morte ?
4. À quoi reconnaît-on le caractère scientifique ?
5. Montrer qu'on peut en faire une lecture humaniste et spirituelle.

BIOGRAPHIE

Hans Holbein le Jeune

- **1497** : naissance à Augsbourg.
- **1515** : installation à Bâle où Holbein fait des débuts prometteurs (gravures, portraits) et se lie avec Érasme.
- **1519** : inscription à la guilde (association) des peintres de Bâle.
- **1519-1524** : œuvres décoratives, œuvres religieuses, portraits.
- **1524-1528** : séjours à Paris et à Londres (Holbein est le protégé de Thomas More) puis retour à Bâle.
- **1532** : installation en Angleterre ; portraits de riches marchands allemands, d'aristocrates anglais. Holbein devient le peintre d'Henri VIII.
- **1543** : Holbein meurt de la peste.

Méthode

1 Avant de répondre aux questions, il faut ...

a. **Observer attentivement le tableau**
– Utiliser les éléments d'identification dans le titre ;
– en déterminer le genre (peinture d'histoire, peinture religieuse, portrait ou nature morte) et la technique (à base d'eau, de gomme, de colle, d'œuf ou de peinture à l'huile).
– l'examiner attentivement. Les détails sont nombreux : l'âge des personnages est indiqué sur le fourreau du poignard pour l'un, sur la tranche d'un livre pour l'autre.
– dans le cas particulier de ce tableau : l'observer en se déplaçant sur le côté pour déchiffrer l'anamorphose.

b. Procéder comme pour tout autre document : **le replacer dans son contexte historique :** c'est la période de l'humanisme et de la Renaissance.

c. Compléter ses **informations**.
– Le tableau est signé et daté : se renseigner sur la carrière de l'artiste (voir la biographie de Holbein le Jeune, sinon consulter un dictionnaire ou une encyclopédie de la peinture).
– Le titre renvoie à deux personnages dont les noms sont connus. La consultation d'un dictionnaire et un examen attentif du tableau peuvent permettre d'en savoir plus sur eux.

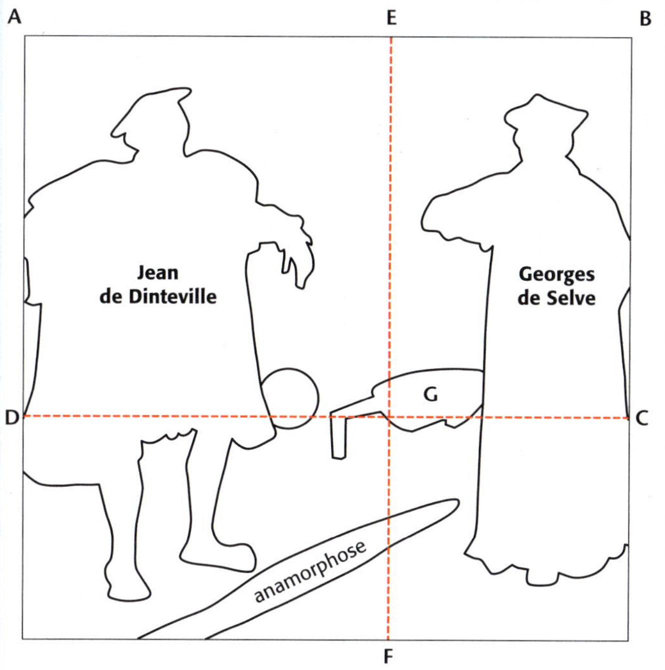

2 Attitude critique face à l'œuvre

On peut étudier l'œuvre d'un point de vue anecdotique : recherche des éléments d'identification des deux personnages, caractérisation du décor et des accessoires.

On peut aussi y rechercher les centres d'intérêt de l'artiste et de ses modèles.

Définitions

Le nombre d'or (≃ 1,618) définit un rapport de proportion idéal qui assure l'harmonie de la composition. Il est tel si, dans un rectangle ABCD : le total des dimensions AB + BC / AB = AB / BC.

Une anamorphose est la représentation déformée d'un objet, d'un animal, d'un visage selon une projection géométrique complexe. Pour retrouver la forme initiale, l'observateur doit se déplacer ou utiliser un verre cylindrique.

3 Aide pour répondre à certaines questions

• **Aide à la question 1 : Présenter le document. Comment l'œuvre est-elle composée ?**

Repérer les lignes directrices, la disposition des personnages et des accessoires, les couleurs. Utiliser le schéma.

Réponse proposée :

Les Ambassadeurs *est un tableau peint par Holbein le jeune en 1533, alors qu'il est installé en Angleterre depuis un an et qu'il a déjà réalisé de nombreuses œuvres. Le tableau représente un ambassadeur de François Ier auprès d'Henri VIII et son ami. Le panneau a été peint à l'huile. L'œuvre est conservée à la National Gallery de Londres.*

La composition semble simple : la ligne verticale principale (coude, luth, tête de l'anamorphose) est décalée vers la droite. Les lignes horizontales sont plus marquées : horizontalité des yeux des personnages, des plateaux de la console. Les objets posés sur la console s'inscrivent dans un angle dont le sommet est la pointe du triangle du pavement et dont les côtés joignent les deux globes d'une part, le luth et la main droite de l'évêque d'autre part. Le luth (en G) dessine un carré avec le haut et le côté gauche du tableau (carré AEGD). Le triangle central attire l'attention sur l'anamorphose.

La disposition des couleurs (fond vert, détails rouges) renforce les lignes horizontales.

• **Aide à la question 2 : Décrire les deux personnages. Montrer que l'œuvre est un portrait.**

La description doit être ordonnée : posture, visage, costume, parure. À quelle(s) catégorie(s) sociale(s) appartiennent-ils ?

• **Aide à la question 3 : Étudier le décor et les accessoires. Pourquoi peut-on considérer que l'œuvre est aussi une nature morte ?**

La description doit, ici aussi, être ordonnée. Comment les objets sont-ils disposés et mis en valeur ?

• **Aide à la question 4 : À quoi reconnaît-on le caractère scientifique ?**

Rassembler les observations faites sur la composition, l'anamorphose, le décor et les accessoires.

• **Aide à la question 5 : Montrer qu'on peut en faire une lecture humaniste et spirituelle.**

À quels domaines de la connaissance les objets se rapportent-ils ? Recenser les références à la mort (corde de luth cassée, ornement de la toque, anamorphose, par exemple). Que signifient-elles ?

CHAPITRE 7

Une nouvelle vision de l'homme et du monde

En même temps qu'elle se transforme au XVe s., l'Europe élargit ses horizons. Portugais et Espagnols organisent des expéditions outre-mer qui aboutissent à la découverte de l'Amérique et débouchent sur la domination de l'Europe sur le monde.

En Europe même, la Renaissance poursuit sa diffusion. La réflexion des humanistes s'applique aux questions religieuses. Dès les années 1520 se dessine un conflit entre ceux qui optent pour une rupture avec Rome et ceux qui demeurent fidèles au pape. L'époque, ouverte sous le signe de la confiance en l'homme, s'achève sur des affrontements religieux.

Où la Renaissance et l'humanisme se diffusent-ils ?
Quelles sont les limites et les conséquences religieuses de cette diffusion ?

1 D'un monde centré sur la Méditerranée…

Mappemonde de Saint-Sever, XIe s., BNF, Paris.

« Aristote, […], à la fin du livre 2 de son *De cœlo et mundo*, et Sénèque, dans le cinquième livre des *Questions d'histoire naturelle*, ainsi que […] beaucoup d'autres personnages estimés, tous sont d'accord pour affirmer que le début de l'Orient habitable est très proche de l'extrémité de l'Occident habité ; de cette probabilité, il existe certains indices : ainsi, les éléphants qui sont nombreux sur l'un et l'autre littoral, et aussi les roseaux que la tempête pousse depuis les plages de l'Orient jusqu'aux plages des îles Açores. Un grand nombre d'arguments prouvent qu'en peu de jours cette mer [Atlantique] peut être traversée et permettre d'atteindre le Cataye oriental. »

Lettre de Jérôme Münzer, médecin et géographe, au roi du Portugal, 14 juillet 1493. Lettre écrite avant que la découverte de Colomb ne fût connue.

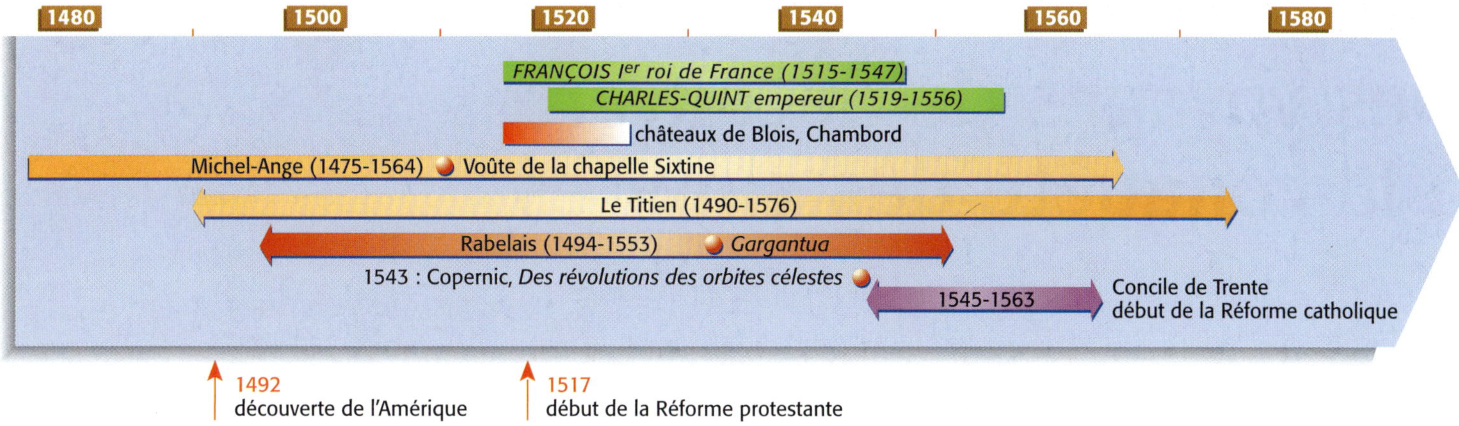

2 | ... à un monde élargi à l'ensemble du globe.

Planisphère de Pierre Descelliers, 1546, British Museum, Londres, 1,35 x 2,15 m.

« Je suis arrivé aux Indes en vingt jours. J'y ai découvert un très grand nombre d'îles, habitées par une population infinie. J'ai pris possession de toutes ces îles, au nom du roi d'Aragon et de la reine de Castille, avec la bannière déployée et sans rencontrer aucune contradiction. »
Christophe Colomb, lettre à Santangel, secrétaire aux comptes, février 1493.

Des voyages de découvertes à la conquête des empires

• Engagés par les Portugais dès le XIVe s., poursuivis aux XVe et XVIe s. par les Espagnols, les Anglais et les Français, les voyages de découvertes ont de multiples causes : rechercher et ramener de l'or et des épices en contournant le monde musulman, prolonger l'esprit de croisade après la prise de Constantinople par les Turcs en 1453, répondre au désir d'aventure.

• Cherchant à arriver aux Indes par l'ouest, Christophe Colomb atteint en réalité en 1492 un nouveau continent, l'Amérique. En 1498, Vasco de Gama parvient en Inde en faisant le tour de l'Afrique. Les voyages de découvertes élargissent l'horizon des Européens en leur faisant découvrir de nouvelles populations, une nouvelle flore et une nouvelle faune.

1 L'instrument des découvertes, la caravelle.
Gravure de Théodore de Bry (1528-1598), *Navigatio in Brasiliam Americae*, Vincennes, service historique de la Marine.

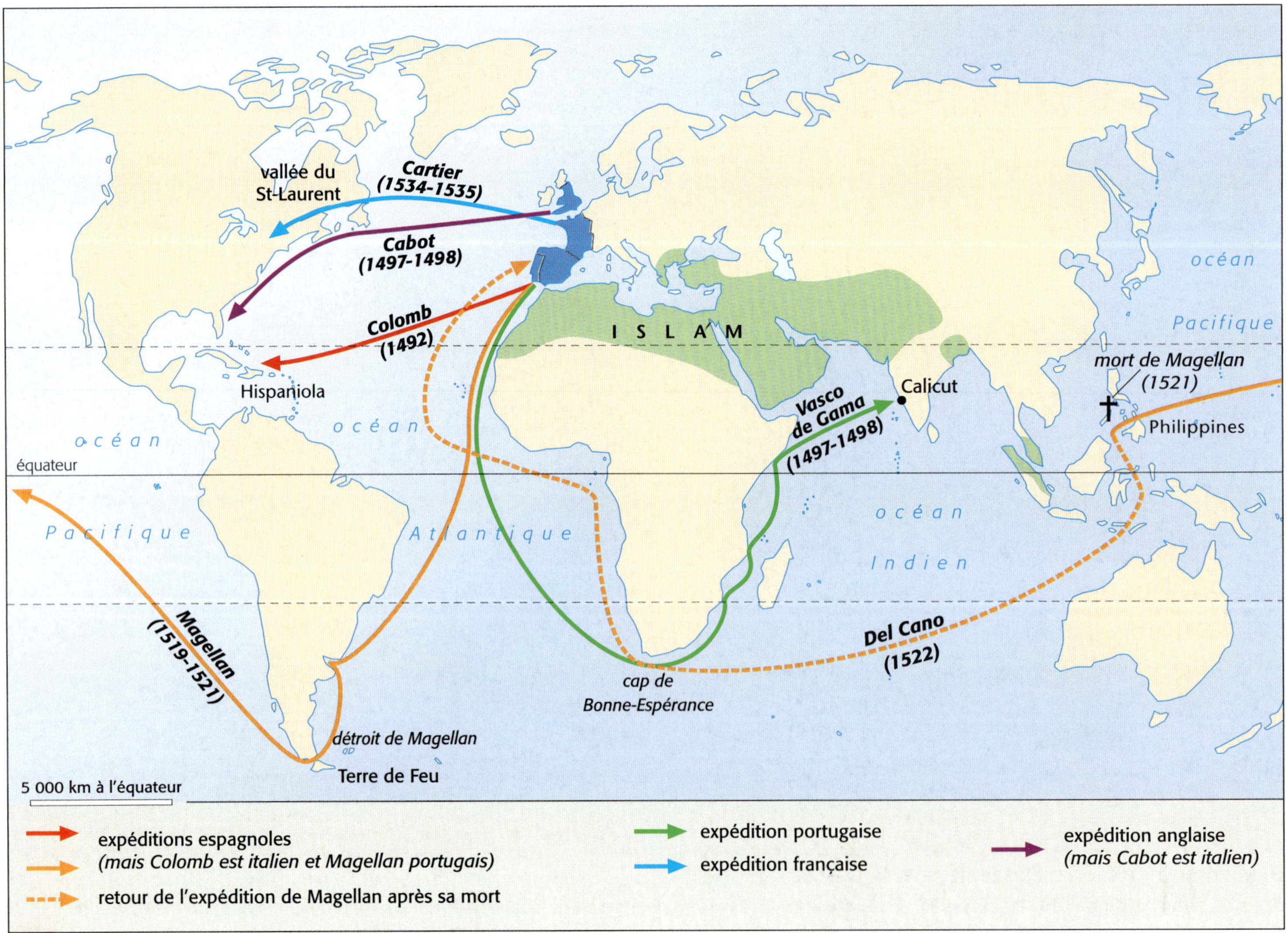

2 Les principaux voyages de découvertes.

• L'expédition de Magellan confirme que la Terre est ronde, et la découverte de l'Amérique démontre que Jérusalem, lieu de la révélation divine pour les Occidentaux, n'est plus le centre de la Terre : la conception médiévale de l'univers s'effondre.

• Les grandes découvertes marquent aussi le début d'une expansion sans précédent de l'Occident. En Amérique, l'Espagne conquiert un vaste empire aux dépens des Aztèques et des Incas : elle y exploite durement les indigènes, avant de faire appel à une main-d'œuvre d'esclaves qu'elle se procure en Afrique noire.

Questions

1. Expliquer le trajet suivi par Christophe Colomb, en tenant compte du fait qu'il ignorait l'existence de l'Amérique (doc. 2).
2. Expliquer le trajet suivi par le Portugais Vasco de Gama (doc. 2).
3. Comparer la géographie de l'empire portugais et celle de l'empire espagnol (doc. 4).
4. Quelle vision du Nouveau Monde le doc. 3 traduit-il ?

3 Le Nouveau Monde : « Les habitants de Floride accueillant R. de Laudonnière », un huguenot français qui tenta de fonder une colonie protestante en Floride (1562-1565).
Gravure de Théodore de Bry, 1564, BNF, Paris.

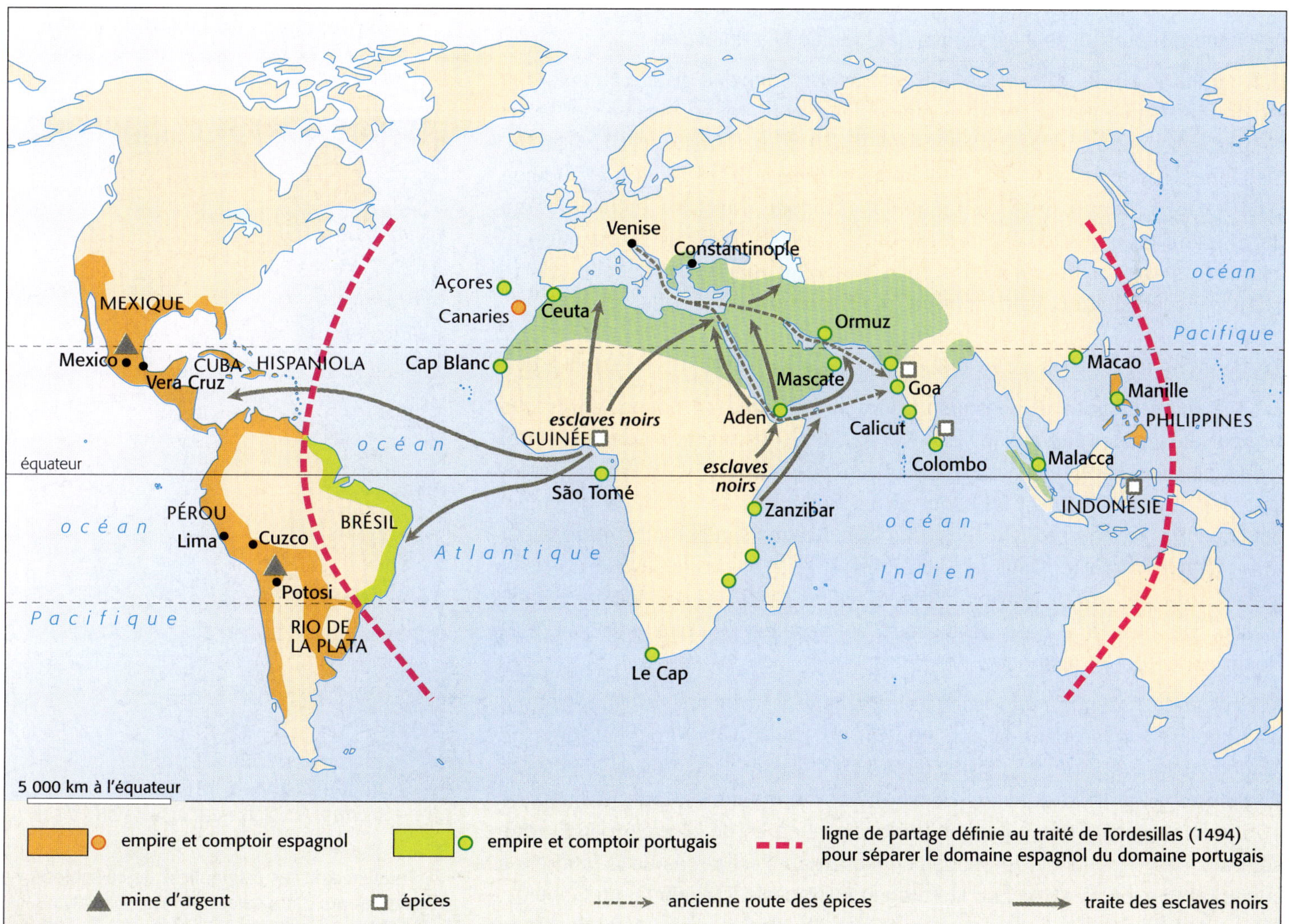

4 Les empires espagnol et portugais au XVIe s.

1 La diffusion de la Renaissance

A. En Italie

doc. 1, 3, et 5

■ À Rome, la Renaissance prend fin en 1527 : le pillage de la ville par les troupes de Charles Quint disperse alors les artistes qui y travaillaient.

■ Mais **la Renaissance demeure active dans les autres capitales de l'Italie**. Elle l'est à Milan, où Léonard de Vinci a séjourné au début du siècle, et à Venise. Dans cette cité restée longtemps fidèle au gothique, mais aussi ouverte sur l'Orient, le Titien (1490-1576), à la fois portraitiste et paysagiste, le Tintoret (1518-1594) et Véronèse (1528-1588) se montrent de grands peintres coloristes. De son côté, l'architecte Palladio (1508-1580) adapte les éléments antiques au goût et au mode de vie de ses clients, en créant ainsi un style original dans les villas, les églises et les théâtres qu'il construit.

B. En France

doc. 6

■ Depuis le début des guerres d'Italie (fin du XVe s.), **la France subit l'influence italienne**. François Ier fait venir à Amboise Léonard de Vinci, qui a peut-être conçu le plan de Chambord. C'est en effet dans les châteaux de la Loire – Chambord, Amboise mais aussi Blois, Chenonceau, Azay-le-Rideau – que s'affirme d'abord la Renaissance française. Ces constructions intègrent, certes, des éléments décoratifs empruntés à l'Italie, mais, par leur plan et par la présence de tours, elles maintiennent les traditions médiévales.

■ À partir de 1528, le foyer de la Renaissance française se déplace vers la région parisienne, notamment à Fontainebleau, où le roi appelle de nouveaux artistes italiens, comme le Rosso (1494-1540) ou le Primatice (1504-1570). L'influence italienne reste vive, notamment chez le sculpteur Jean Goujon (1510-1566), très marqué par la tradition antique. Mais les architectes se démarquent progressivement de celle-ci : à partir de 1550, ils élaborent progressivement, en particulier dans l'aile que construit Pierre Lescot (1515-1578) au château du Louvre, **un style français original**.

C. Dans le reste de l'Europe

doc. 2 et 4

■ **La Flandre dispose d'une solide tradition artistique en même temps que d'importants foyers humanistes**. Aux XVe et XVIe s., des peintres comme les frères Hubert van Eyck (mort en 1426) et Jan van Eyck (1390-1441) ou Pieter Bruegel l'Ancien (1525-1569), tout en se détachant de l'héritage gothique, continuent à travailler selon la sensibilité flamande, en s'attachant à représenter avec minutie la réalité. **Dans le Saint-Empire**, la tradition médiévale persiste, même si le peintre et graveur Albrecht Dürer (1471-1528) fait le voyage d'Italie. De plus, les luttes religieuses au sein de l'Empire empêchent la Renaissance de s'y épanouir.

■ L'influence italienne reste limitée **en Espagne** : la rigueur de l'architecture espagnole s'impose dans la construction du château de l'Escorial, près de Madrid malgré quelques apports décoratifs italiens. Il en est de même **en Angleterre** où le style gothique domine quasiment sans partage jusque vers 1550. En revanche, des foyers de la Renaissance se développent **en Europe centrale**, sous l'influence de princes humanistes : c'est le cas de la Hongrie à la fin du XVe s. et, au XVIe s., de la Pologne à Cracovie. De même, en Bohême, l'empereur Rodolphe II de Habsbourg fait de Prague une capitale de la Renaissance. Même Moscou accueille des architectes italiens à partir de 1491.

1 L'église du Rédempteur, construite sur les plans de Palladio, Venise, 1577-1580.

2 Lucas Cranach, peintre allemand, *Vénus*, 1529. Huile sur toile, 38 x 25 cm, musée du Louvre, Paris.

1. **Quelles sont les originalités de ce tableau, par rapport aux sujets et représentations du Moyen Âge ?**
2. **Décrire l'arrière-plan.**

3 **Paolo Caliari, dit Véronèse, *Les Noces de Cana*, 1562-1563.**
Huile sur toile, 6,77 x 9,94 m, musée du Louvre, Paris.

1. **Chercher dans le chap. 2, le récit dont s'est inspiré Veronèse.**
2. **Quelle différence dans le sujet constate-t-on avec le doc. 2 ?**
3. **Quels éléments en constituent le décor ?**
4. **Quelles différences peut-on relever avec une autre représentation du même sujet dans le chap. 2 (doc. 4 p. 47) ?**

4 **L'Escorial, construit de 1563 à 1584 pour Philippe II, roi d'Espagne.**

5 La fascination de Palladio pour l'Antiquité

Dès mon jeune âge, une inclination naturelle me porta à l'étude de l'architecture. Selon mon jugement les anciens Romains excellèrent en beaucoup de choses, j'estimai donc qu'en l'art de bâtir ils avaient également dépassé tous ceux qui les ont suivis. C'est pourquoi je pris Vitruve[1] pour maître et pour guide, le seul des Anciens dont les écrits nous soient demeurés sur cette matière. Je me mis à rechercher et à observer avec curiosité les reliques de tous ces vieux édifices qui, malgré le temps et la brutalité des Barbares, nous restent encore. Comme ils me paraissaient de jour en jour plus considérables, je commençai de faire une étude très exacte sur chacune de leurs parties. Je m'en rendis si soigneux observateur, n'y remarquant rien qui ne fût fait avec très grande raison et très bonne grâce, que souvent je me transportai exprès en divers endroits, tant de l'Italie que d'ailleurs, afin de concevoir par ce qui en reste ce qu'avait été le tout ensemble, et le transposer en dessin.

D'après Andrea Palladio (1508-1580), *Quatre Livres d'architecture*, 1570.

1. Architecte romain du Ier s. av. J.-C.

1. **Comment Palladio prend-il connaissance de l'art de bâtir des Romains ?**
2. **Quel jugement porte-t-il de manière générale sur les Romains ? À qui les oppose-t-il ?**

6 **Le château d'Azay-le-Rideau, construit de 1518 à 1529, sur les bords de l'Indre par le financier Gilles Berthelot.**

2 Les progrès et leurs limites

A. Des avancées scientifiques et techniques doc. 1, 3 et 4

■ **La curiosité des humanistes, leurs observations et leurs expériences** nourrissent une réflexion qui est à l'origine de nombreux progrès au XVIe s. Une meilleure connaissance du corps humain permet d'améliorer la médecine. Grâce aux voyages de découvertes, on connaît mieux le monde, que l'on commence à représenter à l'aide de la **projection cartographique** du géographe Mercator. L'exploration de l'Amérique révèle des plantes et des animaux inconnus.

■ La connaissance de l'univers évolue : à la vision géocentrique, héritée de l'Antiquité et du géographe grec Ptolémée, qui fait tourner le Soleil autour de la Terre, le Polonais Copernic oppose en 1543 une vision héliocentrique, selon laquelle **c'est la Terre qui tourne autour du Soleil**. Mais Copernic demeure fidèle à la conception du **monde clos d'Aristote** : pour qu'une nouvelle étape soit franchie, il faudra que soient mis au point des instruments d'observation plus efficaces ; cela ne se produira qu'au XVIIe s. avec Galilée.

■ En mathématiques, c'est la **redécouverte des travaux des Grecs Euclide et Pythagore** qui permet à Luca Pacioli de jeter à la fin du XVe s. les bases de nouvelles avancées.

■ **Les techniques bénéficient aussi de progrès**. L'Allemand Agricola perfectionne les procédés de l'extraction minière et de la métallurgie. On fait appel à l'art des ingénieurs, illustré par les inventions de Léonard de Vinci, pour animer les fêtes princières par des feux d'artifice, pour irriguer les campagnes ou pour construire des bâtiments. Le savoir-faire de ces ingénieurs est utilisé à la guerre, où il modifie les conditions du combat : l'essor des armes à feu et de nouvelles formes de fortifications réduit le rôle de la bravoure chevaleresque dans les combats, ce qui remet en cause le prestige des nobles.

B. Des blocages et des régressions doc. 2, 5 et 6

■ Si l'époque de l'humanisme est placée sous le signe du progrès, les savants se heurtent cependant à différents obstacles :
– **ils manquent d'instruments de mesure** : thermomètre, chronomètre, lunette astronomique ne seront inventés qu'au siècle suivant. Les savants rencontrent des difficultés dans leur observations et leurs expériences ;
– ils peuvent être **victimes de leur admiration des Anciens** : le respect qu'ils éprouvent pour la science d'Aristote ou du médecin antique Galien les empêche d'en discuter l'héritage et d'en corriger les erreurs. Il est significatif que certains progrès soient le fait d'hommes qui n'ont pas la culture des humanistes, comme le céramiste Bernard Palissy, le chirurgien Ambroise Paré, le chimiste Paracelse : n'étant pas prisonniers du savoir antique, ces praticiens sont plus à même d'inventer, à partir de leurs seules observations.

■ Les hommes de l'époque n'en ont pas moins le sentiment qu'**un progrès fondé sur la science est possible**. Mais cette idée de progrès doit être nuancée. La culture qui le permet est réservée à une élite. Sur un plan moral, les hommes qui vivent au temps de l'humanisme peuvent en négliger les valeurs les plus fondamentales. Ainsi introduisent-ils dans les colonies, au mépris du respect dû à l'homme, un esclavage qui avait peu à peu régressé en Europe au Moyen Âge. De même oublient-ils leur idéal de tolérance quand ils multiplient les bûchers pour brûler les sorcières ou se jettent, à la fin du XVIe s., dans de sanglants affrontements religieux.

VOCABULAIRE

projection cartographique : procédé mathématique qui permet, au prix de certaines déformations, de figurer sur une feuille plane la surface de la Terre, qui est sphérique.

monde clos d'Aristote : conception selon laquelle l'univers est limité par la sphère des fixes, où sont accrochées les étoiles.

A. L'univers selon Ptolémée
(IIe siècle)
géocentrisme (*gé* = la terre en grec)

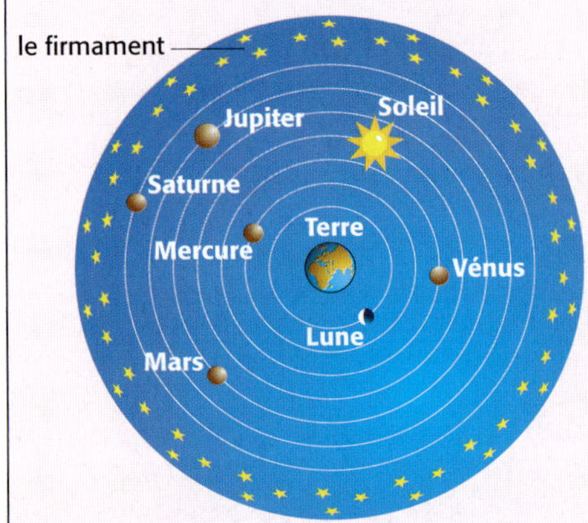

trajectoire des astres
planète

B. L'univers selon Copernic
(XVIe siècle)
héliocentrisme (*hélios* = le soleil en grec)

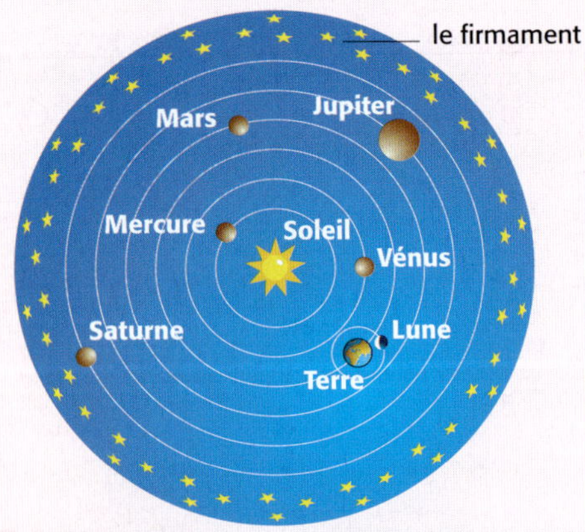

1 La révolution copernicienne.
Nicolas Copernic expose sa théorie dans l'ouvrage *De revolutionibus*, publié en 1543.

1. **Quelle erreur est commise dans le système de Ptolémée ?**
2. **Quelles transformations Copernic apporte-t-il ?**
3. **Quels progrès sont encore à venir dans le système de Copernic ?**

2 La méthode scientifique de Léonard de Vinci

Aucune investigation humaine ne se peut appeler vraie science si elle ne passe par des démonstrations mathématiques. Ceux qui s'adonnent à la pratique sans science sont comme le navigateur qui monte sur un navire sans gouvernail ni boussole. Toujours la pratique doit être édifiée sur la bonne théorie. La science est le capitaine, la pratique est le soldat […]. Quelques hommes présomptueux croient pouvoir me blâmer, alléguant que je suis un homme sans lettres. Gens insensés ! […]. Ils ne savent pas que les sujets qui m'occupent relèvent plus de la nature que des mots : l'expérience a été la maîtresse de ceux qui ont bien écrit, et celle qu'en tout cas j'alléguerai pour maîtresse.

Léonard de Vinci (1452-1519), *Carnets*, XVIe siècle.

1. **Selon Vinci, sur quelles bases la réflexion scientifique doit-elle être fondée ?**
2. **Quel reproche récuse-t-il ?**

4 Les techniques du travail de la mine.
Planche tirée du *De re metallica* d'Agricola (1561).

3 Les fossiles selon Bernard Palissy

J'ai vu plusieurs figures de coquilles pétrifiées qui se trouvent par milliers dans les montagnes des Ardennes, et non seulement des coquilles, mais aussi des poissons qui ont été pétrifiés avec leurs coquilles. […].
Il faut donc conclure que, avant que ces dites coquilles fussent pétrifiées, les poissons qui les ont formées, étaient vivants dedans l'eau qui reposait dans les réceptacles desdites montagnes et que, depuis, l'eau et les poissons se sont pétrifiés en un même temps. Dans les montagnes des Ardennes se trouvent par milliers des moules pétrifiées, toutes semblables à celles qui sont vivantes dans la Meuse qui passe près de ces montagnes.

Bernard Palissy (1510-1589), « Des Pierres », 1580.

1. **Par quelle méthode Palissy justifie-t-il ses affirmations ?**
2. **Toutes les affirmations de Palissy sont-elles exactes selon la science actuelle ?**

5 Revendications féministes

Le temps étant venu que les sévères lois des hommes n'empêchent plus les femmes de s'appliquer aux sciences et études, il me semble qu'elles doivent employer cette honnête liberté à apprendre celles-ci et à montrer aux hommes le tort qu'ils nous faisaient en nous privant de ce bien […].
Je ne puis que prier les vertueuses Dames d'élever un peu leurs esprits par-dessus leurs quenouilles et fuseaux, et de s'employer à faire entendre au monde que, si nous ne sommes pas faites pour commander, nous ne devons pas cependant être dédaignées comme compagnes, tant dans les affaires domestiques que publiques, de ceux qui gouvernent et se font obéir.

Louise Labé, poétesse (1524-1566), *Œuvres*, 1555.

6 Exécution de sorcières au XVIe s. Une telle exécution a été précédée d'un procès. Les juges ont recherché sur le corps des accusées la marque qu'y a imprimée le diable. Puis, par la torture, ils leur ont fait avouer avoir eu des relations sexuelles avec ce dernier au cours d'un sabbat. Pareille procédure révèle que les magistrats croient à la sorcellerie et à la possession par le diable.

La médecine de la Renaissance

• À la fin du Moyen Âge, les médecins les plus prestigieux sont formés par les universités ; ils maîtrisent le latin et connaissent les textes des grands médecins grecs de l'Antiquité, Hippocrate (460-377 av. J.-C.) et Galien (131-201), mais leur savoir reste théorique. Les chirurgiens qui, généralement sont aussi barbiers, n'ont pas les connaissances des médecins mais ils possèdent un savoir pratique.

• Au XVIe s., en médecine, le progrès est général. Le médecin flamand André Vésale (1514-1564) pratique des dissections et n'hésite pas à contester les maîtres antiques quand ses observations les contredisent. En 1543, il publie *La Fabrique du corps humain*, qui rassemble ses découvertes anatomiques. En même temps, le chirurgien français Ambroise Paré (1509-1590) perfectionne ses méthodes et fait progresser son art.

• L'époque de l'humanisme ne s'intéresse donc pas qu'à l'esprit de l'homme. On s'attache aussi à mieux connaître le corps, à mieux le soigner.

1 Un chirurgien au travail.

Ouvrage de chirurgie publié à Strasbourg, 1540.

Sous le regard d'un autre amputé, le chirurgien, assisté d'un aide, pratique une amputation. Le patient qui a le visage en partie voilé, a été légèrement anesthésié, grâce à une éponge imbibée de narcotique.

2 Une innovation d'Ambroise Paré

Je conseille au jeune Chirurgien de laisser telles cruauté et inhumanité[1], pour plutôt suivre ma façon de pratiquer, de laquelle il a plu à Dieu de m'aviser, sans que jamais l'eusse vu faire à aucun, ouï dire, ni lu, sinon en Galien au 5e livre de sa *Méthode*, où il écrit qu'il faut lier les vaisseaux vers leurs racines, qui sont le foie et le cœur, pour étancher le grand flux de sang. Or, ayant plusieurs fois usé de cette manière de coudre les veines et artères aux plaies récentes, [...] j'ai pensé qu'il s'en pouvait bien autant faire en l'extirpation d'un membre. En ayant conféré avec Estienne de la Rivière, Chirurgien ordinaire du Roy, et autres Chirurgiens jurés à Paris [...] ils furent d'avis que nous en fissions l'épreuve au premier malade qui s'offrirait, combien que nous eussions les cautères tout prêts pour en user au défaut de la ligature. Ce que j'ai pratiqué à l'endroit de plusieurs avec très bonne issue, encore depuis peu de jours, en la personne d'un postillon nommé Piron Garbier, auquel fut coupée la jambe dextre, quatre doigts au-dessous du genou. [...] Partant, je conseille au jeune Chirurgien de laisser ceste misérable manière de brûler.

D'après Ambroise Paré (1509-1590), « Combustions et gangrènes », *Œuvres*, 1575.

1. C'est-à-dire le fait de brûler les tissus de la plaie avec un cautère (pointe de feu, produit chimique, etc.).

3 Comment Vésale conçoit la médecine

Il est rare qu'une maladie ne requière les triples ressources de nos soins : l'institution d'un régime alimentaire convenable, les médicaments et une intervention chirurgicale. Aussi est-ce notre devoir de mettre en garde les débutants dans notre art contre les critiques malveillantes [...] : qu'ils passent outre et appliquent, à l'exemple des Grecs, les préceptes essentiels de notre art et de la raison en contribuant de leurs mains au traitement de la maladie [...].
Des avertissements sont lancés par les médecins les plus savants de notre temps ; ce sont les mêmes pourtant que nous voyons fuir les interventions chirurgicales comme la peste : ils craignent surtout que les pontifes de la médecine ne les fassent passer pour des barbiers auprès du public ignorant [...].
Comme les médecins jugeaient que seul le traitement des affections internes était de leur ressort et pensaient que la connaissance des viscères leur suffisait, ils négligèrent [...] la structure des os, des muscles, des nerfs, des veines et des artères qui irriguent les os et les muscles. Ajoutez à cela que l'abandon aux barbiers de toute la pratique fit non seulement perdre aux médecins toute connaissance réelle des viscères, mais aussi toute habileté dans la dissection.
Cependant, les barbiers à qui ils avaient abandonné la technique étaient tellement ignorants qu'ils étaient incapables de comprendre les écrits des professeurs de dissection. [...]
Dans les Écoles, on confie aux uns la dissection du corps humain pendant que les autres commentent les particularités des organes. Ces derniers parlent de choses qu'ils ont apprises dans les livres sans jamais regarder les objets décrits. Les autres sont tellement ignorants des langues qu'ils ne peuvent fournir aux spectateurs des explications sur les pièces disséquées. Ainsi, tout est enseigné de travers ; voilà à quel point l'antique médecine a vu, depuis d'assez nombreuses années déjà, ternir son ancien éclat.

André Vésale (1514-1564), *La Fabrique du corps humain*, 1543.

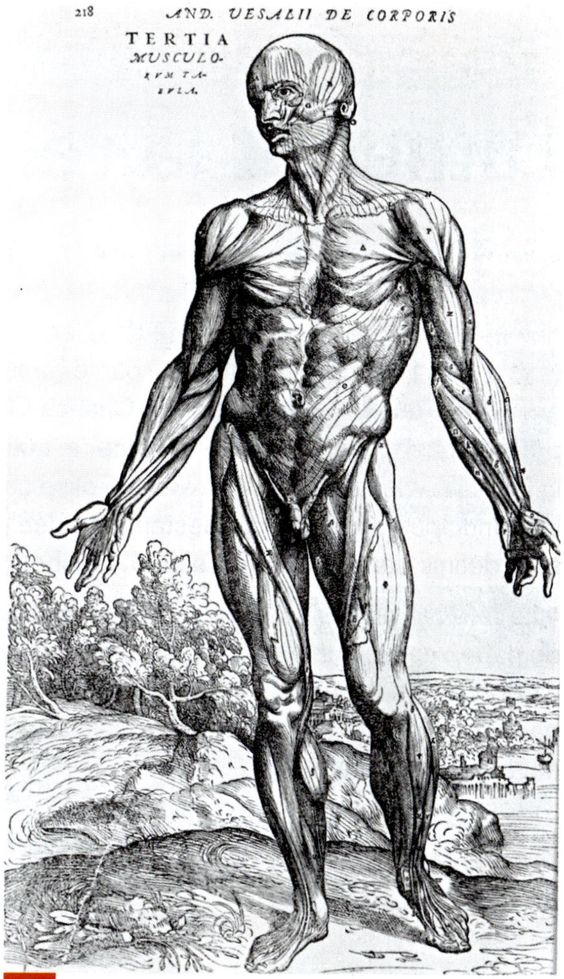

4 **Une planche anatomique de *La Fabrique du corps humain* de Vésale (1543), consacrée au système musculaire.**

5 La médecine selon Paracelse

Je me suis souvent rendu compte que la médecine est un art qu'il est rarement honorable de le pratiquer : car il en guérit un quand il en tue dix... J'ai souvent abandonné la médecine pour me consacrer à autre chose, mais j'y suis toujours revenu. Alors, je me suis rappelé les paroles du Christ : c'est le malade qui a besoin d'un docteur et non celui qui est en bonne santé. [...]
Voici mon vœu : parfaire l'art de la médecine et ne jamais m'écarter de ce but, aussi longtemps que Dieu me permettra de m'opposer à tous les enseignements erronés ; puis, aimer les malades, en général et en particulier, plus que s'il s'agissait de mon propre corps ; ne porter aucun diagnostic superficiel, mais les baser sur des symptômes précis ; n'administrer aucune médecine sans avoir compris ; ne réclamer aucun argent sans l'avoir mérité ; ne croire aucun apothicaire et ne faire aucune violence à un enfant ; ne pas deviner, mais savoir.

Paracelse (1493-1541) médecin et chimiste, *Paragranum*.

6 Une avancée de la connaissance physiologique

L'air mélangé avec le sang est envoyé des poumons vers le cœur via les veines pulmonaires ; le mélange a donc lieu dans les poumons. La couleur vive est conférée à l'esprit sanguin par les poumons et non par le cœur. Le sang noir se transforme en sang rouge au niveau des poumons grâce à une circulation du sang.
À partir du ventricule droit, le sang se dirige dans un long conduit vers les poumons où il est épuré il devient plus clair et passe de la veine artérieuse dans l'artère veineuse. C'est ainsi que l'esprit vital se répand du ventricule gauche du cœur dans les artères du corps entier.
La paroi médiane [du cœur] ne se prête à aucune communication et ne permet pas au sang de passer.

Michel Servet (1511-1553), *Christianismi Restitutio*, 1553.

Questions

A Observer les documents (nature, date, auteur, etc.)

B Retirer des informations des documents

1. Décrire les gestes et le matériel du chirurgien du doc. 1.
2. En quoi consiste l'innovation décrite par Ambroise Paré (doc. 2).
3. De quelle manière, selon Vésale (doc. 3), la médecine doit-elle combattre la maladie ? Que reproche-t-il aux médecins de son époque ?
4. Sur quelles qualités du médecin Paracelse insiste-t-il dans le doc. 5 ?
5. Quel phénomène Michel Servet décrit-il dans le doc. 6 ?

C Mettre en relation les documents

6. Quel rapport y a-t-il entre la figure du doc. 4 et le propos tenu par Vésale dans le doc. 3 ?
7. À partir des doc. 1, 3, 4 et 5, analyser la relation entre savoir théorique et savoir pratique dans la médecine du XVIe s. ?

D Rédiger

8. Présenter les différents progrès réalisés dans la médecine au XVIe s

Comparer deux œuvres d'art

Deux façades Renaissance : l'aile François Ier du château de Blois et la Cour carrée du Louvre

1 La façade de l'aile François Ier du château de Blois, édifiée de 1515 à 1524.

2 La façade de la Cour carrée du Louvre à Paris, édifiée de 1546 à 1571 par Pierre Lescot.

Questions

1. Quel point commun ces deux façades présentent-elles ?
2. Quelles différences existe-t-il entre elles ?
3. Que nous apprennent ces différences sur l'histoire de l'architecture française ?

1 Le rôle de François Ier

Dès le début de son règne, en 1515, François Ier décide de remanier son château de Blois, en y édifiant, à côté de l'aile élevée par son prédécesseur Louis XII, un nouveau bâtiment auquel son nom est demeuré attaché.
Les travaux se prolongent jusqu'à ce qu'en 1524 le roi quitte la région pour une nouvelle campagne en Italie, qui provoquera sa capture à Pavie (1525).
À son retour, il décide de s'éloigner des bords de la Loire pour s'installer en région parisienne ; certains éléments du décor du château de Blois demeurent donc inachevés.
À la fin de son règne, François Ier entreprend d'agrandir par de nouvelles constructions le vieux palais du Louvre. Confiés à l'architecte Pierre Lescot, les travaux démarrent en 1546 et se poursuivent, après la mort du roi en 1547, sous ses successeurs ; les façades construites par Lescot forment l'angle sud-ouest de la cour Carrée du Louvre.

2 Vocabulaire architectural

→ Comment faire ?

1 Comme pour tout autre document historique,

il s'agit de répondre aux questions :
– QUI ?
– QUOI ?
– QUAND ?
– À QUI ?
Ce travail doit être réalisé **avant** de répondre aux questions.

2 Comparer deux œuvres d'art implique d'abord de **procéder à une analyse de chacune d'entre elles** (voir p. 98), en considérant :
– sa nature,
– son auteur,
– la date et le contexte de sa réalisation (celui qui l'a commandée, si on connaît son nom) ;
– son aspect général ;
– son contenu, en prêtant une attention particulière au sujet traité, aux thèmes mis en valeur, au style adopté.

3 La comparaison impose, dans un second temps, une **mise en relation des deux œuvres considérées**, en s'efforçant de dégager, sur les différents plans qui viennent d'être évoqués :
– similitudes et différences ;
– influences et oppositions.

4 **Être attentif à la chronologie** (s'agit-il d'œuvres contemporaines, ou d'époques différentes ?) et plus généralement **aux différences de contexte** (par exemple, quand il s'agit de deux œuvres de pays différents).
La comparaison d'œuvres d'art permet non seulement de mettre en évidence des influences, mais elle éclaire souvent aussi, l'évolution d'une discipline artistique.

5 Erreur à ne pas commettre

Qu'il s'agisse de textes historiques, d'images, d'œuvres d'art, **en aucun cas**, lorsque la question porte sur une comparaison, il ne faut traiter :
– premièrement, le premier document ;
– deuxièmement, le second document.

6 Aide permettant de répondre aux questions

Question 1
S'interroger sur le commanditaire des deux bâtiments, et sur la fonction de chacun d'entre eux.
Observer le style des deux façades.

Question 2
Pour ce qui est du contexte, réfléchir aux dates auxquelles la construction de chacun des deux bâtiments a été décidée, à l'écart qui les sépare.
Se demander quelle conséquence peut avoir la distance géographique qui existe entre les deux bâtiments.
Du point du vue stylistique, repérer sur la façade de Blois ce qui relève de l'héritage médiéval, ce qui relève de l'apport italien.
Peut-on faire le même travail sur la façade du Louvre ? Pourquoi ? Le jeu des horizontales et des verticales est-il aussi net ici qu'à Blois ?

Question 3
Le fait que les deux bâtiments ne soient pas contemporains permet de les replacer dans l'histoire de l'architecture en France au XVIe s.
Il faut prendre en compte à la fois les éléments gothiques et les éléments italiens. La réponse doit conduire à l'idée qu'à travers la Renaissance se joue en France le passage de l'architecture gothique à un style français original.

Composition (2/5)

Sujet : L'Europe religieuse vers 1560

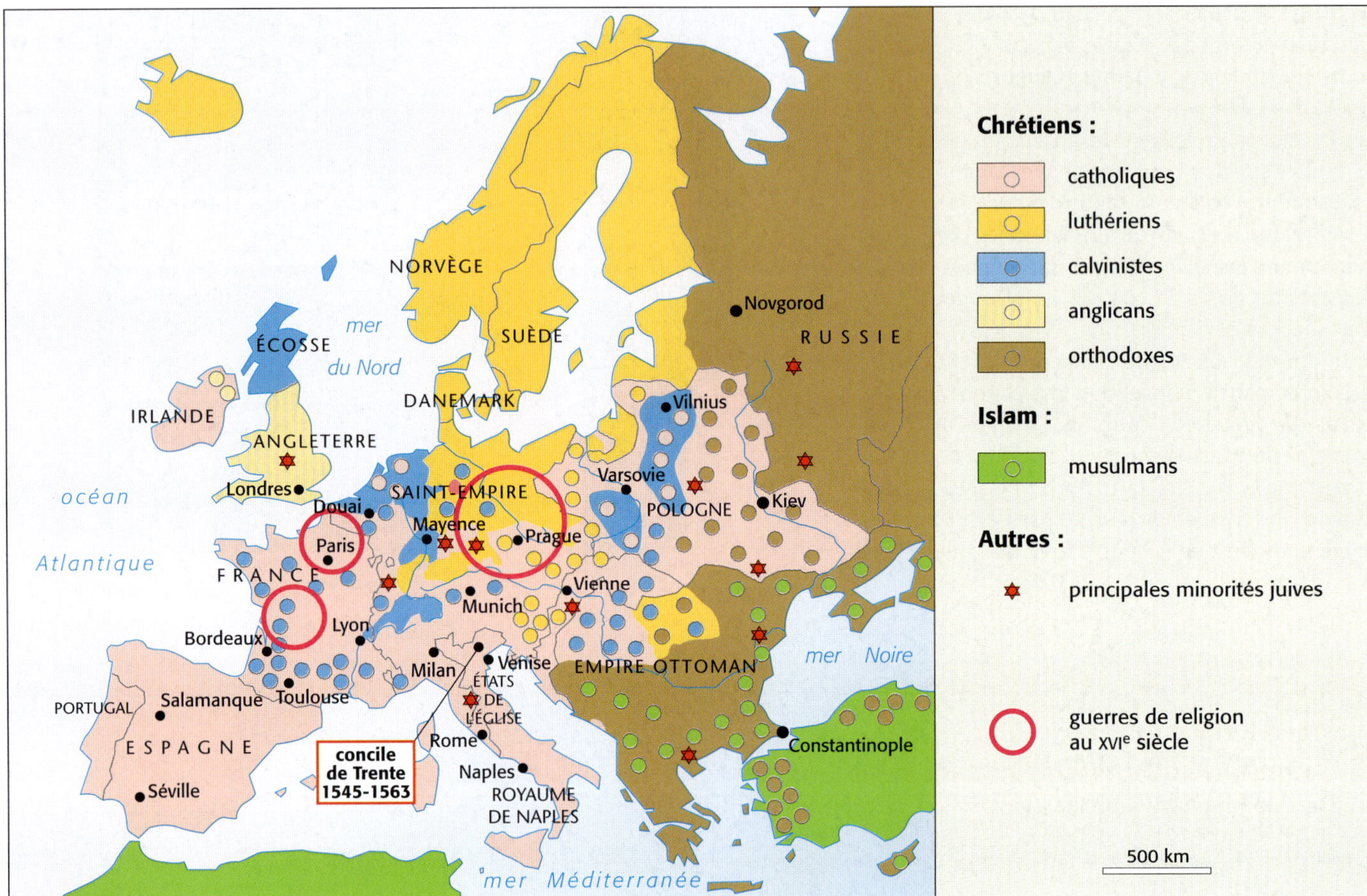

DOCUMENT L'Europe religieuse vers 1560.

Méthode

1 Analyser le sujet

Lire le sujet, le recopier, l'analyser.
Un sujet de composition en histoire concerne toujours :
- un espace géographique ;
- une durée ;
- un thème.

- l'espace concerné : L'Europe.
- se demander quelles sont ses limites : l'Europe s'étend de l'Atlantique à l'Oural.

- une période (une durée) ou une date (un moment dans le temps) : quelques années après la paix d'Augsbourg, pendant le concile de Trente. Attention : nous sommes en 1560 et non à la fin du siècle.

L'Europe religieuse vers 1560

- un thème introduit ici par l'adjectif « religieuse » : se demander quelles sont les religions pratiquées en Europe.

Le sujet invite à présenter la situation religieuse de l'Europe et à mesurer les effets du grand mouvement de réformes (protestantes et catholique) qui l'a affectée. C'est un **sujet tableau**. Comment rédiger une composition répondant à ce sujet ?

2 Une composition comprend toujours trois éléments :

– une introduction (une dizaine de lignes),
– un ordonné en deux ou trois parties,
– et une conclusion (une dizaine de lignes),
séparés nettement (passer deux ou trois lignes).

Introduction et conclusion contribuent, pour une bonne part, à la note : il faut donc y réfléchir attentivement et les rédiger soigneusement et en entier au brouillon avant de réaliser le plan détaillé du développement.

3 Préparer la rédaction de l'introduction et de la conclusion

Introduction : trois éléments	Conclusion : trois éléments
• Le **préambule** : il cadre le sujet et en dégage le sens. L'Europe est bouleversée sur le plan religieux, cinquante ans après la rupture entre Luther et l'Église catholique.	• Le **rappel** des principaux points du développement : quelle est la religion dominante dans les différentes parties de l'Europe ?
• La **problématique** : c'est la question à laquelle doit répondre le devoir en faisant appel aux connaissances acquises. Elle se déduit de l'analyse du sujet. – Formulations possibles : Quel a été le principal effet des réformes religieuses du XVIe s. ? L'Europe chrétienne désormais divisée a-t-elle trouvé son équilibre sur le plan religieux ?	• La réponse à la **problématique** : elle doit être nuancée : la division religieuse est durable, surtout au Nord, au Nord-Ouest, à l'Est et au Sud, mais les divisions de l'Europe intermédiaire sont complexes et peuvent se modifier.
• L'annonce du **plan** : le plan chronologique ne convient pas à un sujet tableau. On choisira donc un **plan thématique**. – Plusieurs plans possibles : Étudier l'une après l'autre les différentes confessions religieuses. Étudier l'une après l'autre les différentes parties de l'Europe. **Cette deuxième possibilité** est préférable car la première possibilité risquerait de tomber dans l'énumération. Si on choisit un plan géographique, on pourra mieux présenter les zones de tensions vers 1560.	• Un **élargissement vers l'avenir** : replacer le sujet dans un contexte plus large.

4 Rédiger l'introduction et la conclusion

• Pour l'introduction :

– **Ne pas** rappeler ici l'histoire de Luther et de Calvin. Il faut se situer résolument vers 1560 alors que le concile de Trente se déroule et que la réforme catholique est à peine commencée, au moment où l'empereur et le pape ont échoué à refaire l'unité ;

– la problématique doit être exposée clairement, sous forme de questions (deux, trois ou quatre) ;

– l'annonce du plan doit indiquer le nombre de parties et la nature du plan (thématique et géographique ici).

• Pour la conclusion :

– le rappel du début est un **résumé** de ce qu'a montré chaque partie. Il est forcément bref ;

– la réponse à la problématique doit être claire. Elle montre la cohérence de la démarche ;

– l'élargissement ne doit pas être l'annonce de ce qui suit ou l'amorce d'un autre sujet (ex. : annoncer la suite, le XVIIe s. !).

5 Proposition de plan partiellement rédigé

I – L'Europe du Nord et du Nord-Ouest

– La forte poussée du protestantisme.
– La diversité des confessions religieuses.
Conclusion partielle : c'est une Europe du protestantisme.

II – L'Europe du Sud et de l'Est

– Le catholicisme résiste en Italie et en Espagne. Présence de la papauté, rôle du catholicisme dans la *Reconquista* espagnole.
– Réforme catholique active.
– À l'Est, peu de modifications dans le monde orthodoxe.
Conclusion partielle : c'est l'Europe du catholicisme au Sud et de l'orthodoxie à l'Est.

III – L'Europe intermédiaire

– Complexité de la situation en Allemagne et en France.
– Rôle des souverains en Allemagne : principe « *cujus regio, ejus religio* » : (tel prince, telle religion).
– Équilibre peu durable en France.
Conclusion partielle : des possibilités d'affrontements.

Exemple d'introduction

Vers 1560, l'Europe chrétienne vient de connaître un bouleversement important sur le plan religieux. Depuis le XIe siècle, elle est déjà séparée en deux mondes, catholique et orthodoxe. Depuis Luther, l'Occident est divisé en catholiques et protestants. Quels ont été les effets des différentes réformes religieuses de la première moitié du XVIe siècle ?
Quelles grandes zones géographiques se dessinent ? Où sont les catholiques et les protestants ? Le monde orthodoxe a-t-il été modifié ?
On étudiera dans un premier temps l'Europe du Nord et du Nord-Ouest, on traitera ensuite, dans une deuxième partie, de l'Europe du Sud et de l'Est avant de passer à l'Europe intermédiaire, France et Saint Empire, dans une troisième partie.

Exemple de conclusion

C'est l'Europe du Nord et du Nord-Ouest qui a connu les modifications les plus profondes : le protestantisme dans ses variantes luthérienne, calviniste et anglicane s'y est bien implanté, sauf en Pologne et en Irlande. À l'est, le monde orthodoxe a connu peu de modifications ; les Balkans demeurent sous domination turque.
Cette division religieuse est durable. Au sud, l'Espagne et l'Italie demeurent des bastions du catholicisme tandis que les populations de France et du Saint Empire sont partagées entre catholicisme et protestantisme.
C'est le germe d'affrontements futurs, comme les guerres de religion, en France dans le dernier tiers du XVIe siècle. Mais l'Europe reste très majoritairement chrétienne.

Vers le BAC

PARTIE

5

La Révolution et les expériences politiques en France jusqu'en 1852

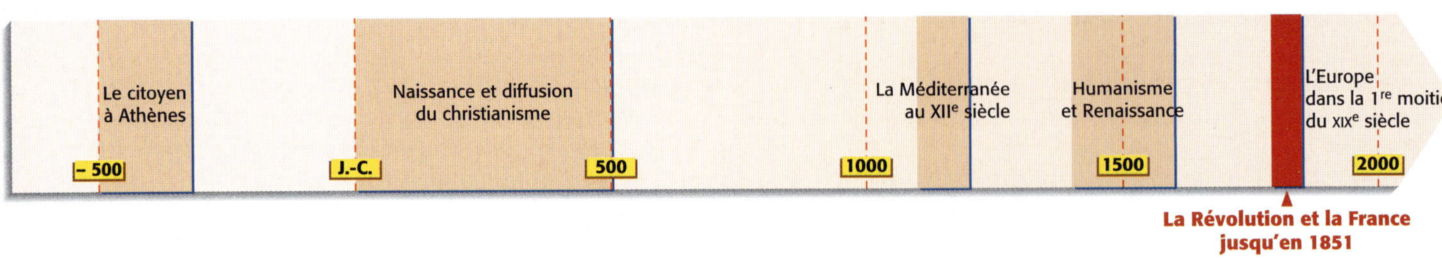

***Le Serment du Jeu de paume* (20 juin 1789).** Tableau inachevé de J.-L. David (1748-1825), musée du château, Versailles.
C'est parce qu'ils trouvent leur salle de réunion habituelle fermée que les députés se réfugient dans la salle du Jeu de paume.
Là, Mounier (député du tiers état de la Gironde) propose aux autres députés de prêter le serment, rédigé par Target (député du tiers état de Paris hors les murs) et lu par l'astronome Bailly (doyen du tiers état, député de Paris), où ils jurent de ne pas se séparer sans avoir donné une Constitution au royaume.

CHAPITRE

8 La remise en cause de l'absolutisme

Au XVIIIe s., la France est une monarchie absolue de droit divin. Mais divers facteurs affaiblissent le régime. Le mouvement des Lumières apporte une autre vision politique, qui, face au roi, fait une place à la nation, c'est-à-dire à l'ensemble des habitants du royaume. L'organisation de la société de l'Ancien Régime est remise en cause ; les finances du royaume connaissent des difficultés grandissantes.

La monarchie se révèle incapable de réaliser les réformes qui résoudraient ces problèmes. Devant cet échec, Louis XVI doit convoquer les États généraux en 1789.

Comment se manifeste l'opposition croissante à l'Ancien Régime ?
Pourquoi les réformes échouent-elles en France au XVIIIe siècle ?

1 | Du roi absolu de droit divin…

Louis XIV au Conseil des parties en 1672. Tableau de l'École française, huile sur toile 1,10 x 1,28 m, musée du château, Versailles.

« Toute puissance, toute autorité résident dans la main du roi et il ne peut y en avoir d'autre, dans le royaume, que celle qu'il y établit […] Celui qui a donné des rois aux hommes a voulu qu'on les respecte comme ses lieutenants, se réservant à Lui le droit d'examiner leur conduite. »
Louis XIV, *Mémoires pour l'instruction du Dauphin*, 1661-1668.

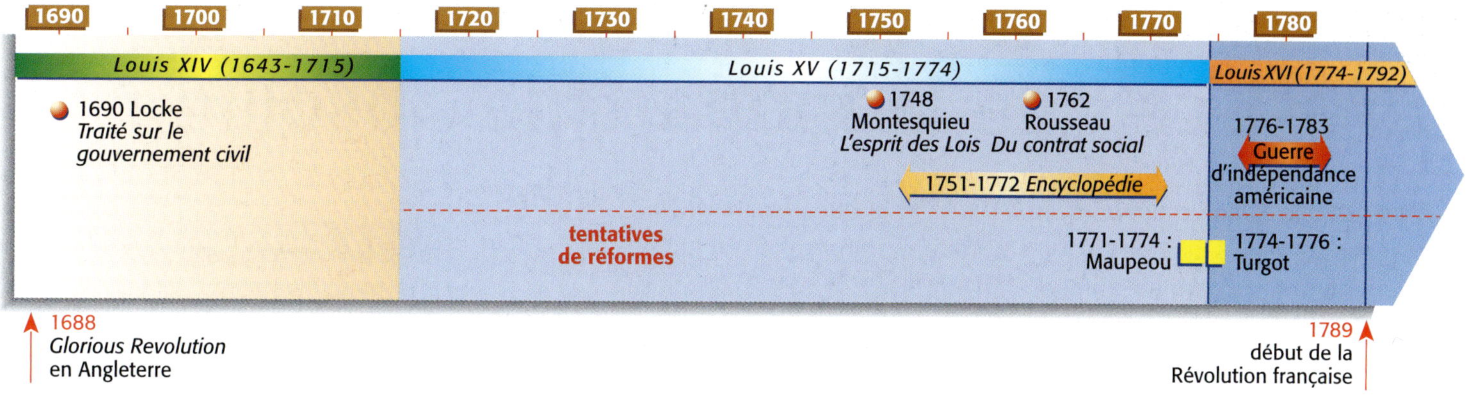

2 | … au roi contraint de consulter la nation.

Réunion des États généraux à Versailles, le 5 mai 1789. Gravure d'I. S. Helman, d'après un dessin de Charles Mounet.
L'ordonnance de la salle (le roi au fond, les députés du clergé à gauche, ceux de la noblesse à droite, ceux du tiers état au premier plan) reflète encore la structure de la société d'Ancien Régime. Mais le parlement de Paris a affirmé le 3 mai 1788 que « le droit de la nation d'accorder librement des subsides par l'organe des États généraux » est la loi fondamentale du royaume.

Qu'est-ce que la monarchie absolue ?

• La monarchie absolue est un système politique qui a existé dans de nombreux pays d'Europe et qui, en France, a progressivement été mis en place par les rois depuis la fin du Moyen Âge. Ce système connaît son apogée durant le règne de Louis XIV (1643-1715). Il demeure en place jusqu'à la fin du XVIIIe s., mais on ne commence à parler de « monarchie absolue » et d'« absolutisme » qu'après 1789.

• La monarchie absolue reconnaît des pouvoirs considérables au roi. Mais ces derniers sont limités par des **lois fondamentales**, et par les **privilèges** dont bénéficient de nombreux sujets. En outre, dans la pratique, le pouvoir royal se heurte à de nombreux obstacles.

VOCABULAIRE

lois fondamentales : lois que le roi ne peut modifier ; elles lui interdisent d'aliéner les biens de la Couronne et elles précisent les règles de succession au trône.

privilège : du latin *privata lex*, « loi particulière » ; distinction comportant des avantages, des honneurs, des droits, accordée définitivement à un individu ou à un groupe de la population (ville, province, université, corporation, etc.).

1 Louis XVI en costume de sacre.

Tableau d'Antoine-François Callet, 1778, huile sur toile, 2,78 x 1,96 m, musée du château, Versailles. Le roi porte le manteau à fleurs de lys, symbole de la monarchie française, et au côté gauche, l'épée ; de la main droite, il tient le sceptre ; à ses côtés, à sa droite, sont posées la couronne et la main de justice.

2 Les principes de l'absolutisme, selon Louis XV

Je ne souffrirai pas qu'il se forme en mon royaume une association qui ferait dégénérer en une confédération de résistance le lien naturel des mêmes devoirs et des obligations communes [...]. La magistrature ne forme point un corps, ni un ordre séparé des trois ordres du royaume [...]. C'est en ma personne seule que réside la puissance souveraine ; c'est de moi seul que mes cours tiennent leur existence et leur autorité ; la plénitude de cette autorité, qu'elles n'exercent qu'en mon nom, demeure toujours en moi, et l'usage ne peut en être jamais tourné contre moi [...]. C'est à moi seul qu'appartient le pouvoir législatif sans dépendance et sans partage, que c'est par ma seule autorité que les officiers de mes cours procèdent, non à la formation, mais à l'enregistrement, à la publication, à l'exécution de la loi, que l'ordre public tout entier émane de moi et que les droits et les intérêts de la nation, dont on ose faire un corps séparé du monarque, sont nécessairement unis avec les miens et ne reposent qu'en mes mains.

Discours de Louis XV (1710-1774) au parlement de Paris dit de la Séance de la flagellation, le 3 mars 1766.

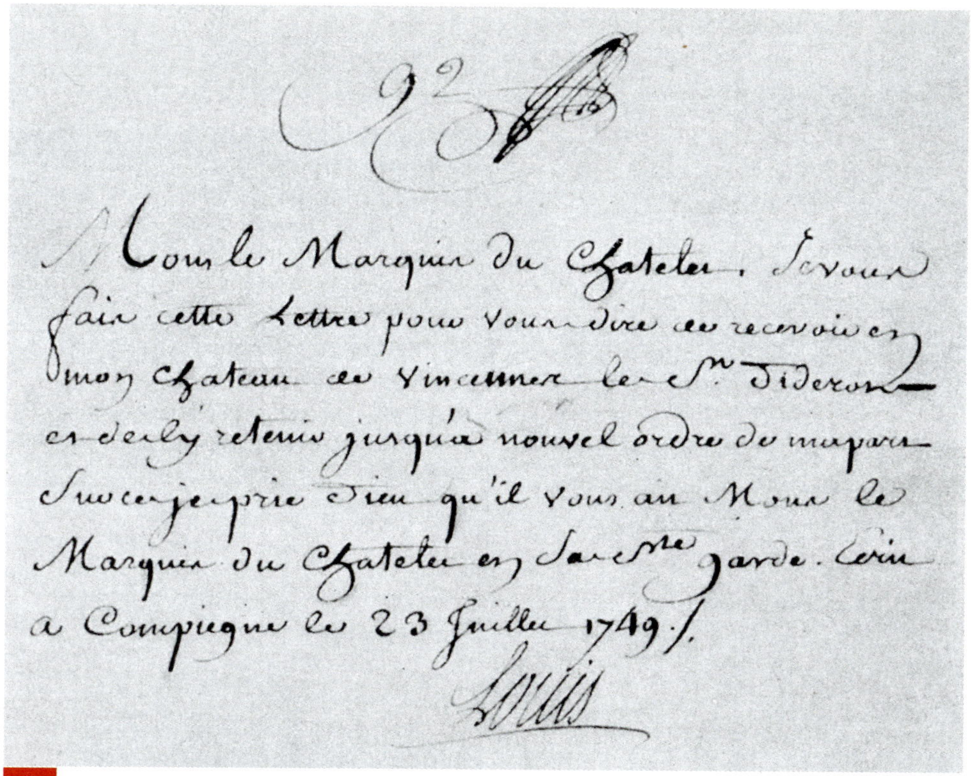
Mons le Marquis du Chatelet, Je vous fais cette lettre pour vous dire de recevoir en mon Chateau de Vincennes le Sr Diderot et de l'y retenir jusqu'à nouvel ordre de ma part. Sur ce je prie Dieu qu'il vous ait Mons le Marquis du Chatelet en sa Ste garde. Ecrit a Compiegne le 23 Juillet 1749.
Louis

3 **Une lettre de cachet de Louis XV, ordonnant l'emprisonnement de Diderot, en 1749.**

4 La majesté du roi, selon Bossuet

Je n'appelle pas majesté cette pompe qui environne les rois ou cet éclat extérieur qui éblouit le vulgaire. La majesté est l'image de la grandeur de Dieu dans le Prince, Dieu est infini, Dieu est tout. Le Prince en tant que Prince n'est pas regardé comme un homme particulier : c'est un personnage public ; tout l'État est en lui ; la volonté de tout le Peuple est réunie en la personne du Prince. Comme en Dieu est réunie toute perfection, et toute vertu, ainsi toute la puisance des particuliers est réunie en la personne du Prince. Quelle grandeur qu'un seul homme en contienne tant ! [...].

Vous êtes des dieux, vous avez dans votre autorité, vous portez sur votre front, un caractère divin. Mais, ô dieux de chair et de sang, ô dieux de boue et de poussière, vous mourrez comme des hommes, vous tomberez comme les grands.

Ô roi, exercez donc hardiment votre puissance car elle est divine et salutaire au genre humain, mais exercez-la avec humilité [...]. Au fond, elle vous laisse faibles ; elle vous laisse mortels ; elle vous laisse pécheurs et vous charge devant Dieu d'un plus grand compte.

J.-B. Bossuet (1627-1704), évêque de Meaux, *Politique tirée des propres paroles de l'Écriture sainte*, 1678-1679, texte rédigé pour l'éducation du Dauphin.

5 Les limites de l'autorité royale

L'Anglais aura dit : « Le roi de France jouit d'une autorité presque indéfinie ; il a le fer dans une main, l'or dans l'autre ; il fait ployer les corps intermédiaires avec une feuille de papier ; il est sûr que la noblesse sera à ses ordres quand il le voudra ; la magistrature lui apporte des remontrances et se retire ; le peuple n'a aucune voix, aucune force. »

Voilà bien des prérogatives ! Eh bien, l'Anglais se trompe, d'après les apparences. Les Français, avec tout cela, ne sont pas asservis ; les mœurs s'opposent au pouvoir absolu et le rendent modéré, civil, policé, lui ordonnent des égards et des ménagements. La puissance du souverain fondue, pour ainsi dire, dans le caractère des ministres, fréquemment déplacés, devient prudente, circonspecte, et ne trouble point la sécurité continuelle où vit la nation : elle a une certaine confiance en elle-même, qui éloigne des coups trop arbitraires. Les privilèges de plusieurs corps ne peuvent être subitement anéantis : des barrières antiques contre l'autorité qui deviendrait oppressive, quoique en défendant aux sujets de désobéir, ne permettent pas au souverain d'abuser durement de son pouvoir [...].

Le prince est législateur suprême et possède toute l'autorité ; mais il n'ose anéantir les droits et privilèges de plusieurs ordres de citoyens : il les respecte, ou ne les attaque que d'une manière lente, adroite, détournée [...]. Le prince en France se trouve, comme il a dit lui-même, dans l'heureuse impuissance de frapper ces coups d'autorité qui épouvantent la liberté des citoyens : il est des bornes qu'il ne saurait franchir ; et comme tout le bien général qu'on pourrait en attendre, à raison de tant d'abus incorporés dans l'État, lui est interdit, un grand mal est hors de son pouvoir.

Louis Sébastien Mercier (1740-1814), écrivain, *Tableau de Paris*, 12 volumes, 1782-1788.

Questions

A Observer les documents (nature, date, auteur, etc.)

B Retirer des informations des documents

1. Quels éléments du pouvoir du roi les différents attributs figurant sur le doc. 1 symbolisent-ils ?

2. Selon le discours du doc. 2, qui détient la puissance souveraine ? De quels pouvoirs dispose le roi ?

3. Comment peut-on qualifier le droit qu'a le roi d'envoyer ainsi quelqu'un en prison sans procès (doc. 3) ?

4. Selon Bossuet, quelle est l'origine du pouvoir royal (doc. 4) ?

5. L'autorité du roi en est-elle affaiblie ou renforcée ?

6. D'après Louis Sébastien Mercier, quels facteurs limitent l'exercice de l'autorité absolue du roi (doc. 5) ?

C Mettre en relation les documents

7. D'après les doc. 2 et 3, comment s'exerce la justice dans le système absolutiste ?

D Rédiger

8. En un paragraphe, présenter les principes de la monarchie absolue et ses limites en France, pendant le dernier siècle de l'Ancien Régime.

1 L'absolutisme contesté par les Lumières

A. L'essor des Lumières doc. 1, 2 et 3

Au cours du XVIIIe s., le mouvement des **Lumières** a concerné, avec une influence plus ou moins grande, toute l'Europe. Mais c'est en France qu'il a été le plus brillant. Convaincus que l'homme dispose de **droits naturels**, comme l'a expliqué l'Anglais Locke au XVIIe s., et confiants dans l'usage de la raison, dont Descartes avait précisé les règles dans le *Discours de la méthode* en 1637, les **philosophes** entendent mieux connaître le monde, en mobilisant leur réflexion et l'expérience. Mais leur pensée se veut utilitaire. Comme l'écrit Voltaire, « le penchant d'un philosophe n'est pas de plaindre le malheureux, mais de le servir ».

Jusqu'au milieu du XVIIIe s., les philosophes s'attachent surtout à diffuser les thèses de Locke et de Descartes. Cependant ces dernières sont souvent en contradiction avec les idées traditionnelles que défendent les pouvoirs établis de l'État et de l'Église. C'est pourquoi ils agissent avec prudence, et insistent sur la nécessité de la tolérance.

Mais au cours des années 1750 et 1760, les idées des Lumières s'imposent, grâce à la publication des œuvres majeures de Montesquieu (*De l'esprit des lois*, 1748) et de Rousseau (*Discours sur les sciences et les arts*, 1750, *Discours sur l'inégalité*, 1755, *Du contrat social*, 1762) et à l'écho que suscite l'intervention de Voltaire dans certaines affaires judiciaires, comme l'affaire Calas (1762-1765). La publication de l'*Encyclopédie*, que dirige Diderot, entre 1751 et 1772, couronne cette brillante période. Désormais, les Lumières ont partie gagnée. Même si les élites de l'Église et de l'État n'adhèrent pas nécessairement à leur message, elles en subissent l'influence.

B. Les idées politiques des Lumières doc. 4 et 5

Le mouvement des Lumières n'a pas établi une théorie politique unique, d'ailleurs il existe d'importantes différences sur ce plan entre les philosophes. Tous, cependant, insistent sur **la liberté de l'homme et sur les droits dont il dispose face au pouvoir**. Ils s'opposent donc aux conceptions traditionnelles centrées sur l'autorité révélée de Dieu et sur l'autorité absolue du roi. Du point de vue religieux, ils sont souvent **déistes**, parfois **athées**. Sur le plan politique, à une société dirigée d'en haut, ils préfèrent une société organisée d'en bas, ce qui remet en cause le principe de l'obéissance aveugle des sujets à leur roi.

Mais passer ainsi d'une vision fondée sur l'autorité d'un seul à une conception respectueuse des droits de chacun, n'est pas simple. Pour mettre en place cette dernière conception, Montesquieu insiste sur **la séparation des pouvoirs** dans *De l'esprit des lois*, en expliquant que la liberté ne sera assurée que si le pouvoir exécutif, le pouvoir législatif et le pouvoir judiciaire sont placés dans des mains différentes, ce qui n'est pas le cas dans une monarchie absolue.

Cependant, comme l'homme vit en société, sa liberté ne peut être totale ; elle doit tenir compte de celle des autres, sinon il vivrait dans l'état de nature, c'est-à-dire soumis à la loi de la jungle. Pour résoudre ce problème, Rousseau affirme **le principe de la souveraineté populaire** dans *Du contrat social* : chacun se soumet à la loi, ce qui n'est une limitation de la liberté qu'en apparence, puisque tous ont participé à l'élaboration de cette loi.

VOCABULAIRE

Lumières : mouvement intellectuel européen du XVIIIe s. en Europe. Fondée sur la raison, la pensée des Lumières entend promouvoir la tolérance, le progrès et le bonheur ; elle défend la liberté de penser et de s'exprimer.

droits naturels : droits attachés à l'homme, par nature, acquis dès la naissance.

philosophe : en grec, « ami de la sagesse » ; au XVIIIe s., le terme désigne des écrivains qui réfléchissent sur la vie politique et l'organisation de la société.

déiste : personne qui croit en l'existence d'un Être suprême, d'une intelligence supérieure, mais qui refuse l'idée de révélation et de dogme.

athée : personne qui ne croit pas en Dieu.

1 Le supplice de Jean Calas, roué à Toulouse en 1762. Gravure du XVIIIe s., bibliothèque municipale, Toulouse.

Exécuté après avoir été injustement accusé d'avoir tué son fils parce qu'il voulait se convertir au catholicisme, alors que ce dernier s'est suicidé, le protestant Jean Calas est réhabilité en 1765. L'engagement de Voltaire dans la campagne pour cette réhabilitation illustre le combat des Lumières pour la justice, la tolérance et la liberté.

1. **Quelles idées des Lumières sont mises en avant par Voltaire dans cette affaire ?**
2. **Pourquoi l'affaire Calas a-t-elle pris tant d'importance ?**

2 À l'égide de Minerve (Liège).
Tableau de Léonard Defrance, huile sur toile, vers 1781-1782, musée des Beaux-Arts, Dijon.

Grâce à un édit de tolérance de l'empereur Joseph II, les Pays-Bas autrichiens (la Belgique actuelle) sont devenus à la fin du XVIIIe s. une terre de liberté d'édition. Dans cette librairie placée sous le patronage de Minerve, la déesse de la sagesse (vertu que cultivent les philosophes) sont préparés des ballots de livres à destination de l'Espagne et du Portugal, où n'existe pas la liberté d'expression.

1. **Montrer que les idées des Lumières circulent en Europe.**
2. **Quel détail du tableau met en évidence l'esprit de tolérance ?**

3 Article « Philosophie » dans l'*Encyclopédie*, 1765

Philosopher, c'est donner la raison des choses, ou du moins la chercher ; car tant qu'on se borne à voir et à rapporter ce qu'on voit on n'est qu'historien. Quand on calcule et mesure les portions des choses, leurs grandeurs, leurs valeurs, on est mathématicien ; mais celui qui s'arrête à découvrir la raison qui fait que les choses sont, et qu'elles sont plutôt ainsi que d'une autre manière, c'est le philosophe proprement dit. […]
Ce qui caractérise donc le philosophe et le distingue du vulgaire, c'est qu'il n'admet rien sans preuve, qu'il n'acquiesce point à des notions trompeuses et qu'il pose exactement les limites du certain, du probable et du douteux. […] Il aime beaucoup mieux faire l'aveu de son ignorance toutes les fois que le raisonnement et l'expérience ne sauraient le conduire à la véritable raison des choses. […]
Être philosophe, ce n'est pas simplement avoir beaucoup vu et beaucoup lu, ce n'est pas aussi posséder l'histoire de la philosophie, des sciences et des arts, tout cela ne forme souvent qu'un chaos indigeste ; mais être philosophe, c'est avoir des principes solides, surtout une bonne méthode pour rendre raison de ces faits, et en tirer de légitimes conséquences.

1. **Qu'est-ce que l'Encyclopédie ?**
2. **Quand a-t-elle été publiée ?**
3. **Quels sont ses principaux auteurs ?**
4. **Quel est l'objectif du philosophe ?**
5. **Sur quelles bases le philosophe fonde-t-il sa réflexion ?**

4 La théorie des trois pouvoirs

Il y a, dans chaque État, trois sortes de pouvoirs : la puissance législative, la puissance exécutrice des choses qui dépendent du droit des gens, et la puissance exécutrice de celles qui dépendent du droit civil.
Par la première, le prince ou le magistrat fait des lois. Par la seconde, il fait la paix ou la guerre, établit la sûreté, prévient les invasions. Par la troisième, il punit les crimes ou juge les différends des particuliers. On appellera cette dernière la puissance de juger ; et l'autre, simplement la puissance exécutrice de l'État.
Lorsque, dans la même personne ou dans le même corps de magistrature, la puissance législative est réunie à la puissance exécutrice, il n'y a point de liberté, parce qu'on peut craindre que le même monarque ou le même sénat ne fasse des lois tyranniques pour les exécuter tyranniquement.
Il n'y a point encore de liberté si la puissance de juger n'est pas séparée de la puissance législative et de l'exécutrice. Si elle était jointe à la puissance législative, le pouvoir sur la vie et la liberté des citoyens serait arbitraire : car le juge serait législateur. Si elle était jointe à la puissance exécutrice, le juge pourrait avoir la force d'un oppresseur.

Montesquieu, *De l'esprit des lois*, 1748.

1. **Quels sont les trois pouvoirs définis par Montesquieu ?**
2. **Quelle est la conséquence de la concentration des trois pouvoirs dans les mêmes mains ?**

5 Le contrat social, selon Jean-Jacques Rousseau

Le pacte social se réduit aux termes suivants : chacun de nous met en commun sa personne et toute sa puissance sous la suprême direction de la volonté générale et nous recevons en corps chaque membre comme partie invisible du tout.
Cet acte d'association produit un corps moral et collectif composé d'autant de membres que l'assemblée a de voix, lequel reçoit de ce même acte son unité, son moi commun, sa vie et sa volonté. Cette personne publique qui se forme ainsi par l'union de toutes les autres prenait autrefois le nom de Cité et prend maintenant celui de République ou de corps politique.
Le plus grand bien de tous, qui doit être la fin de tout système de législation, se réduit à ces deux objets principaux : la liberté et l'égalité. La volonté générale peut seule diriger les forces de l'État, selon la fin de son institution qui est le bien commun. Le peuple soumis aux lois doit en être l'auteur. La puissance législative appartient au peuple et ne peut appartenir qu'à lui. Dès l'instant que le gouvernement usurpe la souveraineté, le pacte social est rompu et tous les simples citoyens rentrés de droit dans leur liberté naturelle sont forcés mais non pas obligés d'obéir.

D'après Rousseau, *Du contrat social*, livre I chap. VI, « Du pacte social ».

La diffusion des idées des Lumières

- La pensée des Lumières se fonde sur une réflexion et s'exprime par des livres. Mais, pour une grande part, cette pensée s'élabore à partir des contacts qu'entretiennent les philosophes grâce à leur correspondance et leurs rencontres.
- Au XVIIIe s. se multiplient en effet les lieux où les philosophes peuvent échanger leurs idées : salons et académies, cafés et clubs, chambres de lecture et loges de la **franc-maçonnerie**. Ces lieux se caractérisent par leur confort et leur raffinement ; de nouvelles consommations – café, chocolat – y ont cours. D'autre part, le débat y est toujours encadré par les règles du savoir-vivre : le philosophe n'est pas seulement un intellectuel, il se doit aussi d'être un homme du monde, maître de l'art de la conversation.

VOCABULAIRE

franc-maçonnerie : association de personnes aux rites secrets, apparue en France au début du XVIIIe s., réservée à des membres initiés et qui professe des principes de fraternité ; les francs-maçons se reconnaissent entre eux à des signes et à des emblèmes et se réunissent en « loges ».

1 Le club de l'Entresol

C'était une espèce de club à l'anglaise ou de société politique parfaitement libre, composée de gens qui aimaient à raisonner sur ce qui se passait. Cette société s'appelait l'Entresol, parce que le lieu où elle s'assemblait était un entresol dans lequel logeait l'abbé Alary. On y trouvait toutes sortes de commodités, bons sièges, bon feu en hiver, et en été des fenêtres ouvertes sur un joli jardin. On n'y dînait ni on n'y soupait ; mais on y pouvait prendre du thé en hiver et en été de la limonade et de la liqueur fraîche. En tout temps, on y trouvait des gazettes de France, de Hollande et même les papiers anglais.

René-Louis de Voyer, marquis d'Argenson (1694-1757), *Mémoires*, 1825. Conseiller au parlement de Paris puis intendant, diplomate, il fréquente les philosophes dont Voltaire et d'Alembert.

2 Le salon de Madame Geoffrin. Tableau de Gabriel Lemonnier, 1775, huile sur toile, musée des Beaux-Arts, Rouen.
Le tableau représente la lecture, en 1775, de *L'Orphelin de Chine*, une tragédie de Voltaire. Au fond, entre deux tableaux, le buste de Voltaire ; debout à gauche, parlant en tendant la main, derrière une femme en robe jaune, Rousseau ; au premier plan, accoudé à la table, d'Alembert ; debout à droite, au centre d'un groupe de trois, derrière un homme, vêtu de vert, Diderot ; à l'extrême droite, au deuxième rang, Montesquieu ; Madame Geoffrin est assise au premier rang à droite, vêtue de bleu.

3 Un célèbre café parisien, le Procope. Autour de l'image du café, des médaillons représentant de grandes figures des Lumières : en n° 1 Buffon, en n° 3 Diderot, en n° 4 d'Alembert, en n° 7 Rousseau, en n° 8 Voltaire.

4 La composition sociale des académies de province et des loges maçonniques

	Académies	Loges maçonniques	Ensemble de la population
Noblesse	37 %	15 %	1,5 %
Clergé	20 %	4 %	0,5 %
Bourgeoisie négociante	2 %	29 %	
Bourgeoisie judiciaire et administrative	16 %	27 %	
Médecins et professions de santé	15 %	5 %	
Enseignants et divers	10 %	10 %	
Artisans	–	10 %	
Ensemble roturiers	43 %	81 %	98 %

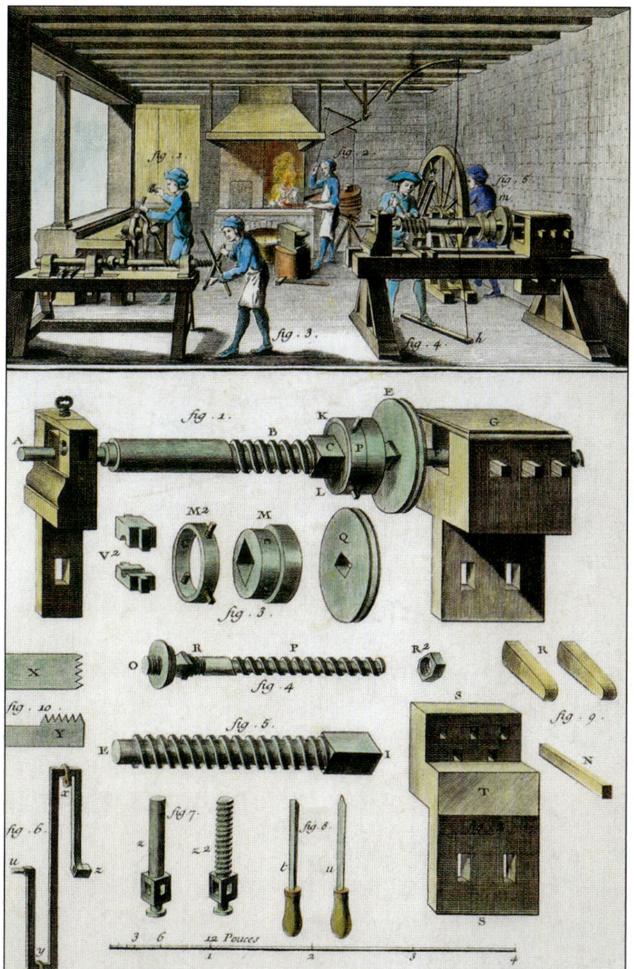

6 La diffusion des Lumières par le livre l'*Encyclopédie*. Les 28 volumes de l'*Encyclopédie ou Dictionnaire raisonné des sciences, des arts et des métiers* sont publiés de 1751 à 1772. Parmi les 120 auteurs figurent le philosophe Diderot et le mathématicien d'Alembert, maîtres d'œuvre de l'*Encyclopédie*. Planche consacrée à la fabrication d'outils en métal.

5 Le recrutement des académies et des loges maçonniques

Nul profane ne peut être admis avant l'âge de vingt et un ans. Il doit être de condition libre et non servile. Un domestique ne sera admis qu'au titre de frère servant [chargé du service matériel du temple]. On ne peut recevoir aucun homme professant un état vil et abject ; rarement on admettra un artisan, fût-il maître. Jamais on n'admettra les ouvriers dénommés compagnons.

Règlement du Grand Orient de France pour l'accès aux loges maçonniques (fin du XVIIIe s.).

Questions

A Observer les documents (nature, date, auteur, etc.)

B Retirer des informations des documents

1. Quels sont, selon le doc. 1, les attraits du club de l'Entresol ?

2. Que révèle le tableau du doc. 2 sur les participants et le cadre du salon de Mme Geoffrin ?

3. Quelles activités pratique-t-on au café Procope (doc. 3) ?

4. Quelles catégories sociales sont surreprésentées dans les académies et les loges maçonniques (doc. 4) ? Quelles catégories sont absentes ? Le recrutement est-il égalitaire dans la franc-maçonnerie (doc. 5) ?

C Mettre en relation les documents

5. D'après les doc. 1, 2 et 3, comment les idées des Lumières circulent-elles ?

D Rédiger

6. En un paragraphe, présenter les principaux représentants et les lieux de diffusion des Lumières.

2 L'absolutisme face aux modèles étrangers

A. La fascination pour le système anglais doc. 1, 2 et 3

C'est vers l'Angleterre que s'est d'abord tournée l'attention des philosophes. Après avoir éliminé, en décapitant le roi Charles Ier en 1649, les tentatives de monarchie absolue, ce pays avait interdit toute arrestation non suivie de jugement (*Habeas Corpus*, 1679). Il avait mis en place, lors de la *Glorious Revolution* de 1688, une monarchie tempérée : le nouveau roi, Guillaume d'Orange, avait dû s'engager, par la Déclaration des droits de 1689, à ne pas lever d'impôts sans l'accord du Parlement qui représentait les Anglais.

Au XVIIIe s., en France, ce « modèle anglais » exerce une forte influence, notamment chez Voltaire. Toutefois, il ne doit pas être idéalisé : au XVIIIe s., les élections au parlement ne sont nullement démocratiques ; elles sont faussées par la corruption. Néanmoins l'idée d'une représentation de la **nation**, face au roi s'enracine : c'est ce que retiennent les philosophes.

B. Les séductions du despotisme éclairé doc. 5

Au cœur du XVIIIe s., certains philosophes pensent que **l'amélioration du système politique peut venir de souverains s'appuyant sur la raison**, appelés pour cette raison « **despotes éclairés** ». Peut-être parce qu'ils estiment le peuple encore insuffisamment éclairé, ces philosophes en viennent à compter sur l'autorité du prince pour réaliser les réformes qu'ils souhaitent.

Voltaire se rend ainsi en 1750 auprès de Frédéric II, le roi de Prusse, et Diderot rencontre en 1773 l'impératrice de Russie, Catherine II. Mais ces philosophes découvrent que si les despotes éclairés semblent accepter les idées des Lumières, la véritable raison qui les anime est la raison d'État : Frédéric II militarise à outrance son royaume, et Catherine II étend le servage !

C. La portée de la révolution américaine doc. 4 et 6

La Déclaration d'indépendance des 13 colonies anglaises d'Amérique du Nord, en 1776, s'appuie sur des principes des Lumières. **Ces colonies insurgées, qui forment les États-Unis d'Amérique, se révoltent** contre leur métropole parce que cette dernière veut leur imposer des taxes sans qu'elles les aient acceptées par un vote de leurs représentants. Elles se révoltent contre la « tyrannie » du roi d'Angleterre et bénéficient d'une grande sympathie auprès des partisans des Lumières. Des volontaires comme La Fayette s'engagent au côté des révoltés, les *Insurgents*. De son côté, le gouvernement de Louis XVI, désireux de prendre sa revanche sur l'Angleterre, envoie un corps expéditionnaire aider l'armée des colons, dirigée par Washington. Vaincus en 1781, **les Anglais reconnaissent l'indépendance de leurs colonies** au traité de Versailles (1783). Ainsi naissent les États-Unis d'Amérique, qui se dotent en 1787 d'une **Constitution** républicaine, adoptée à l'initiative de Benjamin Franklin et prévoyant la séparation des pouvoirs.

En intervenant en Amérique, Louis XVI a, certes, remporté un succès de prestige sur l'Angleterre. Mais la guerre, en creusant le déficit de ses finances, a aggravé ses difficultés. Surtout, elle a débouché sur **un nouveau modèle politique, égalitaire et libéral**, fort éloigné de celui de la monarchie absolue.

VOCABULAIRE

nation : communauté d'hommes possédant une unité (langue, culture, histoire), ayant conscience de cette unité et souhaitant vivre ensemble.

despote éclairé : prince utilisant de manière habile ses pouvoirs étendus, en s'appuyant sur la raison et les principes des Lumières.

Constitution : ensemble des règles précisant la structure et le fonctionnement des institutions d'un pays, ainsi que les rapports entre les citoyens et l'État.

1 L'*Habeas Corpus* (1679)

Qu'il soit déclaré que chaque fois que quelqu'un présentera une demande écrite d'*Habeas Corpus* à l'un des officiers ou des shérifs des maisons d'arrêt pour une personne se trouvant en attente d'un jugement, l'officier ou le shérif devra, conformément au contenu de la présente loi, conduire ce prisonnier, dans les trois jours, devant les juges pour qu'on lui explique pourquoi il est enfermé, puis libérer ce prisonnier, en échange d'une caution, dans les deux jours qui suivent.

1. **Quelles limites le texte apporte-t-il à la détention préventive ?**
2. **Quelle pratique française est en contradiction avec l'*Habeas Corpus* ?**

2 La Déclaration des droits (*Bill of Rights*) de 1689 (extraits)

Assemblés à Westminster, les Lords spirituels et temporels et les Communes représentant légalement, pleinement et librement toutes les classes du peuple de ce royaume, déclarent :

1. Que le prétendu pouvoir de l'autorité royale de suspendre les lois ou l'exécution des lois sans le consentement du Parlement est illégal ;

4. Qu'une levée d'argent pour la Couronne ou à son usage, sans le consentement du Parlement, est illégale.

5. Que c'est un droit des sujets de présenter des pétitions au roi et que tous les emprisonnements et poursuites en raison de ces pétitions sont illégaux.

8. Que la liberté de parole, ni celle des débats au Parlement ne peut être entravée.

9. Que les élections des membres du Parlement doivent être libres.

13. Que le Parlement devra être fréquemment réuni.

1. **Qui est l'auteur de ce texte ?**
2. **Qu'est-ce que ce texte interdit au roi d'Angleterre ?**

3 Une institution caractéristique du système politique anglais : la Chambre des communes à la fin du XVIIIe siècle.

Tableau de Karl Anton Hickel, 1793, huile sur toile, National Portrait Gallery, Londres.

4 Déclaration unanime des 13 États-Unis d'Amérique, 1776

Nous tenons ces vérités pour évidentes par elles-mêmes – que tous les hommes naissent égaux, que le Créateur les a dotés de certains droits inaliénables, parmi lesquels la vie, la liberté et la recherche du bonheur ; que pour garantir ces droits, les hommes instituent des gouvernements dont le juste pouvoir émane du consentement des gouvernés ; que si un gouvernement vient à méconnaître ces fins, le peuple a le droit de le modifier ou de l'abolir et d'instituer un nouveau gouvernement qu'il fondera sur tels principes, et dont il organisera les pouvoirs selon les formes qui lui paraîtront les plus propres à assurer sa sécurité et son bonheur. [...]
Lorsqu'une longue suite d'abus et d'usurpation tente de les soumettre à un despotisme absolu, il est de leur droit, il est de leur devoir de renverser le gouvernement qui s'en rend coupable.

1. **À quels droits nouveaux les hommes peuvent-ils prétendre ?**
2. **Montrer que ce texte s'inspire des idées des Lumières.**
3. **Comment ce texte justifie-t-il l'insurrection ?**

5 Voltaire accueilli au château de Sans-Souci (Potsdam) par le roi de Prusse Frédéric II.

Tableau d'Adolf von Menzel, 1850, huile sur toile (brûlée en 1945), autrefois Nationalgalerie, Berlin.

Frédéric II est au centre, de face ; Voltaire est à gauche, penché en avant. Ils sont entourés des principaux membres de l'Académie de Berlin. Une telle image illustre l'esprit éclairé qu'affecte d'afficher le roi de Prusse. Mais Voltaire comprend vite que cette attitude est illusoire. À la cour de Prusse, écrit-il bientôt, « mon ami signifie mon esclave et soupez avec moi ce soir signifie je me moquerai de vous ce soir ».

6 La Constitution des États-Unis (1787)

Article 1. La Chambre des représentants sera composée de membres choisis tous les deux ans par le peuple des différents États...
Le Sénat des États-Unis sera composé de deux sénateurs pour chaque État, choisis pour six ans.
La procédure des élections des représentants et des sénateurs sera déterminée dans chaque État par la législature de cet État ; le Congrès peut toutefois, à tout moment, déterminer ou modifier par une loi la règle des élections.
Article 2. Le pouvoir exécutif sera conféré à un président des États-Unis d'Amérique, qui restera en fonction pendant une période de quatre ans [...]. Le président sera commandant en chef de l'armée et de la marine des États-Unis [...]. Il aura le pouvoir, sur l'avis et avec le consentement du Sénat, de conclure des traités, sous réserve de l'approbation des deux tiers des sénateurs présents. Il proposera au Sénat et, sur l'avis et avec le consentement de ce dernier, nommera les ambassadeurs, les ministres, les juges de la Cour suprême et tous les autres fonctionnaires des États-Unis [...] dont les postes sont créés par la loi [...].
Article 3. Le pouvoir judiciaire des États-Unis sera conféré à une Cour suprême [...]. Les juges de la Cour suprême conserveront leurs charges aussi longtemps qu'ils en seront dignes.

1. **Quels sont les pouvoirs du président des États-Unis ?**
2. **Montrer que ce texte est inspiré des idées des Lumières.**

4 L'impossible réforme

A. Les racines de la crise
doc. 1 et 3

■ **La crise de la monarchie française est d'abord financière.** Depuis le milieu du XVIIIe s., le budget du roi est régulièrement déficitaire. Ce déficit tient d'abord à de trop fortes dépenses, dues moins aux frais de la Cour, comme le pense l'opinion, qu'au coût considérable des guerres et des dettes qu'elles entraînent. Mais le déficit tient aussi à **l'insuffisance des recettes** : la perception de l'impôt est mal organisée et de nombreux privilégiés – pourtant les plus riches sujets du roi – ne paient pas l'impôt.

■ **De tels défauts appellent des réformes**, envisagées déjà pendant le règne de Louis XV. Mais dès que le roi publie un édit touchant l'impôt, les parlements, dont les membres sont des privilégiés, s'y opposent, en prétendant défendre la liberté de l'ensemble des Français. Pour cela, ils usent abusivement de leur **droit de remontrance** : ils parviennent ainsi à retarder la mesure envisagée, et le plus souvent à la vider de son contenu, grâce au soutien de l'opinion.

■ Sous Louis XV, la lutte entre les ministres du roi et les parlementaires est vive durant les années 1750. En 1771, le chancelier Maupeou brise, avec le soutien du roi, l'opposition de ces derniers, mais sa politique est très impopulaire.

B. Le mécanisme de la crise
doc. 2, 4 et 5

■ Soucieux de se concilier l'opinion, Louis XVI renvoie Maupeou dès qu'il monte sur le trône et rend leurs attributions aux parlements. Son ministre **Turgot tente une réforme de l'impôt** en proposant en contrepartie aux notables de participer à la gestion des affaires de l'État. Mais les privilégiés s'inquiètent de cette réforme. Turgot décide également d'une **libéralisation du commerce des grains** ; elle se traduit par une hausse du prix du pain qui mécontente le peuple : **Louis XVI renvoie Turgot en 1776**.

■ Ses successeurs, Necker puis Calonne, gouvernent à coups d'emprunts. Cependant, en 1786, devant le gonflement de la dette, provoqué notamment par la guerre d'Amérique, un des successeurs de Turgot, Calonne, propose à nouveau un impôt payable par tous. Mais une assemblée de notables convoquée par le roi pour approuver son projet le refuse.

■ En 1788, **Loménie de Brienne** reprend l'idée d'associer les notables à la gestion des affaires publiques, ce qui est bien accueilli par l'opinion. Mais lorsqu'il **propose un impôt payé par tous, les parlements s'y opposent**. Ils prétendent que tout impôt nouveau doit être consenti par la nation à travers des États généraux. Comme Maupeou autrefois, Brienne tente de briser l'opposition parlementaire. Mais devant les réactions de l'opinion, et dans un contexte de crise économique, le roi cède. **Les États généraux sont convoqués pour mai 1789**. Cette concession est une défaite de l'absolutisme : comme le souhaitaient les parlementaires, la politique royale risque d'être soumise à un contrôle de la nation.

■ Il reste à **déterminer comment les États généraux seront organisés**. S'ils délibèrent par ordres comme dans le passé, les privilégiés imposeront leur point de vue (les deux voix du clergé et de la noblesse l'emportant sur celle du tiers état). Mais si on double le nombre de députés du tiers état, qui comprend beaucoup plus de Français que les ordres privilégiés, et si on délibère par tête, ils risquent fort d'être mis en minorité, un certain nombre de curés et de nobles libéraux rejoignant le tiers état pour soutenir les réformes.

VOCABULAIRE

droit de remontrance : droit donné aux parlements de présenter des observations critiques à l'occasion de l'enregistrement d'une mesure royale. Ce droit ne porte que sur la forme de la loi, le roi étant le seul législateur. Mais au XVIIIe siècle, les parlements tendent à critiquer le fond.

libéralisation du commerce des grains : politique consistant à laisser le prix du grain évoluer en fonction de l'offre et de la demande, sans intervenir par des règlements pour le fixer.

1 L'attitude des parlements

a) Remontrance du parlement de Rouen, 1760

Rendez-nous, Sire, notre liberté précieuse, rendez-nous nos États [États généraux]. Il est de l'essence de la loi d'être acceptée. Le droit de l'accepter est le droit de la nation. Ce droit subsiste encore, malgré les tentatives de l'anéantir. Ce droit sacré est imprescritible.

b) Remontrance du parlement de Paris, 1776

La monarchie française est composée de plusieurs états distincts et séparés. Cette distinction de conditions et de personnes tient à l'origine de la nation ; elle est la chaîne précieuse qui lie le souverain à ses sujets.
Si l'état des personnes n'était pas distingué, il n'y aurait que désordre, confusion. [...] Nous ne pouvons pas vivre en égalité de conditions ; il faut par nécessité que les uns commandent et que les autres obéissent.
Dans l'assemblage formé par ces différents ordres, tous les hommes de votre royaume sont vos sujets, tous sont obligés de contribuer aux besoins de l'État.
Mais, dans cette contribution même, l'ordre et l'harmonie générale se retrouvent toujours. Le service personnel du clergé est de remplir toutes les fonctions relatives à l'instruction, au culte religieux et de contribuer au soulagement des malheureux par ses aumônes. Le noble consacre son sang à la défense de l'État et assiste de ses conseils le souverain. La dernière classe de la nation, qui ne peut rendre à l'État des services aussi distingués, s'acquitte envers lui par les tributs, l'industrie et les travaux corporels. Telle est, Sire, la règle antique des devoirs et des obligations de vos sujets.

1. Quelle idée défend le parlement de Rouen en 1760 ? Le parlement de Paris en 1776 ?
2. Ces idées sont-elles révolutionnaires ?

Journée des tuiles à Grenoble, 7 juin 1788. 2

Tableau d'Alexandre Debelle, musée de la Révolution française, Vizille.

La foule, qui soutient les parlementaires de la ville, jette des tuiles sur les troupes royales venues les expulser.

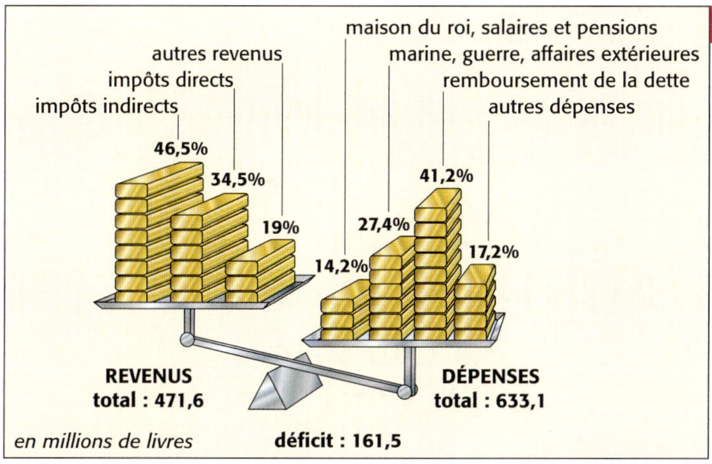

3 **Une illustration des difficultés financières de la monarchie : le budget de l'État en 1788.**

4 La crise politique de la fin de l'Ancien Régime

Dîné aujourd'hui [17 octobre 1787] dans une société dont la conversation a été entièrement politique [...]. Toute la compagnie semblait imbue de cette opinion, que l'on est à la veille de quelque grande révolution dans le gouvernement, que tout l'indique : les finances en désordre, avec un déficit impossible à combler sans l'aide des États généraux du royaume, sans que l'on ait une idée précise des conséquences de leur réunion, aucun ministre ayant assez de talents pour promettre d'autres remèdes que des palliatifs. Sur le trône, un prince dont les dispositions sont excellentes, mais à qui font défaut les ressources d'esprit qui lui permettraient de gouverner par lui-même ; une Cour enfoncée dans le plaisir ; une grande fermentation parmi les hommes de tous les rangs ; en outre, un levain actif de liberté qui s'accroît chaque jour depuis la révolution d'Amérique. Voilà une réunion de circonstances qui ne manquera pas de provoquer avant peu un mouvement, si quelque main ferme, de grands talents et un courage inflexible ne prennent le gouvernail pour guider les événements et non pas se laisser emporter par eux.

Arthur Young, agronome britannique, *Voyages en France pendant les années 1787, 1788, 1789 et 1790*, publié en 1791.

1. **Quels sont, selon Arthur Young, les facteurs de crise dans la France de la fin des années 1780 ?**
2. **Comment Arthur Young voit-il l'avenir du pays ?**

5 **Necker prestidigitateur.**

Gravure du XVIIIe siècle, musée Carnavalet, Paris.

Face au déficit, rappelé sur l'affiche du centre de l'image, Necker conseille au roi des expédients, en l'occurrence l'emprunt. L'assimilation de l'action du ministre à celle d'un bonimenteur, et l'attention que lui prête Louis XVI, révèlent la perte de crédit de la politique royale dans l'opinion.

Les cahiers de doléances

- En vue des États généraux convoqués à Versailles pour mai 1789, les Français sont appelés à désigner des députés et à préparer des cahiers de doléances, afin de faire connaître au roi leur avis sur les problèmes du pays.
- Au printemps 1789, les Français rédigent donc leurs cahiers de doléances et élisent leurs députés, dans le cadre des trois ordres, clergé, noblesse et tiers état.
- Les milliers de cahiers de doléances rédigés à cette date constituent une information de premier ordre, et sans précédent, sur l'état d'esprit des Français à la veille de la Révolution.

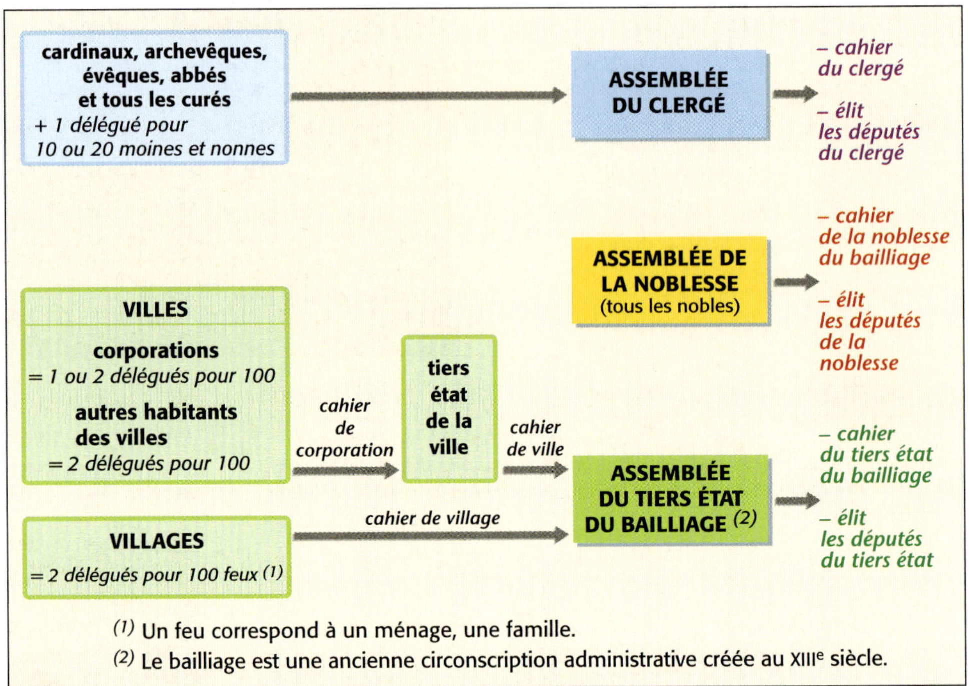

1 La préparation des États généraux au sein des bailliages.

2 Cahier de doléances du village de Lauris, sénéchaussée d'Aix

Ô grand roi ! perfectionnez votre ouvrage, soutenez le faible contre le puissant, détruisez le reste de l'esclavage féodal, affranchissez nos biens de la servitude dont vous avez affranchi depuis peu nos corps, et votre nom sera invoqué par les malheureux de toutes les nations ; achevez de nous rendre heureux : vos peuples livrés à des despotes se réfugient en foule au pied de votre trône, et viennent chercher en vous leur Dieu tutélaire, leur père et leur défenseur.

3 Cahier de doléances du tiers état de Paris

Dans la monarchie française, la puissance législative appartient à la nation, conjointement avec le roi ; au roi seul appartient la puissance exécutrice. Nul impôt ne peut être établi que par la nation. Les États généraux seront périodiques de trois ans en trois ans. [...] Ils ne se sépareront jamais sans avoir indiqué le jour, le lieu de leur prochaine tenue, et l'époque de leurs assemblées élémentaires, qui doivent procéder à de nouvelles élections. Dans l'intervalle des tenues d'États généraux, il ne pourra être fait que des règlements provisoires pour l'exécution de ce qui aura été arrêté dans les précédents États généraux, et ces règlements ne pourront être érigés en lois que dans les États généraux.

4 Cahier de doléances de la corporation des maçons de Marseille

Le « doux régime » marseillais est bien amer pour le père de famille chargé d'enfants, pour le manouvrier qui s'épuise en gagnant sa subsistance. [...] La viande est aujourd'hui à un prix où non seulement l'artisan, mais encore le bourgeois ne peuvent s'en nourrir. Bientôt le pauvre ne trouvera plus de quoi subsister ; c'est alors que nous verrons Marseille désertée par les ouvriers de toute espèce et qu'elle ne sera plus la patrie que des riches oppresseurs qui, à la longue, ne seront plus entourés que d'un peuple d'esclaves.

5 Cahier de doléances du clergé de Nîmes

1. Que le roi emploie son autorité pour arrêter les progrès de l'irréligion et de la corruption des mœurs, en perfectionnant l'éducation publique de la jeunesse et en ordonnant, de plus fort, l'observation des règlements de police sur la sanctification des dimanches et fêtes et sur la prohibition des livres pernicieux. [...]

3. Que la dotation commune des curés soit déterminée par un nombre de setiers de blé, mesure de Paris, correspondant à une somme de 1 200 livres. [...]

5. Que dans chaque diocèse, il y ait une caisse de secours pour donner des pensions de retraite aux curés que l'âge ou les infirmités auront mis hors d'état de continuer les fonctions de leur ministère. [...]

9. Qu'il plaise au roi de protéger les propriétés de l'Église et notamment les dîmes. [...]

14. Que le roi continue d'accorder sa protection aux ordres religieux, si utiles à l'Église, et qu'il veuille bien dissiper les alarmes et inquiétudes où ils peuvent être sur leur état.

« Ça n'dur'ra pas toujours ». 6
Caricature de la fin du XVIIIe s., BNF, Paris.

7 Cahier de doléances du tiers état du village de Gif, généralité de Paris

Les pigeons et les lapins causent des dommages considérables, il serait avantageux de voir ordonner la suppression des colombiers et de donner à tous le droit de chasse.

8 Cahier de doléances du village de Teillay-le-Perreux, bailliage d'Orléans

Les habitants demandent la suppression des champarts, parce que ce droit est très préjudiciable […] non seulement en ce qu'il est gênant à raison de la livraison et de l'enlèvement de son propre grain que l'on ne peut faire qu'après que les gerbes ont été préalablement comptées (il en résulte souvent une perte considérable causée par la variation du temps), mais encore c'est que la sixième, neuvième ou douzième gerbe que l'on est obligé de fournir et livrer au seigneur propriétaire, ou fermier de ce droit de champart, et dépouiller en partie le terrain sur lequel ce droit est pris et perçu, lui ôter son engrais, c'est empêcher sa production, et semblable à une personne à laquelle on ôterait en temps froid une partie de ses vêtements de dessus son corps.

10 Cahier de doléances de la noblesse du bailliage de Montargis

Nous déclarons ne jamais consentir à l'extinction des droits qui ont caractérisé jusqu'ici l'Ordre Noble et que nous tenons de nos ancêtres […].
Nous prescrivons formellement à notre député de s'opposer à tout ce qui pourrait porter atteinte aux propriétés utiles et honorifiques de nos terres, et nous entendons qu'il ne puisse se prêter à aucune modification ou remboursement de quelque nature que ce puisse être, lesquels ne pourront jamais s'effectuer que de notre aveu et de notre consentement libres et individuels.

9 La fréquence des doléances dans des cahiers du tiers état.

Objet de la doléance (par paroisse)	Charente-Maritime	Loir-et-Cher
Taille (poids, injustice)	69 %	90 %
Corvées royales	66 %	64 %
Aides (impôt sur les boissons)	61 %	72 %
Revendication d'états provinciaux	44 %	21 %
Revendication à caractère constitutionnel	33,5 %	25 %
Liberté du commerce	33,5 %	18 %
Régime seigneurial	31 %	56 %
Justice	30 %	58 %
Enregistrement	28 %	35 %
Vingtième (impôt sur la propriété)	27 %	14 %
Gabelle (impôt sur le sel)	16 %	93 %

Questions

A Observer les documents (nature, date, auteur, etc.)

B Retirer des informations des documents

1. Quelle différence y a-t-il entre les deux ordres privilégiés et le tiers état en ce qui concerne la préparation des cahiers de doléances (doc. 1) ?
2. Qu'attendent du roi les habitants de Lauris (doc. 2) ? Leur attitude est-elle révolutionnaire ?
3. Quelle importance le cahier du tiers état de Paris accorde-t-il aux États généraux (doc. 3) ? Est-ce compatible avec la monarchie absolue ?
4. Quelles inquiétudes transparaissent dans le cahier du clergé (doc. 5) ?
5. Quelle critique la caricature du doc. 6 exprime-t-elle ? Quelle perspective apparaît ?
6. Que reprochent les habitants de Teillay-le-Perreux au champart (doc. 8) ?
7. Quelles sont les revendications les plus fréquentes (doc. 9) ?
8. Que refusent les nobles du bailliage de Montargis (doc. 10) ?

C Mettre en relation les documents

9. Présenter les doléances du tiers état.

D Rédiger

10. En un paragraphe, indiquer ce que les documents apprennent sur la société française de 1789.

FICHE DE RÉVISION

DATES À RETENIR

- **1748** : *De l'esprit des lois*, de Montesquieu
- **1751-1772** : l'*Encyclopédie*
- **1762** : *Du contrat social*, de Rousseau
- **1787** : Constitution des États-Unis

BIOGRAPHIES

Montesquieu
(1689-1755),
le théoricien de la séparation des pouvoirs.
(Voir biographie complète p. 317)

Voltaire
(1694-1778),
le défenseur de la tolérance.
(Voir biographie complète p. 319)

Jean-Jacques Rousseau
(1712-1778),
le partisan de l'égalité et du contrat social.
(Voir biographie complète p. 318)

Denis Diderot
(1713-1784),
l'animateur de l'*Encyclopédie*.
(Voir biographie complète p. 315)

Anne Robert Jacques Turgot
(1491-1556),
ministre de Louis XVI, très influencé par les Lumières.
(Voir biographie complète p. 319)

Benjamin Franklin
(1706-1790),
l'artisan de la Constitution américaine.
(Voir biographie complète p. 315)

L'ESSENTIEL

1. L'absolutisme contesté par les Lumières

- Au XVIIIe s., le France est une monarchie absolue de droit divin.
- Le mouvement des **Lumières**, qui repose sur la raison, conteste ce système :

– Montesquieu : la séparation des pouvoirs ;
– Rousseau : la loi repose sur la volonté générale, et non plus sur celle du roi seul.

2. Les modèles étrangers

- Les **philosophes** des Lumières admirent le système anglais où, depuis la fin du XVIIe s., le roi ne peut lever d'impôt sans le consentement du parlement qui représente la nation.
- Certains philosophes croient à des réformes décidées par des souverains inspirés par les idées des Lumières, les **despotes éclairés**. Mais cet espoir est souvent déçu.
- À la fin du siècle, on s'enthousiasme pour l'exemple des États-Unis : un État organisé par une **Constitution** qui prévoit l'élection des dirigeants par les citoyens.

3. L'absolutisme face aux mécontentements sociaux

- La bourgeoisie, riche et cultivée, rêve d'égalité avec la noblesse, et s'irrite des obstacles qui l'empêchent de s'intégrer à cette dernière.
- Les paysans dénoncent le poids de l'impôt (que ne paient ni les nobles ni le clergé) et des prélèvements qu'ils subissent. Le peuple des villes souffre de la hausse du prix du pain provoquée par les mauvaises récoltes.

4. L'impossible réforme de la monarchie absolue

- Pour résoudre ses difficultés financières, la monarchie envisage d'étendre l'impôt aux **privilégiés** qui en sont exempts.
- Mais toutes ses tentatives de réforme se heurtent à l'opposition des parlements, qui se posent en défenseurs des Français face au pouvoir, tout en sauvegardant leurs propres intérêts.

– Une dernière tentative de réforme échoue en 1788.
– Louis XVI convoque les États généraux pour mai 1789. Il espère obtenir de l'ensemble des Français ce que les parlements ont refusé de lui accorder.

NE PAS CONFONDRE

Ordres et classes sociales

➤ Dans une société d'**ordres**, les individus ne sont pas classés selon leur fortune et leurs revenus, mais selon l'honneur et l'estime attachés à l'exercice de certaines fonctions : la prière (le clergé), le métier des armes (la noblesse), le travail (le tiers état). Un ordre a une existence juridique et comprend des riches comme des pauvres.

➤ La **classe sociale** est un concept, aujourd'hui discuté, qui repose sur le rôle joué par chacun dans la production des biens matériels.

Parlements français et parlement anglais

➤ **En France**, sous l'Ancien Régime, les parlements sont des cours de justice formées d'officiers propriétaires de leur charge. Leurs membres ne sont pas élus.
Parlements en France : Aix-en-Provence, Besançon, Bordeaux, Dijon, Douai, Grenoble, Metz, Nancy, Paris, Pau, Rennes, Rouen, Toulouse.

➤ **En Angleterre**, le Parlement compte deux chambres, la Chambre des lords (grands seigneurs) et la Chambre des communes (dont les députés sont élus par un nombre limité d'électeurs des bourgs et des comtés). Le Parlement vote les lois et les impôts.

Qu'est-ce que le tiers état ?

Emmanuel-Joseph Sieyès, dit l'abbé Sieyès (1748-1836).
Portrait de Sieyès en 1789.

Ecclésiastique sans grande vocation devenu vicaire général de Chartres en 1787, grand admirateur des philosophes des Lumières, Sieyès se fait connaître par son *Essai sur les privilèges* (1788) et surtout par sa brochure *Qu'est-ce que le tiers état ?* (1789).
Député aux États généraux, il s'y montre partisan de la monarchie constitutionnelle mais, à la Convention, il vote la mort du roi.
En 1799, il prépare le coup d'État du 18 Brumaire avec Bonaparte, mais, une fois l'opération réussie, il est rapidement écarté du pouvoir par ce dernier.

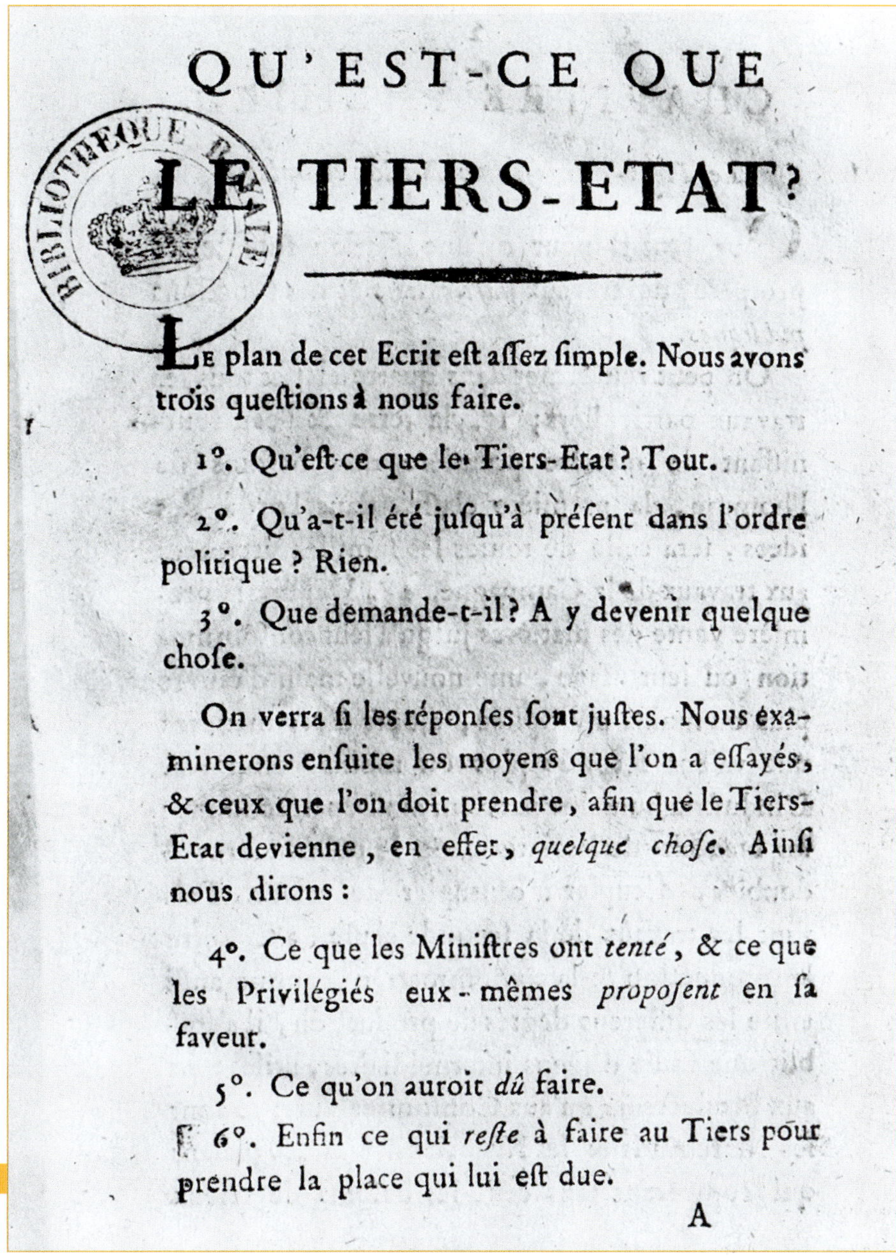

QU'EST-CE QUE LE TIERS-ETAT?

LE plan de cet Ecrit eſt aſſez ſimple. Nous avons trois queſtions à nous faire.

1°. Qu'eſt-ce que le Tiers-Etat ? Tout.

2°. Qu'a-t-il été juſqu'à préſent dans l'ordre politique ? Rien.

3°. Que demande-t-il ? A y devenir quelque choſe.

On verra ſi les réponſes ſont juſtes. Nous examinerons enſuite les moyens que l'on a eſſayés, & ceux que l'on doit prendre, afin que le Tiers-Etat devienne, en effet, *quelque choſe*. Ainſi nous dirons :

4°. Ce que les Miniſtres ont *tenté*, & ce que les Privilégiés eux-mêmes *propoſent* en ſa faveur.

5°. Ce qu'on auroit *dû* faire.

6°. Enfin ce qui *reſte* à faire au Tiers pour prendre la place qui lui eſt due.

A

Brochure publiée par l'abbé Sieyès, vicaire général du diocèse de Chartres, en janvier 1789.

Questions

1. Dans quel contexte prend place la publication de cette brochure ?
2. Qui fait partie du tiers état dans la société française de 1789 ?
3. Quels sont les autres ordres ? Quelle est l'importance numérique de chaque ordre en 1789 ?
4. Pourquoi Sieyès affirme-il que le tiers état est « tout » ?
5. Que veut dire Sieyès quand il affirme que le tiers état n'est rien dans l'ordre politique ?
6. Que peut signifier l'affirmation « devenir quelque chose » ?
7. Expliquer la distinction entre « ce que les ministres ont tenté » et « ce que les privilégiés eux-mêmes proposent ».
8. Que montre le fait que les idées exprimées par Sieyès le soient par un ecclésiastique ?

Sujet de composition

Montrer à l'aide du texte de cette brochure que l'absolutisme est en crise.

Vers le BAC

Composition (3/5)

Sujet : Quelles sont les causes de la Révolution française ?

DOCUMENT

Femmes sans-culottes ramenant le roi, la reine et le dauphin de Versailles à Paris, 6 octobre 1789.
À gauche, Marie-Antoinette.

Méthode

1 Lire le sujet et l'analyser, formuler la problématique

- Il s'agit de rechercher des causes, des origines.
- La Révolution : elle s'oppose à l'Ancien Régime. Processus qui modifie radicalement un système politique et social.
- L'espace concerné est la France.
- Le thème : les origines de la Révolution. Elles doivent être cherchées dans différents domaines (politique, social, économique et intellectuel).
- Le cadre chronologique : le sujet ne comprend pas de cadre chronologique ; il faut donc le préciser. On ne peut pas s'en tenir aux quelques années qui précèdent la réunion des États généraux, période trop brève pour expliquer un bouleversement aussi important que la Révolution. Il faut envisager tout le règne de Louis XVI et même celui de Louis XV.

La problématique ne pose aucun problème : elle est dans le sujet. Il s'agit de rechercher les **origines** d'un processus de grande ampleur assez puissant pour détruire un système politique et social vieux de plusieurs siècles et de distinguer les causes les plus décisives.

2 Mobiliser ses connaissances

- Au brouillon :

– Vérifier la maîtrise de quelques notions-clés : monarchie absolue de droit divin, société d'ordres, Lumières.
– Sélectionner les éléments qui révèlent les difficultés de l'Ancien Régime.

Le thème invite à les rechercher dans différents domaines :
– Domaine politique : personnalité de Louis XVI, déficit des finances, parlements…
– Domaine social : réaction nobiliaire, oppositions haut clergé/bas clergé, noblesse/bourgeoisie.
– Domaine économique : crise alimentaire.
– Domaine intellectuel : le rôle des Lumières, l'Encyclopédie, les salons.
Les mettre en relation, c'est-à-dire chercher les liens qui peuvent exister entre plusieurs de ces raisons.

Exemple : La croissance du XVIIIe siècle (domaine économique) a surtout profité à la bourgeoisie (domaine social) et a accru son désir de participer au pouvoir (domaine politique). Elle a creusé les écarts au sein des ordres et accentué les oppositions entre bourgeoisie et noblesse (domaine social).

3 Choisir et élaborer un plan

- Plan thématique ou plan chronologique ?

Le **plan thématique** peut-il convenir alors que les origines politiques ou sociales de la Révolution sont liées à ses origines économiques et intellectuelles ? On lui préférera le **plan chronologique**.

- Construire le plan

Il s'agit d'organiser le développement, en deux ou trois parties nettement séparées. Ce travail se fait au **brouillon**.

La Révolution a donc des origines anciennes, qu'aggravent les difficultés des années 1780. Le plan, annoncé dans l'introduction, comportera deux parties.

4 Rédiger le devoir

Chaque partie doit apparaître nettement (passer des lignes entre l'introduction et la première partie, entre les différentes parties, entre la dernière partie et la conclusion). Elle traite l'un des points annoncés dans l'introduction. Chaque point (origines anciennes de la Révolution, difficultés des années 1780) comporte plusieurs idées ; chaque idée est exposée et illustrée en quelques phrases qui constituent un paragraphe.

• **Plan proposé**

Introduction :

Le 5 mai 1789, Louis XVI réunit à Versailles les États généraux qui doivent procéder à la réforme de l'impôt.
Mais cette réunion lance un processus révolutionnaire qui, en peu de temps, fait disparaître l'Ancien Régime. Pourquoi ? Quelles sont les origines de la Révolution ? Elles sont à chercher aussi bien au cours des règnes de Louis XV et de Louis XVI que dans les années 1780.

I. Les origines de la Révolution sont anciennes

A. La société d'ordres en difficulté
– Revendication politique de la bourgeoisie enrichie.
– Résistance des privilégiés.
– Écarts de fortune croissants au sein de chaque ordre.

B. La monarchie absolue de droit divin remise en cause
– Modèle de la monarchie absolue, modèle politique hérité.
– Monarchie de droit divin mais limité par les lois fondamentales.
– Critiques politiques des philosophes des Lumières et difficultés à réformer.

C. La remise en cause croissante d'une société de privilégiés
– Les Lumières contre la société de privilèges et pour l'égalité.
– Les modèles extérieurs (anglais, américain).
– La diffusion des idées des Lumières : *Encyclopédie*, salons.

Conclusion partielle : un modèle politique et social mal adapté au XVIIIe s. ; ses blocages sont dénoncés.

II. Les années décisives

A. La question de l'impôt : crise financière de la monarchie.

B. La crise politique

C. Crise de subsistance et crise sociale : misère, chômage et accentuation des tensions sociales.

Conclusion partielle : la monarchie se révèle incapable de résoudre les tensions.

Conclusion :

Au cours du XVIIIe siècle, le modèle politique et social de l'Ancien Régime a montré ses limites. Les années 1780 achèvent de le fragiliser.
La Révolution naît donc de l'incapacité de la monarchie à résoudre les crises qui s'enchaînent dans un contexte économique défavorable. La réunion des États généraux est le prélude à l'élaboration d'un nouveau modèle.

5 Rédiger un paragraphe

Comment rédiger un paragraphe ?

Un paragraphe doit comprendre plusieurs phrases, il ne doit être ni trop long ni trop court ; une dizaine de lignes dans une copie est une bonne moyenne en classe de seconde.
Partir d'une idée et la développer en prenant, si possible, un ou deux exemples appuyés sur des faits, des noms et des dates.
La forme : éviter « il y a », ne jamais utiliser le futur en histoire : ne pas dire « la Révolution va éclater », puisque TOUS les faits historiques que vous étudiez ont, par définition, DÉJÀ eu lieu.
Aussi souvent que possible, remplacer le verbe « faire » par un verbe plus précis, comme réaliser, créer, déclarer.
Ne pas énumérer.
S'efforcer le plus possible d'oublier le cours ; ne pas « réciter » le cours mais utiliser les connaissances pour composer le paragraphe, pour illustrer les idées principales.
Terminer une partie par une conclusion partielle qui forme transition avec la partie suivante.

Ex. Rédaction du B de la première partie

Le régime politique de la France avant la Révolution de 1789 est une monarchie absolue. Depuis le début du Moyen Âge, la France est une monarchie. Avec Louis XIV, le pouvoir du roi s'est considérablement renforcé : le roi ne tient compte d'aucune assemblée, il est libre de nommer qui il veut au gouvernement de la France. Les Français sont des sujets et non des citoyens. Le roi est libre de faire promulguer une loi, de faire emprisonner qui il veut. À lui seul il incarne la nation (discours de Louis XV, en 1766).
La monarchie est dite « de droit divin » car le roi, depuis le Moyen Âge, est sacré à Reims ; on considère que c'est Dieu qui l'a choisi. Comme peu d'hommes remettent en cause l'existence de Dieu ou l'influence de l'Église, la monarchie de droit divin est étroitement liée à la religion. Mais le roi n'est pas totalement libre ; par exemple, il ne peut choisir son héritier : ce sera le fils aîné ou le petit-fils aîné ou le plus proche descendant mâle en ligne directe. Il ne peut pas changer de religion ; il doit rester catholique.
*Ce pouvoir étendu est de plus en plus critiqué au temps des Lumières par les philosophes. Ainsi Montesquieu estime (*De l'esprit des lois*, 1748) que les pouvoirs exécutif, législatif et judiciaire doivent être séparés. C'est remettre en cause la monarchie absolue. Pour arriver à ce résultat, il faudrait réaliser des réformes. C'est ce que tente Turgot sous le règne de Louis XV. C'est un échec, en raison notamment de l'opposition des parlements.*
L'opposition croissante des philosophes des Lumières à la monarchie absolue, l'échec des réformes sont des causes profondes de la Révolution mais les Lumières portent la critique sur d'autres thèmes.

Exercice Rédiger le C de la première partie.
Développer le plan de la 2e partie sur le modèle du plan de la première partie.

CHAPITRE 9

La France en Révolution (1789-1799)

La réunion des États généraux en mai 1789 marque les débuts de la Révolution et l'affirmation de principes nouveaux amenés à bouleverser la vie politique et sociale du pays. Après une année 1789 très mouvementée, un nouveau régime politique se met en place : la monarchie constitutionnelle.

Mais celle-ci échoue. La Révolution se poursuit donc en 1792, avec l'abolition de la monarchie et l'instauration d'une République dans une France déchirée entre partisans et adversaires de la Révolution, tandis que la guerre fait rage aux frontières.

Quelles grandes transformations politiques la France connaît-elle de 1789 à 1799 ?
Quelles sont les grandes étapes de la Révolution pendant ces dix ans ?

1 | D'une Révolution avec le roi...

Le 14 juillet 1790, un an après la prise de la Bastille, la fête de la Fédération rassemble les représentants des nouveaux départements (qui remplacent les anciennes provinces), les députés et la famille royale.

« Le roi se lève et prononce d'une voix forte : « Moi, roi des Français, je jure d'employer le pouvoir que m'a délégué l'acte constitutionnel de l'État à maintenir la Constitution décrétée par l'Assemblée nationale et acceptée par moi. » La reine prend le dauphin dans ses bras, le présente au peuple et dit : « Voilà mon fils, il se réunit ainsi que moi dans les mêmes sentiments. » Ce mouvement inattendu soulève mille cris de « Vive le roi, vive la reine, vive le dauphin ! ». Marquis de Ferrières, *Mémoires*, 1821.

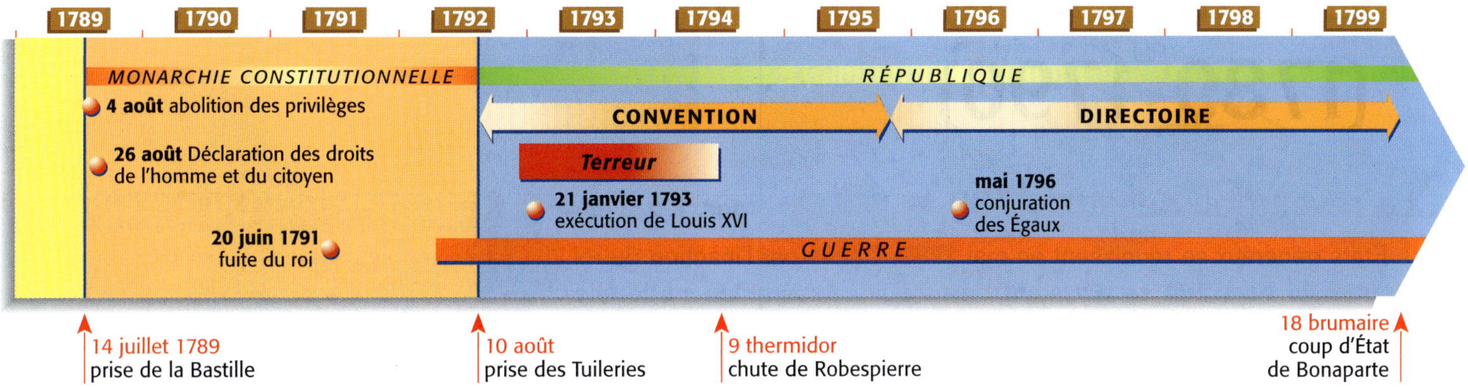

2 | … à une Révolution contre le roi.

Après un procès qui dure un mois (11 décembre 1792-20 janvier 1793), Louis XVI est condamné à mort et exécuté le 21 janvier 1793, place de la Révolution (actuelle place de la Concorde). Cette exécution dresse contre la jeune République la plupart des monarchies européennes.

« Il n'y a point ici de procès à faire. Louis n'est point un accusé. Vous n'êtes point des juges. […] Louis doit mourir parce qu'il faut que la patrie vive. Je demande que la Convention nationale le déclare dès ce moment traître à la nation française, criminel envers l'humanité. »

Robespierre, discours sur le procès du roi, *Moniteur universel* du 5 décembre 1792.

2 L'échec de la monarchie constitutionnelle (1790-1792)

A. La poursuite de la Révolution — doc. 1 et 2

■ La fête de la Fédération ne parvient pas à masquer les divisions entre les Français. La plupart des députés estiment que la Révolution est terminée. Ils souhaitent éviter tout débordement populaire et garantir les conquêtes de 1789 : liberté, égalité civique, **droits de l'homme**, Constitution, suppression des droits seigneuriaux. **L'Assemblée applique les principes de liberté à l'économie et adopte le décret d'Allarde (mars 1791)** : il interdit les corporations au nom de la liberté d'entreprise. De même, la loi Le Chapelier (juin 1791) interdit les coalitions ouvrières (syndicats, grèves) au nom de la liberté du travail. Les tensions s'accroissent entre la bourgeoisie modérée et les gens du peuple, les **sans-culottes**, qui estiment qu'il faut continuer la Révolution.

■ En même temps, **la Contre-Révolution s'organise**. Autour des deux frères du roi, qui ont quitté la France, les **émigrés** préparent le retour de l'Ancien Régime. Le 20 juin 1791, le roi et sa famille s'enfuient de Paris, mais sont arrêtés à Varennes. Une partie importante de l'opinion se rend alors compte que Louis XVI n'a jamais accepté la Révolution, malgré son serment du 14 juillet 1790.

B. La Constitution de 1791 — doc. 3

■ Après la fuite à Varennes, la majorité modérée de l'Assemblée constituante cherche à sauver la monarchie constitutionnelle, mais la fracture grandit entre les modérés et ceux qui veulent continuer la Révolution. Au sein du club des Jacobins, les modérés, avec La Fayette, partent fonder le club des Feuillants, tandis que les autres, plus à gauche, réclament la déchéance du roi.

■ L'Assemblée constituante accélère la rédaction de **la Constitution, votée le 3 septembre 1791**. Elle instaure un **suffrage censitaire**, qui réserve le droit de vote à 4 millions de citoyens actifs, payant un impôt égal à au moins trois journées de travail d'un ouvrier. Elle **assure la séparation des pouvoirs** : le roi dispose du pouvoir exécutif, mais ne peut dissoudre l'Assemblée, qui dispose du pouvoir législatif.

C. La chute de la monarchie — doc. 4 et 5

■ Une Assemblée législative est élue en septembre 1791. Dans un premier temps, elle est dirigée par les **Girondins.** Ceux-ci sont **favorables à la guerre contre les monarchies européennes**, parce qu'ils pensent qu'elle permettra de démasquer les ennemis de la Révolution ; Louis XVI est également favorable à un conflit, mais pour des raisons inverses : il espère que la France révolutionnaire sera vaincue et que les Français se tourneront alors vers lui. Robespierre, député d'Arras et dirigeant du club des Jacobins, est un des rares à être opposé à la guerre.

■ La guerre est déclarée à l'Autriche le 20 avril 1792, mais les frontières du nord et de l'est sont aussitôt envahies. Pour sauver la « patrie en danger », l'Assemblée fait appel à des volontaires : c'est la levée en masse. Le 10 août 1792, des volontaires bretons et marseillais et des sans-culottes parisiens prennent d'assaut le château des Tuileries. Le roi se réfugie à l'Assemblée. **La monarchie est abolie** le 21 septembre 1792 et la famille royale est emprisonnée.

VOCABULAIRE

droits de l'homme : ensemble de principes définissant les droits dont dispose chaque homme à sa naissance, en particulier la liberté et l'égalité civile.

sans-culottes : essentiellement des petits artisans. Ils sont appelés ainsi parce qu'ils portent un pantalon, à la différence des nobles qui portaient la culotte.

émigrés : nom donné à ceux qui quittent la France par hostilité à la Révolution. Beaucoup d'entre eux sont des nobles. Certains des émigrés veulent continuer la lutte pour permettre un retour à l'Ancien Régime.

suffrage censitaire : système électoral qui accorde le droit de vote à ceux qui paient un impôt (le cens).

Girondins : députés situés à gauche de l'Assemblée législative, puis devenus ensuite plus modérés. Plusieurs de leurs dirigeants sont originaires du département de la Gironde. Ils veulent réduire l'influence politique de Paris.

1 La loi Le Chapelier, juin 1791

Article 1er. L'anéantissement de toutes les espèces de corporations étant une des bases fondamentales de la Constitution française, il est défendu de les rétablir de fait.
Art. 2. Les citoyens d'une même profession, les entrepreneurs, ceux qui ont boutique ouverte, les ouvriers et les compagnons d'un art quelconque ne pourront, lorsqu'ils se trouveront ensemble, se nommer ni présidents, ni secrétaires, former des règlements sur leurs prétendus intérêts communs. [...]
Art. 4. Si des citoyens attachés aux mêmes professions, arts et métiers [...] prenaient des délibérations tendant à n'accorder qu'à un prix déterminé le secours de leur industrie ou de leurs travaux, [...] les auteurs seraient cités devant le tribunal de police.
Art. 8. Tous attroupements composés d'artisans, ouvriers, compagnons, journaliers, ou excités par eux contre le libre exercice de l'industrie et du travail, ou contre l'action de la police et l'exécution des jugements, [...] seront [...] dissipés par les dépositaires de la force publique, et punis selon toute la rigueur des lois.

1. **Qu'interdisent les articles 1 et 2 ?**
2. **Qu'interdisent les articles 4 et 8 ?**
3. **Montrer que cette loi instaure une liberté économique totale.**

2 **L'arrestation du roi à Varennes, le 22 juin 1791.** Gravure d'après Prieur, fin XVIIIe s., BNF, Paris.

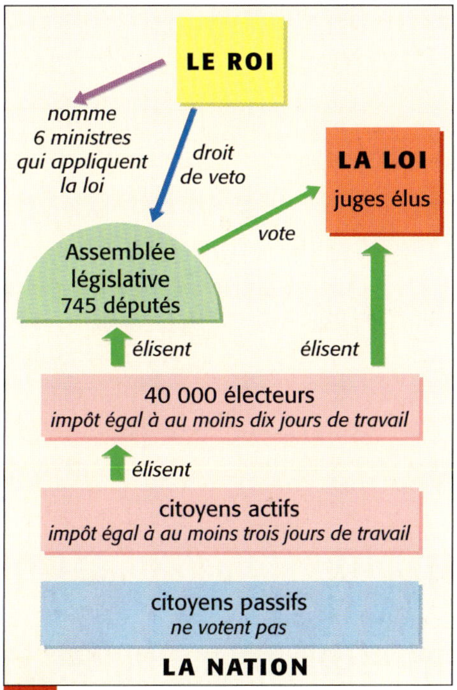

3 **La Constitution de 1791.**

1. Qu'est-ce qu'un citoyen actif ?
2. Qui forme la nation ?

4 Pour ou contre la guerre ?

Un peuple qui a conquis la liberté après dix siècles d'esclavage a besoin de la guerre. Il faut la guerre pour consolider la liberté, et pour purger la Constitution des restes du despotisme ; il faut la guerre pour faire disparaître d'au milieu de nous les hommes qui pourraient la corrompre. Vous avez la force de châtier les rebelles, d'intimider le monde ; prenez-en l'audace. Les immigrés persistent dans leur rébellion, les souverains étrangers persistent à les soutenir. Peut-on balancer à les attaquer ?

Brissot (girondin), discours aux Jacobins, 12 décembre 1791.

Ce sera une guerre politique. L'état physique et moral de la France fait qu'il est impossible de soutenir une demi-campagne, mais il faut que j'aie l'air de m'y livrer franchement. [...] Il faut que ma conduite soit telle que, dans le malheur, la nation ne voie de ressources qu'en se jetant dans mes bras.

Louis XVI à son agent le baron de Breteuil, 14 décembre 1791.

C'est pendant la guerre que l'habitude d'une obéissance passive et l'enthousiasme trop naturel pour les chefs heureux fait des soldats de la patrie des soldats du monarque ou de ses généraux. Les chefs des armées deviennent les arbitres du sort de leur pays, et font pencher la balance en faveur du parti qu'ils ont embrassé. Si ce sont des César ou des Cromwell, ils s'emparent eux-mêmes de l'autorité.

Robespierre, discours aux Jacobins, 18 décembre 1791.

1. Qu'attendent Brissot et Louis XVI de la guerre ?
2. Que redoute Robespierre si elle éclate ?

La prise des Tuileries, le 10 août 1792. **5**
Le château, défendu par un régiment de gardes suisses et par des nobles, est attaqué par des volontaires marseillais et bretons, avec l'aide des sans-culottes parisiens. La bataille fait 376 victimes, morts ou blessés, parmi les assaillants. Plus de 50 Suisses sont massacrés.

3 Girondins et Montagnards (1792-1794)

A. La Convention et la chute des Girondins doc. 1, 3 et 4

■ Après le 10 août 1792, **une nouvelle assemblée, la Convention, est élue au suffrage universel masculin**. Celle-ci est divisée entre les Girondins, la Plaine (les députés du centre), et les **Montagnards**. En apprenant la prise de Verdun par les Autrichiens le 2 septembre, les sans-culottes parisiens exécutent dans les prisons les détenus, considérés comme des ennemis de la Révolution. Ces « massacres de septembre » font plus de 1000 morts. **Le 20 septembre 1792, la victoire de Valmy**, véritable sursaut national, stoppe l'invasion. Le 22 septembre, la **République** est instaurée.

■ **Les Girondins gouvernent en s'appuyant sur la Plaine**. Ils ne peuvent éviter le procès du roi, qui est jugé et condamné à mort, puis guillotiné le 21 janvier 1793, ce qui provoque la formation d'une coalition des souverains européens contre la France. La Convention décide alors **une nouvelle levée en masse de 300 000 hommes**. Une insurrection royaliste éclate en Vendée, tandis que les difficultés économiques augmentent et que les sans-culottes demandent d'autres mesures exceptionnelles. Les Montagnards, soutenus par la Plaine, font voter la création d'un tribunal révolutionnaire et d'un Comité de salut public. Le 2 juin 1793, des sans-culottes envahissent l'Assemblée : 29 députés girondins sont arrêtés, d'autres s'enfuient et essayent de soulever la province contre Paris.

B. La Terreur doc. 2 et 5

■ **Le pouvoir est alors exercé par les Montagnards**. Le gouvernement est assuré par un Comité de salut public de 14 membres élus chaque mois par la Convention. Parmi eux, Robespierre, Saint-Just, Carnot. La Convention subit aussi la pression populaire des sans-culottes qui n'hésitent pas à lui soumettre des pétitions. Pour sauver le pays, le Comité de salut public prend une série de mesures, « la Terreur » : une troisième levée en masse est décidée ; les officiers considérés comme incapables sont exécutés ; une loi (17 septembre 1793) permet d'arrêter les suspects, qui sont jugés par le tribunal révolutionnaire ; la loi du Maximum contrôle les prix et les salaires ; enfin, un calendrier révolutionnaire est adopté, les églises sont fermées et les prêtres persécutés.

C. Triomphe et chute de Robespierre doc. 6 et 7

■ **La Terreur permet de redresser la situation.** Dès la fin de 1793, les armées étrangères sont repoussées, l'insurrection vendéenne et les soulèvements en province sont écrasés. Cependant, 17 000 personnes ont été condamnées à mort par les tribunaux révolutionnaires et 23 000 exécutées sans jugement ; en Vendée, la Terreur a fait près de 150 000 victimes civiles, soit un quart de la population.

■ Robespierre est alors attaqué politiquement : sur sa gauche, par **les Enragés** (Hébert et les sans-culottes), qui voudraient renforcer la Terreur ; sur sa droite par **les Indulgents** (Danton), qui voudraient la stopper. Il fait arrêter et guillotiner les premiers en mars 1794, puis les seconds en avril. Il exerce alors une véritable dictature. **La Terreur est renforcée**, alors que tout danger semble écarté ; en mai 1794, le christianisme est remplacé par une religion patriotique, **le culte de l'Être Suprême**. Par peur d'être arrêtés à leur tour, certains députés conspirent alors. Robespierre est arrêté le 27 juillet 1794 (9 thermidor an II), puis exécuté le lendemain avec une centaine de ses partisans.

VOCABULAIRE

Montagnards : députés de gauche et d'extrême gauche à la Convention, surnommés ainsi parce qu'ils siègent sur les bancs les plus élevés de l'Assemblée.

République : du latin *res publica* (« chose publique »). Le pouvoir appartient aux représentants de la nation.

culte de l'Être Suprême : religion patriotique artificielle instaurée en 1794. Inspirée des idées de Rousseau, elle doit remplacer le christianisme et regrouper les citoyens dans des fêtes célébrant les grandes journées de la Révolution et « les principales vertus les plus utiles à l'homme » (Robespierre).

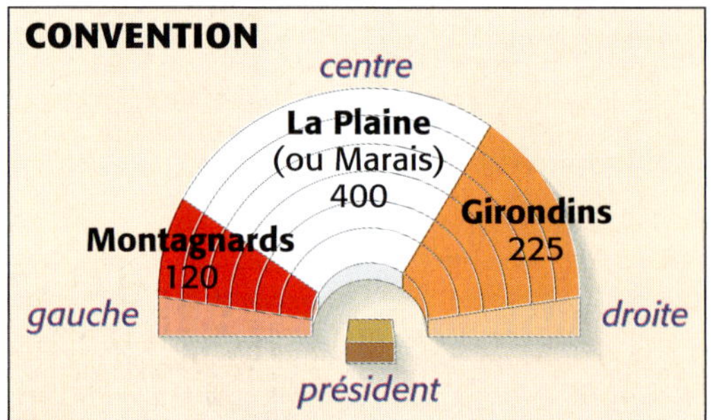

1 La Convention.

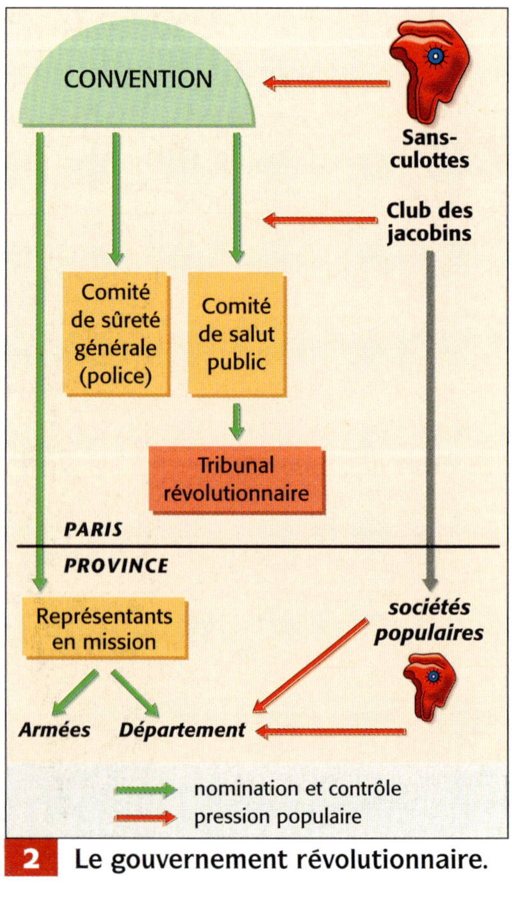

2 Le gouvernement révolutionnaire.

3 Robespierre et la mort du roi

Vous ne pouvez être que les représentants de la Nation. Vous n'avez point une sentence à rendre pour ou contre un homme, mais une mesure de salut public à prendre. [...] Quel est le parti que la saine politique prescrit pour cimenter la République ? C'est de graver dans les cœurs le mépris de la royauté [...]. Louis fut roi et la République fut fondée. Proposer de faire le procès de Louis XVI, [...] c'est mettre la révolution elle-même en litige. En effet, si Louis peut être encore l'objet d'un procès, Louis peut être absous ; il peut être innocent. [...] Louis doit mourir parce qu'il faut que la patrie vive.

Discours de Robespierre, décembre 1792.

1. **Pourquoi Robespierre n'est-il pas favorable à un procès du roi ?**
2. **Monter que cette décision est politique.**

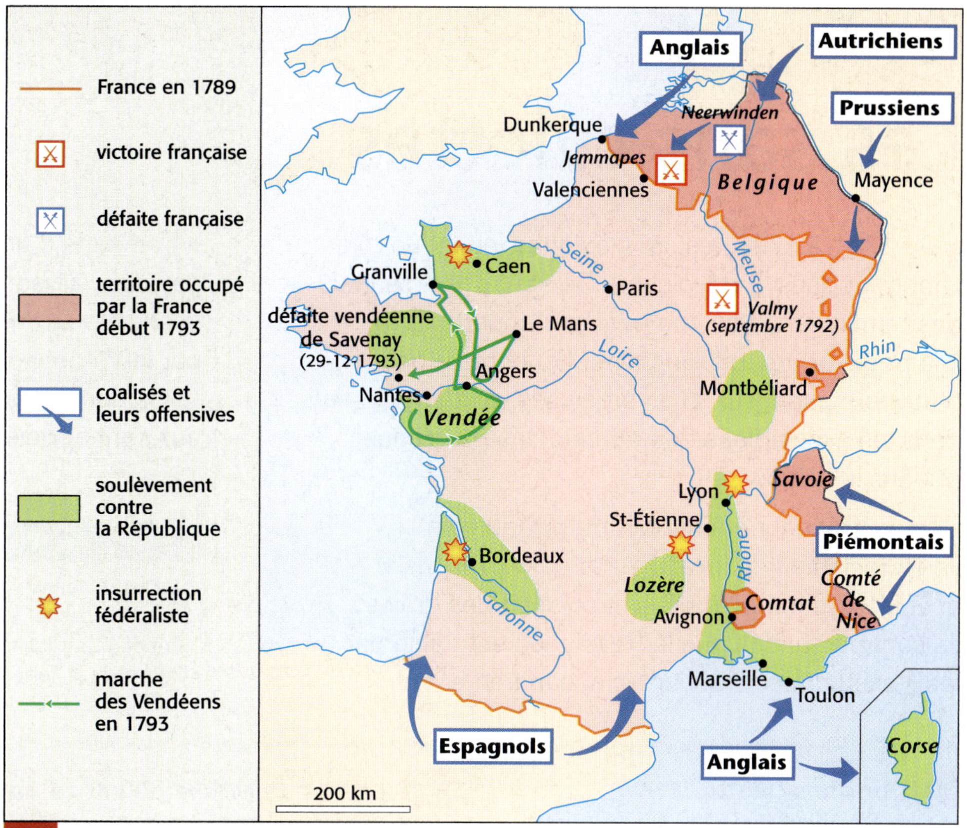

4 **La République en danger (1793).**

5 Les grandes mesures révolutionnaires

a. La levée en masse, 23 août 1793

Dès ce moment jusqu'à celui où les ennemis auront été chassés du territoire de la République, tous les Français sont en réquisition permanente pour le service des armées. Les jeunes gens iront au combat ; les hommes mariés forgeront les armes et transporteront les subsistances ; les femmes serviront dans les hôpitaux ; les enfants mettront le vieux linge en charpie ; les vieillards se feront porter sur les places publiques pour exciter le courage des guerriers, prêcher la haine des rois et l'unité de la République.

b. Loi des suspects, 17 septembre 1793

Tous les gens suspects qui se trouvent dans le territoire de la République seront mis en état d'arrestation [...]. Sont réputés suspects les partisans de la tyrannie et du fédéralisme, les ennemis de la liberté, les ci-devant nobles qui n'ont pas manifesté leur attachement à la Révolution, les émigrés. [...] Ceux qui, dans les assemblées du peuple, arrêtent son énergie par des discours astucieux, des cris turbulents et des menaces. Ceux qui ont changé de conduite selon les événements [...]. Ceux qui, ayant toujours les mots de liberté, république et patrie sur les lèvres, fréquentent les ci-devant nobles, les prêtres contre-révolutionnaires, les aristocrates. [...] Ceux qui parlent avec mépris des autorités constituées, des signes de loi, des sociétés populaires et des défenseurs de la liberté. Ceux qui ont signé des pétitions contre-révolutionnaires.

1. **Les suspects sont-ils définis avec précision ?**
2. **Montrer que cette loi est dangereuse pour les libertés.**
3. **Montrer que ces deux textes organisent une dictature.**

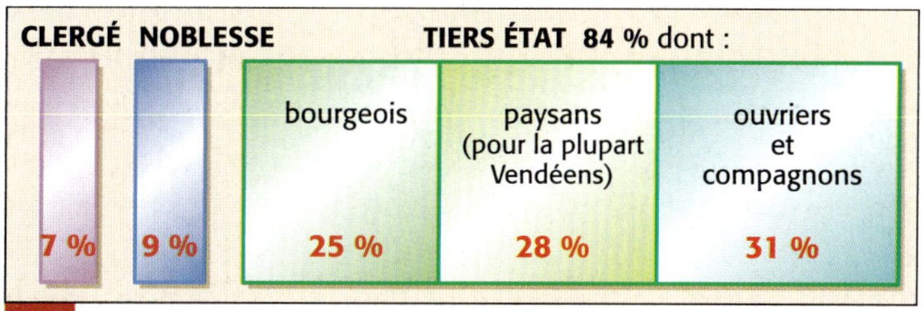

6 **Les victimes de la Terreur.**

7 **L'arrestation de Robespierre, le 9 thermidor de l'an II (27 juillet 1794).**

Gravure, 1794, musée Carnavalet, Paris.

DOSSIER

Les sans-culottes

- De 1791 à 1795, les sans-culottes jouent un rôle important dans la Révolution. Ce sont des artisans, des boutiquiers, des compagnons appartenant à la petite bourgeoisie urbaine. On compte peu d'ouvriers parmi eux. Bien organisés, ils sont présents dans les assemblées des 48 sections parisiennes et dans les clubs.
- Ils se préoccupent surtout du prix du pain : ils en réclament la taxation (« le pain à 8 sous ») et veulent le contrôle de la circulation des grains. Ils sont persuadés que la Révolution est trahie par les « aristocrates » et par les accapareurs.
- Partisans d'une République de petits propriétaires, paysans, artisans et boutiquiers, ils n'hésitent pas à faire la chasse aux « suspects » et à peser sur les députés par leurs pétitions ou en organisant des journées révolutionnaires. En 1794, les plus extrémistes d'entre-eux sont appelés les **Enragés**.

VOCABULAIRE

Enragés : sans-culottes extrémistes, menés par Hébert, le directeur du *Père Duchesne*. Les plus importants d'entre eux (dont Hébert) sont arrêtés et guillotinés en mars 1794, parce qu'ils réclament une accentuation de la Terreur et menacent le pouvoir de Robespierre.

1 Un sans-culotte.
Gouache de Lesueur, musée Carnavalet, Paris.

2 *Le Père Duchesne* définit ce qu'est un sans-culotte (1793)

C'est un être qui va toujours à pied, qui n'a point de millions, point de châteaux, point de valets pour le servir, et qui loge tout simplement avec sa femme et ses enfants, au quatrième ou au cinquième étage. Il est utile, il sait labourer, forger, scier et verser jusqu'à la dernière goutte de son sang pour le salut de la République. Le soir, il se présente à sa section, pour appuyer de toutes ses forces les bonnes motions. Au premier bruit du tambour, on le voit partir pour la Vendée, pour l'armée des Alpes ou pour l'armée du Nord.

3 Les principales journées révolutionnaires sans-culottes

	Revendications	Conséquences
20 juin 1792	– que le roi retire son veto	– demi-succès – disparition de toute autorité royale
10 août 1792	– déchéance du roi – élection d'une assemblée au suffrage universel	– succès – fin de la monarchie – élection de la Convention
30 mai-2 juin 1793	– arrestation des Girondins – taxe sur les riches	– demi-succès – arrestation des Girondins
5 septembre 1793	– taxation des prix – arrestation des suspects – création d'une armée révolutionnaire	– succès – loi des suspects – loi du Maximum
fin février 1794	– menace de journée révolutionnaire	– échec – arrestation et exécution des principaux chefs des Enragés **– Rupture entre les sans-culottes et la Convention**
27 juillet 1794	16 sections sur 48 envoient des troupes pour défendre Robespierre	– échec – arrestation et exécution de Robespierre
1er avril 1795	– « du pain et la Constitution de l'an I » – réouverture des sociétés populaires – libération des patriotes emprisonnés	– échec – déportation des membres du Comité de Salut public déjà arrêtés – désarmement des sections
20-24 mai 1795	– « du pain et la Constitution de l'an I »	– échec – arrestation de 1200 membres des sections et des derniers Montagnards

Je suis le véritable Pere Duchesne, foutre !

LA GRANDE COLÈRE DU PERE DUCHESNE.

Contre les marchands qui se foutent du maximum, et qui accaparent, comme de plus belle, toutes les denrées ; contre les épiciers qui volent à la journée les pauvres Sans-Culottes ; contre les marchands de vin qui les empoisonnent plus que jamais avec leur bougre de mélange ; contre les bouchers qui n'ont plus que de la réjouissance pour les petites pratiques ; contre les cordonniers qui n'ont plus de cuir pour chausser les Sans-Culottes, mais qui ne manquent pas de carton pour fabriquer les souliers de nos braves défenseurs. Sa grande joie de voir que petit à petit la vertu de sainte guillotine nous délivrera de tous ces mangeurs de chair humaine.

4 ***Le Père Duchesne*, journal des sans-culottes.**
BNF, Paris.

Dirigé par Hébert, chef des Enragés, il présente, dans un langage outrancier et ordurier, les revendications des sans-culottes. Selon qu'elles sont satisfaites ou non, *le Père Duchesne*, la pipe à la bouche et les pistolets à la ceinture, fait part de sa « grande joie » ou de sa « grande colère ».

6 **Assiette à la gloire des Montagnards.**
Fin XVIIIe s., collection particulière.
On lit au centre : « VV [Vive] la montagne ».

5 Le manifeste des Enragés, le 25 juin 1793

Les riches seuls, depuis quatre ans, ont profité des avantages de la Révolution. Le prix des marchandises augmente d'une manière effrayante, du matin au soir.
Prononcez[1] contre les agioteurs[2] et les accapareurs[3]. [...] Les denrées nécessaires à tous doivent être livrées au prix auquel tous puissent atteindre ; prononcez donc, encore une fois [...], les sans-culottes avec leurs piques feront exécuter vos décrets [...].
Jusqu'à présent les gros marchands, qui sont par principe les fauteurs du crime et par habitude les complices des rois, ont abusé de la liberté du commerce pour opprimer le peuple. Décrétez que la vente de l'argent-monnaie et les accaparements sont nuisibles à la société. Le peuple qui souffre depuis si longtemps verra que vous vous apitoyez sur son sort.
Députés de la Montagne, ne laissez pas votre ouvrage imparfait ! [...]
Recevez le serment que nous défendrons jusqu'au tombeau la liberté, l'égalité, l'unité, l'indivisibilité de la République et les sans-culottes opprimés des départements. Qu'ils viennent à Paris et nous leur montrerons ces piques immortelles qui ont renversé la Bastille. [...]
Vive la vérité, vive la Convention nationale, vive la République française !

1. Faites des lois.
2. Les trafiquants, en particulier ceux qui trafiquent sur les prix la valeur de la monnaie.
3. Ceux qui stockent les denrées pour leur propre usage.

Questions

A Retirer des informations des documents

1. Décrire le costume du sans-culotte (doc. 1).
2. Quels sont les différents éléments de ce document qui montrent qu'il est un partisan de la Révolution ?
3. À quel groupe social appartiennent les sans-culottes (doc. 2) ?
4. Quel est le moyen d'action le plus employé par les sans-culottes (doc. 3) ?
5. Pourquoi le mouvement des sans-culottes est-il finalement un échec (doc. 3) ?
6. Le manifeste des Enragés (doc. 5) a-t-il été entendu par les députés ?
7. Quels symboles républicains voyez-vous sur le document 6.

B Mettre en relation les documents

8. Comment les sans-culottes interviennent-ils dans la vie politique (doc. 1 à 6) ?
9. Que réclament les Enragés (doc. 4 et 5) ?

C Rédiger

10. Montrer que les sans-culottes sont de farouches partisans de la Révolution.

DOSSIER

La Révolution, une affaire d'hommes ?

- On a souvent écrit que les acteurs de la Révolution étaient uniquement des hommes ; qu'en est-il exactement ? La première Constitution de la France ne donne pas le droit de vote aux femmes. Certains, comme Condorcet en 1790 ou la féministe Olympe de Gouges en 1791, s'élèvent contre cette décision.
- Interdites dans les clubs politiques réservés aux hommes, les femmes fondent des clubs féminins, par exemple le Club des citoyennes révolutionnaires à Paris, participent aux journées révolutionnaires, assistent aux débats de l'Assemblée, ou réclament le droit de se battre pour défendre la patrie.
- Cependant, à la suite d'un rapport à la Convention en octobre 1793, ces activités leur sont interdites et les clubs féminins sont fermés. La femme retourne à son « rôle traditionnel » d'épouse et de mère.

1 Les femmes doivent être des citoyennes à part entière

[Les législateurs] n'ont-ils pas violé le principe de l'égalité des droits, en privant tranquillement la moitié du genre humain de celui de concourir à la formation des lois, en excluant les femmes du droit de cité ? [...]
Les droits des hommes résultent uniquement de ce qu'ils sont des êtres sensibles, susceptibles d'acquérir des idées morales, et de raisonner sur ces idées. Ainsi les femmes, ayant ces mêmes qualités, ont nécessairement des droits égaux. Ou aucun individu de l'espèce humaine n'a de véritables droits, ou tous ont les mêmes. [...]
En admettant dans les hommes une supériorité d'esprit qui ne soit pas la suite nécessaire de la différence d'éducation (ce qui n'est pas prouvé), cette supériorité ne peut consister qu'en deux points. On dit qu'aucune femme n'a fait de découverte importante dans les sciences, n'a donné de preuves de génie dans les arts, dans les lettres, etc. ; mais, sans doute, on ne prétendra point n'accorder le droit de cité qu'aux seuls hommes de génie. On ajoute qu'aucune femme n'a la même étendue de connaissances, la même force de raison que certains hommes ; mais qu'en résulte-t-il, qu'excepté une classe peu nombreuse d'hommes très éclairés, l'égalité est entière entre les femmes et le reste des hommes ? [...] Or puisqu'il serait complètement absurde de borner à cette classe supérieure le droit de cité, et la capacité d'être chargée de fonctions publiques, pourquoi en exclurait-on les femmes, plutôt que ceux des hommes qui sont inférieurs à un grand nombre de femmes ?

Condorcet, *Journal de la Société de 1789*, n° 5, 3 juillet 1790.

2 L'égalité des sexes selon Olympe de Gouges

Homme, es-tu capable d'être juste ? C'est une femme qui t'en fait la question ; tu ne lui ôteras pas du moins ce droit. Dis-moi ? Qui t'a donné le souverain empire d'opprimer mon sexe ? Ta force ? Tes talents ?
Observe le créateur dans sa sagesse ; parcours la nature dans toute sa grandeur, dont tu sembles vouloir te rapprocher et donne-moi, si tu l'oses, l'exemple de cet empire tyrannique. Remonte aux animaux, consulte les éléments, étudie les végétaux, jette enfin un coup d'œil sur toutes les modifications de la matière organisée ; et rends-toi à l'évidence quand je t'en offre les moyens ; cherche, fouille et distingue, si tu peux, les sexes dans l'administration de la nature. Partout tu les trouveras confondus, partout ils coopèrent avec un ensemble harmonieux à ce chef-d'œuvre immense.
L'homme seul s'est fagoté un principe de cette exception. Bizarre, aveugle, boursouflé de sciences et dégénéré, dans ce siècle de lumières et de sagacité, dans l'ignorance la plus crasse, il veut commander en despote sur un sexe qui a reçu toutes les facultés intellectuelles. Il prétend jouir de la Révolution, et réclamer ses droits à l'égalité, pour ne rien dire de plus.

Olympe de Gouges, *Déclaration des droits de la femme et de la citoyenne*, 1791.

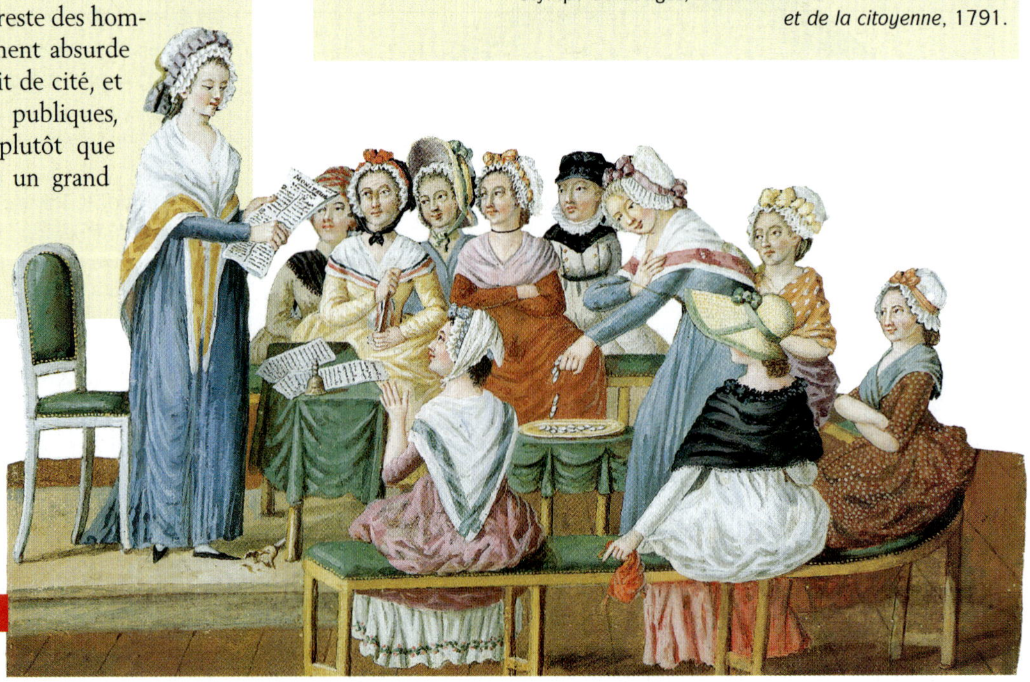

Club patriotique de femmes. 3
Gouache de Lesueur, musée Carnavalet, Paris.

4 **L'assassinat de Marat par Charlotte Corday.**

Tableau de J.-J. Weerts (1880), La Piscine, musée d'art et d'industrie André-Diligent, Roubaix.

Républicaine et partisane des Girondins, Charlotte Corday assassine le Montagnard Marat, dans sa baignoire, le 13 juillet 1793. Arrêtée, elle est guillotinée.

5 Des femmes victimes de la Terreur

On a tranché la tête aujourd'hui 24 avril [1794] à 35 personnes dont 14 femmes : Anne Grandfevre, 46 ans, vivant de son revenu ; Claire Tabouillon, âgée de 17 ans ; Pierson, âgée de 41 ans, cordonnière ; Henry, femme La Lance, 69 ans ; Herbillon, 55 ans, veuve de Masson, procureur des Eaux et Forêts ; Henry, 26 ans, fille du président du bailliage de Verdun ; Henry, 25 ans, fille dudit Henry ; Henry, 17 ans, fille de Henry ; La Girosière, 18 ans, fille du prévost des campagnes de Verdun ; Dauphin, veuve (de) Brigand, capitaine des grenadiers ; Vatrin, 25 ans, fille de Vatrin, militaire ; Vatrin, 23 ans, fille dudit Vatrin ; Vatrin, 22 ans, fille dudit Vatrin ; Croute, 48 ans, horlogère, toutes convaincues d'être auteurs ou complices de manœuvres visant à livrer la ville de Verdun, détruire la liberté, dissoudre la Convention, rétablir le despotisme.

D'après Nicolas Guitard de Floriban, *Journal*, 1791-1796.

6 Contre le rôle politique des femmes

En général, les femmes sont peu capables de conceptions hautes et de méditations sérieuses ; et si, chez les anciens peuples, leur timidité naturelle et la pudeur ne leur permettaient pas de paraître hors de leur famille, voulez-vous que, dans la République française, on les voie venir au barreau, à la tribune, aux assemblées politiques, […] ; abandonner, et la retenue, source de toutes les vertus de ce sexe, et le soin de leur famille ?

Elles ont plus d'un autre moyen de rendre des services à la patrie ; elles peuvent éclairer leurs époux, leur communiquer des réflexions précieuses, […] s'employer à fortifier en eux l'amour de la patrie par tout ce que l'amour leur donne d'empire. […]

Leur présence dans les sociétés populaires donnerait donc une part active dans le gouvernement à des personnes plus disposées à l'erreur et à la séduction. Ajoutons que les femmes sont disposées, par leur organisation, à une exaltation qui serait funeste dans les affaires publiques. […] Livrées à la chaleur des débats publics, elles inculqueraient à leurs enfants, non l'amour de la patrie, mais les haines et les préventions. Nous croyons donc qu'il n'est pas possible que les femmes exercent les droits politiques.

Rapport du représentant Amar à la Convention, 9 brumaire an II (30 octobre 1793).

Questions

A Observer les documents

1. Quels documents concernent la vie politique ?
2. Quels documents concernent la vie sociale ?
3. Décrire la patriote en armes (doc. 7). Comparer avec le doc. 1 p. 194.

B Retirer des informations des documents

4. Quels arguments sont avancés en faveur du droit de vote des femmes (doc. 1) ?
5. Quels sont les arguments d'Olympe de Gouges en faveur de l'égalité des sexes ? Montrer qu'il s'agit d'un texte polémique (doc. 2).
6. Pourquoi Charlotte Corday a-t-elle assassiné Marat (doc. 4) ?
7. Examiner la liste des femmes guillotinées (doc. 5). Quelles remarques peut-on faire sur l'âge et la condition sociale des victimes ? Qu'a cette liste de particulièrement effrayant ?
8. Pourquoi les femmes représentent-elles un danger politique selon Amar (doc. 6) ?

C Mettre en relation les documents

9. Quels rôles les femmes ont-elles joués lors de la Révolution (doc. 1 à 6) ?

D Rédiger

10. Montrer que malgré leurs actions, les femmes restent des mineures pendant la Révolution.

7 **Une patriote en armes.**

4 De Thermidor à Brumaire (1794-1799)

A. La fin de la Convention

doc. 1 et 5

Après le 9 Thermidor (27 juillet 1794), les députés qui ont survécu à la Terreur gouvernent. Le pays connaît alors une **réaction** :
– **dans le domaine politique**, les responsables de la Terreur sont arrêtés et guillotinés ; le club des Jacobins est fermé. Les royalistes reprennent de l'influence et pourchassent les républicains dans le Sud-Est : c'est la « Terreur blanche » ;
– **dans le domaine moral** : après les angoisses de la Terreur, bals et théâtres ouvrent à nouveau ; on cherche à se distraire : c'est la « réaction dansante » ;
– **dans le domaine économique** : les libertés économiques sont rétablies. Il s'ensuit une forte hausse des prix, accompagnée de l'effondrement de la valeur des assignats. La famine revient durant l'hiver 1794-1795, la misère grandit. Cette situation provoque les dernières insurrections populaires en avril-mai 1795 : les sans-culottes envahissent la Convention, mais l'armée disperse les manifestants.

B. Les troubles du Directoire

doc. 2, 3 et 6

Pour éviter une victoire royaliste aux élections de 1795, les députés sortants se réservent les deux tiers des sièges. Les royalistes tentent alors un coup d'État : ils sont écrasés par les troupes du général Bonaparte le 5 octobre 1795 (13 vendémiaire an IV). **Fin octobre 1795, le Directoire remplace la Convention**. Pour éviter tout retour à la dictature, la nouvelle Constitution (la troisième depuis 1789), partage le pouvoir entre cinq Directeurs (pouvoir exécutif) et deux assemblées (pouvoir législatif). Le suffrage censitaire est rétabli.

Les difficultés s'accumulent : tandis que certains édifient d'immenses fortunes, **la majorité de la population vit difficilement** et l'assignat ne vaut plus rien. De plus, la nouvelle Constitution n'a rien prévu en cas de conflit entre les Directeurs, ou entre les assemblées et les Directeurs. Seule la force permet de trancher.

Le Directoire organise lui-même une série de coups d'État contre ceux qui menacent le régime : à droite les royalistes, à gauche les Jacobins. **Les désordres intérieurs augmentent** : attaques de brigands, reprise des troubles royalistes dans l'Ouest, complots comme la conjuration des Égaux. À l'extérieur, les armées républicaines sont vaincues et les conquêtes menacées.

Autour de Sieyès, un complot s'organise pour établir un régime fort. Le général Bonaparte, qui revient de l'expédition d'Égypte (1798-1799), apparaît comme un sauveur aux yeux de beaucoup. Il s'empare du pouvoir par la force les **18 et 19 brumaire an VIII (9-10 novembre 1799)**. C'est la fin du Directoire.

C. Une France nouvelle

doc. 4

Malgré tous ces bouleversements politiques, la Révolution a mis en place **de grandes réformes entre 1789 et 1799** : création des départements (26 février 1790), état civil tenu par les municipalités et non par le curé, instauration du mariage civil et du divorce. Un nouveau système de poids et mesures a été créé (le litre, le mètre, le kilogramme) pour remplacer la multitude des unités de mesure de l'Ancien Régime. L'abolition définitive et sans rachat des droits seigneuriaux par la Convention a été bien accueillie par les paysans. Enfin, pour faire face à l'invasion étrangère et à la coalition de toute l'Europe contre la France, la conscription est créée en 1798.

VOCABULAIRE

réaction : en politique, volonté de revenir à une situation antérieure.

coup d'État : tentative de s'emparer du pouvoir par la force.

conjuration des Égaux : conspiration révolutionnaire animée par Gracchus Babeuf pour remplacer le Directoire par un régime dans lequel la propriété privée aurait été supprimée et la terre cultivée de façon collective. Les conjurés sont arrêtés en mai 1796, jugés et guillotinés.

conscription : organisation d'un service militaire par la loi Jourdan (1798). Les jeunes gens de 20 à 25 ans sont inscrits sur une liste, puis tirés au sort pour partir à l'armée ; ils peuvent éventuellement payer un remplaçant qui part à leur place.

1 « Le gouvernement des meilleurs »

Nous devons être gouvernés par les meilleurs : les meilleurs sont les plus instruits et les plus intéressés au maintien des lois ; or, à bien peu d'exceptions près, vous ne trouverez de pareils hommes que parmi ceux qui, possédant une propriété, sont attachés au pays qui la contient, aux lois qui la protègent, à la tranquillité qui la conserve, et qui doivent à cette propriété et à l'aisance qu'elle donne l'éducation qui les a rendus propres à discuter avec sagacité et justesse les avantages et les inconvénients des lois qui fixent le sort de leur patrie. [...]
Un pays gouverné par les propriétaires est dans l'ordre social ; celui où les non-propriétaires gouvernent est dans l'état de nature. [...]
Si vous donnez à des hommes sans propriété les droits politiques sans réserves, et s'ils se trouvent jamais sur les bancs des législateurs, ils exciteront ou laisseront exciter des agitations sans en craindre l'effet [...] ; ils nous précipiteront dans des convulsions violentes dont nous sortons à peine. L'homme sans propriété a besoin d'un effort constant de vertu pour s'intéresser à l'ordre qui ne lui conserve rien.

Boissy d'Anglas, discours prononcé à la Convention, 23 juin 1795.

1. **Qui doit gouverner le pays selon Boissy d'Anglas ?**
2. **Comment justifie-t-il le gouvernement des propriétaires ?**

2 Les riches : Incroyables et Merveilleuses.
Gravure anonyme, vers 1796, musée Carnavalet, Paris.

3 Les pauvres : la soupe populaire.
Gouache de Lesueur, musée Carnavalet, Paris.

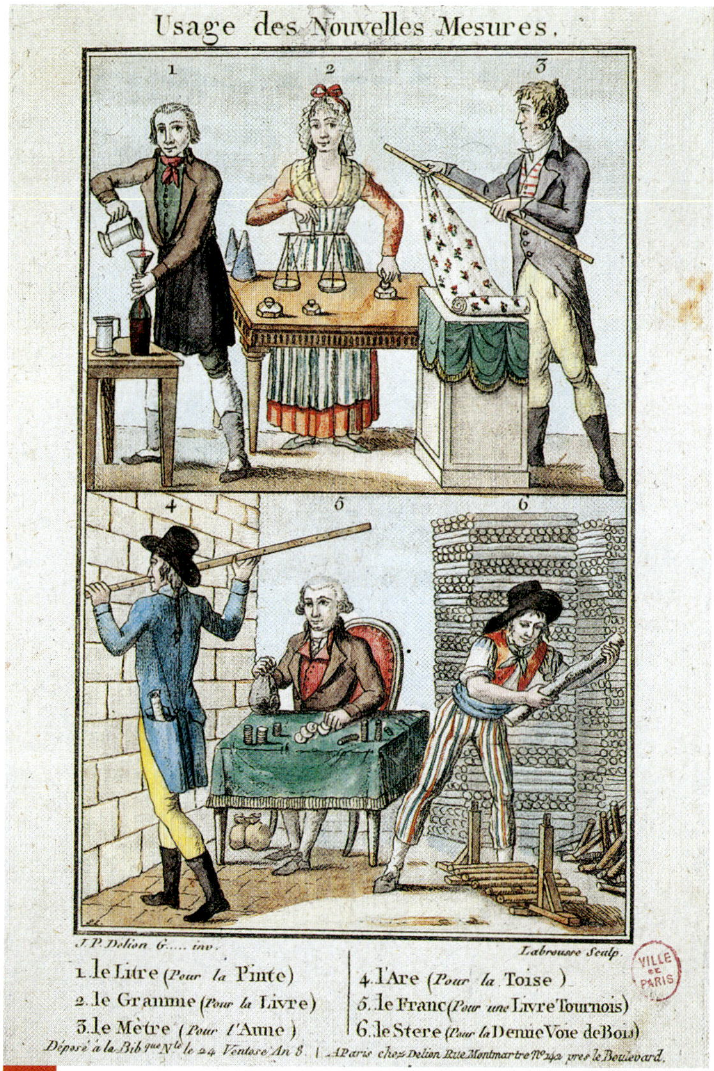

4 Des nouveautés dues à la Révolution : l'adoption du système décimal, qui entre en vigueur en 1795.
Gravure, 1793, musée Carnavalet, Paris.

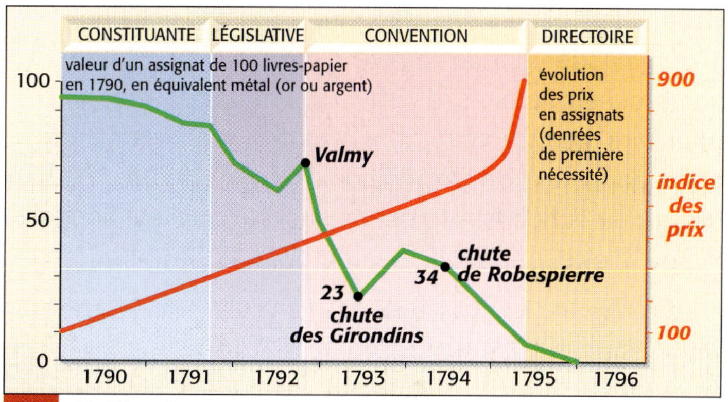

5 L'effondrement des assignats.

6 Le coup d'État de Brumaire : Bonaparte au conseil des Cinq-Cents, le 19 brumaire de l'an VIII.
Tableau de François Bouchot (1835), musée du château, Versailles.

Bonaparte avant Napoléon

- Né en 1769, Napoléon Bonaparte est le deuxième fils d'une famille de petite noblesse corse.
Après des études au collège militaire de Brienne, il est lieutenant d'artillerie au début de la Révolution. Nommé capitaine, Bonaparte se distingue au siège de Toulon (1793) et devient général. Partisan de Robespierre, il est arrêté après Thermidor. Une fois relâché, il se retrouve à Paris, sans commandement et sans argent.

- Lorsque le gouvernement cherche un officier républicain pour écraser une insurrestion royaliste le 5 octobre 1795 (13 vendémiaire), Bonaparte accepte. Devenu le « général Vendémiaire », il reçoit ensuite le commandement de l'armée d'Italie. Il remporte de nombreuses victoires (1796-1797) et devient très populaire. Le Directoire croit l'écarter en lui donnant le commandement de l'expédition d'Égypte (1798-1799). Malgré un échec final, c'est en sauveur qu'il est accueilli lorsqu'il revient en France en octobre 1799.

1 Bonaparte élève au collège militaire de Brienne. Dessin de Job (1910).

2 Bonaparte écrase l'insurrection royaliste sur les marches de l'église Saint-Roch, le 13 vendémiaire an IV (5 octobre 1795). Gravure anonyme, fin XVIIIe s., BNF, Paris.

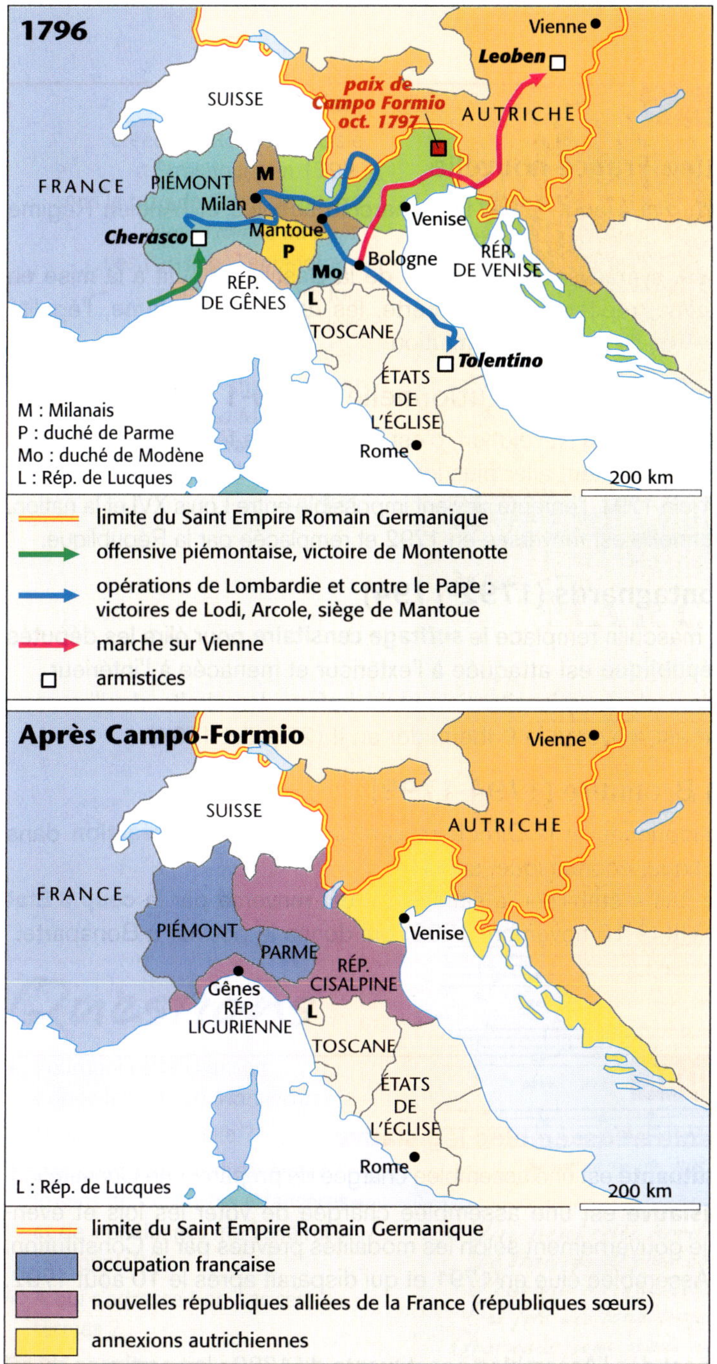

3 **L'Italie du Nord avant et après la campagne d'Italie.**

4 Bonaparte en Italie

Soldats, vous voyez devant vous les noms de vos compagnons d'armes morts au champ d'honneur pour la liberté et la patrie ; ils vous ont donné l'exemple. Vous vous devez tout entiers à la République [...]. Des montagnes nous séparent de la France ; vous les franchiriez avec la rapidité de l'aigle, s'il le fallait, pour maintenir la Constitution, défendre la liberté, protéger le gouvernement et les républicains. [...]
Jurons sur nos nouveaux drapeaux : Guerre implacable aux ennemis de la République et de la Constitution de l'an III !

Proclamation à l'armée d'Italie, le 26 messidor an V (14 juillet 1797).

Je ne suis qu'au début de la carrière que je dois parcourir. Croyez-vous que ce soit pour la grandeur du Directoire que je triomphe en Italie ? [...] Il faut aux Français la gloire, les satisfactions de la vanité. Mais la liberté, ils n'y entendent rien ! [...] Il faut à la nation un chef illustre par la gloire et non par des phrases auxquelles les Français n'entendent rien. Qu'on leur donne des hochets, cela suffit.

Propos tenus par Bonaparte en 1797.

5 **Bonaparte reçoit les clés du Caire après la victoire des Pyramides, 21 juillet 1798.** Gravure, BNF, Paris.

Questions

A **Observer les documents** (date, nature)

B **Retirer des informations des documents**

1. Qu'a voulu montrer l'auteur du document 1 ?
2. Décrire la scène représentée. Où sont les royalistes ? Où sont les troupes républicaines (doc. 2) ?
3. Qu'indique le document 2 sur la vie politique en 1795 ?
4. Quelles sont les conséquences des guerres d'Italie (doc. 3) ?
5. Montrer que Bonaparte est un ardent républicain (doc. 4).
6. Montrer qu'il est aussi très ambitieux (doc. 4).
7. Pourquoi la campagne d'Égypte a-t-elle pu augmenter la gloire de Bonaparte (doc. 5) ?

C **Rédiger**

8. Montrer que Bonaparte est devenu un personnage important en 1799 (doc. 1 à 5).

Étude d'un ensemble documentaire (2/7)

Sujet : Qu'est-ce que la nation ?

Première partie

1. Qui peut faire les lois selon le document 1 ? Selon les documents 3 et 5 ? Quelle transformation majeure peut-on constater ?
2. Qu'est-ce qui détermine l'appartenance à la nation d'après les documents 2, 4 et 5 ?
3. Quel est le rôle d'un membre de la nation? (documents 3, 4 et 5)
4. Pourquoi, selon Michelet, peut-on considérer que la victoire de Valmy a des causes plus idéologiques que militaires (doc. 4) ?
5. Dégager de l'ensemble des documents ce qui assure l'unité de la Nation et ce qui peut la diviser.

Deuxième partie

À l'aide des connaissances acquises et des réponses de la première partie, rédiger une réponse organisée à la question : qu'est-ce que la Nation ?

DOCUMENT 1 Discours de Louis XV au parlement de Paris (mars 1766)

Louis XV s'oppose ici aux parlements, hautes cours de justice avant 1789 dont les membres forment alors la magistrature.

Les seuls vrais ennemis [de la magistrature] sont ceux qui lui font dire que tous les parlements ne font qu'un seul et même corps ; que ce corps, nécessairement indivisible, [...] est l'organe de la Nation ; qu'il est le protecteur et le dépositaire essentiel de sa liberté, de ses intérêts et de ses droits ; qu'il est comptable de toutes les parties du bien public, non seulement au Roi, mais aussi à la Nation [...], comme s'il était permis d'oublier que c'est en ma personne seule que réside la puissance souveraine [...] ; que c'est à moi seul qu'appartient le pouvoir législatif, sans dépendance et sans partage [...] ; que l'ordre public tout entier émane de moi et que les droits et les intérêts de la Nation, sont nécessairement unis avec les miens, et ne reposent qu'en mes mains.

DOCUMENT 2 Discours de Clermont-Tonnerre

Mais, me dira-t-on, les Juifs ont des juges et des lois particulières. Mais, répondrai-je, vous ne devez pas le souffrir. Il faut tout refuser aux Juifs comme nation[1] et tout accorder aux Juifs comme individus ; il faut méconnaître leurs juges, ils ne doivent avoir que les nôtres ; il faut refuser la protection légale au maintien des prétendues lois de leur corporation judaïque ; il faut qu'ils ne fassent plus dans l'État ni corps politique, ni ordre ; il faut qu'ils soient individuellement citoyens. Mais, me dira-t-on, ils ne veulent pas l'être. Eh bien, s'ils ne veulent pas l'être, qu'ils le disent, et alors qu'on les bannisse. Il ne faut pas qu'il y ait dans l'État une société de non-citoyens et une nation dans la nation. Mais ils ne le disent pas.

Discours de Stanislas Clermont-Tonnerre à l'Assemblée nationale constituante en faveur de l'octroi aux Juifs de l'égalité civile, décembre 1789.

1. Nation a ici le sens de « communauté ».

La nation est composée de tous les français, quelque soit leur religion, leur état et leur couleur

J'ai donc concouru à faire la loi ?
Sans doute, vous y avez concouru par vos représentans.

DOCUMENT 3

« L'Almanach du Père Gérard pour l'année 1792 » : la Constitution de 1791 expliquée aux Français.

Gravures par J.-M. Collot d'Herbois.

DOCUMENT 4 **La Bataille de Valmy**

Les Prussiens s'imaginèrent que cette armée de vagabonds, de tailleurs, de savetiers, comme disaient les émigrés, avait hâte d'aller se cacher dans Châlons, dans Reims. Ils furent un peu étonnés quand ils les virent audacieusement postés à ce moulin de Valmy. Ils supposèrent que ces gens-là, qui, pour la plupart, n'avaient jamais entendu le canon, s'étonneraient au concert nouveau de soixante bouches à feu. […] Vers onze heures, les Prussiens formaient [l'infanterie] en trois colonnes qui marchaient vers le plateau de Valmy : ils allaient monter aux Français.

Brunswick[1] dirigea sa lorgnette, et il vit un spectacle surprenant, extraordinaire : à l'exemple de Kellermann[2], tous les Français ayant leurs chapeaux à la pointe des sabres, des épées ou des baïonnettes, avaient poussé un grand cri… Ce cri de trente mille hommes remplissait toute la vallée : c'était comme un cri de joie, mais étonnamment prolongé ; fini, il recommençait toujours avec plus de force ; la terre en tremblait. C'était : « Vive la Nation ! » Quelques heures plus tard, Brunswick et le roi de Prusse ordonnent à leurs troupes de se replier.

Jules Michelet, *Histoire de la Révolution française*, 1847-1853, réédition R. Laffont, Paris, 1979.

1. Brunswick : général prussien – 2. Kellermann : général français.

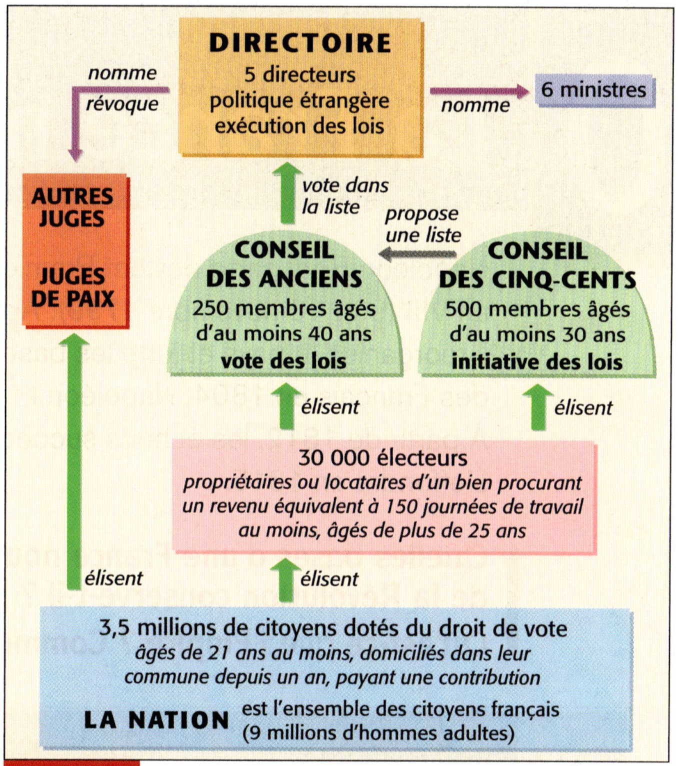

DOCUMENT 5 **La Constitution de l'an III.**

Méthode

1 Aide générale

Le sujet « Étude d'un ensemble documentaire » comporte toujours les éléments suivants :
- l'intitulé du sujet,
- quatre ou cinq documents de nature variée,
- des questions réparties en deux parties.

Le sujet porte ici sur une notion essentielle dans l'étude de la France en révolution, la Nation.

2 Aide à la première partie

• Les questions (cinq au maximum) peuvent porter sur un ou plusieurs documents. Elles en guident l'analyse et demandent des réponses précises et concises. Il ne s'agit pas d'exposer des connaissances, mais de les utiliser, par exemple pour repérer les éléments d'une notion dans des contextes variés.
Cet exercice exige du soin – il contribue à la note finale et prépare la deuxième partie de l'épreuve –, mais on ne peut pas lui consacrer plus d'une heure.

• Examiner l'ensemble des documents, surligner le mot « nation », identifier l'utilisateur du mot et le contexte historique.

Exemples

– Document 1 : l'utilisateur du mot est le roi ; le contexte : un discours de fermeté à l'égard des membres des parlements ;
– document 4 : un général, Kellermann, utilise le mot nation comme cri de ralliement des Français attaqués par les Prussiens.

• **Aide à la question 1 :** la réponse se trouve en toutes lettres dans le document 1 (« C'est à moi seul qu'appartient le pouvoir législatif ») et dans le document 3 ; elle se déduit du sens des flèches dans le document 5.

• **Aide à la question 2 :** il faut prêter attention à tout ce qui est présenté comme un obstacle à l'appartenance à la nation (la religion des Juifs par exemple). Attention ! Dans la phrase « il faut tout refuser aux Juifs comme nation et tout accorder aux Juifs comme individus », le mot nation a ici le sens de « communauté ».

• **Aide à la question 3 :** le rôle diffère selon le cadre (politique, guerrier ou fiscal).

• **Aide à la question 4 :** rassembler les informations concernant les combattants français. S'agit-il de combattants professionnels et aguerris ? Quelle(s) conviction(s) expriment-ils par leur cri ?

• **Aide à la question 5 :** au brouillon, remplir le tableau ci-dessous :

	Ce qui unit	Ce qui peut diviser
Doc. 1	Le roi	Les parlements
Doc. 2	Les mêmes lois pour tous	L'appartenance à une communauté : « une nation dans la nation »
Doc. 3	L'idée de nation	
Doc. 4	Le combat contre l'ennemi	
Doc. 5	Des représentants	Les conditions de cens

Exemple de réponse rédigée

Question 3 : Quel est le rôle d'un membre de la nation ?
Un membre de la nation refuse les lois particulières ; il accepte d'être un individu dans la nation française (« il faut qu'ils soient individuellement citoyens », doc. 2). Il élit, sous certaines conditions de cens, des représentants qui détiennent le pouvoir législatif (voir doc. 3 et doc. 5). Il paye des impôts (doc. 5) et défend la nation contre ses ennemis (doc. 4).

Vers le BAC

Ce que nous devons à la Révolution et à Napoléon Bonaparte

- La France d'aujourd'hui est, dans un grand nombre de domaines, l'héritière de transformations effectuées entre 1789 et 1815.
- Les grandes réformes datent pour l'essentiel des premières années de la Révolution et de la période du Consulat, sous Bonaparte.

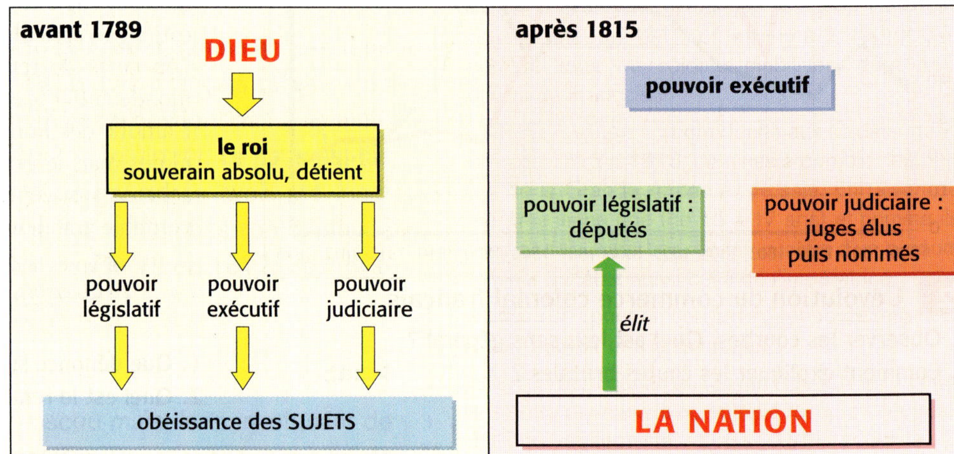

1 Une nouvelle source du pouvoir.

2 Un nouveau système fiscal.

Avant 1789		À partir de 1789 / 1798	
Impôts directs. – taille : impôt direct – vingtième : impôt direct (supprimé en 1786) – capitation : impôt direct par tête	taille payée par le tiers état ; les privilégiés ne la payent pas	1789 : – Contribution foncière : sur la propriété terrienne – Contribution mobilière : sur l'habitation – Patente : sur les bénéfices commerciaux 1798 : – Contribution sur les portes et fenêtres	= impôts directs (« les 4 vieilles » contributions), payés par tous, selon la richesse
– traites : sur les marchandises – aides : sur les boissons – gabelle : sur le sel	= impôts indirects payés par tous	– droit d'enregistrement, – droit de timbre, – droit sur le tabac	= impôts indirects payés par tous

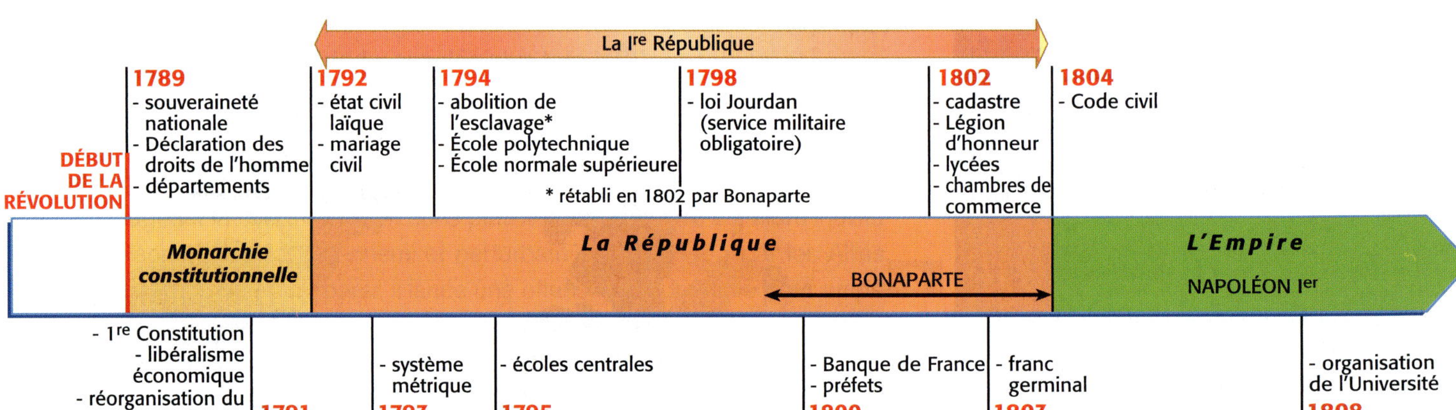

3 Principales transformations entre 1789 et 1815.

4 La République une et indivisible.
Papier peint, 1793, musée de la Révolution, Vizille.

5 L'origine de la droite et de la gauche

À la suite de la séance du 28 août 1789, l'Assemblée se sépara définitivement en côté gauche et côté droit. Tous les partisans du droit de veto du roi allèrent s'asseoir à droite du président, leurs adversaires se groupèrent dans la partie opposée. Cette séparation rendait plus facile le calcul des voix dans le vote par assis et levé qui avait été conservé. Depuis longtemps déjà, l'extrême gauche et l'extrême droite étaient devenues le point de réunion des députés les plus ardents dans les opinions alors opposées.

Buchez et Roux, *Histoire parlementaire*, 1834.

7 Une profonde réforme de l'administration et de la justice.

Ancien Régime		Révolution – Empire	Après 1815		
			Administration		Justice
Royaume	Roi		Nation	Ministre	Cour de cassation Cour d'appel
Généralité	Intendant		Département	Préfet Conseil préfectoral	Cour d'assises
Subdélégation	Subdélégué		Arrondissement	Sous-préfet	Tribunal de première instance
			Canton		Juge de paix
Paroisse	Communauté villageoise		Commune	Maire Conseil municipal	

6 ***La Toute-Puissance de la loi.*** Tableau de Clément-Louis Belle, 1792-1794, musée de la Révolution française à Vizille.
La Convention républicaine donne à la France le code des lois républicaines.

Questions

A Présenter les documents

B Retirer des informations des documents

1. Quelle est la source du pouvoir après 1815 ? Montrer que la situation est inversée par rapport à avant 1789 (doc. 1).
2. Quel principe nouveau est affirmé par la mise en place de nouveaux impôts après 1789 (doc. 2) ?
3. Quelles sont les deux principales périodes de réformes entre 1789 et 1815 (doc. 3) ?
4. Quels principes nouveaux sont affirmés dans les doc. 4 et 6 ?
5. Quelle nouveauté politique apparaît à partir d'août 1789 (doc. 5) ?
6. À quoi, à qui succèdent le préfet, le département et la commune (doc. 7) ?

C Mettre en relation les documents

7. Regrouper les nouveautés présentées par les documents de cette double page par genre : politique, société, administration.

D Rédiger

8. Montrer que les principes de la France d'aujourd'hui découlent directement de la période de la Révolution et de l'Empire.

FICHE DE RÉVISION

DATES À RETENIR

- **9-10 novembre 1799 (18-19 brumaire an VIII)** : coup d'État de Bonaparte
- **1804** : Code civil
- **2 décembre 1804** : sacre de Napoléon
- **1804-1815** : Premier Empire
- **2 décembre 1805** : victoire d'Austerlitz
- **1812** : retraite de Russie
- **18 juin 1815** : défaite de Waterloo

BIOGRAPHIE

Napoléon Bonaparte
(1769-1821)
Empereur des Français.
(Voir biographie complète p. 314)

Joseph (1768-1844)
- roi de Naples (1806-1808)
- roi d'Espagne (1808-1813)

Napoléon (1769-1821)
- empereur des Français (1804-1814 et 1815)

Lucien (1775-1840)
- président du conseil des Cinq-Cents en 1799
- ministre de l'Intérieur (1799-1800)
- ambassadeur à Madrid (1800)
- s'exile en Italie (1804) et aux États-Unis (1810)

Élisa (1777-1820)
- grande-duchesse de Toscane (1809-1814)

Louis (1778-1846)
- roi de Hollande (1806)
- abdique en 1810
- père de Louis-Napoléon Bonaparte, président de la République (1848-1852) puis empereur des Français (1852-1870)

Pauline (1780-1825)
- duchesse de Guastallo (1806)

Caroline (1782-1839)
- épouse de Murat
- grande-duchesse de Berg
- reine de Naples (1808)

Jérôme (1784-1860)
- roi de Westphalie (1807)

La famille Bonaparte : le « système familial »

L'ESSENTIEL

1. Le Consulat (1800-1804)

■ Le régime politique du Consulat concentre le pouvoir entre les mains de Bonaparte. La paix revenue, il peut stabiliser le pays en s'appuyant sur une partie de l'héritage révolutionnaire.
– Le **Code civil** (1804) affirme l'égalité et le droit de propriété. Les paysans, acheteurs de biens nationaux, sont rassurés : l'Ancien Régime ne risque pas d'être rétabli.
– Le **franc germinal** (1803) et la Banque de France stabilisent l'économie et rapprochent la bourgeoisie du régime.
– La création des lycées, de l'Université, de la Légion d'honneur confirme que la valeur des hommes repose davantage sur le mérite et le talent que sur la naissance et le privilège.

2. La France sous l'Empire (1804-1812)

■ En 1804, un nouveau régime est instauré, l'**Empire**. Napoléon Bonaparte est couronné empereur le 2 décembre 1804.
■ Si, en apparence, le peuple est consulté par des **plébiscites**, en réalité, tout le pouvoir revient à l'Empereur. La population est strictement contrôlée et encadrée.
■ Le régime est populaire : Napoléon apporte la paix intérieure ; **la Grande Armée** est victorieuse sur les champs de bataille d'Europe (Austerlitz, 2 décembre 1805).

3. La fin de l'Empire (1812-1815)

■ À partir de 1812, les défaites (retraite de Russie en 1812, défaite de Leipzig en 1813) et les difficultés économiques rendent le régime impopulaire.
– Napoléon doit **abdiquer** une première fois en 1814. Il est exilé à l'île d'Elbe.
– De retour en France en 1815 (**les « Cent-Jours »**), il est vaincu à Waterloo (18 juin 1815).
– Napoléon abdique une seconde fois ; il est interné par les Anglais dans l'île de Sainte-Hélène, au milieu de l'Atlantique Sud.

NE PAS CONFONDRE

Plébiscite et référendum

➤ Un **plébiscite** : du latin *plebs* « le peuple » ; dans la Rome antique, un plébiscite est un décret du peuple (de la plèbe).
Au XIXe s., vote par lequel une personne au pouvoir demande aux électeurs de témoigner sa confiance en répondant par « oui » ou par « non » à une question posée. Une réponse positive est interprétée comme un soutien à la personne au pouvoir.
➤ Un **référendum** : c'est également un vote direct de l'ensemble des électeurs qui répondent par « oui » ou par « non ». Dans ce cas, une réponse positive n'implique pas, en général, le soutien à la personne qui est au pouvoir.
Le droit de référendum a été introduit dans la Constitution française en 1958 par le général de Gaulle.

Régime politique et gouvernement

➤ Un **régime politique** : la forme d'un État (monarchie absolue, monarchie constitutionnelle, république, empire), la manière de le gouverner.
➤ Un **gouvernement** : l'action de gouverner, de diriger un pays, l'ensemble de ceux qui gouvernent, les ministres.

Le sacre de Napoléon 1er, 1804

Le Sacre de Napoléon Ier et le couronnement de l'impératrice Joséphine dans la cathédrale Notre-Dame de Paris, 2 décembre 1804.
Tableau de Jacques Louis David, 6,21 x 9,79 m, 1806-1807, Musée du Louvre, Paris.

Questions

1. Décrire la scène représentée et définir ce qu'est un sacre.
2. Identifier les personnages principaux.
3. Quelle est l'attitude de Napoléon Ier ? Expliquer son geste.
4. Identifier le personnage qui est assis.
5. Rappeler ce qu'est un concordat.
6. Dans quel rôle Napoléon cantonne-t-il le pape lors de cette cérémonie ?
7. Montrer que cette scène est caractéristique du mode de gouvernement de Napoléon.
8. Cette scène permet-elle de dire que Napoléon est un héritier de la Révolution française ? Trouver d'autres exemples permettant de justifier la réponse.

Sujet de composition

Montrer que le sacre est un tournant important dans l'histoire de France, dans la période 1789-1814.

Comparer deux cartes

1 La France en 1789.

Questions

La France en 1789

1. La France de 1789 a-t-elle les mêmes limites qu'aujourd'hui ? Quelles sont les différences ?
2. Quelle est la principale enclave en France ?
3. Rechercher la différence entre droit coutumier et droit écrit.
4. Quel problème pose l'administration de l'Aunis, de l'Auvergne, du Lyonnais ?
5. Que peut-on en conclure sur l'administration de la France en 1789 ?

La France en 1815

6. Existe-t-il encore des enclaves ? Pourquoi ?
7. Expliquer pourquoi des territoires ont été perdus entre 1814 et 1815.
8. Comment appelle-t-on les nouvelles divisions administratives de la France en 1815 ?
9. Quels types de noms a-t-on utilisés pour les désigner ?
10. Caractériser les évolutions territoriales et administratives subies par la France entre 1789 et 1815.

La France en 1789 et en 1815

2 La France en 1815.

→ Comment faire ?

Comparer deux cartes historiques permet d'établir les différences entre deux situations à deux dates différentes.

1 **Pour réussir la comparaison**, il faut étudier successivement :

- **les titres** : il donne le sujet de la carte ;
- **les dates** : se demander quels événements surviennent à ces dates ou entre ces [deux] dates ?
- **les territoires représentés** : on s'efforcera d'observer les changements entre la première carte et la seconde ; dans le cas présent : changement de limites, changements administratifs, etc.

2 **Les phénomènes représentés :** s'agit-il d'une carte politique ? d'une carte économique ? d'une carte montrant une évolution démographique ?

3 **La comparaison** doit s'effectuer point par point
– Quelles sont les différences visibles entre les deux cartes ?
– Quels points communs subsistent ?
– Comment peut-on expliquer les différences visibles entre les deux cartes ?

4 **Conclure (les questions 5 et 10) :** quelle est l'ampleur des transformations constatées entre les deux cartes ?

Composition (4/5)

Sujet : Napoléon est-il le continuateur de la Révolution ?

DOCUMENT

Du général du Directoire à l'Empereur.

Jacques Louis David, *Bonaparte franchissant le col du Grand-Saint-Bernard*, 1801, musée national du château de La Malmaison.

Bonaparte part pour la deuxième campagne d'Italie. La victoire remportée à Marengo le 14 juin 1800 consolidera son pouvoir. Bonaparte est ici à une période charnière de son histoire, il a pris le pouvoir par la force il y a moins de six mois, il est Premier consul. Mais le régime politique de la France est la République et le pouvoir de Bonaparte est encore peu assuré.

Méthode

1 Aide générale

Le sujet invite à réfléchir sur deux périodes : la période napoléonienne mais aussi la période révolutionnaire. Pour le traiter, il est nécessaire de bien connaître ces deux périodes.

2 Lire le sujet, l'analyser

1. La Révolution, seule référence chronologique dans le sujet : il ne s'agit pas d'étudier le processus révolutionnaire mais ce qu'il a produit.

Napoléon est-il le continuateur de la Révolution ?

2. « Napoléon » introduit le thème de « l'empereur », mais aussi du « Premier consul » ; « continuateur » suggère une perspective commune à la Révolution et à la période napoléonienne.

- Rien n'évoque l'espace dans le sujet. Le point d'interrogation indique que l'on peut discuter la proposition.

– **La période :** Napoléon assure l'unité de la période Consulat-Empire (1800-1815).
– **Le thème :** c'est un bilan de l'œuvre napoléonienne, confrontée à l'œuvre laissée par la Révolution.
– **L'espace :** c'est la France, mais aussi l'Europe, affectées par les conquêtes révolutionnaires puis napoléoniennes.

3 Formuler la problématique

La problématique est contenue dans le sujet, mais il faut l'expliciter.
Si la question de la continuité entre la Révolution et Napoléon est posée, c'est qu'on peut et qu'on doit la discuter.

Deux formulations sont possibles :

– Dans quelle mesure peut-on considérer Napoléon comme le continuateur de la Révolution française ?
Ou :
– Entre la Révolution et Napoléon, faut-il parler de continuité ou de rupture ?

4 Mobiliser ses connaissances

– S'assurer de la bonne connaissance d'éléments clés des périodes napoléoniennes (plébiscite, Concordat, masses de granite) et révolutionnaire (égalité civile, suffrages universel et censitaire, souveraineté nationale).
– Un bilan de l'œuvre napoléonienne peut être envisagé dans différents domaines :

- politique : Constitution de l'an VIII (du concordat), ses modifications...
- social : noblesse d'Empire, Légion d'honneur...
- administratif : Code civil, préfets...
- économique : blocus continental, création du franc germinal, Banque de France...

5 Choisir et élaborer le plan

a. Quel type de plan ?

Plan chronologique,
plan thématique
ou plan dialectique ?

Il s'agit de discuter une proposition en dressant un bilan de l'œuvre napoléonienne.

– Le **plan chronologique** ne convient pas à un bilan.
– Avec un **plan thématique**, la discussion sera fragmentée ; on risque de se répéter et de ne pas parvenir à répondre clairement.
– Le **plan dialectique** organisé selon la réponse (positive, négative ou nuancée) est le mieux adapté :

b. Élaborer le plan au brouillon.

La composition doit être ordonnée et argumentée. Les arguments sont à chercher dans la comparaison de l'œuvre napoléonienne (politique, sociale, économique et administrative) avec l'héritage révolutionnaire (dans les mêmes domaines).

Quelques exemples :
Le Code civil garantit la liberté, l'égalité civile ; il consacre le droit de propriété et interdit les associations. On y retrouve les droits établis par la Révolution. C'est donc un élément de continuité.

La dérive monarchique du régime (cour impériale, noblesse d'Empire, sacre) et le contrôle étroit de l'opinion sont plus caractéristiques d'un régime personnel autoritaire, voire dictatorial, que du principe de la souveraineté nationale. C'est donc une rupture avec la Révolution.

Après avoir regroupé les faits et les arguments, différentes possibilités apparaissent :
– réponse positive : il continue la Révolution ;
– réponse négative : il rompt avec la Révolution ;
– réponse nuancée : des éléments difficiles à classer.

c. Dans quel ordre présenter les faits et les arguments ?

Si on considère que les éléments de continuité l'emportent sur les éléments de rupture :

I. Les éléments de rupture
II. Les éléments intermédiaires entre rupture et continuité
III. Les éléments de continuité

Ou bien si on considère que les éléments de rupture l'emportent sur les éléments de continuité :

I. Les éléments de continuité
II. Les éléments intermédiaires entre rupture et continuité
III. Les éléments de rupture

d. Plan retenu :

La première possibilité est choisie.

L'introduction présente le sujet (thème, époque, espace concerné), expose la problématique et annonce le plan.

I. Napoléon est le fossoyeur de la Révolution
– Il établit un régime personnel, autoritaire et restaure des pratiques d'Ancien Régime.
– Il méprise la souveraineté nationale : assemblées sans pouvoirs.
– Il contrôle l'opinion.

Conclusion partielle : Napoléon est, sur ces points, en rupture avec les idées révolutionnaires.

II. Réponse nuancée
– C'est un despote, mais un adepte des Lumières ;
– Il met en place une administration centralisée mais utilise les cadres administratifs établis par la Révolution.
– Il mène la pacification religieuse de manière autoritaire mais maintient la liberté religieuse.

Conclusion partielle : la rupture avec l'héritage révolutionnaire n'est pas complète.

III. Napoléon continue la Révolution.

Conclusion : Elle reprend l'idée directrice de chaque partie et aboutit à une réponse : Napoléon peut être considéré comme le continuateur de la Révolution.

6 Exercice

Développer la partie III :

a. Ce qui est relatif au vote et aux assemblées, par rapport à la période antérieure, à 1789 et 1792 : le suffrage universel est maintenu.

b. Les transformations de la société, l'importance de Code civil (égalité civile, droit de propriété individuelle).

c. Le territoire : divisions, unification, administration.

Vers le BAC

CHAPITRE 11

Les expériences politiques de la France de 1815 à 1852

Au sortir de la Révolution et de l'Empire, en moins de quarante ans, la France connaît successivement trois régimes : monarchie, république, empire. Elle vit deux révolutions et un coup d'État.

Quelles sont les caractéristiques de ces différents régimes ?
Comment expliquer ces révolutions successives ?

1 | Retour de l'Ancien Régime...

Le Sacre de Charles X, tableau de François Gérard, 1829. Musée de Versailles.

« À qui cette parade pourrait-elle faire illusion ? Le peuple a été amené à penser qu'un rite pieux ne dédiait personne au trône [...]. Il n'y a plus de sainte ampoule assez salutaire pour rendre les rois inviolables. »

F. R. de Chateaubriand (1768-1848), *Mémoires d'outre-tombe*, 1841.

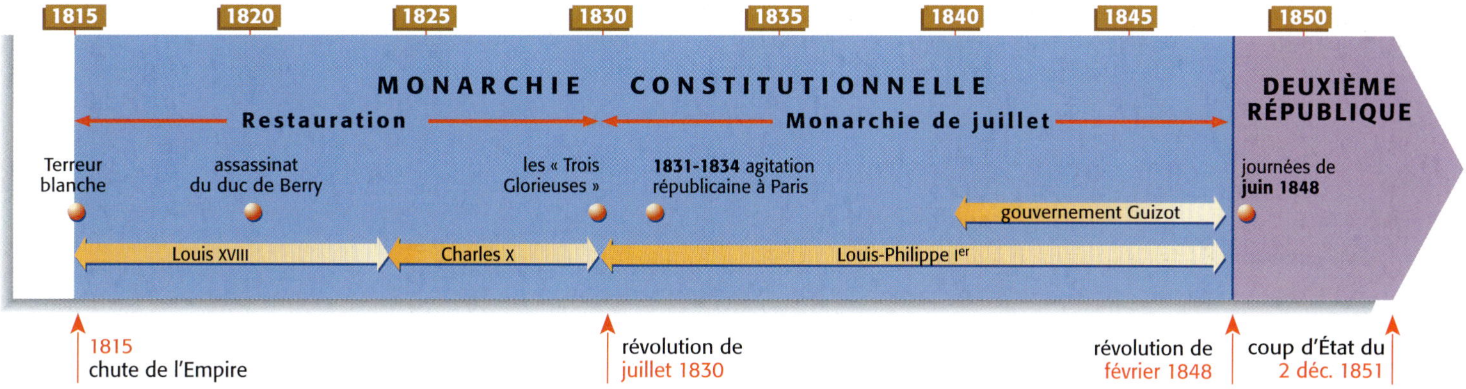

2 | … ou poursuite de la Révolution ?

La prise des Tuileries par les insurgés en février 1848.

Lithographie de Victor Adam et Jean-Baptiste Arnout, 1848. Bibliothèque nationale de France, Paris.

« Et voici la Révolution française qui recommence, car c'est toujours la même. À mesure que nous allons, son terme s'éloigne et s'obscurcit. »
Alexis de Tocqueville (1805-1859), *Souvenirs*.

1 La Restauration (1815-1830)

A. Un compromis prudent autour d'une monarchie constitutionnelle — doc. 1 et 2

■ En juin 1815, Louis XVIII retrouve le trône de France auquel, selon la Charte « octroyée » en juin 1814, « la Divine Providence » l'a rappelé. La monarchie restaurée n'est cependant pas la monarchie d'Ancien Régime : le roi a des pouvoirs étendus, mais les deux chambres votent les lois. **La Charte établit un régime représentatif et une monarchie constitutionnelle.** Elle reprend les principes affirmés en 1789 et dans le Code civil : égalité civile, liberté individuelle, liberté de la presse, liberté de culte, garantie de la propriété privée, mais les députés sont élus au suffrage censitaire.

■ La **Terreur blanche** qui frappe les bonapartistes après les Cent-Jours rend néanmoins difficile la réconciliation de l'ancienne et de la nouvelle France.

B. Le débat politique — doc. 3

■ La vie politique de la **Restauration** est animée par **les nostalgiques de l'Ancien Régime qui s'opposent aux partisans des idées de 1789**. Les premiers, appelés **ultras**, forment la droite ; ils réprouvent la Charte et veulent « renouer la chaîne des temps » en restaurant l'influence de l'Église et de l'aristocratie. Ils disposent de journaux, tel *Le Conservateur* où écrit Chateaubriand. À gauche, les **libéraux** revendiquent l'héritage de 1789. Ils sont inspirés par Benjamin Constant et emmenés par La Fayette. Les constitutionnels défendent la Charte qui peut, à leurs yeux, concilier monarchie et liberté. De 1816 à 1820, ils inspirent la politique gouvernementale : l'encadrement de l'économie s'assouplit et la presse, enjeu politique majeur, bénéficie d'une grande liberté.

C. Réaction et révolution — doc. 4 et 5

■ **Le 13 février 1820, l'assassinat du duc de Berry**, avenir de la dynastie, met un terme à la libéralisation du régime. **Les ultras s'imposent au gouvernement**, avec Villèle et, à la tête de l'État : Charles X, roi depuis 1824, sacré en 1825, qui partage leurs vues. Une politique de **réaction** s'engage : surveillance de la presse, arrestations, indemnisation des immigrés. Par ses excès, elle provoque des mécontentements. Les libéraux gagnent les élections de 1827 et Villèle démissionne.

■ Mais **Charles X n'entend pas céder** et, en 1829, il nomme Polignac, un ultra, à la tête du gouvernement. En mars 1830, dans une adresse solennelle, 221 députés proclament leur fidélité à la monarchie et à la Charte mais aussi leur défiance à l'égard du gouvernement. Le roi, en réponse, dissout la Chambre. Au terme d'une campagne animée, 274 opposants sont élus. Charles X persiste et signe des ordonnances qui imposent la dissolution de la Chambre, modifient le régime électoral et suppriment la liberté de la presse.

■ Trois journées révolutionnaires, les « Trois Glorieuses » (27, 28, 29 juillet 1830) consacrent l'échec de Charles X. À l'appel de journalistes, la révolte prend une dimension populaire. Le peuple de Paris, qui souffre du chômage et de la hausse du prix du pain, dresse des barricades et livre des combats acharnés aux troupes royales. Le 29 juillet, il est maître de Paris ; Charles X abdique. Profitant de la faiblesse du courant républicain, les libéraux proposent la couronne au duc d'Orléans. **Le 7 août 1830, Louis-Philippe Ier devient « roi des Français** par la grâce de Dieu et la volonté nationale ».

VOCABULAIRE

Terreur blanche : après 1815, terreur exercée contre les anciens jacobins et bonapartistes.

Restauration : retour à une situation antérieure ; rétablissement de la monarchie en France en 1814 puis en 1815.

ultra : abréviation d'ultra-royaliste, personne très attachée au régime monarchique.

libéral : partisan du libéralisme politique et économique.

réaction : mouvement opposé à la révolution ; mouvement favorable au retour à la situation politique, économique ou sociale antérieure.

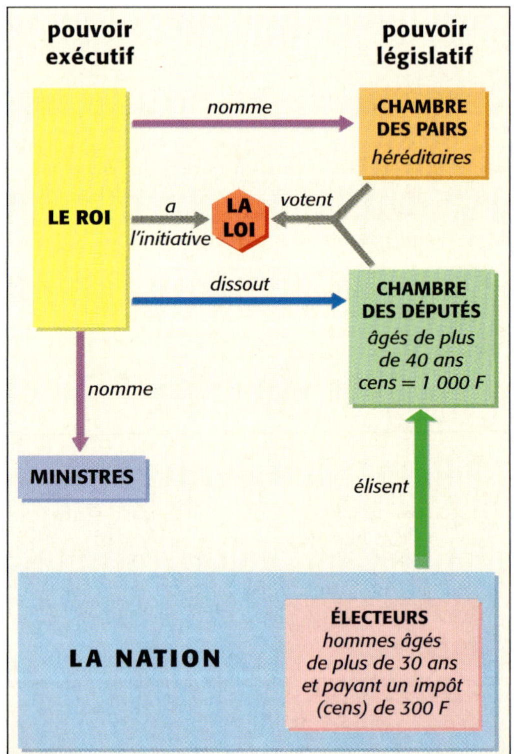

1 La Charte de 1815.

1. De quels pouvoirs le roi dispose-t-il ?
2. Qui dispose du pouvoir législatif ?
3. Définir l'expression « souveraineté nationale ».
4. Peut-on parler de souveraineté nationale ?
5. Montrer que, malgré la Restauration, les principes sur lesquels repose la vie politique française sont bien différents de ce qu'ils étaient en 1789.

2 **Le 3 mai 1826, Charles X pose la première pierre du monument à la mémoire de Louis XVI, place de la Concorde à Paris.** Tableau de Joseph Beaume, 105 x 148 cm, 1827, musée de Versailles.

1. **Pourquoi édifier ce monument précisément à cet endroit-là ?**
2. **Montrer que cette cérémonie s'inscrit dans le cadre de la politique de réaction menée par Charles X.**

4 **Les Trois Glorieuses (27, 28, 29 juillet 1830).** *Combat de l'Hôtel de ville*, tableau de Victor Schnetz, 28 juillet 1830, Petit Palais, Paris.

1. **Décrire les défenseurs de la barricade.**
2. **Que signifie la présence du drapeau tricolore ?**

3 Le programme des constitutionnels en 1818

Nous vivons dans de bien étranges circonstances ; on accuse ceux qui sollicitent des institutions conservatrices de vouloir perpétuer les révolutions ; et on regarde comme amis de la monarchie des insensés que n'épouvante pas le fleuve de sang qui sépare le nouveau régime de l'ancien. Les constitutionnels, c'est-à-dire tout ce qui représente l'agriculture, le commerce, les arts et l'industrie, demandent à grands cris la stabilité sans laquelle il n'est point de repos ; ils demandent que la Charte soit appuyée sur des lois qui la fortifient et sur des hommes qui la soutiennent. Ils ne veulent fléchir ni sous le sceptre d'une aristocratie factieuse, ni sous le joug d'une démocratie turbulente ; ils tiennent à la liberté, conquête chère et douloureuse, et la Charte la leur donne.

La Minerve française, 1818, journal de Benjamin Constant.

1. **Définir « nouveau régime » et « ancien régime ».**
2. **Quel est le programme des constitutionnels ?**
3. **Quels sont leurs adversaires ? Quels sont leurs soutiens ?**

5 Affiche placardée à Paris, le matin du 30 juillet 1830

Charles X ne peut plus rentrer à Paris : il a fait couler le sang du peuple.
La République nous exposerait à d'affreuses divisions : elle nous brouillerait avec l'Europe.
Le duc d'Orléans est un roi dévoué à la cause de la Révolution.
Le duc d'Orléans était à Jemmapes.
Le duc d'Orléans est un roi-citoyen.
Le duc d'Orléans a porté au feu les couleurs tricolores, il peut seul les porter encore. Nous n'en voulons point d'autres.
Le duc d'Orléans [...] attend notre vœu, et il acceptera la Charte.
C'est du peuple français qu'il tiendra sa couronne.

Affiche rédigée par Thiers, journaliste au *National*.

1. **Que refuse Thiers ? Pourquoi ?**
2. **Quels arguments avance-t-il en faveur du duc d'Orléans ?**

2 La monarchie de Juillet

A. Un régime fragile... doc. 1, 2 et 4

■ Le succès de la révolution de 1830 impose une révision de la Charte : **le roi partage désormais l'initiative des lois avec les Chambres**, la liberté de la presse est proclamée. L'abaissement du cens électoral permet un élargissement du **pays légal**. Mais la France reste une monarchie constitutionnelle censitaire.

■ L'assise du régime est fragile :
– **les partisans du régime, appelés orléanistes**, se divisent. Certains (le banquier Laffitte, La Fayette) réclament une place plus grande pour le peuple et un soutien actif aux mouvements nationaux en Europe, ce sont des adeptes du Mouvement. D'autres (Casimir Perier, Thiers, Guizot) veulent s'en tenir strictement à la Charte révisée, ce sont les partisans de la Résistance.
– Les **légitimistes** refusent de servir le « roi des barricades ».
– **L'opposition républicaine** est la plus dangereuse : elle dispose de journaux et d'associations souvent secrètes et trouve des appuis chez les ouvriers.

■ À Paris et à Lyon, en 1831 et 1834, des manifestations sont sévèrement réprimées (plus de cent morts à Lyon lors de la révolte des canuts en 1831). **L'agitation sociale inquiète les possédants** et profite aux partisans de la Résistance. Un attentat contre le roi, en juillet 1835, suscite une vive émotion. Le vote, en septembre 1835, de lois répressives en matière d'opinion et de presse (le nom même de républicains est interdit) rassure les Français partisans de l'ordre et engage le régime dans une voie conservatrice.

B. ... entre modernisation et immobilisme doc. 3

■ La Chambre des députés, composée de notables (grands bourgeois, hauts fonctionnaires, hommes de loi), est divisée en légitimistes et orléanistes. Les discussions politiques, très animées, se situent dans le cadre d'un **régime parlementaire**. Louis-Philippe joue sur les rivalités de personnes, écarte Thiers pour qui « le roi règne mais ne gouverne pas » et, à partir de 1840, **gouverne avec Guizot** pour qui « le trône n'est pas un fauteuil vide ».

■ La France entre dans l'ère industrielle : la loi de 1842 stimule la construction de voies ferrées. La modernisation est aussi culturelle : **la loi Guizot de 1833 a développé l'instruction primaire** ; des journaux populaires sont apparus. L'intérêt pour le savoir fait émerger des **capacités** soucieuses de faire reconnaître leur place. Or le régime s'y oppose. L'exercice des droits politiques demeure réservé aux plus riches, le pays légal. Guizot, appuyé sur une majorité docile, refuse tout abaissement du cens électoral, interdisant ainsi au **pays réel** d'être représenté. L'immobilisme est devenu la règle du gouvernement.

C. La révolution de février 1848 doc. 5 et 6

■ **Depuis 1846, une crise économique** provoque faillites, chômage et misère. Dans ce contexte social difficile, les opposants, non seulement républicains ou socialistes, mais aussi modérés, mènent une violente offensive politique contre un régime déconsidéré. Pour répondre à l'interdiction des réunions politiques, ils organisent des banquets au cours desquels des discours sont prononcés : on y réclame une réforme électorale. L'interdiction du banquet prévu à Paris **le 22 février 1848**, provoque des manifestations. Guizot démissionne. Artisans, boutiquiers, ouvriers, étudiants s'insurgent et dressent des barricades. Le 24, le roi abdique tandis qu'un gouvernement provisoire proclame la République.

VOCABULAIRE

pays légal et pays réel : voir p. 240.
légitimistes : voir Ne pas confondre p. 240.
régime parlementaire : régime dans lequel un parlement élu contrôle le gouvernement.
capacités : les détenteurs d'un diplôme universitaire et d'un savoir.

1 Louis-Philippe Ier.
Tableau d'Horace Vernet (260 x 195 cm), 1832. Musée du château, Versailles.

2 Programme de la *Société des droits de l'homme* en 1844

Un pouvoir central électif, temporaire, responsable ; la souveraineté du peuple mise en action par le suffrage universel ; un système d'éducation publique tendant à élever les générations dans une communauté d'idées compatibles avec le progrès ; l'émancipation de la classe ouvrière par une meilleure division du travail, une répartition plus équitable des produits et l'association ; une fédération de l'Europe fondée sur la communauté des principes d'où découle la souveraineté du peuple, sur la liberté absolue du commerce et sur une entière égalité de rapports.
Ces vues étaient développées et justifiées dans un exposé aussi lumineux qu'incisif. Puis, venait la *Déclaration des droits de l'homme*, telle que l'avait présentée à la Convention Maximilien Robespierre.

Cité par le socialiste Louis Blanc (1811-1882), *Histoire de dix ans*, Paris, 1844.

1. Montrer que ce programme est à la fois politique et social.
2. De quelles inspirations se réclame-t-il ?

3 La loi Guizot sur l'enseignement primaire (1832)

Article Ier. – L'instruction primaire élémentaire comprend nécessairement l'instruction morale et religieuse, la lecture, l'écriture, les éléments de la langue française et du calcul, le système légal des poids et mesures.
L'instruction primaire supérieure comprend nécessairement, en outre, les éléments de la géométrie et ses applications usuelles, spécialement le dessin linéaire et l'arpentage, des notions de sciences physiques et de l'histoire naturelle applicables aux usages de la vie, le chant, les éléments de l'histoire et de la géographie, et surtout de l'histoire et de la géographie de la France.

Art. 2. – Le vœu des pères de famille sera toujours consulté et suivi en ce qui concerne la participation de leurs enfants à l'instruction religieuse.

Art. 9. – Toute commune est tenue, soit par elle-même, soit en se réunissant à une ou plusieurs communes voisines, d'entretenir au moins une école primaire élémentaire.

Art. 10. – Les communes chefs-lieux de département, et celles dont la population excède six mille âmes, devront avoir en outre une école primaire supérieure.

Art. 11. – Tout département sera tenu d'entretenir une école normale primaire, soit par lui-même, soit en se réunissant à un ou plusieurs départements voisins.

Loi du 28 juin 1832.

1. **Quel progrès cette loi apporte-t-elle ?**
2. **Quelles matières ne sont plus enseignées à l'école primaire aujourd'hui ?**
3. **Qui forme-t-on dans les écoles normales primaires ?**

4 La presse mise sous surveillance.

« "Ah ! tu veux te frotter à la presse, Philippe !
Nous sommes vaincus mais non pas domptés." –
Devise des Républicains français ».
La Caricature française, n° 1, mars 1836.

1. **À quelle mesure le document répond-il ?**
2. **Qu'y a-t-il d'excessif et même de violent dans cette caricature ?**

5 *« Le respect s'en va »*

Veut-on que le peuple se découvre et s'incline devant ces législateurs qui restent sourds au cri de ses misères et qui repoussent ses pétitions d'un pied insolent ? Veut-on que les salariés en guenilles jonchent de palmes la route qui mène les spéculateurs à la caisse des monopoles ? Et qui donc, grand Dieu, la France pourrait-elle honorer, en ces jours de bassesse et de cupidités immondes ?
Oui, *le respect s'en va* ; mais la faute en est à vous qui sacrifiez les principes à vos intrigues ; la faute en est à vous qui avez laissé démanteler la Révolution française et qui poussez aujourd'hui des cris impuissants ; la faute en est à vous, et non au peuple, qui depuis 17 ans assiste impassible et triste à vos querelles d'antichambre. *Le respect s'en va*... et le mépris arrive !

Discours d'Odilon Barrot (1791-1873) opposant à la monarchie de Juillet, un des organisateurs de la campagne des banquets, au banquet de Soissons, *La Réforme*, 19 septembre 1847.

1. **Quels reproches l'auteur formule-t-il ?**
2. **Quelle est la conséquence du « respect [qui] s'en va » ?**

6 *Dernier Conseil des ex-ministres.*

Caricature d'Honoré Daumier, *Le Charivari*, 9 mars 1848. Bibliothèque nationale de France, Paris.

1. **À l'aide de la date et du titre, identifier les deux principaux personnages.**
2. **Décrire leur attitude.**

Le drapeau, emblème et symbole

• Cocardes et drapeaux sont d'un usage ancien. Ornements, marques de commandement, signes de ralliement ou d'alerte, ils ont longtemps revêtu des formes et des couleurs variées.

• Avant la Révolution, le blanc est la couleur du roi et renvoie à son pouvoir de commandement militaire ; le rouge est utilisé pour prévenir d'un danger ou inviter la foule à se disperser ; le rouge et le bleu ne font plus guère référence à la ville de Paris dans les années 1780, mais l'association des trois couleurs bleu-blanc-rouge est à la mode pour les papiers peints, les tissus d'ameublement et les vêtements, en hommage sans doute à la jeune nation américaine.

• Pendant et après la Révolution, des modèles s'imposent et le choix des couleurs prend une forte valeur symbolique.

1 Des drapeaux français (1789-1848).

a. Drapeau de la Garde nationale (1789-1791), district des Jacobins.

© Osprey Publishing Ltd.

b. Premier Empire, drapeau du 4e régiment d'infanterie légère (1812).

2 La Restauration et le choix du drapeau en 1814

Depuis plusieurs jours, on discutait vivement pour savoir si l'armée garderait la cocarde tricolore ou si elle prendrait officiellement la cocarde blanche. Le duc de Raguse[1] réclamait avec chaleur la parole à lui donnée, qu'elle conserverait le drapeau tricolore consacré par vingt années de victoires. L'empereur de Russie, Alexandre Ier, protecteur de toutes les idées généreuses, appuyait cette demande. Elle était activement combattue par tous ceux qui, par intérêt ou par passion, voulaient une contre-révolution ; le choix de la cocarde était le signal du retour des anciens privilèges ou de la conservation des intérêts créés par la Révolution.

Mémoires de la comtesse de Boigne, du règne de Louis XVI à 1820, rédigées au XIXe s. Mercure de France, édition de 1921.

1. Marmont, maréchal d'Empire rallié à la Restauration.

3 Chanson composée après les Trois Glorieuses

Je vois déjà le drapeau tricolore,
De mon pays, emblème protecteur
Sur nos remparts, qu'avec gloire
il décore.
Il est pour nous le signal du bonheur ;
Il est le prix du sang et du courage ;
Par la victoire, il est bien mérité.
Tout Français dit, en voyant son ouvrage :
Vive la liberté !

Chanson composée le 29 juillet 1830 par le jeune Eugène Pottier (1816-1887), futur auteur du chant révolutionnaire *L'Internationale*.

4 La barricade de la rue de la Chanvrerie et le drapeau rouge

En juin 1832, les funérailles du général Lamarque, connu pour ses opinions républicaines, sont l'occasion d'une grande manifestation qui tourne à l'émeute. Enjolras et ses amis républicains ont dressé une barricade rue de la Chanvrerie. Ils l'ont ornée d'un drapeau rouge qui est tombé lors du premier assaut.

« – Qui est-ce qui a du cœur ici ? Qui est-ce qui replante le drapeau sur la barricade ? [dit Enjolras].
Pas un ne répondit.
Il répéta [...] :
– Personne ne se présente ? on vit [un] vieillard apparaître sur le seuil du cabaret.
Sa présence fit une sorte de commotion dans les groupes. Un cri s'éleva :
« C'est le votant ! C'est le conventionnel ! C'est le représentant du peuple ! » [...]
Il marcha droit à Enjolras, les insurgés s'écartaient devant lui avec une crainte religieuse, il arracha le drapeau à Enjolras qui reculait pétrifié, et alors, sans que personne osât ni l'arrêter ni l'aider, ce vieillard de quatre-vingts ans, la tête branlante, le pied ferme, se mit à gravir lentement l'escalier de pavés pratiqué dans la barricade [...] et l'on croyait voir le spectre de 93 sortir de terre, le drapeau de la terreur à la main. [...]
Il y eut un de ces silences qui ne se font qu'autour des prodiges.
Au milieu de ce silence, le vieillard agita le drapeau rouge et cria :
– Vive la révolution ! vive la république! fraternité ! égalité ! et la mort !

V. Hugo, *Les Misérables*, 4e partie, livre XIV, 1862.

c. Restauration, drapeau du 2e régiment d'infanterie (1815-1830).

d. Monarchie de Juillet, drapeau des bataillons de chasseurs à pied (1830).

e. Deuxième République, drapeau des bataillons de chasseurs à pied (1848).

5 Lamartine et le drapeau tricolore

Vous pouvez faire violence au gouvernement. Vous pouvez lui commander de changer le drapeau de la nation. Si vous êtes assez obstinés dans votre erreur pour lui imposer une République de parti et un pavillon de terreur, le gouvernement est aussi décidé que moi-même à mourir plutôt que de se déshonorer en vous obéissant. Quant à moi, jamais ma main ne signera ce décret ! Je repousserai jusqu'à la mort ce drapeau de sang ! Car le drapeau rouge que vous nous rapportez n'a jamais fait que le tour du Champ de Mars, traîné dans le sang du peuple en 91 et en 93, et le drapeau tricolore a fait le tour du monde avec le nom, la gloire et la liberté de la patrie. […]
La France et le drapeau tricolore, c'est une même pensée, un même prestige et une même terreur au besoin pour nos ennemis.

Discours de Lamartine, 25 février 1848.

6 Trois couleurs pour les peuples d'Europe.
Lithographie de Frédéric Sorrieu, *La République universelle, démocratique et sociale*, 1848. Musée Carnavalet, Paris.

Questions

A Observer les documents

1. Présenter la nature, l'auteur, le contexte historique des documents.
2. À quel régime politique chaque drapeau (doc. 1a à 1e) renvoie-t-il ?

B Retirer des informations des documents

3. Dégager les éléments de continuité d'un drapeau à l'autre (doc. 1).
4. Quelle est, à partir de 1815, la signification du drapeau blanc (doc. 1c et 2) ?
5. Quelle est celle du drapeau tricolore (doc. 2 et 3) ?
6. Qu'évoque le drapeau rouge selon le personnage d'Enjolras (doc. 4) ? Lamartine en donne-t-il la même image (doc. 5) ?
7. Nommer quelques-uns des peuples représentés sur le doc. 6. Qu'est-ce qui les inspire et les guide ?

C Mettre en relation les documents

8. Sur quels arguments Lamartine appuie-t-il sa défense du drapeau tricolore ? Sont-ils les mêmes que ceux d'Eugène Pottier (doc. 3 et 5) ?
9. Montrer que le drapeau devient le symbole de la liberté et de la patrie (doc. 3, 5 et 6).

D Rédiger

10. Montrer que le drapeau a une signification symbolique riche, et qu'il est devenu un emblème national.

Étude d'un ensemble documentaire (3/7)

Sujet : Les aspirations démocratiques exprimées lors de la Révolution française se sont-elles concrétisées dans la France de 1830 à 1848 ?

Première partie

1. Présenter le contexte politique et les auteurs des documents 1, 2, 3 et 4.
2. Quels principes issus de la Révolution sont présents dans ces documents ?
3. Quelle idée l'auteur du doc. 1 veut-il exprimer ?
4. Quelle vision Lamartine donne-t-il des élections de 1848 ?

Deuxième partie

En vous fondant sur les réponses aux questions, les informations tirées des documents et sur vos connaissances, rédigez une réponse organisée à la question posée dans le sujet.

DOCUMENT 1 ***La liberté de la presse.*** Caricature de Grandville, 1835, BNF.

DOCUMENT 2 Un socialiste fait le bilan de la Révolution

Les générations qui ont clos le XVIIIe siècle et celles qui ont commencé le XIXe siècle, croyaient fermement que, la Révolution terminée, la guerre finie, les privilèges de naissance abolis et le principe de l'égalité victorieusement inscrit dans la loi, l'œuvre nouvelle serait achevée de fait, l'Ordre nouveau fondé et établi. C'était une grave erreur ; l'œuvre d'organisation de l'Ordre nouveau demeurait tout entière à faire. […]

La Révolution, depuis 1789 jusqu'à 1830, a renversé les derniers débris de l'Ordre féodal fondé sur la guerre et sur les privilèges nobiliaires de la naissance ; elle a inscrit en tête de la loi le principe démocratique de l'égalité des citoyens ; elle a même constitué, dans l'ordre politique, le système représentatif qui, en tant que reposant sur un principe d'élection indépendant de la naissance, est bien l'organisme politique de la Société moderne. Mais elle a laissé sans organisation, sans direction et sans règle aucun l'ordre industriel tout entier.

Victor Considérant (1808-1893), *Principes du socialisme : manifeste de la démocratie au XIXe s.*, 1847.

DOCUMENT 3 Proudhon, le socialisme et les femmes

Un fait très grave, et sur lequel il nous est impossible de garder silence, s'est passé à un récent banquet socialiste. Une femme a sérieusement posé sa candidature à l'Assemblée nationale. Nous ne pouvons laisser passer sans protester énergiquement, au nom de la morale publique et de la justice elle-même, de semblables prétentions et de pareils principes. Il importe que le socialisme n'en accepte pas la solidarité. L'égalité politique des deux sexes, c'est-à-dire l'assimilation de la femme à l'homme dans les fonctions publiques, est un des sophismes[1] que repoussent non seulement la logique mais encore la conscience humaine et la nature des choses […]. La famille est la seule personnalité que le droit politique reconnaisse […]. Le ménage et la famille, voilà le sanctuaire de la femme.

P. J. Proudhon (1809-1865), *Le Peuple*, 12 avril 1849.

DOCUMENT 4 L'élection d'avril 1848

Au lever du soleil, les populations recueillies et émues de patriotisme se formèrent en colonnes à la sortie des temples, sous la conduite des maires, des curés, des instituteurs, des juges de paix, des citoyens influents, s'acheminèrent par villages et par hameaux aux chefs-lieux d'arrondissement, et déposèrent dans les urnes sans autre impulsion que celle de leur conscience, sans violence […] les noms des hommes dont la probité, la vertu, le talent et surtout la modération leur inspiraient le plus de confiance pour l'avenir de la République. Il en fut de même dans les villes. On voyait les citoyens riches et pauvres, soldats ou ouvriers, propriétaires ou prolétaires, sortir un à un du seuil de leurs maisons, le recueillement et la sérénité sur leur visage, porter leurs suffrages écrits au scrutin, […] les déposer dans l'urne et revenir, avec la satisfaction peinte sur les traits, comme d'une pieuse cérémonie.

A. de Lamartine (1790-1869), *Histoire de la Révolution de 1848*.

DOCUMENT 5 L'abolition de l'esclavage dans les colonies françaises en 1848.
Tableau de François-Auguste Biard (1798-1882), 3,92 x 2,60 m. Musée du château de Versailles.

Méthode

1 Connaître le contexte historique

Dans l'analyse d'un ou de plusieurs documents, le contexte historique est toujours essentiel. Si un document est sorti de son contexte, le risque est grand de tomber dans l'anachronisme et de mal comprendre le document.

• Il arrive fréquemment qu'un sujet de baccalauréat comprenne une question sur le contexte ; c'est le cas ici. Même si la question n'est pas posée, il faut réfléchir au contexte.

• Présenter le contexte, c'est mettre en avant les événements qui se déroulent à la date du document, un peu avant et un peu après. Le choix des événements doit être en rapport avec le thème principal du document. Ici, l'ensemble des documents traite de questions politiques. Il faut donc s'intéresser aux événements politiques qui se déroulent à la date des documents : vers 1835 pour le doc. 2 (atteintes à la liberté de la presse) ; la révolution de 1848 pour les doc. 1, 3, 4 et 5.

Ex. *Le document 2 a été réalisé en 1835, sous la monarchie de Juillet, régime politique qui, face aux oppositions, limite la liberté de la presse et devient plus conservateur.*

2 Faire preuve d'esprit critique

a. … à propos des auteurs (question 1).

– Toujours identifier les auteurs. S'intéresser aux aspects essentiels de leur vie, en rapport avec le contexte (utiliser le manuel, un dictionnaire, une encyclopédie).

Victor Considérant : philosophe, disciple de Fourrier (pour la création de cités idéales, les phalanstères). Député en 1848, il est exilé sous Napoléon III.

Grandville : caricaturiste très actif sous la monarchie de Juillet.

– Se demander s'ils sont contemporains des faits relatés.

– Se demander s'ils sont objectifs ou partisans.

b. … à propos de la nature du document (question 3).

Il s'agit d'une caricature. La représentation est-elle exagérée ? Il faut avoir cette idée à l'esprit lorsqu'on répond à la question. Qu'y a-t-il d'exact derrière ce qui est excessif (la femme bâillonnée à gauche, les juges qui frappent la machine à imprimer et essaient de la détacher du sol) ? L'action des personnages est excessive mais l'auteur veut exprimer une idée.

Se demander si on peut le croire. Est-il un opposant par nature ? Dans quelle mesure peut-on lui faire confiance ? Quel message veut-il transmettre ?

c. … à propos du contenu du document (question 4).

Quelle vision Lamartine donne-t-il des élections de 1848 ? Quelle critique peut-on faire de ce discours ?

– Quel vocabulaire, quel ton, quels qualificatifs sont utilisés ? Le lyrisme des mots renvoie à l'« Illusion lyrique ».

– À quoi le phénomène décrit est-il comparé ? Est-ce une comparaison avantageuse ?

– Mobiliser ses connaissances : que sait-on par ailleurs de l'auteur, de ses idées politiques ? de ses actes ?

– Y a-t-il des contradictions avec d'autres textes ? avec des faits ?

3 Aide pour répondre à quelques questions

• **Aide à la question 2.** Sur une question de ce type :

– commencer par mobiliser ses connaissances (ce sera nécessaire pour répondre à la deuxième partie) ;

– puis voir ce qui s'y rapporte dans les documents.

• **Deuxième partie :**

La réponse peut suivre le plan suivant :

A. Des droits consolidés, mais avec difficulté.

B. Des droits remis en question ou qui restent à acquérir.

Vers le BAC

PARTIE 6

Les révolutions libérales et nationales

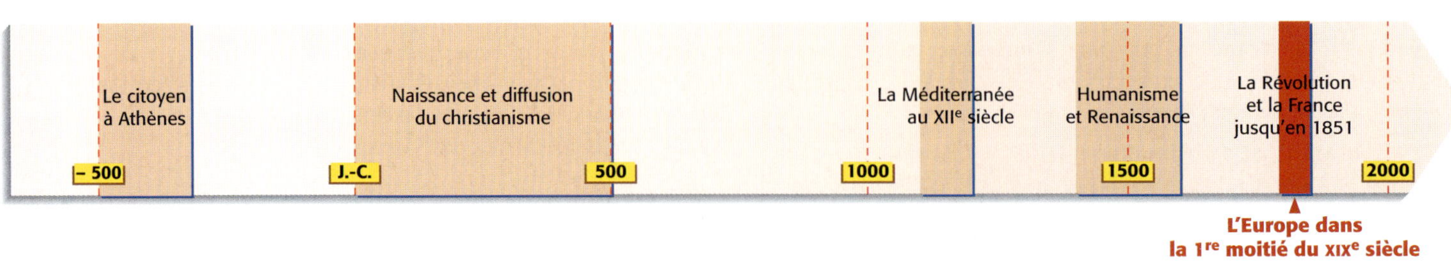

La Liberté faisant le tour du monde.
Lithographie de Georges-Aimé Lordereau, 1848.

CHAPITRE 12 La Révolution et l'Europe

Dès 1789, le choc de la Révolution française retentit en Europe. Le 20 avril 1792, la France déclare la guerre à l'Autriche, provoquant une série de conflits meurtriers qui font vaciller les monarchies et transforment les peuples. Pourtant, le sens donné à la guerre a évolué. L'image première d'une France généreuse laisse la place à celle d'une nation conquérante.

La paix est retrouvée en 1801, mais, dès 1803, la guerre reprend. Napoléon conquiert un grand empire et redessine la carte du continent, suscitant la résistance de certains peuples et soudant ses ennemis.

Après la défaite française de Waterloo, les vainqueurs réorganisent l'Europe au congrès de Vienne (1815) sans tenir compte des sentiments nationaux.

Quels bouleversements la Révolution française a-t-elle engendrés ?

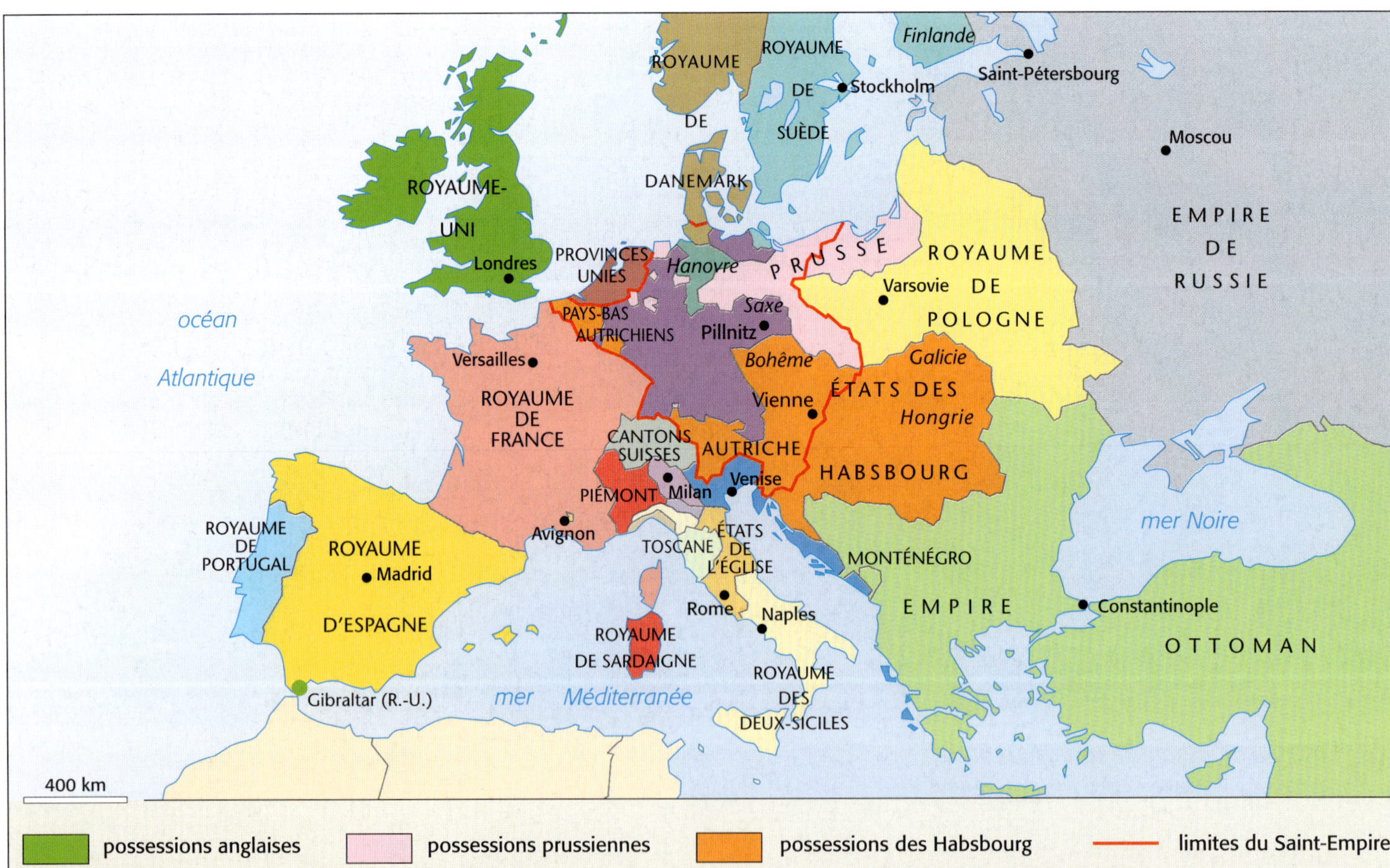

1 | D'une France révolutionnaire au milieu d'une Europe monarchique…

L'Europe en 1789.

« Disons à l'Europe que si les cabinets engagent les rois dans une guerre contre les peuples, nous engagerons les peuples dans une guerre contre les rois. Disons-lui, enfin, que 10 millions de Français, embrasés du feu de la liberté, armés du glaive, de la plume, de la raison, de l'éloquence, pourraient seuls, si on les irrite, changer la face du monde et faire trembler tous les tyrans sur leurs trônes d'argile. »

Isnard, député girondin à l'Assemblée législative, 29 novembre 1791.

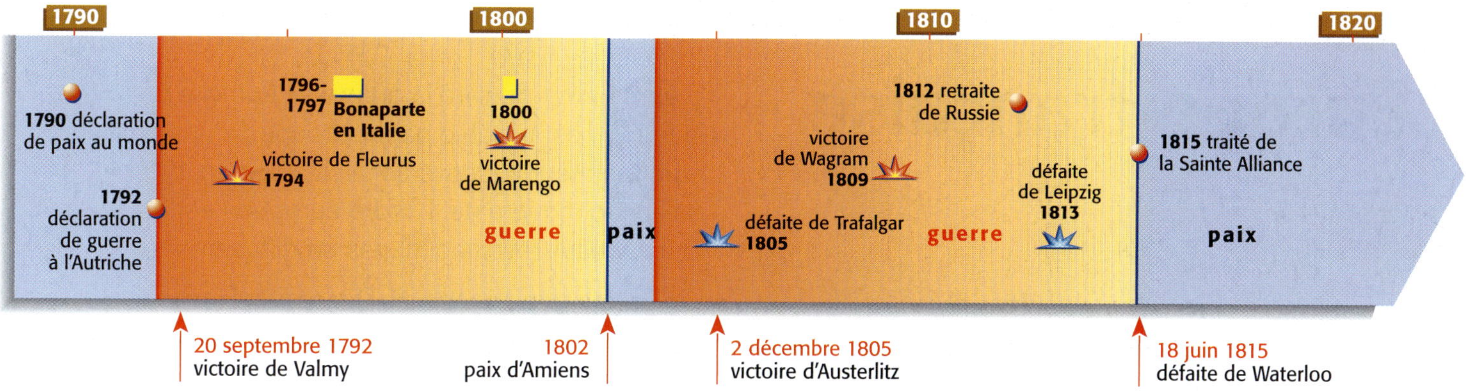

2 | ... à une Europe qui se méfie de la France.

L'Europe du congrès de Vienne (1814-1815).

« On doit faire rentrer la France dans les frontières de 1790, occuper certaines places fortes, imposer une contribution de guerre destinée à la construction de frontières défensives dans les États voisins de la France. » Castlereagh, ministre des Affaires étrangères britannique, en 1815.

« Il semblait que l'Europe entière eût soif de fouler le sol de la France. Partout, jusque dans Paris, les Prussiens s'établissaient comme en pays conquis. Un bivouac sur la place du Carrousel y est demeuré pendant plusieurs semaines. » Pasquier, garde des Sceaux en 1815, *Mémoires*, 1893.

L'Europe française

1 **Aquarelle peinte par le poète allemand Goethe (1749-1832), après la bataille de Valmy** (20 septembre 1792).

- Après avoir déclaré la guerre à l'Autriche en 1792, la France est envahie par les troupes d'une coalition européenne. Elle renverse la situation en 1794 et devient conquérante. L'ordre européen est bouleversé et les idéaux révolutionnaires se diffusent.
- À la tête des armées du Directoire, Bonaparte est victorieux en Italie (1797). Il établit des républiques liées à la France. Les guerres de Napoléon donnent au pays sa plus grande extension en 1811-1812 et lui permettent de dominer l'Europe par des annexions ou par des alliances.

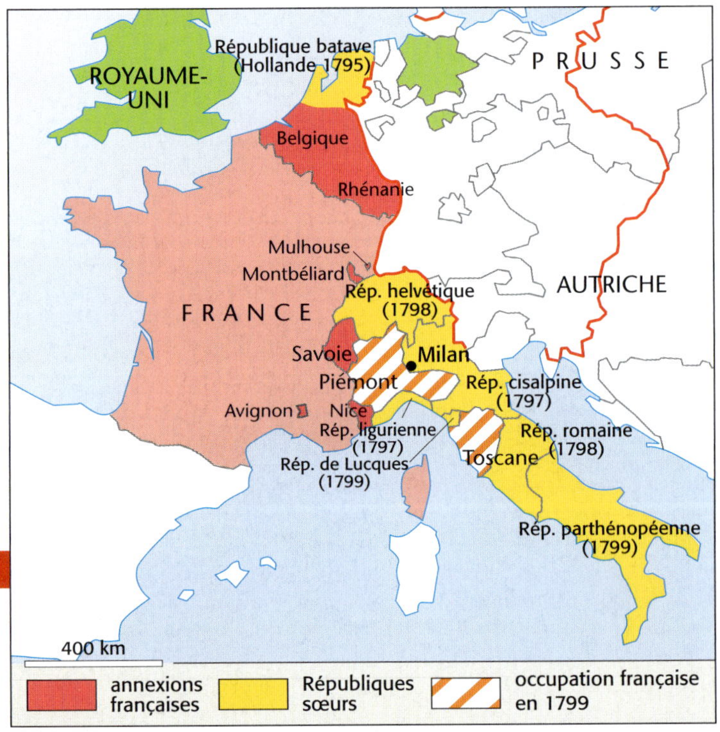

Les « républiques sœurs » en 1799. **2**

3 **L'étincelle électrique de la liberté « renverse tous les trônes des brigands couronnés ».**
Caricature révolutionnaire, 1793, musée Carnavalet, Paris.

4 **Un arbre de la Liberté est érigé à Gênes lors de la proclamation de la République ligurienne en 1797.** Éventail peint.

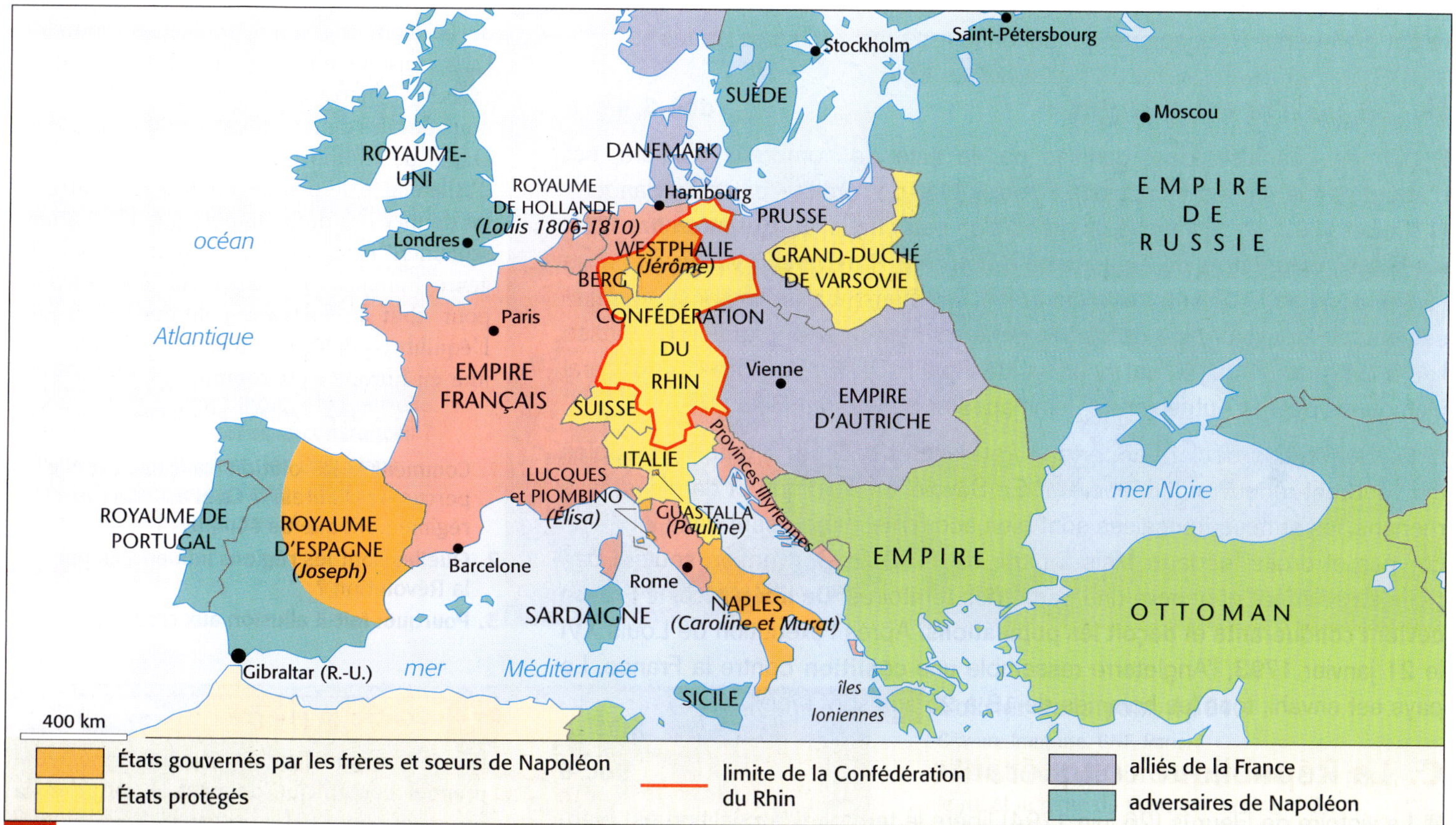

5 **L'Europe en 1812.**

Questions

A Observer les documents (nature, date, auteur, etc.)

1. Présenter la date et le contexte des documents 1, 3 et 4.

B Retirer des informations des documents

2. Quel espoir le doc. 1 exprime-t-il ?

3. Comparer l'Italie en 1789 (doc. 1 p. 246) avec celle de 1799 (doc. 2). Quelles modifications observe-t-on ?

4. Qu'appelle-t-on « républiques sœurs » (doc. 2) ? Pourquoi ce nom ?

5. Identifier les personnages (doc. 3). À quoi les reconnaît-on ?

6. Que veut faire le personnage de gauche (doc. 3) ? Pourquoi ?

7. Qu'est-ce qu'un arbre de la Liberté (doc. 4) ? À quel moment de l'histoire de France est-il fait allusion ? Rechercher tous les éléments qui y font référence.

D Rédiger

8. Décrire les transformations de l'Europe entre 1789 et 1812.

L'Europe contre la France

- Les principes de la Révolution française sont exportés par la conquête et Napoléon les étend à toute l'Europe. Mais en Espagne, en Allemagne et en Italie, les nations s'éveillent et, dans les deux premiers pays, la lutte contre la France s'organise.
- Parfois, comme en Espagne, l'hostilité à la Révolution l'emporte mais, le plus souvent, le combat est mené au nom des principes mêmes de la Révolution : la liberté et le droit des peuples.

Andreas Hofer (1767-1810). Aubergiste tyrolien, il organise, à la tête d'une armée de patriotes, une lutte armée contre les troupes françaises en 1809. Trahi, il est fusillé en 1810 et devient le héros national du Tyrol.

1 Les objectifs de Napoléon

Avant le mois de janvier vous devez avoir divisé votre royaume en départements. Ce que désirent avec impatience les peuples d'Allemagne, c'est que les individus qui ne sont point nobles et qui ont des talents aient un droit égal à votre considération et aux emplois, c'est que toute espèce de servage soit entièrement abolie. Les bienfaits du Code Napoléon, la publicité des procédures, l'établissement des jurys seront autant de caractères distinctifs de votre monarchie. Il faut que vos peuples jouissent d'une liberté, d'une égalité, d'un bien-être inconnus aux peuples de la Germanie. Soyez un roi constitutionnel.

Lettre à Jérôme (frère de Napoléon), roi de Westphalie, 15 novembre 1807, *Correspondance de Napoléon*.

2 La répression au Tyrol

Vous exigerez qu'on vous livre 150 otages. Vous ferez piller et brûler au moins six gros villages dans tout le Tyrol et les maisons des chefs, et vous déclarerez que je mettrai le pays à feu et à sang, si l'on ne me rapporte pas tous les fusils. Toute maison dans laquelle un fusil sera trouvé sera rasée. Tout Tyrolien sur lequel un fusil sera trouvé sera fusillé.

Napoléon au maréchal Lefebvre, 30 juillet 1809.

3 Napoléon en Espagne, novembre 1808

J'arrive ici avec les soldats qui ont vaincu à Austerlitz, à Iéna, à Eylau. Qui pourra leur résister ? Sans doute ce ne sont pas vos mauvaises troupes espagnoles qui ne savent pas se battre. Votre pays que j'avais voulu ménager, où je croyais qu'il ne fallait que la force nécessaire pour le maintien de la tranquillité publique et pour la garnison des places fortes, va devenir le théâtre d'une guerre sanglante, et vous en souffrirez tous les maux. Dans deux mois, l'Espagne sera ma conquête, et j'aurai sur elle tous les droits que la conquête donne au vainqueur. Les traités, les constitutions, tous ces actes qu'un consentement réciproque avait sanctionnés n'existent plus ; je ne serai plus tenu à les exécuter, et si j'en respecte encore quelques-uns, vous le devrez à ma seule générosité. Mais comme je ne pourrai plus me fier à la nation, je prendrai mes sûretés, et si je l'assujettis à un gouvernement militaire, c'est qu'elle m'y aura forcé.

Propos de Napoléon rapportés par le comte Miot de Melito, ambassadeur de France, *Mémoires*, 1858.

4 « Le Chéri du diable ».
Caricature anglaise, Thomas Rowlandson, 1814, BNF, Paris.

Tres de Mayo. **5**

Tableau de Francisco de Goya, 1814, huile sur toile, 266 x 345 cm. Musée du Prado, Madrid.

Le 3 mai 1808 eut lieu la répression de la première émeute antifrançaise en Espagne.

6 Discours à la nation allemande

La nation allemande, grâce à une langue et à une façon de penser communes, se trouvait suffisamment unie et se distinguait nettement au milieu de la vieille Europe des autres peuples. Les divisions profondes que les rivalités religieuses avaient créées servirent à l'étranger pour dissocier [l'Europe] en une foule de petits États vivant chacun pour soi. Tous les États nés d'une même nationalité n'avaient d'autres ennemis que l'étranger, [mais] ce dernier sut les opposer les uns aux autres.

Je m'adresse aux Allemands en général, à tous les Allemands sans exception, je ne connais plus ces divisions malheureuses entre Allemands qui ont amené notre désastre ; je parle pour les absents comme pour les présents et j'espère que ma voix arrivera jusqu'aux frontières les plus reculées de l'Allemagne.

Nous sommes des vaincus. Il dépendra de nous de mériter le mépris ; il dépendra de nous de perdre, après tous nos autres malheurs, l'honneur. Le combat par les armes est fini ; voici que commence le combat des principes, des mœurs, des caractères.

Chaque individu est responsable devant la postérité, de la liberté et du salut de l'Allemagne. Nos ancêtres vous disent : « Nous avons résisté aux envahisseurs et les avons vaincus. » Vous, vous ne pouvez plus les vaincre avec les armes, la preuve est faite : seul votre esprit peut encore résister et leur tenir tête. Si vous le faites, vous serez encore dignes de vos ancêtres.

Fichte (1762-1814), *Discours à la nation allemande*, hiver 1807-1808.

7 La nation espagnole s'éveille

Notre révolution a pour cause le patriotisme et l'amour de la religion qui, heureusement, existent encore dans ce royaume catholique. La junte[1], qui ne peut tolérer l'idée de voir perdues en un moment la patrie et la religion, a cru qu'elle devait se faire aider dans cette tâche par les membres du clergé car, si d'un côté, ce sont les plus intéressés au maintien de notre sainte religion, leur mission est aussi la plus propre à enflammer le peuple, qui les écoute comme des oracles. Si le malheur veut que l'Espagne succombe, la religion pourra-t-elle survivre à la ruine de la Patrie, gouvernée par un athée qui laissait ses soldats profaner les temples, qui détrônait avec une audace inouïe le Souverain Pontife, tête visible de l'Église ?

D'après *Appel de la junte centrale au clergé d'Espagne*, 1808.

1. Junte : conseil des notables qui dirigent les insurgés.

Questions

A Présenter les documents (nature, date, auteur, etc.)

B Retirer des informations des documents

1. Quelles mesures Napoléon souhaite-t-il voir appliquer par son frère (doc. 1) ? À quel héritage se rattachent-elles ?
2. Pourquoi Napoléon prend-il de telles mesures (doc. 2) ? Situer le Tyrol.
3. Comment peut-on caractériser l'attitude de Napoléon face à l'Espagne (doc. 3) ?
4. Décrire la caricature (doc. 4). Pourquoi Napoléon est-il ainsi représenté ?
5. Décrire la scène représentée par Goya (doc. 5). Que traduit l'attitude des soldats français ?
6. Définir ce qui, pour Fichte, constitue la nation allemande (doc. 6). Comment explique-t-il la division du peuple allemand ? À quel désastre fait-il allusion ? Quel souhait exprime-t-il ?
7. Comment expliquer l'hostilité des Espagnols face aux Français (doc. 7) ? Pourquoi la junte cherche-t-elle le soutien du clergé ?

C Mettre en relation les documents

8. Quelles contradictions existe-t-il entre les souhaits de Napoléon et son attitude face à l'Espagne (doc. 1, 3 et 5) ? Quelle est la phrase qui le montre le mieux ?
9. Les revendications exprimées en Espagne sont-elles les mêmes que celles exprimées par Fichte pour l'Allemagne (doc. 6 et 7) ?

D Rédiger

10. Quelle est la réaction des peuples européens face à la présence française ? Peut-on qualifier cette présence de libératrice ?

2 De l'Europe française à l'Europe des princes (1803-1815)

A. Le Grand Empire

doc. 1

La paix est brève. Les ambitions de Bonaparte en Europe gênent l'Angleterre et la guerre reprend en 1803. La flotte française est détruite à Trafalgar le 21 octobre 1805. **À Austerlitz, le 2 décembre 1805**, Napoléon défait l'Autriche et la Russie, et remporte sa plus brillante victoire. Il fonde la Confédération du Rhin (1806) en Allemagne, en abolissant le Saint-Empire, créé en 962. Il bat la Prusse puis la Russie (1806 et 1807). Seule l'Angleterre résiste ; mis en place en 1806, le **blocus continental** vise à l'épuiser.

Pour empêcher toute liaison avec l'Angleterre, Napoléon intervient en Espagne (1808). L'Autriche est à nouveau vaincue en 1809. En 1811, **Napoléon est au sommet de sa gloire** : l'Empire français domine des États vassaux et des royaumes dirigés par des membres de la famille impériale (voir p. 249). Partout, l'administration et la justice sont modernisées. Le Code civil diffuse en Europe les grands principes de la Révolution ; les droits seigneuriaux sont abolis. Mais l'opposition à la France reste vive.

B. Les résistances et la chute de l'Empire

doc. 3

En Espagne, l'armée française est combattue par tout un peuple. La lutte contre la **guérilla** nécessite plus de 300 000 soldats. **En Prusse**, le sentiment national antifrançais se développe. L'opposition grandit aussi en France, notamment dans le peuple, qui supporte de plus en plus mal la conscription.

En 1812, le tsar rompt son alliance de 1807 avec la France. Napoléon lance la **Grande Armée** dans l'aventure de la guerre contre l'Empire russe qui se termine par **le désastre de la retraite de Russie**. En 1813, alliée au tsar, la Prusse soulève l'Europe. En 1814, la France est envahie et Napoléon abdique. Son retour en 1815, au moment des Cent-Jours, ne suffit pas à rétablir la situation. Il est définitivement vaincu à **Waterloo, le 18 juin 1815**.

C. Le congrès de Vienne

doc. 2, 4 et 5

À la fin de l'Empire, les vainqueurs de la France, **l'Autriche, la Russie, l'Angleterre et la Prusse se réunissent en congrès à Vienne en 1814-1815**. Sous la direction du chancelier autrichien Metternich, le Congrès redessine la carte du continent selon trois principes :
– le retour aux frontières de 1792 et le rétablissement sur leur trône des souverains chassés par la Révolution et par Napoléon ;
– la méfiance envers la France, avec la mise en place d'États tampons à ses frontières : la Prusse, la Hollande, le Piémont ;
– la volonté d'équilibrer la puissance des vainqueurs : la Prusse et l'Autriche contrôlent l'Europe centrale, la Russie l'Europe de l'Est et l'Angleterre est la maîtresse incontestée des mers. Ces quatre États forment une **Sainte-Alliance**.

La nouvelle carte de l'Europe ignore le principe des nationalités. En voulant restaurer l'ordre ancien, le congrès de Vienne ignore les aspirations nouvelles que la Révolution et l'Empire avaient fait naître parmi les peuples. C'est une Europe du passé que l'on rétablit, en refusant de tenir compte des sentiments nationaux. Les luttes qui déchireront le continent au XIXe s. sont ici en germe. L'Europe des princes n'a pas tenu compte des aspirations des peuples.

VOCABULAIRE

blocus continental : volonté de contrôler les ports et les côtes d'un ou de plusieurs pays afin d'empêcher de marchandises d'y pénétrer.

guérilla : « petite guerre » en espagnol ; guerre de harcèlement et d'embuscade contre une armée régulière.

Grande Armée : nom de l'armée napoléonienne à partir de 1805, en raison de l'importance de ses effectifs et de son caractère multinational.

Sainte-Alliance : nom donné à l'alliance conclue en 1815 entre la Russie, l'Autriche et la Prusse pour maintenir l'ordre issu du congrès de Vienne.

1 Le blocus contre l'Angleterre

Art. 1. Les îles Britanniques sont déclarées en état de blocus.
Art. 2. Tout commerce et toute correspondance avec les îles Britanniques sont interdits.
Art. 3. Tout individu sujet de l'Angleterre qui sera trouvé dans les pays occupés par nos troupes sera fait prisonnier de guerre.
Art. 4. Tout magasin, toute marchandise, toute propriété appartenant à un sujet de l'Angleterre sera déclaré de bonne prise.
Art. 5. Le commerce des marchandises anglaises est défendu, et toute marchandise anglaise sera déclarée de bonne prise.
Art. 7. Aucun bâtiment venant directement de l'Angleterre ou des colonies anglaises ne sera reçu dans aucun port.

Décret de Berlin, 21 novembre 1806.

1. En quoi consiste le blocus continental ?
2. Quel est le but poursuivi par Napoléon ?

2 La Sainte-Alliance

Au nom de la très sainte et indivisible Trinité, déclarons solennellement que le présent acte n'a pour objet que de manifester à la face de l'Univers leur détermination inébranlable de ne prendre pour règle de leur conduite que les préceptes de cette religion sainte, préceptes de justice, de charité et de paix.
Art. 1. Conformément aux paroles des Saintes Écritures qui ordonnent à tous les hommes de se regarder comme frères, les trois monarques demeureront unis par les liens d'une fraternité véritable et indissoluble et se prêteront en toute occasion assistance, aide et secours ; se regardant envers leurs sujets comme des pères de famille, ils les dirigeront dans le même esprit de fraternité pour protéger la religion, la paix et la justice.

Traité de la Sainte-Alliance, 26 septembre 1815.

3 « Le *nec plus ultra* du cannibalisme » ?

Caricature anonyme, vers 1815. Musée Carnavalet, Paris.

En mars 1804, Napoléon a fait enlever, puis fusiller, dans les fossés du château de Vincennes, le duc d'Enghien, un prince émigré, proche de la famille royale.

1. **Comment est représentée la puissance de Napoléon ? Commenter les objets qui ornent le drapeau.**
2. **À quoi l'Empereur est-il comparé ?**

4 Metternich et l'ordre européen

Le but précis des révolutionnaires est un et uniforme : c'est celui du renversement de toute chose légalement existante. Le principe que les monarques doivent opposer à ce plan de destruction universelle, c'est celui de la conservation de toute chose légalement existante.

La première et la plus grande des affaires, pour l'immense majorité de toute nation, c'est la fixité des lois, leur action non interrompue, et nullement leur changement. Que les gouvernements maintiennent les bases fondamentales de leurs institutions, qu'ils énoncent à la face de leurs peuples cette détermination, qu'ils la démontrent par des faits. Qu'ils étouffent les sociétés secrètes, cette gangrène de la société. Qu'enfin les grands monarques resserrent leur union et prouvent au monde que cette union assure la paix politique de l'Europe.

Metternich, mémoire adressé au tsar Alexandre Ier, 1821.

1. **Quels dangers pour l'ordre européen Metternich met-il ici en évidence ?**
2. **Quelle est, selon lui, la mission des gouvernements ?**
3. **Quelle est sa vision de l'Europe ?**

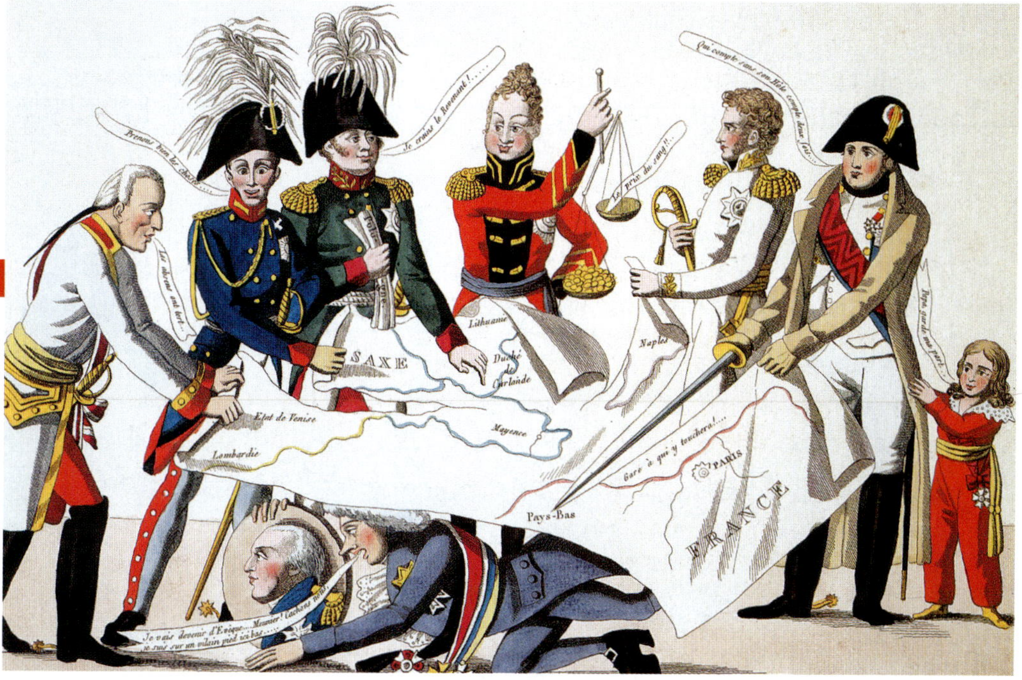

5 Le congrès de Vienne : « Le gâteau des rois ».

Caricature, musée Carnavalet, Paris.

L'homme sous la table est Talleyrand.

1. **Décrire les personnages. Lesquels pouvez-vous identifier ?**
2. **Quels sont les grands vainqueurs de Napoléon ?**
3. **Cette caricature correspond-elle à la réalité ?**
4. **Quel personnage représenté ne pouvait être présent à Vienne ? Pourquoi ?**

FICHE DE RÉVISION

DATES À RETENIR

- **1792-1815 :** les guerres de la Révolution et de l'Empire
- **1808 :** soulèvement de l'Espagne contre la présence française
- **1812 :** retraite de Russie
- **1815 :** défaite de Waterloo ; congrès de Vienne ; traité de la Sainte-Alliance

BIOGRAPHIE

Klemens Wenzel von Metternich
(1773-1859)
Diplomate et chancelier autrichien
(Voir biographie complète p. 317)

L'ESSENTIEL

1. La Révolution ébranle l'Europe

- Dès 1789, la Révolution française suscite la crainte des souverains européens et les espoirs des peuples. Rapidement, la guerre menée au nom de la liberté et des principes révolutionnaires se transforme, avec les succès français, en une guerre de conquête.
- Napoléon étend la domination française et exporte les grandes idées de la Révolution, tout en modifiant en profondeur la carte politique du continent européen.

La Révolution et l'Empire suscitent chez les peuples européens à la fois :
– l'émergence d'un véritable sentiment national (Allemagne, Italie) ;
– et une vive résistance à l'occupation française (Prusse, Espagne).

2. L'Europe du congrès de Vienne

- En 1815, lors du congrès de Vienne, la **coalition** des vainqueurs de Napoléon dresse une nouvelle carte politique de l'Europe. Elle ne tient pas compte des aspirations des peuples. C'est une Europe proche de ce qu'elle était en 1789 qu'on tente de redessiner à Vienne.
- À l'Europe des princes et de la légitimité monarchique s'oppose désormais celle des peuples et du sentiment national.

– Les espoirs d'émancipation nationale sont bridés.
– Les souverains vainqueurs de la France (empereurs de Russie et d'Autriche, rois de Prusse et du Royaume-Uni) créent la Sainte-Alliance en 1815.
– La **Sainte-Alliance** cherche à maintenir l'équilibre européen et l'ordre ancien.

NE PAS CONFONDRE

État et Nation

➤ **État :** entité politique correspondant à un territoire délimité par des frontières et dirigé par un même pouvoir politique (même Constitution, même gouvernement) et une même administration.

➤ **Nation :** communauté d'hommes possédant une certaine unité (langue, culture et passé commun), ayant conscience de cette unité et souhaitant continuer de vivre ensemble.

➤ **État-nation :** un État dont tous les habitants appartiennent à la même nation et qui, se reconnaissant dans un passé commun, ont la volonté de continuer de vivre ensemble.

Les différentes coalitions contre la France de 1793 à 1815.

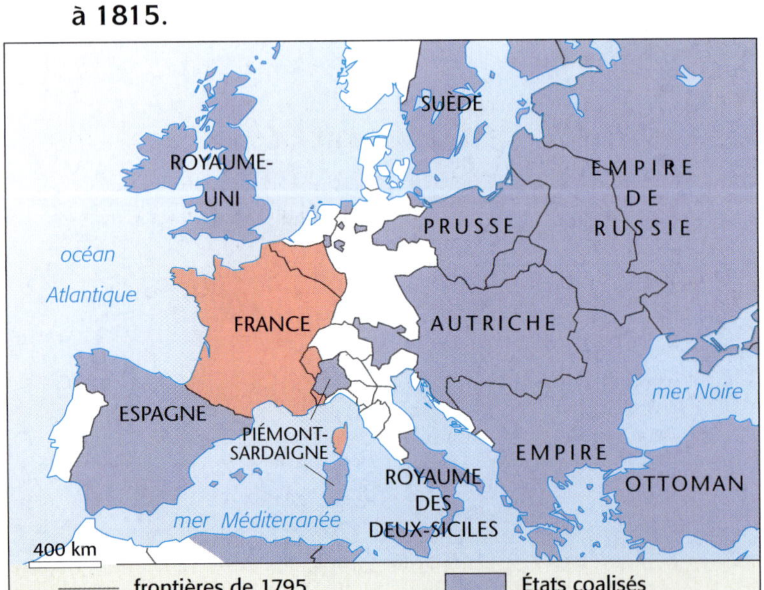

	Coalitions	Angleterre	Autriche	Prusse	Russie	Espagne	Piémont-Sardaigne	Deux-Siciles	Empire ottoman	Suède
1re	1793-1797	X	X	X	X	X	X	X		
2e	1799-1802	X	X		X			X	X	
3e	1803-1805	X	X	X	X					
4e	1806-1807	X		X	X					X
5e	1809	X	X							
6e	1813-1814	X	X	X	X					X
7e	1815, après le retour de Napoléon de l'île d'Elbe	X	X	X	X	X	X	X	X	X

(1) Elle est en bien mauvais état. (2) Où l'on trouve son bien, on le prend. (3) Il me faut encore ceci. (4) Mais pourtant cela doit être à moi. (5) Acceptez toujours ceci, vous prendrez le reste après. (6) Grâce à vous je n'ai plus rien. (7) Depuis longtemps j'y travaillais. (8) Voyons ce qu'ils me laisseront. (9) Allons-nous-en avant que l'on nous le dise. (10) Mais de quel côté ? (11) Suivez-moi, je connais cette porte.

« La restitution, ou chacun son compte. » Le congrès de Vienne caricaturé, gravure de 1815, musée Carnavalet, Paris.

Sur le bas de la gravure on peut lire :

1. « Elle est en bien mauvais état » (Ferdinand VII, roi d'Espagne).

2. « Où l'on trouve son bien, on le prend » (Frédéric-Guillaume III de Prusse).

3. « Il me faut encore ceci » (François Ier, empereur d'Autriche).

4. « Mais pourtant cela doit être à moi » (Louis XVIII, roi de France).

5. « Acceptez toujours ceci, vous prendrez le reste après » (Alexandre Ier, tsar de Russie).

6. « Grâce à vous je n'ai plus rien » (Napoléon).

7. « Depuis longtemps j'y travaillais » (Castlereagh, ministre anglais).

8. « Voyons ce qu'ils me laisseront » (Murat, roi de Naples).

9, 10, 11. « Allons-nous-en avant que l'on nous le dise. » « Mais de quel côté ? » « Suivez-moi, je connais cette porte » (la délégation française avec Talleyrand [11]).

Questions

1. Quelles sont les puissances européennes représentées ?

2. Que font les différents personnages ?

3. Comment Napoléon est-il représenté ? Que fait-il ?

4. Pourquoi Napoléon est-il soutenu par le ministre anglais ?

5. Pourquoi le roi d'Espagne se plaint-il de l'état de son royaume ?

6. Comment peut-on interpréter ce que dit le ministre anglais ?

7. Comment, à travers les différents personnages, est représentée la situation de la France ?

8. Mettre le document en relation avec la carte de l'Europe en 1815 (p. 247) et préciser ce que chacun a gagné ou perdu.

Sujet de composition

Quelles sont les idées combattues par les souverains participant au congrès de Vienne en 1815 ?

Composition (5/5)

Sujet : les Européens face à la France (1789-1815)

DOCUMENT 2 **Les souverains alliés entrent à Paris, 31 mars 1814.**
Tableau de Zippel, musée Carnavalet, Paris.

DOCUMENT 1
Germania et Marianne sur le Rhin.
Eau-forte, 1796, Wallraf-Richarz Museum, Cologne.
Publiée à Paris par le Jacobin allemand Georg Wilhelm Böhmer, cette gravure est favorable à l'annexion de la rive gauche du Rhin par la France.

Méthode

1 Lire le sujet, l'analyser et dégager la problématique

• **La période :** la Révolution et l'Empire, de 1789 (donc avant la déclaration de guerre d'avril 1792) jusqu'à la défaite de Waterloo (juin 1815).

Les Européens face à la France (1789-1815)

Les populations et leurs souverains — Les idées et les ambitions françaises

• **L'espace** et **le thème :**
– l'espace européen où s'exerce l'influence française ;
– les réactions des Européens (les souverains mais aussi les peuples) aux idées que diffuse la France, et à ses ambitions.

Au cours de cette période, les relations entre la France et l'Europe sont marquées par la guerre. S'il importe de connaître les grandes lignes des conflits, le sujet ne porte cependant pas sur l'histoire militaire ou diplomatique de la période.

Réfléchir à la problématique : les rapports entre la France et le reste de l'Europe ont-ils toujours été de même nature (paix ? guerre ? attitudes des souverains ? des peuples ?) ?

À quelle occasion les rapports se sont-ils modifiés ?

2 Mobiliser les connaissances

• **Quelques mots-clés :** nation, sentiment national, Grande Nation, guérilla, blocus continental, patriote, etc.

• **Quelques dates :**
– 1794 : victoire française de Fleurus et affirmation d'une politique de conquête.
– 2 et 3 mai 1808 : soulèvement en Espagne contre la présence française et répression.

3 Choisir le plan et rédiger

Le sujet est de type évolutif (la position des Européens à l'égard de la France a changé au cours de la période). Le plan chronologique s'impose, autour de deux dates charnières : Fleurus en 1794 et l'insurrection espagnole de 1808. Elles déterminent trois périodes, qui fournissent les trois parties du plan :

I. 1789-1794 : sympathie des peuples, crainte des souverains

– Enthousiasme des intellectuels européens (Goethe).
– Élans populaires.
– Attentisme puis inquiétude des souverains.

Conclusion partielle : diversité des réactions.

II. 1794-1808 : les Européens subissent, bon gré mal gré, l'influence de la France

– Fin de la féodalité, Code civil, Constitution (parfois, à l'intérieur de frontières imposées).
– Développement d'activités économiques, mais blocus continental.
– Lourds prélèvements français en hommes et en argent.

Conclusion partielle : la présence française s'accompagne de progrès ; le sentiment national. se développe mais les Français ne sont pas toujours bien acceptés.

III. 1808-1815 : Des Européens contre la France

– Révoltes populaires au Tyrol, en Espagne, en Russie.
– Des intellectuels exaltent la composante culturelle de la nation (Fichte, *Discours à la Nation allemande*).
– Habileté des souverains à renforcer le sentiment national (ex. Prusse) mais tous les mouvements nationaux ne sont pas hostiles à la France (ex. Italie).

Conclusion : en 1815, les Européens sont victorieux de la France révolutionnaire et napoléonienne. Dans leur lutte, ils ont parfois développé leur attachement à une langue, à une culture et à une histoire.
L'ordre ancien l'emporte mais il lui faut désormais compter avec le sentiment national auquel il doit sa victoire.

Aide à la rédaction, rappel :

- Dans le cas d'un devoir sur table, la rédaction peut se faire directement sur la feuille, à partir du plan détaillé, élaboré soigneusement au brouillon.
- Chaque partie est construite autour d'une idée directrice, annoncée avec le plan dans l'introduction. Elle rassemble plusieurs éléments : chacun est présenté avec quelques exemples dans un paragraphe. Il s'agit de répondre à une question de façon argumentée et ordonnée.
- À la fin de chaque partie, faire le point et annoncer ce qui suit.

Rédaction de la partie I

[idée directrice] *Les Européens suivent avec intérêt les débuts de la Révolution française. Leurs réactions sont diverses dans une première période.*

[les intellectuels] *Les événements de 1789 sont connus jusqu'en Russie : des philosophes à Moscou saluent l'affirmation de l'« esprit de liberté ». De Paris, cette idée a gagné l'Europe, et même l'Amérique ; Goethe peint une aquarelle célébrant la terre de France comme la terre de la liberté. Mais les artistes et les penseurs ne sont pas les seuls à s'enthousiasmer.* [annonce de ce qui suit]

[les peuples] *Dans les villes de l'Allemagne rhénane et de l'Italie, au sein des bourgeoisies marchandes, des clubs des Jacobins apparaissent. À l'imitation du club français du même nom, on plante des arbres de la liberté. L'élan populaire se maintient après la déclaration de guerre de la France à l'Autriche en avril 1792. À leur entrée en Belgique, les troupes françaises sont accueillies par des « patriotes » qui voient en la France leur patrie et saluent les libérateurs. Ces derniers déclarent, conformément aux décisions de la Convention, qu'ils font la guerre à la « tyrannie » et suppriment dîme et droits seigneuriaux. Les princes sont plus réservés.* [annonce de ce qui suit]

[les souverains] *Dans un premier temps, les souverains européens voient dans les événements révolutionnaires un risque d'affaiblissement pour la France. Ils pensent en profiter pour procéder à des partages et des conquêtes en Pologne ou en Turquie. Mais ils accueillent des émigrés français alarmistes et s'inquiètent du succès des idées révolutionnaires – l'idée de souveraineté nationale par exemple – auprès de leurs sujets. L'arrestation de Louis XVI à Varennes les effraie, ainsi que la déclaration de guerre de la France à l'Autriche en 1792 et l'exécution du roi Louis XVI en janvier 1793.*

[conclusion partielle] *Les Européens apprécient donc diversement la Révolution à ses débuts. Les bourgeois accueillent favorablement le message qui, au nom de principes universels – les droits de l'homme et la souveraineté* [idée de nation] *nationale –, offre à chacun la possibilité d'appartenir à la Grande Nation. Les souverains le refusent et le combattent pour maintenir l'ordre ancien. La France poursuit la guerre, même après la victoire de Fleurus qui la sauve de l'invasion. Face à la France conquérante, l'attitude des Européens se modifie.* [annonce de la 2e partie]

4 Rédiger l'introduction

À l'aide des indications données dans le **1. Lire le sujet**.

5 Rédiger les parties II et III

Sur le modèle de la partie I et à l'aide du plan proposé.

Vers le BAC

CHAPITRE 13

Mouvements libéraux et nationaux (1815-1850)

Changements et progrès d'un côté, conservatisme et valeurs du passé de l'autre, le début du XIXe s. est marqué par deux visions du monde qui, en s'affrontant, secouent l'Europe. Le mouvement des Lumières, la Révolution française, les conquêtes de Napoléon Ier sont à l'origine de ce double mouvement. Dans tous les pays d'Europe, des courants libéraux se manifestent, alors que, simultanément, des sentiments nationaux se font entendre. Mais les droits de l'homme et les droits des peuples à disposer d'eux-mêmes sont rejetés par les monarques absolus qui se sont partagé l'Empire napoléonien.

Quels sont les effets des mouvements nationaux et libéraux en Europe de 1815 à 1848 ?
Quels sont les États touchés par ces mouvements ?

1 De la révolution…

L'année 1830 en Europe vue par une affiche allemande. Leipzig, Braunschweig, Paris, Dresde, Hanau, Anvers, Varsovie. Germanische National Museum.

« Il n'existe en Europe qu'une seule affaire, c'est la Révolution. Les révolutionnaires n'ont qu'un seul but. C'est le renversement de toute chose légalement existante. L'intérieur de tous les pays européens sans en excepter aucun est travaillé par une fièvre révolutionnaire ardente. » Metternich (1773-1859), chancelier et ministre des Affaires étrangères d'Autriche de 1809 à 1848, *Mémoires*, 1815.

1815 | 1820 | 1830 | 1840 | 1850

- **1815** traité de la Sainte Alliance
- **1820-1821** soulèvements en Espagne et en Italie
- **1821-1829** insurrection nationale grecque
- révolutions de 1830
- insurrections nationales et libérales en Italie, en Allemagne, en Pologne et en Belgique
- **1831** répression (Pologne, Italie)
- **1848** insurrections en France, Autriche, Italie, Allemagne
- **juin 1848-août 1849** triomphe de la réaction en Autriche et en Italie

1815 congrès de Vienne

1830 révolutions à Paris, Bruxelles et Varsovie

1848 « Printemps des peuples »

2 … à la réaction.

La victoire de la réaction en Europe en 1849. Dessin de F. Schroeder dans les *Cahiers mensuels de Düsseldorf*.

« Les Prussiens venaient de réprimer, les armes à la main, l'insurrection de Saxe, ils entraient dans le Palatinat du Rhin, offraient leur intervention au Wurtemberg. L'Autriche était sortie de la crise terrible qui l'avait menacée. Ses armées, victorieuses en Italie, étaient battues en Hongrie. Elle avait appelé la Russie à son aide et le tsar, par un manifeste du 13 mai, venait d'annoncer qu'il marchait contre les Hongrois. »

Alexis de Tocqueville (1805-1859), *Souvenirs*, 1850.

DOSSIER

L'Europe mobilisée en faveur de l'indépendance de la Grèce

• En 1821, l'archevêque orthodoxe de Patras, Germanos lance la guerre d'indépendance de la Grèce, occupée depuis quatre siècles par les Turcs ; en 1822, le congrès d'Épidaure proclame l'indépendance de la Grèce. C'est le début d'une longue guerre.

• La violence des combats et les massacres de dizaines de milliers de chrétiens par les Turcs, notamment à Scio en 1822 ou à Missolonghi en 1824 par les Turcs et leurs alliés égyptiens commandés par Ibrahim Pacha, suscitent dans toute l'Europe une forte mobilisation et l'envoi de volontaires. Partout se mettent en place des comités **philhellènes**. Ces soutiens déclenchent la première ingérence de l'Occident (France, Royaume-Uni, Russie) dans les affaires intérieures d'un État. Une flotte est envoyée ; elle triomphe de la flotte turco-égyptienne. Cette aide permet aux Grecs d'obtenir leur indépendance, en 1829, au traité d'Andrinople.

1 L'indépendance de la Grèce.

VOCABULAIRE

philhellène : du grec *philè*, « qui aime » et *hellas*, Grèce ; favorable aux Grecs ; philhellène a donné philhellénisme.

2 L'engagement de Chateaubriand pour la cause grecque

Les Hellènes secouèrent le joug : il se forma à Paris un comité grec dont je fis partie. Les dépêches de Monsieur Fabvier[1] faisaient souffrir le comité ; il nous rendait responsables de ce qui n'allait pas selon ses vues, nous qui n'avions pas gagné la bataille de Marathon. Je me dévouais à la liberté de la Grèce ; il me semblait remplir un devoir filial envers une mère. J'écrivis une note ; je m'adressais au tsar. Je travaillais dans le même sens à la Chambre des Pairs pour la mettre en mouvement.

François-René de Chateaubriand, écrivain et homme politique français (1768-1848), *Mémoires d'outre-tombe*, XXVIII, 9, 1840.

1. Colonel français engagé en Grèce.

3 L'espoir de la Grèce

Frères, ne cherchez pas une protection venant d'ailleurs,
Regardez, seulement dans votre cour et votre foyer.
Si vous ne trouvez pas là de garantie sacrée pour votre liberté,
Frères, jamais elle ne vous viendra de l'extérieur. [...]
L'Europe veut le calme et la paix.
Pourquoi les as-tu troublés ?
Pourquoi t'es-tu mis en tête cette folle idée de liberté ?
N'attends pas que des puissants t'aident à mettre fin
À l'oppression imposée par d'autres puissants.
Le pouf de l'empereur turc est un trône comme les autres pour l'Europe.
Hellas, vers où tournes-tu ton regard ?
– Fils, je lève mes yeux vers Dieu.
Dieu, mon refuge dans le combat et la mort !

Wilhelm Müller, poète allemand (1794-1827), *Les Chants des Grecs*, trad. H. Sadowski. Poèmes édités en Allemagne en 1821, ils sont vendus à plus de 1 000 exemplaires en six semaines.

4 ***La Grèce expirante sur les ruines de Missolonghi.***

Tableau d'Eugène Delacroix. 1827, huile sur toile, 213 cm x 142 cm, musée des Beaux-Arts, Bordeaux.

Missolonghi a été assiégée par les Turcs durant la guerre d'indépendance ; la ville symbolise la résistance grecque à l'oppression turque.

5 **Byron à Missolonghi.** Tableau de Lodovico Lipparini. 1824, huile sur bois, 17 x 22 cm, musée Benaki, Athènes.
Le poète romantique anglais Byron prête serment sur la tombe de Markos Botzaris, l'un des héros de la guerre d'indépendance grecque. Parti soutenir la cause des insurgés grecs, il meurt à Missolonghi en 1824.

6 **La reddition du chef égyptien Ibrahim Pacha, vaincu à la bataille navale de Navarin.**

Charles Langlois, *La Rencontre du général Maison et d'Ibrahim Pacha à la baie de Patras*, 1828.

Lithographie, 23,5 x 19 cm, musée du château, Versailles.

Questions

A Observer les documents

1. Quels sont les supports utilisés par les philhellènes pour manifester leur soutien à la cause des insurgés grecs ?

B Retirer des informations des documents

2. Qui occupe la Grèce avant l'insurrection (doc. 1) ?
3. Rappeler ce qu'est la bataille de Marathon (doc. 2) et ce qu'elle peut symboliser pour les Grecs.
4. Qui vient au secours des Grecs (doc. 2, 3 et 5) ?
5. Sur qui les Turcs peuvent-ils compter (doc. 6) ?

C Mettre en relation les documents

6. Dater le doc. 3. À cette date, sur qui les insurgés grecs peuvent-ils compter ? Les autres documents confirment-ils cette opinion ?

D Rédiger

7. Comment l'Europe a-t-elle réagi lors de la guerre d'indépendance grecque ?
8. Expliquer le rôle de la religion orthodoxe dans cette guerre d'indépendance.

Les peintres, témoins des révolutions

- Épris de liberté, de nombreux artistes de la période romantique participent aux mouvements libéraux et nationaux, les soutiennent et expriment cet engagement dans leurs œuvres.
- Leurs tableaux traduisent la violence des combats menés par les peuples pour obtenir leur liberté et des droits politiques. On peut y lire aussi les succès, tout comme les échecs, de certains de ces mouvements.
- En dotant ces jeunes nations d'une image, souvent mythifiée par la suite, les artistes ont ainsi contribué à la construction de leur histoire.

***Les Massacres de Scio*.** 1
Tableau d'Eugène Delacroix (1798-1863) peintre français, voir p. 241, 1824, huile sur toile, 417 x 353 cm, musée du Louvre, Paris.

2 **La révolution en Belgique.**
Tableau de Gustaf Wappers (1803-1874), 1835, huile sur toile 44,4 x 66 cm, Bruxelles, musées royaux des Beaux-Arts. Peintre romantique belge, Wappers a surtout réalisé des tableaux d'histoire et des portraits.
Épisode des journées de septembre 1830 sur la place de l'Hôtel de ville de Bruxelles. Les Belges se sont insurgés contre la domination hollandaise et ont obtenu leur indépendance en 1830.

3 **Proclamation de la République vénitienne par Daniel Manin, place Saint-Marc à Venise, le 23 mars 1848.**
Aquarelle de 1849. Musée du Risorgimento, Venise.

4 **L'exécution du député allemand Robert Blum.** Lithographie en couleurs d'A. Fay, lithographe allemand du XIXe s., 1848, 28,9 x 33,6 cm, Wehrgeschischtliches Museum, Rastatt. Célèbre patriote allemand qui avait pris le parti des insurgés autrichiens en novembre 1848, il meurt en prononçant ces mots : « Je meurs pour la liberté de l'Allemagne. »

Questions

A Observer les documents

1. Comment les artistes décrivent-ils ces mouvements révolutionnaires ?

B Retirer des informations des documents

2. Dans les doc. 2 et 3, distinguer les différentes catégories de population qui participent au mouvement révolutionnaire.
3. Quels sont les pays européens touchés par ces mouvements (doc. 1, 2, 3 et 4) ?
4. Quels symboles révolutionnaires sont présents dans ces œuvres (doc. 1, 2, 3 et 4) ?

C Mettre en relation les documents

5. Quelles sont les étapes d'une révolution évoquées dans ces œuvres ?

D Rédiger

6. Montrer en quelques lignes que les artistes peuvent être des témoins engagés de leur temps.

2 « Le printemps des peuples »

A. Pourquoi des révolutions en 1848 ? doc. 1, 2 et 3

■ L'année 1848 marque une nouvelle étape dans les révolutions libérales et nationales. **Les forces apparues en 1830 n'ont pas disparu**. Les patriotes italiens, partisans d'un mouvement de renaissance nationale, le ***Risorgimento***, s'enflamment aux accents des opéras patriotiques de Verdi mais sont divisés entre républicains comme Mazzini et partisans de la monarchie.

■ Les révolutions de 1848 s'expliquent aussi par **la crise économique** qui frappe l'Europe à partir de 1846. Ces difficultés accroissent le mécontentement d'une partie de la population, victime de la hausse des prix et du chômage. Enfin, le succès rapide de la révolution de février 1848 à Paris encourage les libéraux et les nationalistes européens à se soulever.

B. L'élan révolutionnaire européen doc. 4

■ **La révolution parisienne de février a d'abord un impact en Autriche**. Des manifestations libérales éclatent à Vienne le 13 mai 1848 ; le chancelier Metternich, au pouvoir depuis 1815, est contraint à une fuite précipitée et l'empereur doit promettre une Constitution. Stimulées par ce succès, les différentes nationalités de l'Empire se soulèvent : **les Tchèques, les Croates, les Hongrois**, dirigés par Kossuth, obtiennent leur autonomie ; en septembre, la Hongrie proclame son indépendance.

■ La révolution gagne Berlin. Le 19 mars, le roi de Prusse, Frédéric-Guillaume IV, promet la réunion d'une Assemblée constituante ; il est imité par plusieurs souverains allemands, en Bavière et en Saxe notamment. **Les partisans de l'unité allemande** profitent de la situation pour proposer l'élection d'une Assemblée nationale. Ils obtiennent rapidement satisfaction : un Parlement se réunit à Francfort en 1848, prépare une Constitution, puis choisit comme empereur Frédéric-Guillaume IV en 1849.

■ En Italie, les objectifs du *Risorgimento* semblent se réaliser. À Naples, à Rome et en Toscane, les libéraux triomphent ; les souverains doivent accorder des Constitutions. L'unité de la nation italienne semble possible grâce à l'affaiblissement de l'Autriche. Le roi du Piémont, Charles-Albert, prend la tête d'une armée italienne, mais il est vaincu par les Autrichiens en juillet 1848.

C. L'échec des révolutions de 1848 doc. 5 et 6

■ Mais dès juin 1848, la **réaction des souverains s'organise** :
– **En Autriche**, la révolution tchèque est écrasée, l'autorité autrichienne rétablie en Italie du Nord et à Vienne ; en 1849, les Hongrois sont vaincus à leur tour par les armées autrichiennes, aidées des troupes russes.
– **En Allemagne**, le roi de Prusse disperse l'Assemblée constituante en décembre 1848. En avril 1849, il refuse la couronne impériale offerte par le parlement de Francfort, tandis que l'Autriche fait échouer, en 1850, une tentative d'union autour de la Prusse proposée par les princes allemands.
– **En Italie**, les défaites du Piémont permettent aux souverains de rétablir leur pouvoir absolu. Après une nouvelle défaite, face à l'Autriche à Novare, en 1849, le roi du Piémont abdique en faveur de son fils Victor-Emmanuel II qui maintient une Constitution libérale. Dans le reste de l'Italie, on revient à la situation d'avant 1848.

■ Cependant, même si la réaction triomphe et si les mouvements révolutionnaires sont écrasés, les idéaux de liberté restent ancrés dans les esprits.

VOCABULAIRE

Risorgimento : mot italien signifiant « renaissance » ou « résurrection » et désignant le mouvement d'unification de l'Italie.

1 Chant patriotique hongrois

Debout, Hongrois, car la patrie appelle.
Entre la servitude ou bien la liberté
Il nous faut faire un choix et l'heure est solennelle.
Par le dieu des Hongrois, jurons, amis, jurons,
Qu'en toute liberté désormais nous vivrons.
D'esclaves jusqu'ici nous avons eu la vie ;
Nos aïeux indignés méprisent notre sort,
Ayant toujours été libres jusqu'à la mort.
Ils n'ont point de repos sous la terre asservie.

Sandor Petöfi (1823-1849). Poète et héros national hongrois, Sandor Petöfi prend, le 15 mars 1848, la tête du soulèvement de la jeunesse de Pest et compose ces vers célèbres. Il est tué à la bataille de Segesvár en 1849.

1. Contre qui se soulèvent les Hongrois ?
2. Montrer que ce poème s'inspire à la fois de principes nationaux et de principes libéraux.
3. Quel rôle joue l'histoire dans ce poème ?
4. De quel espoir est-il porteur ?

2 Verdi : un musicien s'engage

Milan, le 21 avril 1848.
Tu imagines comment j'aurais pu rester à Paris après avoir appris que la révolution éclatait à Milan ! Dès que j'ai reçu les nouvelles, je suis parti, mais je n'ai pu voir que ces extraordinaires barricades. Honneur à toute l'Italie vraiment grande désormais ! Voici l'heure de la libération, sois-en sûr. Le peuple le veut et quand le peuple le veut, nul pouvoir absolu ne saurait y résister. [...] Quelques années encore, peut-être seulement quelques mois, et l'Italie sera libre, unifiée et républicaine !
Tu me parles de musique ! En 1848, nulle musique ne saurait mieux convenir aux oreilles italiennes que le son du canon !

Giuseppe Verdi, compositeur italien (1813-1901), à son librettiste Piave.

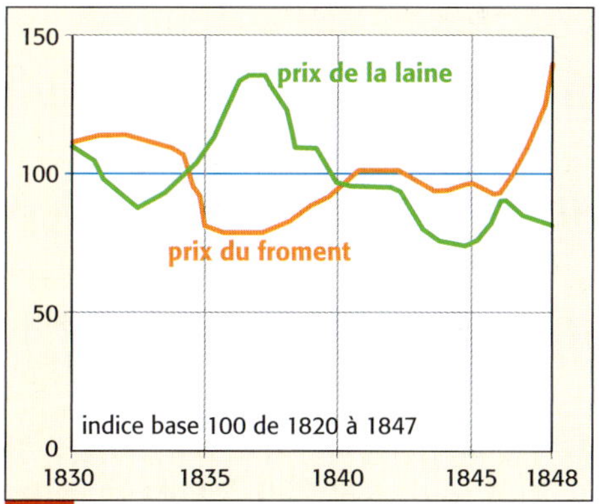

3 Les prix en Europe de 1830 à 1848.

1. Décrire les deux courbes.
2. Quelles incidences ont pu avoir les prix de la laine et du froment sur les mouvements révolutionnaires ?

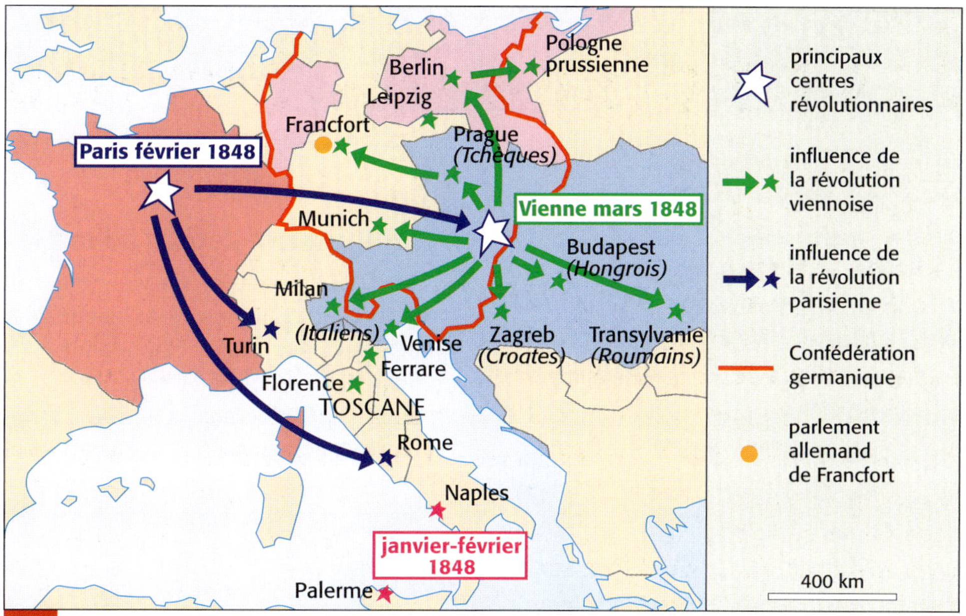

4 Les révolutions de 1848 en Europe.

La capitulation des Hongrois en 1849.

5

Tableau de Klinovszki, vers 1850, musée de l'Armée, Budapest.

Les troupes hongroises, attaquées à la fois par les Autrichiens, les Croates et les Russes doivent capituler. Plus de 30 000 hommes rendent les armes à Világos le 13 août 1849. Commence alors une répression impitoyable.

6 Les insurgés de Rastatt déposent les armes.

Karlsruhe, Badisches Landesmuseum.

Après trois semaines de siège, le 23 juillet 1849, 5 600 révolutionnaires badois se rendent aux Prussiens.

1. Qui réprime les insurrections de 1848 (doc. 5 et 6) ?
2. Quels point communs peut-on relever ?

FICHE DE RÉVISION

DATES À RETENIR

- **1829** : indépendance de la Grèce
- **Révolutions de 1830-1831** :
  - **1830** : indépendance de la Belgique
  - **1831** : échec de la révolution polonaise
- **Révolutions de 1848** : le « printemps des peuples »
- **1849** : victoire de la réaction en Europe

L'ESSENTIEL

1. L'impossible retour à l'ordre ancien

■ En 1815, le congrès de Vienne avait tenté d'effacer les effets de la Révolution française, en particulier les idées nationales et libérales. Les rois qui ont été chassés sont rétablis sur leur trône. Cependant, l'influence des idées de la Révolution française demeure. Un retour complet à l'Ancien Régime est impossible. Dans les villes, une partie de la population anime des **mouvements libéraux et nationaux**.
– Les pays signataires de la Sainte Alliance répriment toute agitation libérale ou nationale.
– Ces mouvements sont écrasés en Allemagne, en Espagne, en Pologne, mais libéralisme et nationalisme restent des idées porteuses d'espoir.
– La Grèce puis la Belgique insurgées deviennent indépendantes en 1829 et 1830.

2. 1848 : le « printemps des peuples »

■ En 1848, ces mouvements renaissent et se propagent dans toute l'Europe (empire d'Autriche, pays allemands, Italie) : on parle d'un « printemps des peuples ».
– Dans un premier temps, des Constitutions sont accordées ;
– en 1849, ces révolutions se soldent par un échec. La réaction triomphe partout en Europe en 1849, au prix d'une dure répression.

■ L'Italie et l'Allemagne n'ont pas réussi à devenir des États-nations ; en Europe centrale, les minorités hongroises et slaves n'ont pas obtenu leur indépendance.

BIOGRAPHIES

Giuseppe Mazzini
(1805-1872),
patriote et révolutionnaire italien.
(Voir biographie complète p. 317)

Klemens Wenzel de Metternich
(1773-1859),
diplomate et homme politique autrichien.
(Voir biographie complète p. 317)

Giuseppe Verdi
(1813-1901),
compositeur italien, auteur de nombreux opéras (*La Traviata, Rigoletto, Nabucco, Aïda, Falstaff*), il mêle opéra et combat politique.
(Voir biographie complète p. 319)

NE PAS CONFONDRE

Libéralisme et nationalisme, mouvement national et mouvement libéral

➤ Le **libéralisme** est une doctrine favorable aux libertés :
– sur le plan politique, les libéraux demandent une Constitution et les libertés individuelles (de presse, d'opinion, de religion, etc.). C'est aussi le sens de **mouvement libéral** ;
– sur le plan économique, les libéraux sont favorables à la liberté d'entreprendre, à la liberté des prix et des salaires ; ils refusent l'intervention de l'État dans l'économie.

➤ Le **nationalisme** est un mouvement qui met en avant la primauté de la nation. Il vise :
– à obtenir l'indépendance de son pays s'il se trouve sous domination étrangère ;
– à obtenir l'unité nationale, si les différentes populations formant la nation en question sont divisées. Au XIXe s., ce mot est synonyme de **mouvement national**.

États réactionnaires ou autoritaires et États libéraux ou constitutionnels

➤ Dans les **États réactionnaires ou autoritaires**, les libertés sont restreintes. Généralement, ces États n'ont pas de Constitution. Le souverain a tous les pouvoirs et ordonne la répression des mouvements libéraux et nationaux.

➤ Dans les **États libéraux ou constitutionnels**, une Constitution garantit les libertés fondamentales. Les citoyens élisent des députés qui contrôlent l'action du gouvernement.

Conservateur et réactionnaire

➤ Un régime politique est **conservateur** quand il est en faveur du maintien de l'ordre existant.

➤ Il est appelé **réactionnaire** quand il cherche à revenir en arrière.

État national et État multinational

➤ Un **État national** ou État-nation est un État fondé sur l'appartenance des habitants à la même nation.

➤ Un **État multinational** rassemble à l'intérieur de ses frontières des peuples différents. C'est le cas, au XIXe s., de l'empire d'Autriche ou de la Russie qui sont, pour cette raison, les plus déterminés à réprimer l'agitation nationale.

L'Europe politique en 1815 et en 1850.

Questions

1. Caractériser les régimes politiques présents en Europe en 1815.
2. Quelle évolution se dégage entre 1815 et 1850 ?
3. Quels sont les États nouveaux apparus entre 1815 et 1850 ?
4. Quels sont les mouvements qui ont contribué à la naissance de ces États ?
5. Dans quel État relève-t-on le plus grand nombre de minorités nationales ? Quelles sont-elles ?
6. Quelles sont les revendications exprimées par ces minorités entre 1815 et 1848 ?
7. Qu'est-ce qui explique les échecs de leurs revendications ?

Sujet de composition

Les mouvements nationaux en Europe de 1815 à 1848.

Étudier une caricature

1 L'ordre règne à Naples.

Caricature d'Honoré Daumier, 1849, BNF, Paris.

Le roi des Deux-Siciles, Ferdinand II (1830-1859) réprima durement la révolution de 1848-1849, d'où son surnom de « Re-Bomba ».

Questions

1. Présenter le document.
2. Décrire le document.
3. Interpréter le sens caché de la caricature.

DOCUMENT D'ACCOMPAGNEMENT La répression dans les États pontificaux

Le commissaire pontifical extraordinaire, au nom de sa sainteté Pie IX, pape souverain, nous ordonnons ce qui suit.

Tout emblème de l'anarchie sera détruit ; les magistrats locaux seront chargés de relever sans retard les armes et la bannière du légitime gouvernement pontifical.

Il est défendu à qui que ce soit, sous peine d'arrestation immédiate, de porter aucun insigne républicain, comme bonnet rouge, ruban, etc. […]

Toute association politique est dissoute. […]

Il est défendu de se réunir au nombre de cinq personnes, surtout le soir. Depuis onze heures du soir, quiconque sera trouvé dans les rues, sans motif juste et grave, sera arrêté et condamné à cinq jours d'emprisonnement, et à un mois en cas de récidive.

La liberté de la presse est et demeure suspendue. On devra soumettre à l'autorité ecclésiastique ou à la police, suivant les matières, tout ce que l'on voudra publier […].

Les livres et imprimés […] ne pourront être mis en circulation sans la permission de l'autorité ecclésiastique ou de la police.

Mesures prises par le gouvernement pontifical, août 1849.

Honoré Daumier (1808-1879) est un dessinateur très connu à son époque. Il est engagé par les journaux satiriques *La Caricature* puis *Le Charivari*. Il aborde ainsi la caricature politique, genre qui éclôt dans la première moitié du XIXe siècle.

En 1831, une caricature de Louis-Philippe, assimilé à Gargantua, lui vaut six mois de prison ; il continue cependant à défendre son idéal de liberté, avec une verve féroce. Il caricature les hommes politiques mais aussi les mœurs des bourgeois, des gens de finance, de justice… À partir de 1848, il se consacre davantage à la peinture.

→ Comment faire ?

Une caricature est une représentation volontairement exagérée et déformée d'un personnage ou d'une situation. Elle vise à faire rire ou sourire.
Elle apparaît avec la liberté de la presse ; la liberté de caricaturer est un élément constitutif de la liberté de la presse.
Elle n'est jamais neutre : c'est un document subjectif qui fait appel à l'esprit critique.
Mais c'est aussi un document historique comme un autre, que l'on présente, que l'on observe et que l'on interprète.

1 Présenter le document : auteur, date, origine

Une caricature s'analyse comme n'importe quel autre document historique :
Présenter une caricature nécessite de répondre aux questions :
– QUOI : il faut indiquer sa nature.
– QUAND : préciser la date et le contexte historique.
– QUI : présenter l'auteur et le thème abordé.
– À QUI s'adresse la caricature ? Dans quel journal paraît-elle ?

2 Décrire le document

Pour répondre à cette question, décrire la scène qui se déroule dans la rue mais aussi ce que l'on voit des bâtiments.
– Comment se présente le personnage central ?
– Comment peut-on identifier sa fonction ?
– Que regarde-t-il ?

3 Interpréter le document

Dans l'étude d'une caricature, c'est l'interprétation qui en constitue la partie la plus importante ; c'est là qu'on peut montrer que le dessin a bien été compris.
C'est par la juxtaposition d'éléments que la caricature se montre efficace : ici, le calme apparent du roi à son balcon face à une ville en ruines et à des monceaux de cadavres.
Réaliser une caricature est un acte politique ; en général, l'auteur dénonce des faits, des hommes ou des politiques.

a. La caricature dénonce un souverain
– Que rappelle la formule « l'ordre règne à Naples » ?
Faire ici le rapprochement avec la répression qui a suivi les soulèvements nationaux en Pologne en 1831.
– Le personnage principal est ridiculisé ; cela donne le sens de la caricature : une dénonciation de ce qu'il est, de ce qu'il fait. Quels sont les procédés utilisés pour rendre le souverain ridicule ?

b. Elle dénonce aussi un système politique
– Quel regard Daumier porte-t-il sur les événements qui se déroulent à Naples ?
Que signifie le fait que l'on voie le Vésuve fumer ?
– À l'aide de la leçon, replacer les événements de Naples dans un contexte plus général.

c. On peut terminer en précisant :
– l'originalité de la caricature et son efficacité ;
– si elle est conforme à la réalité des faits historiques.

Exercice

Commenter cette caricature en répondant aux mêmes questions que p. 274.

DOCUMENT D'ACCOMPAGNEMENT
Gargantua : Louis-Philippe et les impôts, lithographie d'Honoré Daumier, parue dans *La Caricature*, décembre 1831.

Étude d'un ensemble documentaire (4/7)

Sujet : Quelles sont les causes des révolutions de la première moitié du XIXe s. en Europe ?

Première partie

Analyser l'ensemble documentaire

1. Comment est présentée la situation de l'Allemagne et de l'Italie dans les doc. 1, 3 et 4 ?
2. Quels grands principes issus de la Révolution française animent les combats révolutionnaires ?
3. Quelles peuvent être les conséquences de la situation économique d'après les doc. 2 et 5 ?
4. Quels sont les « oppresseurs » mis en cause dans les différents documents ?

Deuxième partie

À l'aide de ce travail préparatoire et de vos connaissances personnelles, rédiger une réponse organisée au sujet : Quelles sont les causes des révolutions de la première moitié du XIXe siècle ?

DOCUMENT 1

La répression des idées libérales après 1815 : ***Le club des penseurs.***

Caricature allemande, 1819.

On lit sur le mur : « Question importante à l'ordre du jour : jusqu'à quand aurons-nous le droit de penser ? »

DOCUMENT 2

Émeute de la faim en Pologne.

Pillage d'une boulangerie dans la ville polonaise de Wroclaw, 1846. Tableau de Philippe Hoyoll, Museum ostdeutscher Galerie, Ratisbonne.

La ville de Wroclaw (Breslau en allemand) est alors sous domination prussienne. De 1845 à 1847, les provinces polonaises connaissent une importante hausse des prix, de forts taux de chômage et de véritables famines.

DOCUMENT 3 L'hymne de Mameli

Frères d'Italie
L'Italie s'est levée,
Avec le heaume de Scipion [l'Africain]
Elle s'est couronné la tête. [...]
Nous sommes depuis des siècles
Piétinés, moqués,
Parce que nous ne sommes pas un peuple,
Parce que nous sommes divisés.
Que nous rassemble un unique
Drapeau, un espoir :
De nous fondre ensemble
L'heure a déjà sonné. [...]
Unissons-nous, aimons-nous
L'Union, et l'amour
Révèlent aux Peuples
Les voies du Seigneur ;
Jurons de libérer
Le sol natal :
Unis pour Dieu
Qui peut nous vaincre ?

Goffredo Mameli (1827-1849).
Rédigé en 1847, le poème *Fratelli d'Italia* est devenu l'hymne national italien en 1946.

DOCUMENT 4 La situation européenne vue par un officier russe

Les peuples ont pris conscience d'une vérité sacrée : qu'ils n'existent pas pour les gouvernements, mais que les gouvernements doivent exister pour eux. [...] Les peuples, après avoir connu les douceurs de la connaissance et de la liberté s'efforcent de les conserver.

La prédominance de Napoléon et la guerre de 1813 et 1814 ont uni toutes les nations européennes, enflammées par l'appel à la liberté et au civisme. Napoléon a été renversé ! Les monarques ont formé une sainte alliance, des congrès en ont jailli et ont informé les nations qu'ils étaient réunis pour réconcilier toutes les classes et introduire la liberté politique. Mais les objectifs de ces congrès sont bientôt apparus. Les nations ont été déçues. Les monarques ne pensaient qu'à trouver les moyens de conserver leur puissance illimitée, soutenir leur trône chancelant, éteindre la dernière étincelle de liberté et de connaissance.

Les nations offensées se sont mises à réclamer ce qui leur appartenait et qu'on leur avait promis, les chaînes et les prisons ont été leur lot ! Au lieu de la liberté promise, les nations européennes se sont trouvées opprimées. Les prisons du Piémont, de Sardaigne, de Naples et en général toutes celles d'Italie et d'Allemagne regorgent de citoyens enchaînés. Voilà les événements qui ont éclairé les esprits des peuples et leur ont fait réaliser qu'il n'était pas possible de faire confiance aux souverains.

D'après une lettre de Pierre Kakhovski au général Levashev, 24 février 1826.
Kakhovski est un officier russe ayant participé à la tentative révolutionnaire de décembre 1825 (insurrection décabriste) à Saint-Pétersbourg. Trad. H. Sadowski.

DOCUMENT 5 Pétition des chartistes[1] à la Chambre des communes en Angleterre, 1836

Nous habitons un pays où la terre elle-même est bonne, le sol riche, et le climat sain ; les articles commerciaux y sont en abondance ; on y trouve des ports nombreux et pratiques ; le pays dépasse tous les autres [...]. Pourtant malgré tous ces éléments de prospérité nationale, nous sommes écrasés de souffrance privée et publique. L'énergie d'un puissant royaume a été gâchée pour asseoir le pouvoir d'ignorants et d'égoïstes et ses ressources gaspillées à leur seul profit [...]. La minorité a gouverné dans l'intérêt de la minorité, alors que l'intérêt de la masse a été négligé, voire insolemment et tyranniquement foulé aux pieds [...]. Nous nous présentons devant votre honorable Chambre des communes pour vous dire, en toute humilité, que cet état de choses ne peut plus continuer, sous peine de mettre sérieusement en danger la stabilité du trône et la paix du royaume.
Nous réclamons le suffrage universel [...].
Qu'il plaise donc à votre honorable Chambre de prendre notre pétition en grande considération, et de s'efforcer vigoureusement, par tous les moyens constitutionnels, de faire passer une loi accordant à tout homme adulte, sain d'esprit et innocent de tout crime, le droit d'élire les membres du Parlement, une loi établissant le scrutin secret, ordonnant que la durée du Parlement n'excède pas un an, abolissant les critères de propriété pour être député, et prévoyant une juste rémunération pendant l'activité parlementaire.

1. Ne en 1836 chez des artisans londoniens,ce mouvement revendique le suffrage universel et se diffuse à partir de la Charte du peuple de 1838. Ses pétitions réunissent plus de 2 millions de signatures en 1839.

Méthode

Aide à la rédaction de la réponse à la deuxième partie

A. Rédiger une courte introduction

B. Comment rédiger le développement ?

La question porte sur différents facteurs, il faut :
– les individualiser ;
– trouver des exemples.
Pour bien organiser la réponse et ne pas omettre de compléter la réflexion par quelques connaissances personnelles, classer les informations en fonction des différents facteurs.

1. Facteurs politiques : accéder aux libertés individuelles (doc. 1),
– Utiliser les renseignements fournis par d'autres documents.
– Compléter par ses connaissances personnelles.

2. Facteurs nationaux : une volonté d'unifier la nation pour les peuples qui n'ont pas d'État. C'est le cas de l'Italie (doc. 3) : « Nous ne sommes pas un peuple » signifie nous ne sommes pas unis dans un seul État-nation.
« Unissons-nous », « Jurons de libérer le sol natal » : se demander de qui le sol natal doit-il être libéré.
– Utiliser les renseignements fournis par d'autres documents.
– Compléter par les connaissances personnelles.

3. Facteurs économiques
– Inégalités sociales en Angleterre (doc. 5)
– Renseignements fournis par d'autres documents ?
Avant de conclure, se demander si ces mouvements ont abouti.

C. Ne pas oublier de rédiger une phrase de conclusion

Vers le BAC

Étude d'un ensemble documentaire (5/7)

Sujet : Une unité en marche : l'Allemagne

Première partie

1. Quelle est la situation de l'Allemagne après le congrès de Vienne en 1815 ?
2. Quel projet pour l'Allemagne la proclamation de Hambach exprime-t-elle (doc. 2) ?
3. Quelle première étape vers l'unité est effectivement réalisée ?
4. Quels sont les sentiments de Bismarck durant sa jeunesse (doc. 4) ? Comment Bismarck évolue-t-il (doc. 1 et 5) ?

Deuxième partie

À l'aide des réponses aux questions de la première partie et des connaissances personnelles, rédiger une réponse organisée au sujet : Quels sont les premiers pas de l'unité allemande ?

DOCUMENT 1 La Confédération germanique en 1815.

En 1815 est mise en place la Confédération germanique, qui succède à la Confédération du Rhin et au Saint-Empire aboli en 1806 ; elle comprend 38 États souverains dont les principaux sont la Prusse et l'Autriche. La capitale de la Confédération est Francfort, où siège la Diète germanique. Cette dernière n'est qu'une assemblée de diplomates sans pouvoirs.

DOCUMENT 2 La proclamation de Hambach (1832)

Le 27 mai 1832 a lieu à Hambach, en Rhénanie-Palatinat, une fête qui réunit plus de 30 000 libéraux venus de toute l'Allemagne mais aussi de Pologne et de la France.

Le jour de la victoire la plus noble qui soit viendra, celle où l'Allemand, venant des Alpes et de la mer du Nord, du Rhin, du Danube ou de l'Elbe embrassera ses frères, celle où les frontières avec leurs bornes et leurs barrières, tous les emblèmes de la séparation, de l'entrave et de l'oppression disparaîtront. Disparaîtront également toutes les Constitutions ridicules que l'on a pu accorder à quelques enfants grognons, comme autant de jouets. […] Lorsque ce jour viendra, chaque ethnie, libre et indépendante, développera les libertés civiques et tissera un lien fraternel fort qui les réunira toutes en une seule force et unité politique. […] Oui, ce jour viendra, où une patrie allemande commune se lèvera, qui saluera en tous ses fils des citoyens, et qui les entourera tous de la même protection, du même amour. […] Nous-mêmes nous voulons parachever notre œuvre et, je le sens, cela doit arriver très bientôt. L'aristocratie ne doit pas étrangler de ses mains d'assassin la liberté allemande, la liberté européenne. […]

Vive l'Allemagne libre et unie ! […]

Vivent tous les peuples qui brisent leurs chaînes et scellent avec nous l'alliance de la liberté.

Vive la patrie !

Vive le peuple souverain !

Vive la fédération des peuples.

Philipp Siebenpfeifer, *Proclamation de Hambach*, 1832, trad. H. Sadowski.

DOCUMENT 3

« Abattons les entraves. »

Caricature allemande de 1834.
La Prusse lance, dès 1819, le principe d'une union douanière (Zollverein). S'inspirant des idées du libéralisme économique, elle supprime toutes les entraves au commerce ; le reste de la Confédération – Autriche exceptée – s'y rallie par étapes, et cela donne naissance en 1834 à un vaste espace de libre circulation des biens et des marchandises.

DOCUMENT 4 **Bismarck juge le mouvement des Burschenshaften[1]**

Produit normal de notre enseignement officiel, à Paques 1832, je quittai le lycée. J'étais, sinon républicain, du moins convaincu que la république était la forme de gouvernement la plus rationnelle. En outre je me creusais la tête pour découvrir les motifs capables de décider des millions d'hommes à subir, leur vie durant, la volonté d'*un seul,* alors que, assistant à des conversations d'hommes mûrs, il m'était arrivé souvent de les entendre critiquer tels ou tels souverains, d'un ton acerbe ou méprisant. Ajoutez que de six à onze ans j'avais suivi, à l'institution Plaman, des cours où s'étaient conservées les traditions et où j'avais pris moi-même des sentiments nationalistes allemands. Mais ces aspirations restèrent purement théoriques et ne furent pas assez fortes pour effacer le sentiment de dévouement absolu à la monarchie prussienne qui m'avait été inculqué dès le berceau. […]
En arrivant à l'université, j'entrai d'abord en relation avec des étudiants appartenant à la Burschenschaft[1] qui se donnait pour but d'entretenir chez ces membres l'esprit national. […] Je n'étais pas à l'université depuis six mois qu'eut lieu « la fête de Hambach « (27 mai 1832) et je me souviens encore de la poésie spécialement composée pour y être chantée. J'étais à peine étudiant de deuxième année qu'eut lieu l'échauffourée de Francfort (3 avril 1833). Ces manifestations m'inspiraient de la répulsion. J'étais bien trop stylé à la prussienne pour n'être pas désagréablement impressionné par l'atteinte qu'une troupe révolutionnaire et tumultueuse portait à l'ordre établi.

Otto von Bismarck (1815-1898), *Pensées et souvenirs*, 1898.

1. Mouvement étudiant favorable à l'unité allemande.

DOCUMENT 5

Le roi de Prusse refuse la couronne.

Caricature de 1848,
« Dois-je ou ne dois-je pas ? »
Landesmuseum für Technik und Arbeit, Mannheim.

La couronne que pourrait prendre un Hohenzollern, si les circonstances permettaient que cela fût possible, ce n'est pas, même avec l'assentiment des princes, la couronne fabriquée par une assemblée issue d'un germe révolutionnaire, une couronne dans le genre de la couronne des pavés de Louis-Philippe ; c'est la couronne qui porte l'empreinte de Dieu. […] Celle-là, au contraire, elle est déshonorée par l'odeur de charogne que lui donne la révolution de 1848. […]
Quoi ! Cet oripeau, cette couronne de bric-à-brac, pétrie de terre glaise et de fange, on voudrait le faire accepter à un roi légitime, bien plus, à un roi de Prusse ! […] L'Assemblée n'a ni à donner ni à offrir une couronne. Elle ne peut que proposer une Constitution et ensuite la soumettre au Conseil des princes.

Lettre de Frédéric-Guillaume IV, roi de Prusse de 1840 à 1861, à l'ambassadeur de Prusse à Londres, décembre 1848.

2 Le démarrage économique

A. La révolution industrielle doc. 1 et 3

■ Le démarrage économique du XIXe s. trouve son origine dans les **révolutions agricole et démographique**, qui créent une forte demande d'objets en fer et de produits textiles mais qui fournissent aussi une **main-d'œuvre abondante, par l'exode rural**.

■ La réponse à cette demande accrue est rendue possible par les progrès techniques. Grâce à **la machine à vapeur**, inventée et perfectionnée au XVIIIe s., se développe un nouveau système de production qui repose sur une source d'énergie unique, le charbon, et qui se développe à la fin du XVIIIe s. et au début du XIXe s. autour de la sidérurgie et du textile. À partir de 1830, les échanges sont facilités par l'utilisation de la machine à vapeur dans les transports, avec l'apparition du chemin de fer. On a donné le nom de **révolution industrielle** à l'ensemble de ces transformations.

B. Capitalisme et libéralisme doc. 2, 4 et 5

■ Ces nouveautés exigent d'importants **capitaux**, dont une partie provient des profits tirés du commerce maritime ou colonial. Mais c'est insuffisant : en Angleterre, **un réseau de banques** est mis en place dès le début du XIXe s. pour collecter le capital auprès des épargnants. Cet argent est ensuite investi dans les entreprises dans l'espoir de réaliser un profit. Quand les banques sont rares, on utilise les capitaux d'entrepreneurs ou de banquiers comme les Rothschild. Des sociétés capables de réunir les capitaux de nombreux actionnaires, les sociétés par **actions**, sont créées. Les actions peuvent être vendues ou échangées dans les **bourses** (Londres, Francfort, Paris, Vienne).

■ Bourgeois et banquiers peuvent faire fructifier leurs capitaux sans entraves, dans le cadre du **libéralisme** économique. Ce dernier trouve son origine dans la pensée des Lumières et ses premières applications en France sont les lois d'Allarde et Le Chapelier (1791) qui mettent fin aux corporations. Ses théoriciens (Adam Smith, Stuart Mill) prônent la libre entreprise, la libre concurrence, la non-intervention de l'État, c'est-à-dire le « laisser-faire, laisser-passer ». Désormais, **la seule loi qui régit l'économie est celle de l'offre et de la demande, la loi du marché**.

C. La diffusion de la révolution industrielle doc. 1

■ La révolution industrielle, apparue au Royaume-Uni au XVIIIe s., touche d'abord le coton, puis l'acier et les chemins de fer. Près des mines de charbon, apparaissent des paysages enfumés caractéristiques de la révolution industrielle : les pays noirs. L'industrie s'organise désormais dans l'usine qui concentre ouvriers et machines. La Belgique, le nord et l'est de la France, l'ouest de l'Allemagne connaissent également la révolution industrielle. Mais le travail à domicile y reste dominant, notamment en France où bois et énergie hydraulique sont largement disponibles. De plus, la dispersion de l'industrie évite au travailleur des campagnes le déracinement entraîné par l'exode rural. Elle assure aux entrepreneurs une main-d'œuvre peu exigeante et docile : disséminée, elle ne peut s'organiser.

■ **Dans l'est et le sud du continent**, comme en Bohême-Moravie, en Italie du Nord, dans la région de Moscou, dans des pays encore très ruraux, l'industrie se concentre dans quelques foyers isolés. Il s'agit essentiellement d'industries textiles et d'industries diversifiées : forges, brasseries, verreries.

VOCABULAIRE

révolution industrielle : période d'intense transformation de l'industrie, caractérisée par l'utilisation de nouvelles techniques, le développement de nouveaux secteurs industriels et par une forte croissance de la production.

capital : somme d'argent investie de manière à rapporter un profit.

action : part du capital d'une entreprise, qui donne droit à une part des bénéfices.

bourse : lieu où s'échangent des actions, des titres, selon la loi de l'offre et de la demande.

libéralisme : sur le plan économique, doctrine qui est favorable à la liberté d'entreprendre, à la liberté des prix et des salaires et qui refuse l'intervention de l'État.

1 Mine de charbon en 1844.
Lithographie anglaise en couleurs, 1844.

1. Comment les mineurs descendent-ils au fond de la mine ?
2. Comment le charbon est-il extrait ?
3. Comment est-il transporté ?

2 Le laisser-faire

Nous avons observé qu'en règle générale les affaires étaient mieux faites lorsque ceux qui y étaient le plus directement intéressés avaient la faculté d'agir librement sans être contrôlés par la loi ou par aucun fonctionnaire public.
Les personnes qui exercent une profession sont meilleurs juges que le Gouvernement des moyens d'atteindre le but auquel elles tendent. En supposant même, ce qui n'est guère probable, que le Gouvernement possédât les connaissances acquises par les personnes les plus instruites du métier, les gens qui l'exercent ont un intérêt si puissant et si direct à bien faire qu'il y a beaucoup plus de chances pour qu'ils trouvent et appliquent des perfectionnements, s'ils sont abandonnés à eux-mêmes.

John Stuart Mill (1806-1873), économiste libéral, *Principes d'économie politique*, 1848.

1. Définir le « laisser-faire » d'après ce texte.
2. Quel rôle est laissé au « Gouvernement » ?

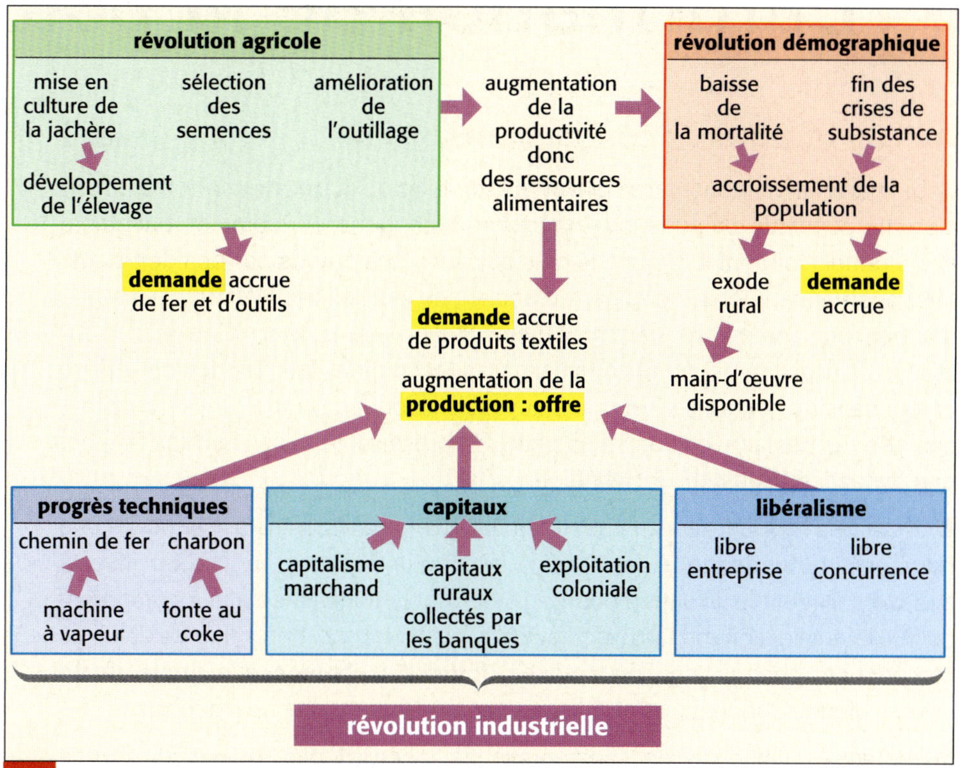

3 La rencontre de l'offre et de la demande.

4 Une action d'une société minière, 1856.

1. Quel est le capital de cette société ?
2. En combien d'actions le capital de cette société est-il divisé ?

5 Une séance de la Bourse de Paris (palais Brongniart).

1. Que font les personnages qui figurent sur la gravure ?
2. Quelle est la fonction d'une Bourse ?

3 L'affirmation de la bourgeoisie

A. Les bourgeois conquérants doc. 2

■ Si la révolution industrielle consacre la victoire de la **bourgeoisie**, cette dernière ne constitue pas une **classe sociale** homogène. Au sommet, banquiers et industriels forment le groupe le plus puissant. Les grands patrons de l'industrie appartiennent, pour certains, à d'anciennes familles (de Wendel), alors que d'autres ont commencé comme artisan (Krupp) ou ouvrier (Cockerill). Leur réussite s'explique par **leurs connaissances techniques, leur esprit d'entreprise et leur sens de l'organisation** grâce auxquels ils ont pu profiter des circonstances offertes par la révolution industrielle. Progressivement, ces familles forment des dynasties (Rothschild, Schneider…).

■ Mais tous les bourgeois ne sont pas banquiers ou industriels. Il subsiste une **bourgeoisie traditionnelle** de **rentiers**, vivant d'une fortune héritée, qui investit peu dans l'industrie. D'autres bourgeois doivent leur influence à leur compétence intellectuelle, comme les avocats. Enfin, les **notables**, très influents dans les campagnes, pharmaciens ou notaires, forment la **bourgeoisie rurale**. À un niveau inférieur, boutiquiers et artisans composent la petite bourgeoisie.

■ Toutefois, l'influence de l'aristocratie ne disparaît pas, même en France après 1789. Partout, elle continue à bénéficier d'un réel prestige dans la société et conserve un rôle majeur dans l'administration locale. Surtout, sa richesse lui permet de jouer un rôle important dans l'industrie, par ses investissements.

B. L'esprit bourgeois doc. 3 et 4

■ En dépit de leur diversité, les bourgeois ont en commun le fait de ne pas exercer de travail manuel, l'autonomie financière, l'attachement à l'idée de liberté économique et **surtout l'esprit d'entreprise**. Ils épargnent et accumulent propriétés et capitaux, que leur sens des affaires s'efforce de faire fructifier. Ces revenus importants leur assurent le confort, mais sans ostentation ni luxe excessif ; ils leur valent notoriété et considération.

■ Leur réussite est due moins au hasard qu'à la ténacité dont ils font preuve et à leur sens du travail, vertus qui leur sont inculquées par leur éducation. Le sentiment d'appartenir à une élite engendre une satisfaction et, parfois, une volonté moralisatrice.

C. L'essor des villes doc. 1 et 5

■ La plupart des notables, nobles ou bourgeois résident en ville, où ils trouvent un plus grand confort. C'est là aussi que se développe la vie culturelle, à travers journaux et spectacles. Si le Royaume-Uni compte, en 1851, autant de citadins que de ruraux, c'est une exception en Europe. **Moins de 30 % de la population vit dans les villes en France et en Allemagne**, et moins encore dans les pays de l'est et du sud du continent. Cependant, toutes les villes européennes grandissent : 23 villes de plus de 100 000 habitants en 1800, et 42 en 1850.

■ Les villes conservent beaucoup de traits traditionnels, que Balzac a su restituer dans ses romans. Dans les plus grandes, on commence à réaliser des travaux d'**urbanisme**. Les premières usines sont bâties à la périphérie : si les bourgeois tirent profit de l'industrie, ils ne lui laissent aucune place au cœur de la ville. Dans la première moitié du XIXe s., la nouvelle classe sociale née de la révolution industrielle, la classe ouvrière, est logée dans les caves et les greniers. Ce début de ségrégation sociale dans l'habitat caractérise des villes industrielles.

VOCABULAIRE

bourgeoisie : groupe social caractérisé à la fois par une aisance matérielle qui dispense ses membres d'exercer une activité manuelle, et par le fait de ne pas appartenir à la noblesse. La bourgeoisie comprend de nombreuses catégories différentes.

classe sociale : expression désignant une catégorie de la population définie par la place qu'elle occupe dans la production ou dans la société : classe ouvrière, aristocratie, bourgeoisie, paysannerie.

rentier : personne disposant de revenus suffisants pour ne pas avoir besoin de travailler ; elle vit de ses rentes et de ses placements.

notable : personnage important par son pouvoir politique, sa richesse et son influence.

urbanisme : science de l'aménagement des villes (tracé des rues et des places, situation des bâtiments publics, des parcs, etc.).

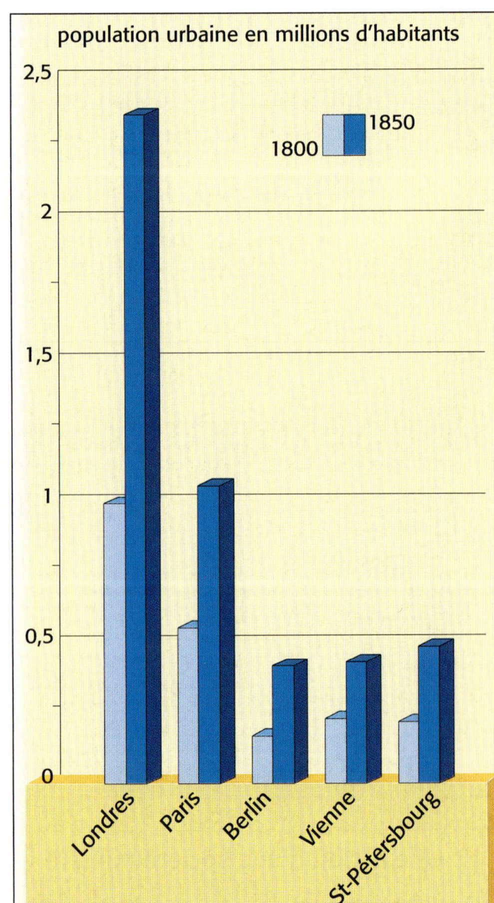

1 L'essor des grandes capitales européennes de 1800 à 1850.

a. **« Amschel Meyer Rothschild mène l'Europe. »**
Caricature, vers 1840, gravure, bibliothèque municipale de Francfort.

b. Une dynastie de banquiers

Meyer Amschel Rothschild 1744-1812
Banquier de Francfort-sur-le-Main, il s'enrichit par le négoce au temps des guerres napoléoniennes.

Amschel Meyer	Salomon	Nathan	Charles	James
1773-1855	1774-1855	1777-1836	1788-1855	1792-1868
conserve la maison de	fonde en 1823 la banque de	fonde en 1800 la banque de	fonde en 1820 la banque de	fonde en 1817 la banque de
Francfort	**Vienne**	**Londres**	**Naples**	**Paris**

c. L'ami des rois

Je connais tous les ministres, je les vois journellement, et dès que je m'aperçois que la marche qu'ils suivent est contraire aux intérêts du gouvernement, je me rends chez le roi Louis-Philippe, que je vois quand je veux. Comme il sait que j'ai beaucoup à perdre et que je ne désire que la tranquillité, il a toute confiance en moi, m'écoute et tient compte de ce que je lui dis.

Lettre de James de Rothschild à Mme Nesselrode, femme d'un diplomate russe, décembre 1840.

2 Les Rothschild, une dynastie de banquiers en Europe.

1. Montrer que le doc. a est une caricature (voir p. 275). **2.** Pourquoi les rois font-ils confiance aux Rothschild (doc. b et c) ?

3 L'éducation bourgeoise

Je me fatigue au-delà de toute expression de la monotonie du bulletin de Léon. Cette éternelle redite « conduite légère », « pas de sérieux au travail », me déplaît fort. Je veux, Léon, que tu sois moins enfant, que tu ne joues plus en travaillant. On n'obtient rien, on n'arrive à rien, si on ne met de la persévérance et de la ténacité à étudier et celui qui est léger, peu attentif, court un grand risque d'être le même dans ses affaires et dans sa conduite d'homme mûr. Or tu sauras que nous sommes dans un siècle où les hommes n'ont de valeur que par eux, et que le commis intelligent et courageux prend tous les jours la place de son maître.

Lettre de Mme Motte-Bossut, à son fils Léon, le 11 février 1856.

1. Quelles vertus de la bourgeoisie cette lettre souligne-t-elle ?
2. Que signifie la phrase : « Nous sommes dans un siècle où les hommes n'ont de valeur que par eux » ?

4 Un notable

À son aspect, tous les chapeaux se lèvent rapidement. Ses cheveux sont grisonnants, il est vêtu de gris. Il est chevalier de plusieurs ordres, il a […] un certain air de contentement de soi et de reconnaissance mêlé à je ne sais quoi de borné et de peu inventif. On sent que le talent de cet homme-là se borne à se faire payer bien exactement ce qu'on lui doit et payer lui-même le plus tard possible quand il doit.
Tel est le maître de Verrières, M. de Rênal. Après avoir traversé la rue d'un pas grave, il entre à la mairie.

Stendhal (1783-1842), *Le Rouge et le Noir*, 1830.

5 Londres en 1840

Londres, centre des capitaux et des affaires de l'Empire britannique, attire incessamment de nouveaux habitants ; mais les avantages que, sous ce rapport, la ville offre à l'industrie, sont balancés par les inconvénients qui résultent de l'énormité des distances : cette ville est devenue trop grande pour qu'on puisse se fréquenter ou se connaître. […]
Londres a trois divisions bien distinctes : la Cité, le West End et les faubourgs. […] Le contraste que présentent les trois divisions de cette ville est celui que la civilisation offre dans toutes les grandes capitales ; mais il est plus heurté à Londres que nulle autre part. On passe de cette active population de la Cité qui a pour unique mobile le désir du gain, à cette aristocratie hautaine, méprisante, qui vient à Londres deux mois chaque année pour échapper à son ennui et faire étalage d'un luxe effréné. Dans les lieux où habite le pauvre, on rencontre des masses d'ouvriers maigres, pâles, et dont les enfants, sales et déguenillés, ont des mines piteuses ; puis des essaims de prostituées aux regards lubriques, et ces brigades d'hommes voleurs de profession ; enfin ces troupes d'enfants qui, comme des oiseaux de proie, sortent chaque soir de leur tanière pour s'élancer sur la ville, où ils pillent sans crainte, se livrent au crime, assurés de se dérober aux poursuites de la police qui est insuffisante pour les atteindre dans cette immense étendue.

Flora Tristan (1803-1844), *Promenade dans Londres ou L'aristocratie et les prolétaires anglais*, 1840.

1. Comment s'explique l'importance de la ville ?
2. Selon l'auteur, quels sont les défauts de la société londonienne ?

La condition ouvrière

• Durant la première moitié du XIXe s., l'artisanat à domicile maintient sa vitalité (« ouvriers en sabots » à la campagne ou petits ateliers d'artisans en ville). Mais parallèlement, dès le début du XIXe s., en Angleterre et dans les pays voisins ensuite, apparaît un nouveau type d'ouvrier fraîchement immigré de la campagne et qui travaille en usine. Déraciné, sans aucun espoir de promotion sociale, il connaît une situation précaire et vit dans la misère : il appartient au prolétariat.

1 Extraits du règlement d'une filature sur l'Essonne (1828)

Art. 7. La journée de travail se compose de treize heures : les heures supplémentaires seront payées aux ouvriers dans la proportion de leur salaire, et dans aucun cas ils ne pourront refuser un excédent de travail, quand les circonstances l'exigeront, sous peine de deux francs d'amende.
Art. 8. Tout ouvrier en retard de dix minutes sera mis à une amende de 25 centimes. S'il manque complètement, il paiera une amende de la valeur du temps d'absence.
Art. 11. L'ouvrier qui se présenterait ivre dans les ateliers sera conduit hors de la fabrique : il paiera 3 jours d'amende. Il est expressément défendu d'aller dans le cabaret qui est en face de la grille.
Art. 16. Toute ouvrière qui laverait ses mains ou ses effets quelconques avec le savon de la fabrique paiera trois francs d'amende ; si elle était surprise en l'emportant, elle sera renvoyée et sa paie confisquée.
Art. 17. Il est défendu aux ouvriers de jouer, jurer, crier, chanter, se quereller ou se battre dans les ateliers, manger ou dormir pendant les heures de travail, d'aller en bateau, de se baigner ou de courir dans la propriété, sous peine de 25 centimes à un franc d'amende selon la gravité du cas.
Art. 22. Il est expressément défendu de sortir de l'atelier, sous quelque prétexte que ce soit, pendant les heures de travail, d'aller plus d'une fois par tiers aux lieux[1], et de s'y trouver plusieurs en même temps, sous peine de 25 centimes d'amende.

Affiche de 1828, Archives nationales, Paris.

1. Les toilettes.

2 ***Le Mineur***, par Constantin Meunier, musée de la Chartreuse, Douai, fin XIXe s.

3 Le travail des enfants

Médecin français, le docteur Villermé est surtout connu pour son Tableau de l'état physique et moral des ouvriers dans les fabriques de coton, de laine et de soie, *publié en 1840, résultat d'une enquête menée à Lille, Rouen et Mulhouse. À la suite de son action, le travail des enfants de moins de huit ans est interdit en France en 1841.*

Seize à dix-huit heures debout chaque jour, dont treize au moins dans une pièce fermée, sans presque changer de place ni d'attitude. Ce n'est plus là un travail, une tâche, c'est une torture ; et on l'inflige à des enfants de six à huit ans, mal nourris, mal vêtus, obligés de parcourir dès cinq heures du matin la longue distance qui les sépare de leurs ateliers et qui achève de les épuiser le soir au retour de ces mêmes ateliers. Comment ces infortunés, qui peuvent à peine goûter quelques instants de sommeil, résisteraient-ils à tant de misère et fatigue ? C'est, n'en doutons pas, ce long supplice de tous les jours qui ruine principalement leur santé dans les filatures de coton, et plus encore à Mulhouse et à Thann qu'ailleurs, à cause des conditions dans lesquelles ils vivent.

L. R. Villermé (1782-1863), *Discours sur la durée trop longue du travail des enfants*, 2 mai 1837, archives départementales du Haut-Rhin, Colmar.

4 Des machines à produire

Dans les fabriques, le maître et l'ouvrier sont encore devenus plus étrangers l'un à l'autre. En dehors de l'établissement, ils ne se connaissent plus ; le maître prend peu d'intérêt à son ouvrier ; il ne sait que punir et le renvoyer, s'il fait mal, sans l'encourager à bien faire ; il ne s'intéresse que peu à son intérieur, à sa famille, à ses enfants, à sa moralité, à son bien-être physique ; il lui donne son salaire et voilà tout, qu'il en fasse ensuite ce qu'il voudra. De son côté, l'ouvrier ne porte point d'attachement à son maître… Il ne s'identifie pas avec lui pour contribuer au succès de l'établissement ; mais il le traite en ennemi qui l'exploite, il le trompe volontiers ou au moins il ne veille pas sur la chose de son maître comme sur la sienne propre […].
Le maître traite l'ouvrier comme une machine qu'il emploie tant qu'elle fonctionne bien, pour la rejeter si elle s'est usée à son service sans s'inquiéter de ce qu'elle deviendra. L'ouvrier, abandonné à lui-même […] devient une espèce de brute, qui exécute machinalement son mouvement ; et c'est bien heureux si, à côté de cela, il ne devient pas un ivrogne ou un mauvais sujet.

Rapport du docteur Weber, *Bulletin de la Société industrielle de Mulhouse*, 1839.

5 **Ouvriers au travail au Creusot.**
Usine de fabrication de rails, milieu du XIXe s., gravure en couleurs, BNF, Paris.

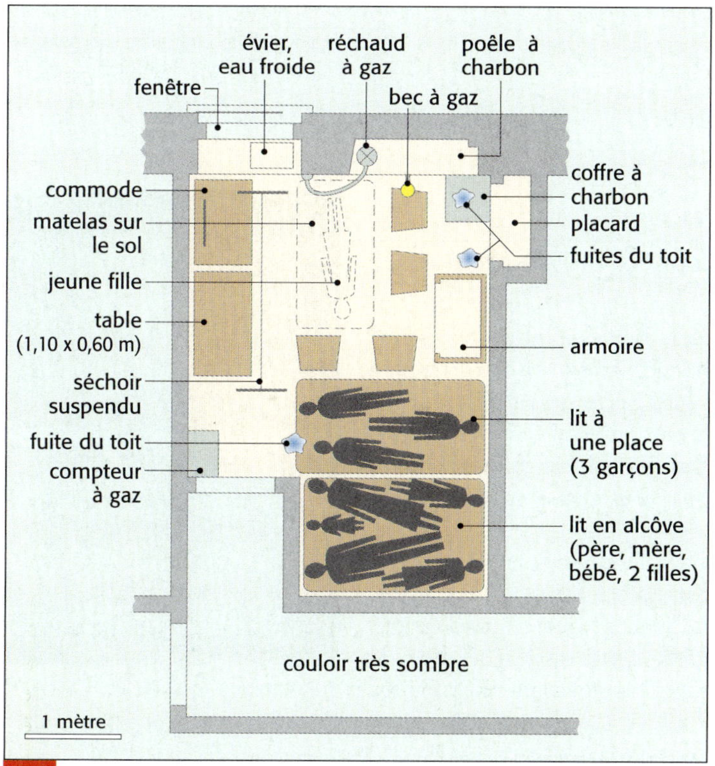

6 **Une habitation ouvrière à Glasgow en 1848.**
Plan extrait du *Journal of the Royal Institute of British Architects*, 1848.

Questions

A Observer les documents (nature, date, auteur, etc.)

B Retirer des informations des documents

1. Quels articles du règlement concernent la durée du travail et le comportement des ouvriers (doc. 1) ?

2. Décrire l'équipement de ce mineur (doc. 2).

3. Pourquoi le docteur Villermé compare-t-il le travail des enfants à une torture (doc. 3) ?

4. Quelle différence, sur le plan humain, apparaît ici entre la grande industrie du XIXe s. et l'artisanat d'autrefois (doc. 4) ?

5. À quoi voit-on que la scène se déroule en usine (doc. 5) ? Montrer qu'il s'agit d'un travail difficile.

6. Calculer la surface (sans le couloir) de ce logement ouvrier (doc. 6). De quelle surface chaque habitant dispose-t-il en moyenne ? Que peut-on en déduire ?

C Rédiger

7. À l'aide de l'ensemble des documents, dresser en quelques lignes un tableau de la condition ouvrière dans la première moitié du XIXe s.

Ouvriers et socialismes

• Le mot **socialisme** est apparu dans les années 1830. Révoltés par la misère ouvrière et les excès du libéralisme, des hommes et des femmes (comme Flora Tristan) se battent contre le **paupérisme** et veulent réorganiser la société sur des bases plus justes où l'homme ne serait plus exploité par l'homme. On a donné le nom de socialisme aux doctrines qu'ils ont alors élaborées.

• Une première génération de socialistes, qualifiée d'« utopistes » par ses successeurs comme Marx, propose des solutions jugées irréalistes. Après ces pionniers, d'autres théoriciens, se présentant comme des « socialistes scientifiques », analysent les causes de la misère et se posent la question : pour améliorer le sort du monde ouvrier, qu'ils appellent « **prolétariat** », faut-il passer par de simples réformes ou par une véritable révolution et une abolition de la propriété privée ?

VOCABULAIRE

socialisme : doctrine critiquant le libéralisme, le capitalisme et l'exploitation des travailleurs. Les socialistes cherchent à améliorer la société en supprimant la propriété privée des moyens de production et en réalisant l'égalité sociale entre les individus, ce qui doit aboutir à une société sans classe.

paupérisme (du latin *pauper*, « pauvre ») **:** situation permanente de pauvreté (paupérisation : abaissement continu du niveau de vie, appauvrissement).

prolétariat : dans l'Antiquité, personnes qui n'ont, à Rome, comme seule richesse que leurs enfants. Au XIXe s., par extension, ouvriers qui n'ont pour seule richesse que leur force de travail.

1 Une union nécessaire

En 1833, 6 000 ouvriers cordonniers se mettent en grève à Paris. L'animateur du mouvement, le cordonnier Efrahem, publie un manifeste de quatre pages, dont voici un extrait :

Des ouvriers de tous les corps d'état se plaignent de l'insuffisance de leur salaire pour satisfaire à leurs besoins.

Si nous restons isolés, éparpillés, nous sommes faibles. Il faut donc un lien qui nous unisse, une intelligence qui nous gouverne. Il faut une association. Ainsi le premier pas à faire, c'est de former un corps, composé de tous les travailleurs du même état, de donner à ce corps une administration qui le gouverne, une commission qui discute avec les maîtres les intérêts du corps d'état, ou qui reçoive, de la main des consommateurs, l'ouvrage à faire et qui le distribue aux associés. [...]

À un signal donné par elle, tous les ouvriers abandonneront leurs ateliers et chômeront pour obtenir des maîtres l'augmentation du prix réclamé.

Tous vous voulez avoir un salaire en harmonie avec vos besoins ; tous vous voulez gagner avec vos deux bras de quoi vivre honnêtement ; tous vous voulez du pain. Pourquoi vous affaiblir au lieu de rassembler vos forces ?

Efrahem, *L'Association des ouvriers de tous les corps d'état*, 1833.

2 « Les Barbares qui menacent la société... »

La sédition de Lyon[1] a révélé un grave secret, celui de la lutte intestine qui a lieu dans la société entre la classe qui possède et celle qui ne possède pas. Notre société commerciale a sa plaie comme toutes les autres sociétés ; cette plaie ce sont les ouvriers. [...] Et avec une population d'ouvriers toujours croissante, toujours nécessiteuse, point de repos pour la société. Chaque fabricant vit dans sa fabrique comme le planteur des colonies au milieu de ses esclaves, un contre cent ; et la sédition de Lyon est une espèce d'insurrection de Saint-Domingue[2]. Les Barbares qui menacent la société ne sont point au Caucase ni dans les steppes de Tartarie ; ils sont dans les faubourgs de nos villes manufacturières. Comment ne chercheraient-ils pas une meilleure condition ? Comment ne seraient-ils pas tentés d'envahir la bourgeoisie ?

Saint-Marc Girardin (1801-1873), professeur de littérature, journaliste, *Le Journal des débats*, 8 décembre 1831.

1. Révolte des canuts en novembre 1831.
2. Saint-Domingue : île des Antilles où s'est déroulée à la fin du XVIIIe s. une importante révolte d'esclaves.

3 Proudhon, la propriété et l'Association des travailleurs

Si j'avais à répondre à la question « qu'est-ce que la propriété ? », ne puis-je répondre « c'est le vol » ? La possession individuelle est juste, la propriété est injuste. Supprimez la propriété en conservant la possession[1], vous changerez tout dans les lois, le gouvernement, l'économie, les institutions. Vous chasserez le mal de la terre. [...]

Nous voulons que les mines, les canaux, les chemins de fer soient remis à des associations ouvrières, organisées démocratiquement. Nous voulons que ces associations soient le premier noyau de cette vaste fédération de compagnies et de sociétés réunies dans une République démocratique et sociale.

D'après Pierre Joseph Proudhon (1809-1865), *Manifeste électoral du peuple*, 1848.

1. Pour Proudhon, la propriété permet au propriétaire de percevoir un revenu sans travail tandis que la possession est le droit d'avoir une propriété qu'on exploite soi-même.

4 **La foire aux idées socialistes.** Lithographie de Bertall, *Journal pour rire*, n° 37, octobre 1848, BNF, Paris.
L'auteur assimile les socialistes à des menteurs (comme Fattet l'arracheur de dents en C) ou à des personnages peu recommandables (comme Macaire, personnage littéraire, archétype du voleur fanfaron en B) qu'il place sur le même plan. À gauche, Cabet (A) décrit la société communiste dans un pays imaginaire, l'Icarie, dont la capitale est Charenton, ville connue pour son asile d'aliénés. Au centre, Proudhon (D) vante le retour à l'état de nature en supprimant la propriété. À droite, Considérant (E), disciple de Fourier, fait allusion aux futures « mutations biologiques » annoncées par son maître.

5 Lutte des classes et révolution

Toute l'histoire de la société humaine jusqu'à ce jour est l'histoire de luttes de classes. […] Notre âge, l'âge de la bourgeoisie, a néanmoins un caractère particulier : il a simplifié les antagonismes de classes. De plus en plus, la société tout entière se partage en deux classes directement opposées : la bourgeoisie et le prolétariat. […]

À mesure que grandit la bourgeoisie, c'est-à-dire le capital, à mesure grandit aussi le prolétariat, je veux dire cette classe des ouvriers modernes, qui n'ont de moyens d'existence qu'autant qu'ils trouvent du travail et qui ne trouvent du travail qu'autant que leur travail accroît le capital. […]

Les prolétaires ne pourront conquérir les forces productives sociales qu'en abolissant les méthodes par lesquelles jusqu'ici il leur était fait une part de revenu. […]

Les communistes dans tous les pays appuieront tous les mouvements révolutionnaires contre l'état social et politique existant. Ils déclareront ouvertement que leurs desseins ne peuvent être réalisés que par le renversement violent de tout l'ordre social traditionnel. Aux classes dirigeantes à trembler devant l'éventualité d'une révolution communiste. Les prolétaires n'ont rien à perdre que leurs chaînes. Et c'est un monde qu'ils ont à y gagner.

Karl Marx (1818-1883) et Friedrich Engels (1820-1895), *Manifeste du parti communiste*, 1848.

Questions

A Présenter les documents

1. Classer les documents dans l'ordre chronologique.

B Retirer des informations des documents

2. Quels sont les deux moyens d'action proposés par Efrahem pour améliorer la condition des travailleurs (doc. 1) ?
3. Quelles sont, pour l'auteur, les raisons des tensions sociales en 1831 (doc. 2) ?
4. Présenter brièvement les idées de Proudhon sur la propriété et l'Association des travailleurs (doc. 3).
5. Présenter le contexte historique de ce document (doc. 4). Qu'y a-t-il de satirique dans cette représentation ?
6. Comment la société des pays industriels est-elle présentée par Karl Marx (doc. 5) ? Quelle perspective nouvelle le *Manifeste du parti communiste* propose-t-il aux prolétaires (doc. 5) ?

C Mettre en relation les documents

7. Certains ont affirmé à propos du XIXe s. : « classes laborieuses, classes dangereuses ». Saint-Marc Girardin est-il de cet avis (doc. 2) ? Partage-t-il le constat de Karl Marx sur l'état de la société ?

D Rédiger

8. Quels documents critiquent la société ? Quelle interprétation des luttes ouvrières ces documents donnent-ils ?

FICHE DE RÉVISION

DATES À RETENIR

- **1814** : première locomotive à vapeur de Stephenson
- **1841** : interdiction du travail des enfants de moins de huit ans, en France
- **1848** : Karl Marx et Friedrich Engels, *Manifeste du parti communiste*

BIOGRAPHIES

Alfred Krupp (1812-1887), industriel allemand.
(Voir biographie complète p. 316)

Flora Tristan (1803-1844), théoricienne socialiste et féministe.
(Voir biographie complète p. 319)

Pierre Joseph Proudhon (1809-1865), théoricien socialiste, rival de Karl Marx.
(Voir biographie complète p. 318)

Karl Marx (1818-1883), théoricien socialiste.
(Voir biographie complète p. 317)

L'ESSENTIEL

1. Une profonde transformation des campagnes

- À la fin du XVIIIe s. et dans la première moitié du XIXe s., l'agriculture connaît de grands bouleversements. Les **crises de subsistance** disparaissent.
- Les révolutions agricole et démographique provoquent une demande accrue de produits manufacturés. Elles fournissent une main-d'œuvre peu exigeante.

2. La révolution industrielle et le démarrage économique

- La **révolution industrielle** fait appel à des techniques nouvelles comme l'utilisation de la machine à vapeur. Elle nécessite l'utilisation de **capitaux** importants.
- Le contexte de **libéralisme** économique favorise les investissements.

3. L'affirmation de la bourgeoisie, la naissance d'une classe ouvrière

- Les conséquences, humaines et sociales, de la révolution industrielle concernent surtout la **bourgeoisie** et la classe ouvrière :
  – le développement industriel renforce le rôle de la bourgeoisie d'affaires ;
  – une nouvelle **classe sociale** apparaît, la classe ouvrière, dont le nombre ne cesse de croître. Mais les conditions d'existence des ouvriers restent misérables.
- Les premières théories socialistes apparaissent (Karl Marx).

NE PAS CONFONDRE

Réforme et révolution

➤ Certains penseurs ou hommes politiques, les uns chrétiens, les autres socialistes, veulent transformer la société par des **réformes**. Ils veulent faire voter des « lois sociales » (limitation du temps de travail, assurances sociales) favorables aux ouvriers.

➤ D'autres socialistes veulent transformer la société par une **révolution** qui détruirait l'ordre social et permettrait de construire une société plus juste.

Socialisme et marxisme

➤ On appelle **socialisme** l'ensemble des doctrines qui critiquent l'organisation sociale existante, aspirent à la transformer en vue de l'améliorer.

➤ Le **marxisme**, forme de socialisme élaborée par Marx, repose sur l'explication de l'histoire par la lutte des classes et prône la révolution par le prolétariat, dans le but de détruire la société capitaliste et d'établir une dictature du prolétariat puis le communisme.

Trois conceptions de la société :

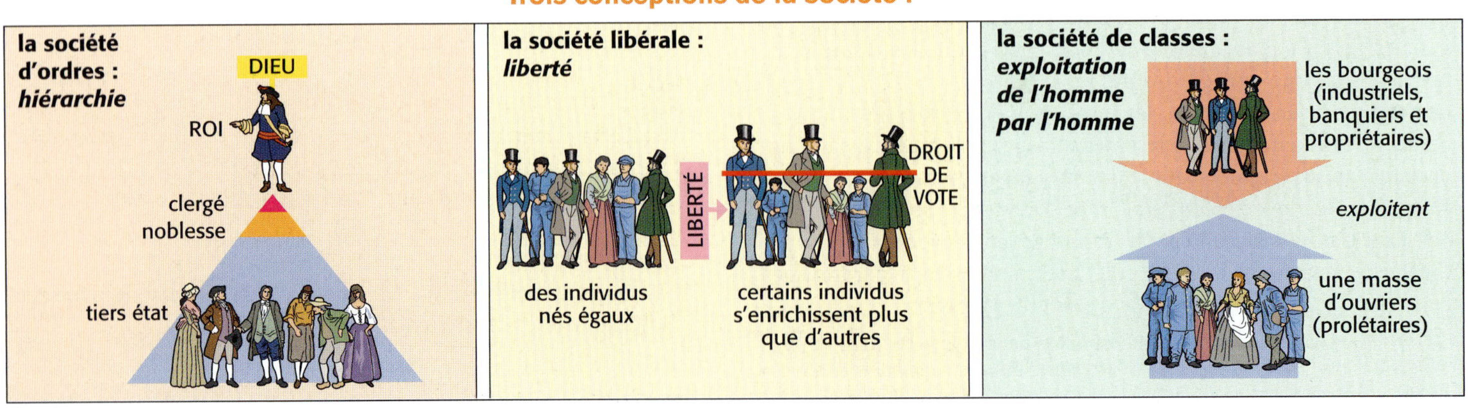

Manchester, capitale cotonnière

Manchester est la grande ville manufacturière des tissus, fils, cotons… comme Birmingham l'est des ouvrages de fer, de cuivre et d'acier.

Circonstance favorable : à dix lieues du plus grand port de l'Angleterre, lequel est le port[1] de l'Europe le mieux placé pour recevoir sûrement et en peu de temps les matières premières d'Amérique. À côté, les plus grandes mines de charbon de terre pour faire marcher à bas prix ses machines[2]. À 25 lieues, l'endroit du monde[3] où on fabrique le mieux ces machines. Trois canaux et un chemin de fer pour transporter rapidement dans toute l'Angleterre et sur tous les points du globe ses produits.

À la tête des manufactures, la science, l'industrie, l'amour du gain, le capital anglais. Parmi les ouvriers, des hommes qui arrivent d'un pays[4] où les besoins de l'homme se réduisent presque à ceux du sauvage, et qui peuvent travailler à très bas prix. Ces hommes forcent les ouvriers anglais qui veulent établir une concurrence, à faire à peu près comme eux. Ainsi, réunion des avantages d'un peuple pauvre et d'un peuple riche, d'un peuple éclairé et d'un peuple ignorant, de la civilisation et de la barbarie.

Comment s'étonner que Manchester, qui a déjà 300 000 âmes, s'accroisse sans cesse avec une rapidité prodigieuse ?

Alexis de Tocqueville (1805-1859), *Voyages en Angleterre et en Irlande de 1835*.

1. Liverpool. 2. Les mines du Lancashire. 3. Birmingham. 4. Irlande.

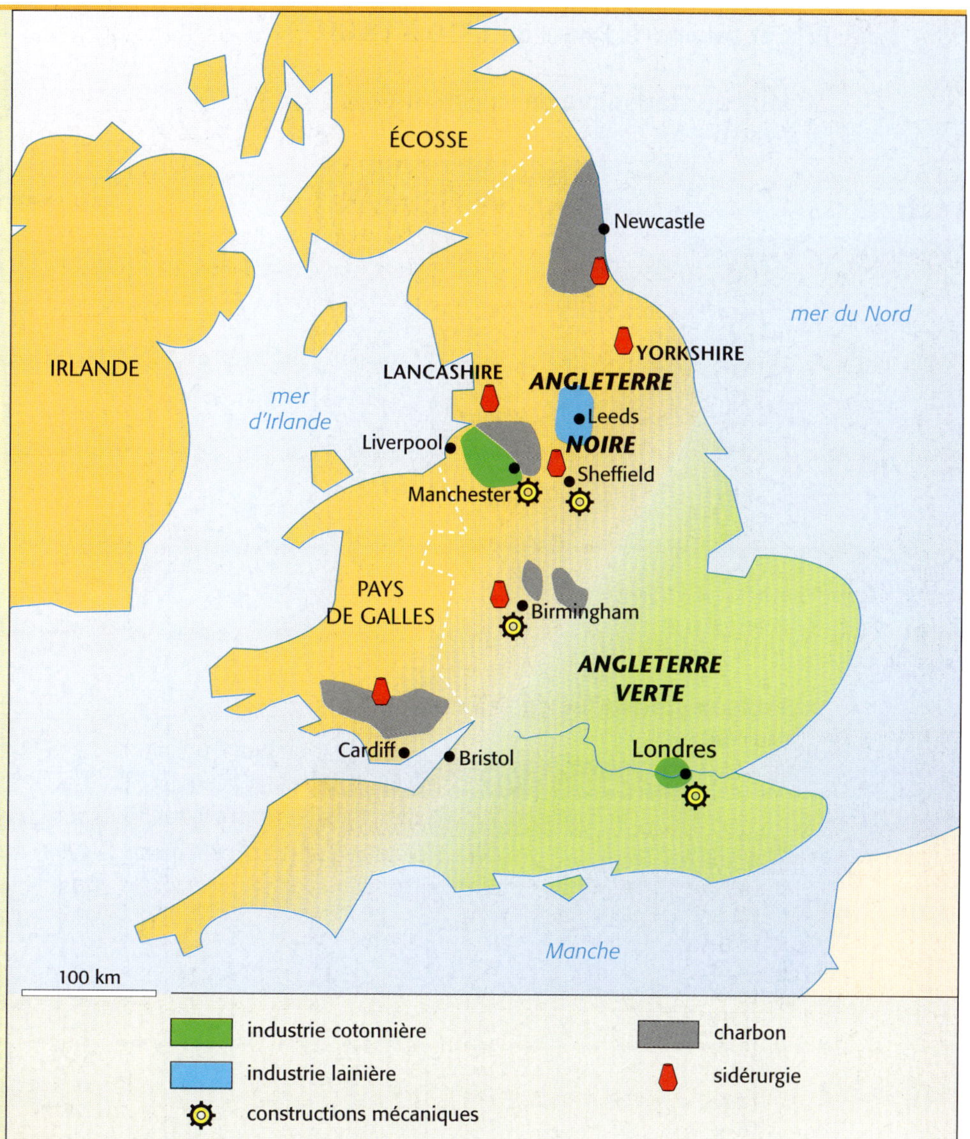

L'Angleterre industrielle vers 1850.

Questions

1. Quelles sont les principales industries anglaises au milieu du XIXe s. ? Où se localisent-elles ? Pourquoi ?
2. Quels atouts ont permis la prospérité économique de Manchester ?
3. Expliquer, à l'aide d'exemples, le sens de la phrase : « à la tête des manufactures, la science, l'industrie, l'amour du gain, le capital anglais ». Quel est ici le sens du mot « industrie » ?
4. De quelles machines l'industrie textile a-t-elle besoin ?
5. Quelles grandes innovations techniques ont révolutionné cette industrie au début du XIXe s. ?
6. Pourquoi les Irlandais quittent-ils leur pays et viennent-ils travailler à Manchester ?
7. Quelles sont, pour le patronat, les conséquences économiques de l'arrivée de ces immigrés ?
8. Quelles sont les conséquences sociales pour les ouvriers anglais ?

Sujet de composition

Quels sont les différents aspects de l'industrialisation de l'Angleterre dans la première moitié du XIXe s. ?

Analyser et comparer des données statistiques

Prix, salaires et coût de la vie

1 Prix et salaires à Thiers de 1830 à 1848

a. Tableau statistique en valeurs brutes
(francs)

	Prix du kg	Salaire journalier	
	Pain bis	Coutelier	Maçon
1830	0,30	2,00	2,00
1832	0,28	2,00	2,00
1834	0,175	2,00	2,00
1836	0,225	1,60	2,00
1838	0,175	1,60	2,00
1840	0,30	1,50	2,25
1842	0,30	1,50	2,25
1844	0,30	1,50	2,25
1846	0,325	1,50	2,25
1847	0,475	1,50	2,25
1848	0,25	1,50	2,25

c. Graphique en valeurs brutes (francs)

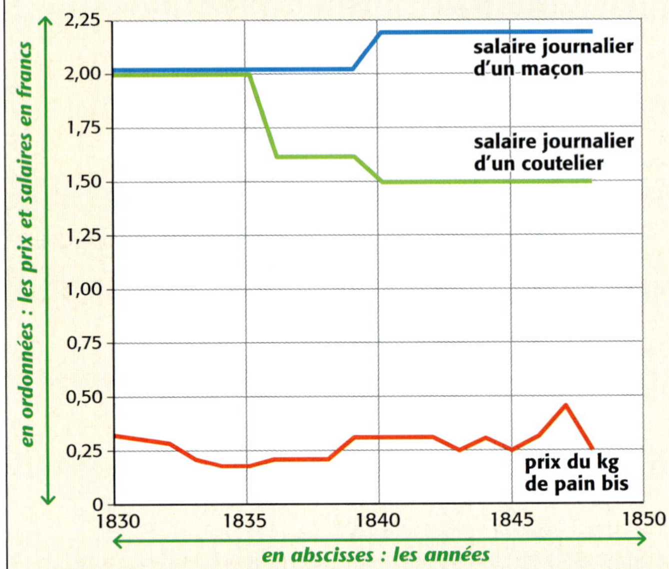

b. Tableau statistique en valeurs relatives
(indices)

	Prix du kg	Salaire journalier	
	Pain bis	Coutelier	Maçon
1830	100	100	100
1832	93	100	100
1834	58	100	100
1836	75	80	100
1838	58	80	100
1840	100	75	112
1842	100	75	112
1844	100	75	112
1846	108	75	112
1847	158	75	112
1848	83	75	112

d. Graphique en valeurs relatives (indices)

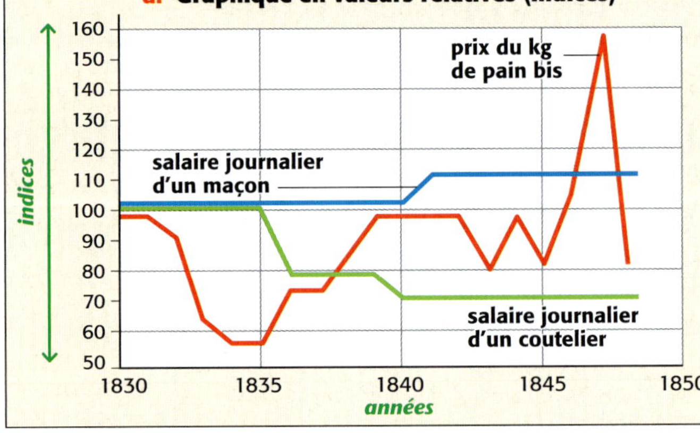

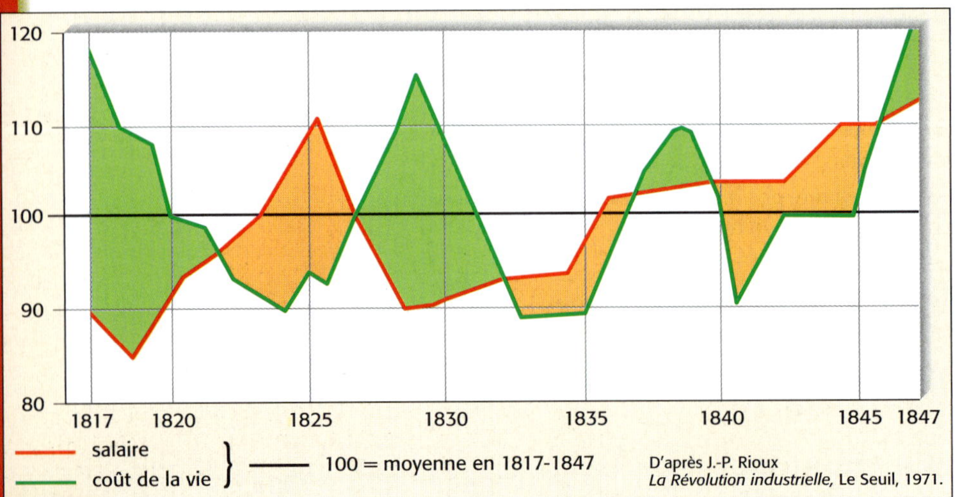

D'après J.-P. Rioux
La Révolution industrielle, Le Seuil, 1971.

2 Salaire nominal et coût de la vie à Paris de 1817 à 1847.

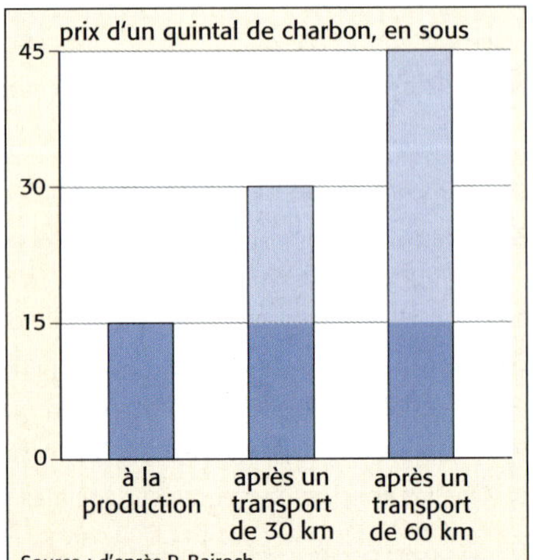

Source : d'après P. Bairoch,
Le Tiers-Monde dans l'impasse, Gallimard, 1975.

3 Le coût des transports.

Questions

1. Quels types de données statistiques figurent ici ?
2. Quel avantage apporte la transformation de tableaux de chiffres en courbes ?
3. En 1833, combien de pains le coutelier peut-il acheter avec son salaire ? Et en 1847 ? Et le maçon, aux mêmes dates ? Entre ces deux dates, le salaire nominal du coutelier a baissé, mais celui du maçon a augmenté. Comment le salaire réel des deux a-t-il évolué par rapport au prix du pain ?
4. Décrire les deux courbes du doc. 2 en précisant les périodes de hausse et les périodes de baisse pour chacune. Comparer l'évolution des deux courbes. Entre 1846 et 1847, les salaires nominaux et le coût de la vie augmentent, mais comment évolue le salaire réel pendant cette année ?
5. Pourquoi les prix varient-ils, au XIXe s., d'une année à l'autre (prix du pain) ou d'un lieu à un autre (prix du charbon) (doc. 1 et 3) ?

→ Comment faire ?

1 Avant de répondre aux questions, il faut assimiler quelques notions essentielles

a. Reconnaître les types de données statistiques

Les statistiques sont des informations chiffrées qui permettent de quantifier une ou plusieurs observation(s) précise(s).

• Elles peuvent se présenter sous forme de tableaux (doc. 1a et 1b), de diagrammes (doc. 3), de graphiques (doc. 1c, 1d et 2), de demi-cercles (doc.1 p. 298).

• On distingue plusieurs types de données statistiques :
– évolution (prix du pain à Thiers de 1830 à 1848) ;
– répartition (répartition des différents types de dépenses dans le budget d'un ménage) ;
– comparaison (une évolution des salaires).

b. Observer des statistiques

Les données statistiques brutes sont présentées sous forme de tableau. Le titre du tableau renseigne sur le type de données, la période et les pays concernés. S'il s'agit d'une courbe, l'axe vertical, appelé axe des ordonnées, indique le phénomène mesuré, l'axe horizontal, appelé axe des abscisses, indique le déroulement du temps de gauche à droite.

Lire la légende et chercher les unités employées : valeurs absolues (francs, tonnes, etc.), valeurs relatives (pourcentages, indices, etc.).

> On appelle **indice** le rapport entre le prix d'un article à une période donnée et celui de ce même article à une période choisie comme **base** ou **année de référence**, où il est exprimé par le nombre 100. Sur les doc. 1b et 1d, on a choisi 1830 comme année de référence, c'est-à-dire qu'on a attribué à cette année-là l'indice ou la valeur 100.

c. Savoir effectuer quelques calculs simples

> **Calculer un indice :**
> L'indice d'une année se calcule en divisant le chiffre de l'année par celui de l'année de référence et en multipliant par cent. Exemple. Indice du prix du pain en 1847 : (0,475 x 100) : 0,30 = 158,3.

> **Calculer un pourcentage :**
> Exemple : calculer le pourcentage de la baisse du prix du pain entre 1847 (0,475 F le kg) et 1848 (0,25 F).
> Calculer la différence de prix entre les deux années, soit 0,475 – 0,250 = 0,225 francs. Pour savoir quel pourcentage représente la baisse de 0,225 F par rapport au prix de l'année précédente, on multiplie ce chiffre par 100 et on divise le résultat par le chiffre de 1847, soit : (0,225 x 100) : 0,475 = 47,4 % de baisse par rapport à l'année précédente.

d. Connaître le sens précis des expressions

• Quand on dit que le maçon gagne 2 francs par jour, il s'agit d'un **salaire nominal**, c'est-à-dire la somme d'argent qu'il touche effectivement.

• À ne pas confondre avec le **salaire réel** dont l'évolution dépend de l'évolution des prix : si le salaire nominal augmente moins vite que les prix, le salaire réel diminue car, bien que le salarié touche davantage d'argent, il peut acheter moins de choses.

• Ne pas confondre salaire réel et **coût de la vie** : le coût de la vie est l'évaluation, réalisée à une date donnée, des dépenses de biens et services (pain, viande, chauffage, déplacements, etc.) d'un budget d'un ménage type constitué de façon invariable (afin de permettre la comparaison à deux dates différentes).

2 Lire et interpréter les statistiques

Il s'agit de dégager des observations de la lecture des chiffres, colonne par colonne ou période par période.

a. Pour chaque courbe ou série, analyser d'abord l'allure générale : les courbes montent ou les chiffres augmentent, baissent ou stagnent.

b. Observer ensuite s'il existe des ruptures (accélérations ou ralentissements), quand il y a croissance ou augmentation, décroissance ou diminution, stagnation. Déterminer les dates autour desquelles les courbes changent de direction. Individualiser alors les périodes : les courbes et les chiffres augmentent de a à b, stagnent de b à c, etc.

c. S'il y a plusieurs courbes, sont-elles parallèles ou non ? Laquelle démarre la première ? Laquelle augmente le plus ?

Enfin, avec l'aide du cours et de ses connaissances, trouver des arguments qui peuvent expliquer l'évolution constatée (exemple : si le prix du pain augmente brutalement en 1847, c'est la conséquence d'une mauvaise récolte de céréales).

L'étude d'un ensemble documentaire (6/7)

Sujet : Quels sont les principaux aspects de la vie des ouvriers et des bourgeois dans la première moitié du XIXe s. ?

Première partie

1. Quelles sont les plus grosses dépenses de cette famille d'ouvrier type (doc. 1) ?
Quelle remarque peut-on faire en observant les montants des différents salaires ?
Quelle conclusion tirer de la comparaison des chiffres des revenus et des dépenses, et du commentaire du baron de Morogues ?
2. Quelles indications sur le mode de vie ouvrier nous donnent les documents 2 et 3 ?
3. Décrire et expliquer l'évolution des salaires réels. Comment les expliquer ?
4. Expliquer le terme « paupérisation » (doc. 4 et 5) ?

Deuxième partie

À l'aide des réponses, des informations extraites des documents et de ses connaissances, le candidat rédigera une réponse organisée au sujet : Comment le mode de vie et le niveau de vie des ouvriers et des bourgeois ont-ils évolué dans la première moitié du XIXe s. ?

DOCUMENT 1 Un budget ouvrier en 1832

Le baron de Morogues (1776-1840), économiste, a publié en 1832 un ouvrage intitulé De la misère des ouvriers et de la marche à suivre pour y remédier. *Il y établit un budget annuel type « d'une famille ouvrière composée du chef, de sa femme et de trois enfants ».*

Recettes

– Son travail pendant 300 jours à 1 franc et 50 centimes par jour : 450 francs ;
– de celui de sa femme (200 jours) à 90 centimes : 180 francs ;
– et de celui de ses enfants (260 jours) à 50 centimes : 130 francs.
Total des salaires gagnés dans l'année : 760 francs.

Dépenses

1. Nourriture
– Pain à 16 onces par personne, pour cinq personnes pendant 365 jours, 912 kg à 32,5 centimes chacun, soit 296,40 francs.
– Viande, œufs, fromage, légumes, sel, à 50 centimes par jour pour cinq individus : 182,50 francs.
– Boissons à 25 centimes par jour pour la famille : 91,25 francs.
Total de la nourriture : 570 francs et 15 centimes.

2. Logement
– Habitation : 50 francs ; feu et lumière : 40 francs
– Impositions directes : 10 francs
– Renouvellement et entretien du mobilier : 30 francs
Total logement : 130 francs

3. Vêtements
Habits et linge à raison de 50 francs pour lui, de 30 francs pour sa femme, et de 60 francs pour trois enfants. Total : 140 francs.

4. Dépenses imprévues
Ustensiles, tabac, etc. : 19 francs et 85 centimes.

Total des dépenses : 860 francs.
Il doit donc réduire ses dépenses de 100 francs. Il réduira sur l'accessoire de sa nourriture, les boissons, les vêtements et l'entretien du mobilier ; sur toutes ces dépenses, il ne pourra qu'à grande peine opérer moins d'environ 100 francs de réduction. Si lui et sa famille ne gagnent pas 760 francs, il sera dans la misère et aura besoin de l'aide de l'assistance publique.

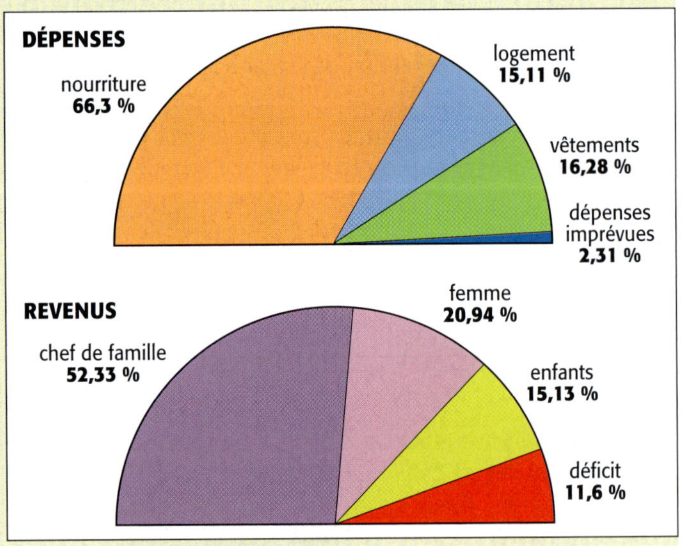

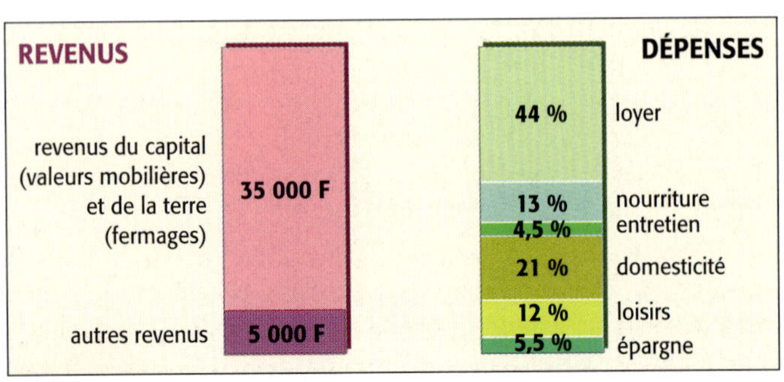

DOCUMENT 2 Un budget bourgeois annuel en 1847 en France.

DOCUMENT 3 La nourriture de l'ouvrier en 1835 selon la Société industrielle de Mulhouse

Les plus pauvres se nourrissent de soupes de pommes de terre et de pain. Ceux qui ont une position un peu meilleure, c'est-à-dire qui gagnent 1 franc à 1,75 F. par jour ajoutent des légumes et quelquefois de la viande. Ceux qui gagnent jusqu'à 2,25 francs par jour, déjeunent de café ; leur dîner se compose de soupe, légumes et viandes, et leur souper, de soupe, légumes et salades. Le lait et surtout les pommes de terre sont des objets essentiels, et depuis quelque temps la charcuterie est très en vogue parmi eux. Des hommes qui travaillent fort ont l'habitude de boire généralement du vin, le soir.

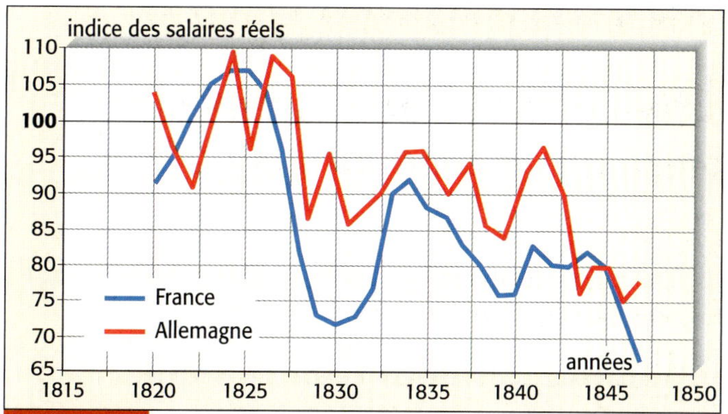

DOCUMENT 4 Salaires réels en France et en Allemagne entre 1820 et 1848.

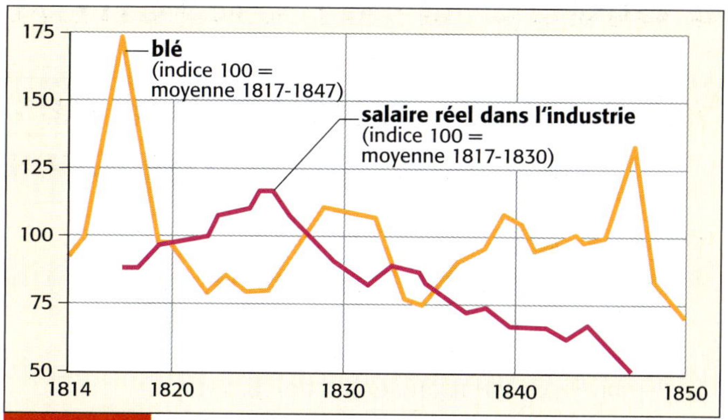

DOCUMENT 5 Indice du prix du blé et salaire réel.

Méthode

Aide à la rédaction de la réponse à la deuxième partie du sujet

1 Première étape

Réunir les informations nécessaires à la rédaction de la réponse. Ces informations ont plusieurs origines.

a. **Réponses aux questions de la première partie.**

Premier exemple. On apprend que l'ouvrier travaille surtout pour gagner son pain quotidien (doc. 1) ; on découvre même que dans le budget, le salaire du mari (450 francs) ne suffit pas à assurer la nourriture de la famille (570 francs). Conclusion : la nécessité pour la femme et les enfants de travailler à l'usine.

Deuxième exemple. Dans le budget bourgeois, l'alimentation ne représente que 13 % des dépenses, ce qui s'élève cependant à 5 200 francs par an, soit neuf fois plus que l'alimentation dans le budget ouvrier (il est toujours utile de réaliser quelques petits calculs, quand les documents s'y prêtent, comme ici).

b. **Renseignements qui ne sont pas évoqués** dans le questionnement de la première partie.

Exemple. Le document 3 nous renseigne sur la composition de la nourriture d'une famille prolétarienne : essentiellement des pommes de terre (2,5 kg par jour), du pain, du lait, un peu de beurre (125 g, soit 21 g par personne), ni viande, ni poisson.

Ces informations sont à retirer des documents, en prenant soin d'éviter la paraphrase.

c. Les documents, à eux seuls, ne suffisent pas ; il faut également **faire appel aux connaissances personnelles**.

Celles-ci sont généralement les acquis des cours tout au long de l'année scolaire. Pour ce sujet précis, il faut se remémorer :
– la leçon sur la bourgeoisie ;
– le dossier sur la condition ouvrière.

Exemple. Se rappeler le plan d'une habitation ouvrière à Glasgow (p. 291) afin de montrer concrètement ce que représente la rubrique « logement » dans un budget ouvrier.

d. Enfin on peut compléter par des **connaissances personnelles acquises en dehors de la classe** par des lectures (ici, Hugo, Balzac), des films, des visites de musées, des voyages, etc.

2 Organiser la réponse

- Construire une réponse organisée suppose qu'on sache :
– ordonner ses idées et les exemples retenus ;
– bâtir un plan logique, une démonstration argumentée répondant à la question posée.
- Ne jamais perdre de vue qu'il s'agit ici, à la fois :
– de présenter une évolution ;
– d'évoquer ses conséquences.

La construction de la réponse peut s'articuler autour de trois points principaux (mais d'autres plans sont possibles) :
– des budgets ouvriers qui témoignent d'une vie de misère (doc. 1 et 3) ;
– une paupérisation qui s'accentue, comme le prouve l'évolution du pouvoir d'achat (doc. 4 et 5) ;
– des écarts énormes avec le style de vie bourgeois (doc. 2) ; un simple calcul permet de constater que les revenus de la famille bourgeoise sont plus de cinquante fois supérieurs à ceux d'une famille prolétarienne.

3 Une brève introduction reprenant les termes du sujet et de la question de la deuxième partie et une conclusion sommaire sont souhaitables.

- Exemple d'introduction :

La révolution industrielle bouleverse la société : elle entraîne le triomphe de la bourgeoisie d'une part, la naissance de la classe ouvrière d'autre part. La classe ouvrière s'appauvrit alors que la bourgeoisie s'enrichit.

- Exemple de conclusion :

L'écart de richesse et de mode de vie entre bourgeois et ouvriers peut engendrer une certaine tension sociale.

4 Enfin, se rappeler que le correcteur évaluera :

- la **capacité à répondre à la problématique**, donc :
– pas de « hors-sujet »,
– pas de récitation du cours sans utilisation des informations tirées des documents ;
- **l'aptitude à lire et à interpréter l'ensemble des documents** : identifier, replacer dans leur contexte (« contextualiser »), classer (« hiérarchiser »), critiquer les informations tirées des documents ;
- **la maîtrise de l'expression écrite**.

Vers le BAC

L'étude d'un ensemble documentaire (7/7)

Sujet : Quelle est la situation des femmes et des enfants travaillant en usine et à la mine dans la première moitié du XIXe s. ?

Première partie

1. À quelle période précise, à quels pays, à quelles activités se rapportent ces témoignages ? Sont-ils dignes de foi ? Pourquoi ?
2. Décrire la scène représentée par le doc. 1. Cette représentation est-elle conforme à la situation décrite dans le rapport Villermé (doc. 2) ?
3. Quelles sont les conditions de vie (nourriture, logement et durée du travail) des enfants (doc. 2 et 3) ? Quelle est l'origine des enfants mis au travail ?
4. Quelles sont les conditions de travail dans la mine ? Qu'est-ce que ces conditions de vie et de travail ont de particulièrement horrible ?
5. Les pratiques évoquées par les deux cartes (doc. 5) sont-elles autorisées en France par la loi en 1840 ? En vertu de quelle loi, de quels principes ? Qui, depuis les années 1830, s'élève contre ces pratiques ?

Deuxième partie

À l'aide des réponses aux questions, des informations extraites des documents et de ses connaissances, le candidat rédigera une réponse organisée à la question : Quelle est la situation des femmes et des enfants travaillant en usine et à la mine dans la première moitié du XIXe s. ?

DOCUMENT 1 **Sortie d'une usine en Bourgogne en 1850.**
Tableau de C. Ronot.

DOCUMENT 2 **Femmes et enfants dans l'industrie textile à Mulhouse**

Il y a parmi eux une multitude de femmes pâles, maigres, marchant pieds nus au milieu de la boue, et qui, faute de parapluie, portent remonté sur la tête, lorsqu'il pleut, leur tablier ou leur jupon de dessus, pour se préserver la figure et le cou, et un nombre encore plus considérable de jeunes enfants non moins sales, non moins hâves, couverts de haillons tout gras de l'huile des métiers, tombée sur eux pendant qu'ils travaillent. Ces derniers, mieux préservés de la pluie par l'imperméabilité de leurs vêtements, n'ont pas même au bras, comme les femmes dont on vient de parler, les paniers où sont les provisions pour la journée ; mais ils portent à la main ou cachent sous leur veste, ou comme ils peuvent, le morceau de pain qui doit les nourrir jusqu'à l'heure de leur rentrée à la maison.

Ainsi, à la fatigue d'une journée déjà démesurément longue, puisqu'elle est au moins de quinze heures, vient se joindre pour ces malheureux, celle de ces allers et retours si fréquents, si pénibles. Il en résulte que le soir ils arrivent chez eux accablés par le besoin de dormir, et que le lendemain ils en sortent avant d'être complètement reposés, pour se trouver dans l'atelier à l'heure de l'ouverture.

On conçoit que, pour éviter de parcourir deux fois chaque jour un chemin aussi long, ils s'entassent, si l'on peut parler ainsi, dans des chambres ou pièces petites, malsaines, mais situées à proximité de leur travail. J'ai vu à Mulhouse, à Dornach et dans des maisons voisines, de ces misérables logements, où deux familles couchaient chacune dans un coin, sur de la paille jetée sur le carreau et retenue par deux planches. Des lambeaux de couverture et souvent une espèce de matelas de plumes d'une saleté dégoûtante, voilà tout ce qui recouvrait cette paille.

L. R. Villermé, *Tableau de l'état physique et moral des ouvriers dans les fabriques de coton, de laine et de soie*, rapport de 1840.

Document 3 Les « maisons d'apprentis »

On a eu brusquement besoin, dans ces endroits éloignés des villes, de milliers d'ouvriers ; dans le Lancashire en particulier, qui n'avait été, jusque-là, qu'une région stérile et relativement peu peuplée, tout ce qu'il fallait, c'était précisément des habitants. Comme on voulait surtout des petits enfants aux doigts menus et agiles, la coutume s'est aussitôt implantée de se procurer des apprentis dans les différentes garderies des paroisses de Londres, Birmingham et ailleurs. Des milliers et des milliers de ces petites créatures infortunées, âgées de sept ans à treize ou quatorze, ont été envoyées dans le Nord.

La coutume était, pour le patron, de fournir leurs vêtements à ses apprentis, de les nourrir et de les loger dans une « maison d'apprentis » près de l'usine ; il désignait des contremaîtres qui étaient chargés de surveiller le travail – et leur intérêt était d'exiger des enfants le maximum de rendement, car leur paie était proportionnelle à la quantité de travail qu'ils pouvaient obtenir. Cela se traduisait, bien entendu, par la cruauté… On exerçait des sévices déchirants contre ces créatures innocentes, délaissées, qui étaient alors confiées aux maîtres manufacturiers ; les enfants étaient épuisés presque jusqu'à en mourir, par l'excès de travail, ils étaient fouettés, enchaînés et torturés avec les plus subtils raffinements de cruauté ; dans bien des cas, ils étaient privés de nourriture jusqu'à en devenir faméliques.

Les belles vallées romantiques du comté de Derby, Nottingham et Lancastre, dissimulées à la vue du public, devinrent les tristes lieux solitaires de la torture, et de combien de meurtres…

D'après J. Fielden, 1836, cité dans E. Royston Pike, *Human Documents of The Industrial Revolution in Britain*, Londres, 1966.

Document 4 Le travail féminin dans les mines

Betty Harris, 37 ans : je me suis mariée à 23 ans, et c'est seulement après que je suis descendue à la mine ; je ne sais ni lire ni écrire. Je tire les wagonnets de charbon et je travaille de six heures du matin à six heures du soir. Il y a une pause d'environ une heure, à midi, pour déjeuner ; pour cela, on me donne du pain et du beurre, mais rien à boire. J'ai deux enfants, mais ils sont trop jeunes pour travailler. J'ai tiré les wagonnets quand j'étais enceinte. Je connais une femme qui est rentrée chez elle, s'est lavée, s'est mise au lit, a accouché, et a repris le travail moins d'une semaine après.

J'ai une ceinture autour de la taille, une chaîne qui me passe entre les jambes et j'avance avec les mains et les pieds. Le chemin est très raide, et nous sommes obligés de nous tenir à une corde – et quand il n'y a pas de corde, nous nous accrochons à tout ce que nous pouvons saisir. Dans le puits où je travaille, il y a six femmes et une demi-douzaine de garçons et filles ; c'est un travail très dur pour une femme. À l'endroit où je travaille, la fosse est très humide et l'eau passe toujours par-dessus nos chaussures. Un jour, j'en ai eu jusqu'aux cuisses. Et ce qui tombe du plafond, c'est terrible ! Mes vêtements sont trempés presque toute la journée. Je n'ai jamais été malade de ma vie, sauf quand je faisais mes couches.

Je suis lasse quand je rentre le soir à la maison ; parfois je m'endors avant d'avoir fait ma toilette. Je ne suis plus aussi forte qu'autrefois, et je n'ai plus la même résistance au travail. J'ai tiré les wagonnets jusqu'à m'en arracher la peau ; la courroie et la chaîne sont encore pires quand on attend un enfant. Mon homme (mon mari) m'a battue plus d'une fois parce que je n'étais pas prête.

D'après un rapport parlementaire anglais de 1842, cité dans E. Royston Pike, *Human Documents of The Industrial Revolution in Britain*, Londres, 1966.

Document 5 Le travail des enfants en France d'après l'enquête de 1840 (Villermé).

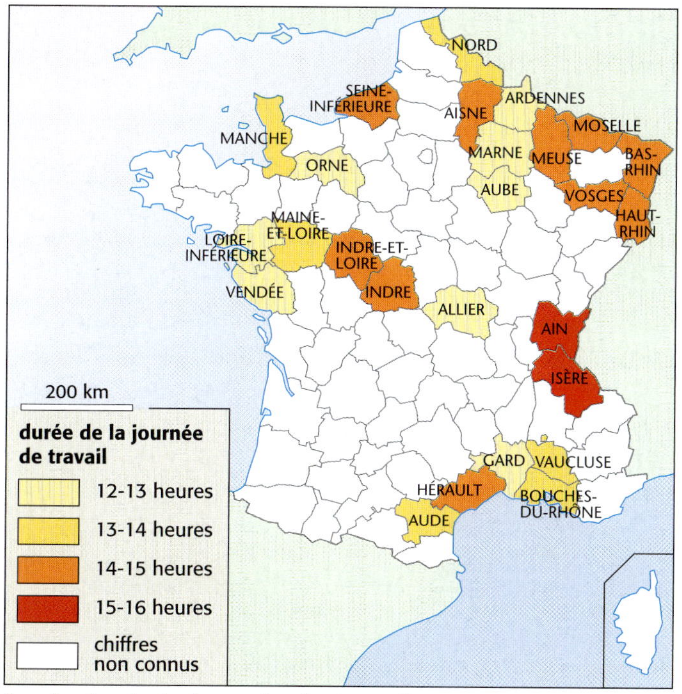

La durée de la journée de travail.

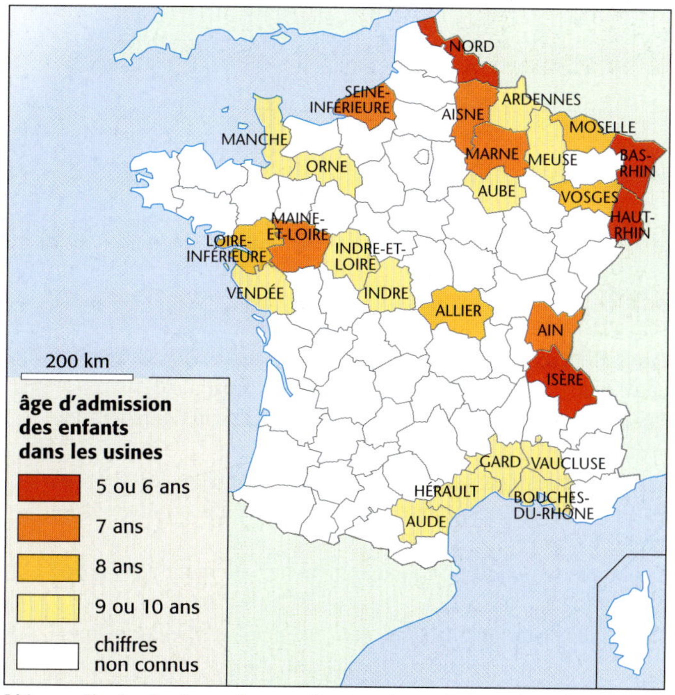

L'âge d'admission des enfants dans les usines.

Les États européens vers 1850

• En 1850, la carte des États européens reste très proche de celle de l'Europe du Congrès de Vienne en 1815. Les seules transformations concernent la Grèce (qui a arraché son indépendance à la Turquie à l'issue de la guerre gréco-turque de 1821-1829), la Belgique et le Luxembourg (séparés des Pays-Bas en 1831 et 1839).

• Les tentatives d'unification lancées au cours des révolutions de 1848 en Allemagne et en Italie ont échoué. Le centre de l'Europe est toujours occupé par la Confédération germanique dominée par l'Autriche. Quant à l'Italie, son unité n'est pas réalisée.

• Ces États sont majoritairement des monarchies : dans l'Europe de 1850, seules la France et la Suisse sont des républiques ; elles ont un régime démocratique.

• Dans l'ensemble, cette Europe est peu démocratique, malgré les révolutions de 1830 et de 1848 : les monarchies autoritaires dominent, sauf dans l'Europe du Nord-Ouest, où se rencontrent régimes démocratiques et monarchies constitutionnelles.

Questions

1. Quels États sont devenus indépendants depuis 1815 ? Quels sont les deux États républicains en 1850 ?
2. Quels sont les deux États les plus importants de la Confédération germanique ?
3. Quels sont les États les plus libéraux ? Rappeler les grandes lignes de l'évolution historique qui les ont amenés au libéralisme politique.
4. Quel type de régime politique domine dans le reste de l'Europe en 1850 ?
5. Quels faits historiques récents ont consolidé ce type de régime ?

ROYAUME DE SUÈDE
mer du Nord
ROYAUME-UNI DE GRANDE-BRETAGNE ET D'IRLANDE
ROYAUME DU DANEMARK
mer Baltique
PAYS-BAS
Rhin
ROYAUME DE PRUSSE
EMPIRE DE RUSSIE
BELGIQUE
LUX.
SAXE
Dniepr
FRANCE
BAVIÈRE
SUISSE
EMPIRE D'AUTRICHE
Moldavie
PARME
MODÈNE
Valachie
mer Noire
TOSCANE
Serbie
ROYAUME DE PIÉMONT-SARDAIGNE
ÉTATS DE L'ÉGLISE
Danube
Monténégro
EMPIRE OTTOMAN
ROYAUME DES DEUX-SICILES
Iles Ioniennes (R.U.)
GRÈCE
mer Méditerranée
Malte (R.U.)
monarchie autoritaire
république, régime démocratique
Confédération germanique
nouveaux États depuis 1815
régions autonomes de l'Empire Ottoman

Les nationalités en Europe en 1850

• La carte des nationalités coïncide peu avec celle des États en 1850, surtout en Europe centrale et orientale. En Autriche et dans toute l'Europe balkanique, les peuples sont très mêlés les uns aux autres. C'est le fruit d'une longue histoire remontant à l'installation des Slaves au début du Moyen Âge et aux empires byzantin puis turc ottoman. Cette complexité est à l'origine de l'expression « poudrière des Balkans ».

• Les révolutions de 1848 (le « printemps des peuples ») n'ont pas abouti à secouer le joug imposé par le congrès de Vienne en 1815. Les mouvements nationaux ont échoué en Allemagne, en Italie, en Hongrie et en Pologne. L'Autriche et la Russie se sont entendues pour écraser les insurrections des peuples et revenir à l'ordre ancien : le principe dynastique l'emporte encore sur le droit des peuples à disposer d'eux-mêmes.

• Cependant, si les aspirations à l'unité nationale réalisée par le peuple ont échoué en Allemagne et en Italie, certains États (la Prusse en Allemagne, le Piémont-Sardaigne en Italie) sont prêts à reprendre l'idée de l'unité nationale à leur profit.

Questions

1. Quelles sont les nationalités qui correspondent à un État ? Quel nom porte une telle organisation politique ?
2. Identifier les États multinationaux. Donner des exemples de nationalités partagées entre au moins deux États.
3. Donner un exemple de nationalité partagée entre trois États.
4. Quelles nations ont vu leurs aspirations à l'unité brisées en 1848-1849 ?
5. Quelles nations ont vu leurs aspirations à l'indépendance brisées en 1848-1849 ?

CARTE 1 Les États européens vers 1850

Les industries européennes en 1850

• La première révolution industrielle, à la fin du XVIIIe s. et dans la première moitié du XIXe s., concerne d'abord l'Europe du Nord-Ouest (Royaume-Uni, Belgique, nord et est de la France, Rhénanie). Ces régions sont les premières à connaître un décollage économique reposant sur une forte croissance de la population, des productions, des revenus et de la consommation. Plus on s'éloigne de cette Europe du Nord-Ouest, plus les centres industriels sont rares et dispersés.

• Le développement industriel repose dans un premier temps sur le textile, transformation de fibres végétales comme le coton – importé du sud des États-Unis ou des Indes –, le lin, le jute, ou sur la laine.

• La première révolution industrielle s'appuie également sur la sidérurgie concentrée dans les bassins houillers (centre de l'Angleterre, nord de la France, Belgique, Ruhr). Cet essor de la sidérurgie, conjugué à une forte mobilisation de capitaux, permet le développement des lignes de chemin de fer.

Questions

1. Où sont situées les principales régions industrielles vers 1850 ?
2. Quels sont les pays européens les plus industrialisés ? Sur quoi repose cette industrialisation ?
3. Quels sont les pays les moins industrialisés ?
4. Quelles parties de l'Europe peut-on opposer du point de vue économique ?
5. Montrer que le Royaume-Uni dispose d'une avance importante sur le reste de l'Europe.

CARTE 1 Les États européens vers 1850

A

abdiquer : pour un souverain, action de renoncer à son pouvoir et à la couronne.

action : part du capital d'une entreprise, qui donne droit à une part des bénéfices.

agriculture d'autosubsistance : agriculture qui permet à une population de subvenir à ses besoins alimentaires – en dehors des crises – mais qui ne permet pas de vendre des surplus.

alphabet cyrillique : alphabet créé à partir de l'alphabet grec par les moines Cyrille et Méthode au IXe s. afin de noter par écrit les langues slaves. Il sert aujourd'hui à transcrire le russe, le serbo-croate et le bulgare.

apôtre : du grec *apostolos*, « envoyé ». Nom donné aux disciples choisis par Jésus pour prêcher l'Évangile.

arianisme : première grande hérésie, répandue au IVe s. par un prêtre d'Alexandrie, Arius. Il affirmait que Jésus n'était pas Dieu, mais un homme exceptionnel, devenu le fils adoptif de Dieu.

aristocratie : voir Ne pas confondre, p. 30.

Assemblée constituante : voir p. 202.

Assemblée nationale : groupe de personnes, en général élues, appelées députés. Une Assemblée nationale prend des décisions politiques comme le vote de la loi ou de l'impôt.

assignat : monnaie de papier donnée à ceux qui ont prêté de l'argent à l'État pour acheter des biens nationaux. Comme l'État manque d'argent, les assignats deviennent ensuite une véritable monnaie ; l'État en imprime de plus en plus et leur valeur s'effondre rapidement.

ateliers nationaux : chantiers publics qui doivent donner du travail aux chômeurs contre un salaire.

athée : personne qui ne croit pas en Dieu.

B

barbare : qui ne parle pas le grec, qui n'est pas de culture hellénique et qui n'est pas grec.

basileus : mot grec signifiant « roi » ; nom donné à l'empereur dans l'Empire byzantin.

basilique : bâtiment romain servant de tribunal ; son plan sert de modèle pour les premières églises.

Bible : du grec *biblia*, « livres » ; la Bible est formée par les textes sacrés des religions juive et chrétienne.

blasphémateur : celui qui prononce des blasphèmes, du grec *blasphêmia*, « parole qui outrage dieu ou la religion ».

blocus continental : volonté de contrôler les ports et les côtes d'un ou de plusieurs pays afin d'empêcher de marchandises d'y pénétrer.

bourgeoisie : groupe social caractérisé à la fois par une aisance matérielle qui dispense ses membres d'exercer une activité manuelle, et par le fait de ne pas appartenir à la noblesse. La bourgeoisie comprend de nombreuses catégories différentes.

bourse : lieu où s'échangent des actions, des titres, selon la loi de l'offre et de la demande.

C

calife : successeur de Mahomet. Le calife est à la fois un chef politique et religieux. Il ne peut y avoir qu'un seul calife.

canonique : conforme au droit canon (la « règle » en grec) défini par l'Église ; le canon des Écritures est la liste des textes qui constituent la Bible.

capacités : les détenteurs d'un diplôme universitaire et d'un savoir.

Capétiens : dynastie qui a régné sur la France de 987 à 1848 ; elle porte ce nom en référence à son ancêtre, Hugues Capet (987-996).

capital : somme d'argent investie de manière à rapporter un profit.

caravansérail : vaste cour entourée de bâtiments souvent fortifiés, servant de gîte d'étape pour les commerçants caravaniers, leurs marchandises et leurs montures.

catéchisme : livre dans lequel est exposée la doctrine chrétienne sous la forme de questions et de réponses. Par extension, texte indiquant ce qu'il faut croire.

catholicisme romain : de *katholicos*, « universel » ; la communauté des chrétiens qui reconnaissent l'autorité du pape.

Cent-Jours : période durant laquelle Napoléon Ier reprend le pouvoir en 1815. Elle commence au moment de son retour triomphal vers Paris (« le vol de l'Aigle », 1er mars 1815) et se termine après sa seconde abdication à la suite de la défaite de Waterloo (18 juin 1815).

centralisation : réunion de l'ensemble des organes de pouvoir et de décision politique dans un seul centre (en général la capitale).

charte : nom donné au Moyen Âge aux actes passés entre particuliers ou entre le roi ou un seigneur et une collectivité. Louis XVIII accorde le 4 juin 1814 une charte qui institue une monarchie constitutionnelle et qui définit les principes du nouveau régime, nommé Restauration.

chiite : voir Ne pas confondre, p. 96.

Chrétienté : l'ensemble des territoires dont les habitants sont chrétiens, terme surtout utilisé au Moyen Âge et parfois utilisé comme synonyme d'Occident chrétien.

Christ : du grec *Christos*, « oint » ; nom grec du Messie.

cité : en grec, *polis* ; dans l'Antiquité, État souverain qui réunit le plus souvent une ville et le territoire environnant.

citoyen : celui qui possède le droit de cité. Membre du *démos*, il peut décider de la politique de la cité, il doit aussi la défendre.

classe sociale : expression désignant une catégorie de la population définie par la place qu'elle occupe dans la production ou dans la société : classe ouvrière, aristocratie, bourgeoisie, paysannerie.

coalition : alliance de plusieurs États contre un même ennemi.

Code civil : recueil de lois qui réglementent les relations entre les individus, parfois appelé Code Napoléon. Il confirme des principes de 1789 comme la liberté et la propriété. Il met fin aux vieilles différences juridiques entre droit romain (dans le Sud) et différents droits coutumiers (dans le Nord). Il demeure la base de notre droit actuel.

comédie : du grec *komôs*, cortège de danseurs en l'honneur de Dionysos. Dans les comédies dont le principal auteur est Aristophane, le public est souvent pris à partie par les acteurs.

comptoir : établissement de commerce dans un pays lointain, véritable ville dans la ville, comprenant entrepôts et églises.

concile : du latin *concilium*, « réunion » ; assemblée des dirigeants de l'Église.

concordat : traité conclu entre le pape et un État, qui règle les relations de l'Église catholique avec cet État.

conjuration des Égaux : conspiration révolutionnaire animée par Gracchus Babeuf pour remplacer le Directoire par un régime dans lequel la propriété privée aurait été supprimée et la terre cultivée de façon collective. Les conjurés sont arrêtés en mai 1796, jugés et guillotinés.

conscription : organisation d'un service militaire par la loi Jourdan (1798). Les jeunes gens de 20 à 25 ans sont inscrits sur une liste, puis tirés au sort pour partir à l'armée ; ils peuvent éventuellement payer un remplaçant qui part à leur place.

Constitution : ensemble des règles précisant la structure et le fonctionnement des institutions d'un pays, ainsi que les rapports entre les citoyens et l'État.

coup d'État : tentative de s'emparer du pouvoir par la force.

crise de subsistance : forte diminution de la production agricole à la suite de mauvaises conditions climatiques entraînant une pénurie de vivres et une hausse des prix des denrées alimentaires. Il en résulte un accroissement de la mortalité.

croisade : nom tardif (XIVe s.) donné à des expéditions militaires organisées par le pape afin de libérer les Lieux saints de la domination musulmane. Au XIIe s., on parle de « pélérinage de la croix », de « voyage de Jérusalem ».

culte de l'Être Suprême : religion patriotique artificielle instaurée en 1794. Inspirée des idées de Rousseau, elle doit remplacer le christianisme et regrouper les citoyens dans des fêtes célébrant les grandes journées de la Révolution et « les principales vertus les plus utiles à l'homme » (Robespierre).

D

déiste : personne qui croit en l'existence d'un Être suprême, d'une intelligence supérieure, mais qui refuse l'idée de révélation et de dogme.

démagogue : homme politique qui mène le peuple par la flatterie et lui dit ce qu'il a envie d'entendre, afin d'obtenir le pouvoir ou de le conserver.

démocratie : voir Ne pas confondre, p. 30.

démos : mot grec désignant l'ensemble des citoyens dans une cité.

despote éclairé : prince utilisant de manière habile ses pouvoirs étendus, en s'appuyant sur la raison et les principes des Lumières.

devotio moderna : mouvement spirituel apparu aux Pays-Bas à la fin du Moyen Âge et insistant sur la piété individuelle.

dévotion : attachement à la religion ; au pluriel, gestes manifestant la croyance religieuse (prières, pèlerinage, aumône, etc.).

diaspora : vient d'un mot grec qui signifie « dispersion » ; la répartition de tout un peuple ou de toute une nation dans différents pays.

doge : nom donné au premier magistrat des républiques maritimes de Venise et de Gênes.

dogme : du grec *dogma*, « croyance » ; l'ensemble de ce qu'il faut croire dans une religion.

droit de remontrance : droit donné aux parlements de présenter des observations critiques à l'occasion de l'enregistrement d'une mesure royale. Ce droit ne porte que sur la forme de la loi, le roi étant le seul législateur. Mais au XVIIIe siècle, les parlements tendent à critiquer le fond.

droit de veto : droit pour le roi de s'opposer à un texte proposé par l'Assemblée.

droits de l'homme : ensemble de principes définissant les droits dont dispose chaque homme à sa naissance, en particulier la liberté et l'égalité civile.

droits naturels : droits attachés à l'homme, par nature, acquis dès la naissance.

E

Église : du gres *ekklésia*, « assemblée », l'Église (avec une majuscule) est l'ensemble des chrétiens. L'église avec une minuscule, signifie le bâtiment où se réunissent les chrétiens.

émigrés : nom donné à ceux qui quittent la France par hostilité à la Révolution. Beaucoup d'entre eux sont des nobles. Certains des émigrés veulent continuer la lutte pour permettre un retour à l'Ancien Régime.

Empire : du latin *imperium* (pouvoir de commander) ; par extension, tout État vaste et puissant, résultant d'une politique conquérante.

Enragés : sans-culottes extrémistes, menés par Hébert, le directeur du *Père Duchesne*. Les plus importants d'entre eux (dont Hébert) sont arrêtés et guillotinés en mars 1794, parce qu'ils réclament une accentuation de la Terreur et menacent le pouvoir de Robespierre.

éphèbe : jeune Athénien de 18 ans. Avant de devenir citoyen, il doit accomplir un service militaire de deux ans, l'éphébie.

Évangile : du grec *eu aggelion*, « bonne nouvelle ». Le mot désigne : 1. L'enseignement de Jésus-Christ. 2. L'ouvrage écrit par chacun des quatre évangélistes (Matthieu, Marc, Luc et Jean) ; 3. Au pluriel, le recueil formé par les quatre évangiles.

évêque : du grec *episcopos*, « surveillant » ; chef de la communauté chrétienne d'une ville.

excommunication : peine infligée par l'Église. Être excommunié signifie ne plus pouvoir recevoir de sacrements, donc risquer de mourir en état de péché mortel, et d'être condamné à l'enfer.

exode rural : émigration massive des habitants des campagnes en direction des villes.

F

fief : bien, consistant le plus souvent en une terre, confié par un seigneur (noble, abbé, évêque, roi, empereur) à un vassal qui dépend de lui. Le vassal bénéficie du revenu de son fief ; en échange, il doit à son seigneur fidélité, conseil et aide en cas de guerre.

franc germinal : monnaie créée par la loi du 7 germinal an XI (28 mars 1803). Le franc germinal vaut 322 mg d'or à 900/1000. Il marque le retour à la monnaie métallique et à la confiance, après le désastre des assignats durant la Révolution. Sa valeur or reste inchangée jusqu'en 1914.

franc-maçonnerie : association de personnes aux rites secrets, apparue en France au début du XVIIIe s., réservée à des membres initiés et qui professe des principes de fraternité ; les francs-maçons se reconnaissent entre eux à des signes et à des emblèmes et se réunissent en « loges ».

G

Gentils : nom donné par les Juifs aux non-Juifs.

Girondins : députés situés à gauche de l'Assemblée législative, puis devenus ensuite plus modérés. Plusieurs de leurs dirigeants sont originaires du département de la Gironde. Ils veulent réduire l'influence politique de Paris.

grâce : dans le christianisme, don surnaturel que Dieu accorde à l'homme en vue de gagner son salut.

Grande Armée : nom donné à l'armée napoléonienne à partir de septembre 1805, à la fois en raison de ses effectifs et de son caractère multinational. Elle comprend une proportion croissante d'étrangers : Italiens, Belges, Bavarois, Saxons, etc. En 1812, on estime à 2 400 000 le nombre total de soldats mobilisés, dont trois quarts de Français.

guérilla : « petite guerre » en espagnol ; guerre de harcèlement et d'embuscade contre une armée régulière.

gynécée : partie de l'habitation réservée aux femmes, le plus souvent à l'étage. Les femmes y tissent, cousent et s'occupent des enfants en bas âge.

H

hérésie : du grec *hairesis*, « choix » ; une conception considérée comme erronée en matière de foi par rapport à ce qu'enseigne l'Église.

hoplite : fantassin grec. Il porte un casque, une cuirasse, des jambières, une lance et une épée.

humaniste : homme de lettres des XVe et XVIe siècles, dont la pensée entend rompre avec le Moyen Âge en s'inspirant des auteurs de l'Antiquité. Les humanistes se montrent aussi critiques à l'égard de ces derniers. Ils se consacrent à l'étude de l'homme et de la nature.

I

icône : image sacrée peinte sur bois.

« illusion lyrique » : expression de Lamartine désignant l'enthousiasme généreux des débuts de la révolution de 1848. Le mot « illusion » se rapporte à l'affrontement sanglant de juin 1848.

indulgence : grâce accordée par l'Église aux chrétiens en état de péché ; elle permet d'abréger les souffrances dans le purgatoire, après la mort, et d'accéder plus rapidement au paradis.

initié : celui qui, ayant pris connaissance de paroles, de gestes, d'objet cachés, peut ensuite participer aux rites d'une religion ou d'une société secrète.

investiture spirituelle et investiture temporelle : par l'investiture spirituelle, l'évêque ou l'abbé reçoit la crosse et l'anneau symbolisant son pouvoir religieux. Par l'investiture temporelle, il reçoit l'autorité politique, juridique et les revenus qui y sont attachés.

islam : mot désignant la religion, les pratiques et les croyances des musulmans, qui croient en Allah (mot qui signifie « Dieu » en arabe) et suivent le message transmis par Mahomet à travers le Coran.

J

jachère : période durant laquelle une terre labourable est maintenue au repos, afin de la refertiliser, sans produire de récolte, généralement une année sur trois (assolement triennal). Le terme désigne parfois la terre laissée au repos.

L

lagune : étendue d'eau qui communique avec la mer, dont elle est séparée par un cordon de dunes, le lido.

langue vernaculaire : langue parlée par la masse de la population, par opposition à une langue de culture comme le latin.

légitimistes : voir Ne pas confondre p. 240.

lettre de change : ordre donné par une personne (appelée le tireur) à une autre personne (appelée le tiré) de payer une certaine somme à une date déterminée à une troisième personne, appelée le bénéficiaire.

libéral : partisan du libéralisme politique et économique.

libéralisation du commerce des grains : politique consistant à laisser le prix du grain évoluer en fonction de l'offre et de la demande, sans intervenir par des règlements pour le fixer.

libéralisme : sur le plan économique, doctrine qui est favorable à la liberté d'entreprendre, à la liberté des prix et des salaires et qui refuse l'intervention de l'État.

libre arbitre : possibilité pour l'homme de contribuer lui-même à son salut, par ses bonnes œuvres.

Lieux saints : lieux et villes de Palestine (Jérusalem, Bethléem, Nazareth) où a vécu et prêché le Christ.

liturgie : prise en charge par un citoyen riche des dépenses exigées par un service public. Certaines sont ordinaires (entretien d'une troupe de théâtre, paiement des frais d'un gymnase, etc.), d'autres extraordinaires (entretien d'une trière).

livret ouvrier : sorte de passeport délivré par la police à un ouvrier qui ne peut se déplacer sans lui. Il doit être signé par son employeur et par le maire de la commune de résidence. Sans livret, l'ouvrier est coupable de vagabondage et passible de prison. Créé en 1781, le livret est supprimé par l'Assemblée constituante. Rétabli par Bonaparte en 1803, il est conservé jusqu'en 1890.

lois fondamentales : lois que le roi ne peut modifier ; elles lui interdisent d'aliéner les biens de la Couronne et elles précisent les règles de succession au trône.

Lumières : mouvement intellectuel européen du XVIIIe s. en Europe. Fondée sur la raison, la pensée des Lumières entend promouvoir la tolérance, le progrès et le bonheur ; elle défend la liberté de penser et de s'exprimer.

M

magistrat : dans l'Antiquité, personne qui occupe une fonction politique, militaire ou judiciaire pendant une période limitée, en général pendant un an.

« Marie-Louise » : nom donné aux soldats mobilisés de 1813 à 1815, destinés à combler les pertes de la Grande Armée en Russie. En raison de leur très jeune âge (de 15 à 17 ans) et comme ils étaient parfois imberbes, on les qualifia d'un prénom féminin qui était aussi celui de l'impératrice.

martyr : celui ou celle qui souffre et est condamné à mort à cause de sa foi.

martyre : le fait d'être condamné à cause de sa foi. Mort que quelqu'un endure pour la défense de sa foi.

mécène : personne riche qui soutient financièrement les écrivains et les artistes.

métayer : paysan qui loue la terre qu'il cultive à un propriétaire auquel il fournit une grosse partie de la récolte (parfois la moitié).

monarchie constitutionnelle : monarchie dans laquelle le pouvoir du souverain est limité par une Constitution.

monde clos d'Aristote : conception selon laquelle l'univers est limité par la sphère des fixes, où sont accrochées les étoiles.

Montagnards : députés de gauche et d'extrême gauche à la Convention, surnommés ainsi parce qu'ils siègent sur les bancs les plus élevés de l'Assemblée.

mouvement communal : mouvement qui consiste pour les villes à se libérer de la dépendance à l'égard d'un seigneur. Une ville ainsi affranchie devient une commune.

mouvements libéraux : mouvements cherchant à obtenir des libertés politiques dans des pays où ces libertés sont absentes.

mouvements nationaux : mouvements cherchant à réaliser l'unité nationale de peuples divisés ou dominés par d'autres États.

mozarabes : voir Ne pas confondre p. 116

mudéjars : musulmans restés en terre chrétienne après la Reconquista.

musulman : de *muslim*, « celui qui se soumet à Dieu ». En arabe, le verbe « se soumettre » se dit *aslama*, d'où provient le mot « islam », qui veut dire « soumission à Dieu » dans le sens d'une remise totale de soi-même à Dieu.

N

nation : communauté d'hommes possédant une unité (langue, culture, histoire), ayant conscience de cette unité et souhaitant vivre ensemble.

notable : personnage important par son pouvoir politique, sa richesse et son influence.

O

œuvre : au sens religieux, action charitable (aumône, aide aux malades, don à l'Église, messe, etc.).

office : sous l'Ancien Régime, fonction administrative ou judiciaire achetée au roi (vénalité) et transmissible à l'un de ses enfants (hérédité). Le titulaire d'un office est un officier. Certains offices peuvent anoblir leur titulaire.

oligarchie : voir Ne pas confondre, p. 30.

orthodoxie : du grec « orthos », droit, et « doxa », opinion ; « la bonne opinion ». La religion orthodoxe est la religion de l'Empire byzantin et des peuples christianisés par Byzance (Russes, Bulgares, Serbes, Roumains, etc.). Les orthodoxes ne reconnaissent pas l'autorité du pape.

ostracisme : du grec *ostrakon*, « tesson de poterie ». Opération par laquelle les citoyens peuvent exiler pour dix ans l'un d'entre eux, accusé de menacer la liberté de la cité. On inscrit le nom de celui que l'on veut exiler sur un tesson de poterie. Il faut au moins 6 000 voix pour que l'exil soit décidé. Au terme de son exil, le condamné retrouve sa citoyenneté.

P

païen : du latin *paganus*, « paysan » ; le mot finit par signifier non-chrétien en raison du faible nombre de chrétiens dans les campagnes de l'Empire.

Panathénées : voir p. 26-27.

Pâque (juive) : de l'hébreu *pesach*, « passage » ; grande fête juive qui commémore le passage de la mer Rouge par les Hébreux, lors de leur sortie d'Égypte sous la conduite de Moïse.

Pâques : dans le christianisme, le mot est toujours au pluriel ; fête commémorant la résurrection du Christ.

parabole : récit imagé dans lequel le Christ utilise des situations de la vie quotidienne pour transmettre un enseignement moral.

« parti de l'Ordre » : regroupement de conservateurs, républicains modérés ou monarchistes.

Passion : les différents épisodes qui mènent à la mort de Jésus (arrestation, flagellation, couronnement d'épines, portement de la croix, crucifixion).

patriciat : aristocratie formée des familles les plus anciennes et les plus riches de la ville, qui gouvernent les républiques urbaines.

paupérisme (du latin *pauper*, « pauvre ») : situation permanente de pauvreté (paupérisation : abaissement continu du niveau de vie, appauvrissement).

pays légal et pays réel : voir p. 240.

persécution : mesures injustes et violentes prises contre une personne ou un groupe de personnes.

philhellène : du grec *philè*, « qui aime » et *hellas*, Grèce ; favorable aux Grecs ; philhellène a donné philhellénisme.

philologie : science qui étudie les textes de manière érudite et critique, afin d'en préciser l'authenticité et le sens.

philosophe : en grec, « ami de la sagesse » ; au XVIIIe s., le terme désigne des écrivains qui réfléchissent sur la vie politique et l'organisation de la société.

plébiscite : consultation directe du peuple sur une question à laquelle les électeurs ont à répondre par oui ou non.

prédestination : choix fait par avance par Dieu entre les humains destinés à être sauvés (les élus) et les autres, voués à l'enfer.

privilège : du latin *privata lex*, « loi particulière » ; distinction comportant des avantages, des honneurs, des droits, accordée définitivement à un individu ou à un groupe de la population (ville, province, université, corporation, etc.).

projection cartographique : procédé mathématique qui permet, au prix de certaines déformations, de figurer sur une feuille plane la surface de la Terre, qui est sphérique.

prolétariat : dans l'Antiquité, personnes qui n'ont, à Rome, comme seule richesse que leurs enfants. Au XIXe s., par extension, ouvriers qui n'ont pour seule richesse que leur force de travail.

prophète : du grec *prophètès*, « interprète d'un dieu » ; personne inspirée par un dieu et parlant en son nom.

Q

quartier de noblesse : degré d'ascendance dans une famille noble, tant du côté paternel que du côté maternel. Un noble « à quatre quartiers » a au moins ses parents et deux de ses grands-parents nobles.

Quattrocento : nom donné en Italie au XVe siècle (les années commençant par 14..), le XVIe s. étant appelé Cinquecento et le XIVe s. Trecento.

R

réaction : en politique, volonté de revenir à une situation antérieure.

réaction : mouvement opposé à la révolution ; mouvement favorable au retour à la situation politique, économique ou sociale antérieure.

Reconquista : en Espagne, longue période de guerres de reconquête menées du XIe au XVe s. par les rois chrétiens contre les musulmans.

régime parlementaire : régime dans lequel un parlement élu contrôle le gouvernement.

religion : du latin *ligere*, « attacher » ; ce qui relie les hommes, l'ensemble des pratiques relatives à une croyance.

Renaissance : période artistique qui couvre le XVe et le XVIe s., mais concerne surtout la période 1450-1550. Le terme est utilisé pour la première fois par Vasari en 1550. Il souligne que les artistes de l'époque entendent faire renaître l'Antiquité.

rentier : personne disposant de revenus suffisants pour ne pas avoir besoin de travailler ; elle vit de ses rentes et de ses placements.

République : du latin *res publica* (« chose publique »). Le pouvoir appartient aux représentants de la nation.

Restauration : retour à une situation antérieure ; rétablissement de la monarchie en France en 1814 puis en 1815.

révolution industrielle : période d'intense transformation de l'industrie, caractérisée par l'utilisation de nouvelles techniques, le développement de nouveaux secteurs industriels et par une forte croissance de la production.

Risorgimento : mot italien signifiant « renaissance » ou « résurrection » et désignant le mouvement d'unification de l'Italie.

roturier : personne n'appartenant pas à la noblesse.

S

sacrifice : offrande faite à un dieu lors d'une cérémonie religieuse.

Sainte-Alliance : nom donné à l'alliance conclue en 1815 entre la Russie, l'Autriche et la Prusse pour maintenir l'ordre issu du congrès de Vienne.

Saint-Empire : empire fondé par Otton Ier en 962 dans les pays germaniques, incluant ensuite l'Italie du Nord et dont l'objectif est de rétablir l'Empire romain.

salut : bonheur éternel ; il est assuré à celui qui a échappé à l'enfer et est accueilli au paradis.

sans-culottes : essentiellement des petits artisans. Ils sont appelés ainsi parce qu'ils portent un pantalon, à la différence des nobles qui portaient la culotte.

schisme : du grec « schisma », scission ; séparation des fidèles d'une religion qui reconnaissent des autorités différentes. En 1054, un schisme oppose le patriarche de Constantinople, Michel Cérulaire et le pape Léon IX.

seigneurie : ensemble de terres et de droits possédés par un seigneur.

socialisme : doctrine critiquant le libéralisme, le capitalisme et l'exploitation des travailleurs. Les socialistes cherchent à améliorer la société en supprimant la propriété privée des moyens de production et en réalisant l'égalité sociale entre les individus, ce qui doit aboutir à une société sans classe.

souk : quartier urbain où se tient le marché dans les pays arabes.

souveraineté : autorité suprême. Pouvoir qui n'est soumis à aucun contrôle supérieur.

souveraineté nationale : principe selon lequel c'est la nation (c'est-à-dire l'ensemble des citoyens), et elle seule, qui possède le pouvoir et dirige le pays. Les députés et le gouvernement ne sont que les représentants ou les exécutants de la nation et agissent en son nom. Ce principe marque la fin de la monarchie absolue. Depuis 1789, la vie politique en France est organisée selon ce principe.

suffrage censitaire : système électoral qui accorde le droit de vote à ceux qui paient un impôt (le cens).

sunnite : voir Ne pas confondre, p. 96.

syncrétisme : fusion d'éléments empruntés à plusieurs civilisations ou religions.

T

Terreur blanche : après 1815, terreur exercée contre les anciens jacobins et bonapartistes.

théologie : du grec « theos », dieu, et « logos », parole ou écriture ; c'est l'étude des questions religieuses, fondée sur les textes sacrés.

tragédie : du grec *tragôdia*, « chant du bouc » (animal consacré à Dionysos). Pièce de théâtre jouée à l'occasion des fêtes religieuses en l'honneur de Dionysos. La plus ancienne représentation tragique date de 534 av. J.-C.

trière : navire de guerre grec à trois rangs de rameurs.

tyrannie : voir Ne pas confondre, p. 30.

U

ultra : abréviation d'ultra-royaliste, personne très attachée au régime monarchique.

urbanisme : science de l'aménagement des villes (tracé des rues et des places, situation des bâtiments publics, des parcs, etc.).

Z

Zollverein : « union douanière » en allemand. Créée par la Prusse et entrée en vigueur en 1834, cette union douanière regroupe autour de la Prusse plusieurs autres États allemands.

Bernard de Clairvaux (1091-1153)

Né près de Dijon, dans une famille noble, moine à l'abbaye de Cîteaux en 1122, Bernard fonde trois ans plus tard l'abbaye de Clairvaux dont le rayonnement s'étend rapidement dans toute l'Europe. Il devient l'une des principales personnalités religieuses du XIIe s. Conseiller et ami des rois et des papes, il intervient dans toutes les questions religieuses de l'époque.

Homme d'action, il rêve de remplacer la guerre féodale par la guerre contre l'infidèle et de développer l'idéal du moine-soldat. Entraîneur de foules, il prêche à Vézelay et sur les bords du Rhin l'appel à la deuxième croisade (1146). Il débat de questions théologiques avec les principaux esprits de son temps et s'oppose à Pierre le Vénérable, abbé de Cluny et traducteur du Coran en latin, et à Abélard dont il obtient la condamnation. Mort en 1153, il est canonisé dès 1174.

Bonaparte, Napoléon (1769-1821)

De petite noblesse corse, Napoléon Bonaparte obtient une bourse pour devenir officier. Rallié à la Révolution, il se distingue au siège de Toulon (1793), ce qui lui vaut d'être nommé général. Il écrase les royalistes lors de l'émeute de Vendémiaire (octobre 1795). Il obtient ensuite le commandement de l'armée d'Italie. La campagne d'Italie (1796-1797), puis l'expédition d'Égypte (1798-1799) lui permettent de faire preuve de son génie militaire et de devenir célèbre. Il prend le pouvoir par le coup d'État des 18-19 brumaire an VIII (9-10 novembre 1799).

Devenu Premier consul, il entreprend une seconde campagne en Italie (1800), de grandes réformes intérieures et signe la paix d'Amiens avec le Royaume-Uni en 1802. Il devient consul à vie, puis empereur des Français en 1804. La guerre qui recommence en 1803 lui permet d'accumuler les victoires entre 1805 et 1811. Il remodèle la carte de l'Europe et distribue des trônes à ses frères et sœurs. Les difficultés de la guerre d'Espagne et le désastre de la retraite de Russie en 1812 marquent le début des défaites. L'Europe toute entière se dresse contre la France et les dernières victoires de la campagne de France (1814) n'empêchent pas l'invasion du pays et l'abdication. Son retour lors des Cent-Jours (mars-juin 1815) se termine par la défaite de Waterloo. Napoléon se rend aux Anglais, qui le déportent à Sainte-Hélène, où il meurt en 1821.

Calvin, Jean (1509-1564)

Né à Noyon en Picardie, Jean Calvin étudie les lettres et la philosophie à Paris, puis le droit aux universités d'Orléans et de Bourges, enfin le grec et la théologie au Collège royal. Au début des années 1530, cet humaniste accompli adhère aux idées réformées. Contraint de quitter la France en 1534, c'est à Bâle qu'il publie en 1536 en latin *L'Institution de la religion chrétienne*, rééditée en français dès 1541. Dans cet ouvrage, Calvin affirme que Dieu est seul maître du salut de l'homme par la prédestination. Sa doctrine, qui diffère sur plusieurs points de celle de Luther, connaît une réelle audience en France, aux Pays-Bas et dans les îles Britanniques. Définitivement fixé à Genève en 1541, Calvin fait régner dans cette cité une stricte discipline religieuse et morale.

Charles X (1757-1836)

Frère de Louis XVI, le comte d'Artois émigre dès 1789. Il rentre en France en 1814. Sous le règne de son frère Louis XVIII, il incarne les espoirs des ultras. Devenu roi en 1824 sous le nom de Charles X, il se fait sacrer à Reims en 1825. Attaché à la tradition, très dévot, il laisse les ultras engager une politique de réaction. Il lance la France dans l'aventure coloniale, en 1830, dans l'Algérois : c'est sous son règne que la France enlève Alger à la domination turque ottomane (prise d'Alger le 5 juillet 1830). Face à la montée de l'opposition, il tente un coup de force qui provoque sa chute lors des « Trois Glorieuses ». Il abdique et quitte la France. Il meurt en exil.

Colomb, Christophe (1451-1506)

Marin originaire de Gênes (Italie), Christophe Colomb navigue beaucoup dans l'Atlantique Nord, puis au large de l'Afrique, où il acquiert une bonne connaissance des vents alizés. Persuadé que la Terre est ronde et qu'on peut atteindre plus rapidement les Indes en partant vers l'ouest qu'en contournant l'Afrique par le sud, Colomb propose en vain ses services au roi Jean II de Portugal. Il se tourne alors vers les rois espagnols Ferdinand d'Aragon et Isabelle de Castille.

En août 1492, il peut partir avec trois caravelles, et en octobre, il découvre de nouvelles terres, qu'il pense être les Indes. Il dirige trois autres expéditions vers ces contrées. Mais ces voyages sont des échecs : ils n'apportent ni métaux précieux ni épices tant attendus. Il meurt dans la misère en 1506, sans savoir qu'il a découvert l'Amérique.

Constantin (vers 272 ou 285-337)

Général romain, Constantin est proclamé empereur par ses troupes, mais il doit lutter contre les autres prétendants au trône. Il réussit à vaincre l'un d'entre eux, Maxence, près de Rome. La tradition chrétienne indique qu'il est victorieux parce qu'il a eu une vision lui montrant une croix dans le ciel et qu'il a fait placer un chrisme sur les boucliers de ses soldats. Maître de l'Occident, il proclame la liberté religieuse en 313 (édit de Milan).

En 324, il devient maître de tout l'Empire. Il est considéré comme le premier empereur chrétien, même s'il ne se convertit au christianisme qu'à la veille de sa mort. Il assure le triomphe du christianisme, mais reste le chef des religions païennes : à la fin de sa vie, il autorise la construction d'un temple en l'honneur de la famille impériale, ce qui montre que les influences païennes n'ont pas disparu.

Copernic, Nicolas (1473-1543)

Né en Pologne, le chanoine Nicolas Copernic a étudié à Cracovie, puis complété sa formation en Italie, à Rome, à Padoue et à Ferrare. Passionné d'astronomie, et constatant les insuffisances du système géocentrique de Ptolémée, il élabore une nouvelle théorie, postulant un double mouvement des planètes, autour du Soleil (géo-

centrisme) et sur elles-mêmes. Mais par crainte d'une réaction hostile des théologiens, il ne publie sa découverte dans le *De revolutionibus* qu'en 1543, quelques jours avant sa mort.
Les idées de Copernic, qui constituent une rupture majeure dans l'histoire de la science et de la pensée, sont condamnées en 1616 par le pape Paul V, comme contraires aux Écritures. Cependant, leur exactitude est démontrée au début du XVIIe s. par Kepler et Galilée.

■ Diderot, Denis (1713-1784)

Fils d'un riche coutelier, élève des jésuites, Denis Diderot vit modestement à Paris de quelques écrits et traductions, quand le libraire Le Breton lui confie la rédaction de L'Encyclopédie. Il y consacrera vingt années de sa vie. Mais Diderot est aussi romancier (*La Religieuse*, 1760 ; *Jacques le Fataliste*, 1773), dramaturge (*Le Fils naturel*, 1757), critique d'art (Salons, 1759-1787) et philosophe (*Lettre sur les aveugles à l'usage de ceux qui voient*, 1749 ; *Le Rêve de D'Alembert*, 1769).
Dénoncer l'injustice, réfuter l'autorité de l'Église, éduquer l'homme par les lumières de la raison, telles sont les exigences de Diderot dont la pensée joue un rôle de premier plan dans le bouleversement intellectuel qui rend possible la Révolution française.

■ Érasme, Didier (1469-1536)

Né à Rotterdam, fils naturel d'un prêtre, Didier Érasme reçoit une solide éducation, devient chanoine augustin puis est reçu bachelier en théologie à l'université de Paris. Il séjourne en France et en Angleterre. En Italie, en 1506, il perfectionne sa connaissance du grec. Sa renommée et ses nombreux voyages en font le « prince des humanistes » et le principal représentant de cette « République des lettres » qui ignore les frontières. Son œuvre principale est l'*Éloge de la Folie* (1511). Demeuré fidèle à l'Église catholique, il pose les bases d'un humanisme chrétien (*Traité du libre arbitre*, 1524). Se défiant autant de Luther que du pape, il demeure indépendant toute sa vie.

■ Franklin, Benjamin (1706-1790)

Né dans une famille modeste de Boston, Benjamin Franklin exerce différents métiers avant de devenir imprimeur et de créer la première bibliothèque par abonnement. Ayant fait fortune comme directeur des Postes de Pennsylvanie, il se retire des affaires en 1748. Il invente le paratonnerre, mais se consacre surtout à la vie politique, appelant les Treize colonies à s'unir contre la France, peu avant la guerre de Sept Ans.
Après la guerre, il tente d'aplanir les difficultés avec Londres, puis participe à la rédaction de la Déclaration d'indépendance en 1776. Séjournant à Paris de 1776 à 1785, il est l'artisan de l'alliance franco-américaine, et est très écouté des philosophes. De retour en Amérique, il contribue à faire adopter la Constitution des États-Unis par la Convention de Philadelphie, en 1787.

■ Frédéric Ier Barberousse (1122-1190)

Membre de la maison des Hohenstaufen, Frédéric Ier Barberousse monte sur le trône du Saint Empire romain germanique en 1152 à la faveur d'une réconciliation de deux familles allemandes, les Welf et les Hohenstaufen dont les partisans (guelfes et gibelins) se combattaient avec acharnement. Se considérant comme l'héritier de la tradition de Charlemagne (qu'il fit canoniser en 1165 par l'antipape Pascal III), il ne reconnaît aucune limite à son pouvoir qu'il prétend tenir de Dieu seul.
Ses visées sur l'Église l'obligent à de nombreuses expéditions en Italie du Nord où il se heurte à la farouche résistance des cités lombardes soutenues par la papauté. Malgré la destruction de Milan révoltée (1162), Frédéric fut finalement vaincu à Legnano (1176) ; il dut alors s'humilier, se prosternant aux pieds du pape, et reconnaître l'indépendance de fait des cités lombardes. Ce recul dans le nord de la péninsule fut compensé en 1186 par le mariage d'Henri, le fils de Barberousse, avec l'héritière du royaume normand des Deux-Siciles : cette union permet aux Hohenstaufen de s'implanter en Italie du Sud. Frédéric se prépare à prendre sa revanche sur Legnano quand, à la suite de l'immense émotion provoquée en Europe par la chute de Jérusalem (1187), il prend la tête de la 3e croisade avec Philippe-Auguste et Richard Cœur de Lion (1189), mais se noie accidentellement en Asie Mineure. Il devient rapidement un personnage de légende après sa mort.

■ Guizot, François (1787-1874)

Fils d'un avocat protestant nîmois favorable à la Révolution, mais guillotiné comme partisan des Girondins, François Guizot émigre à Genève avec sa famille. De cette jeunesse, il a gardé toute sa vie la crainte des déchaînements révolutionnaires. Rentré en France en 1805, professeur d'histoire à la Sorbonne à partir de 1812, ses idées libérales lui valent d'être suspendu de son enseignement en 1822. Député d'opposition en 1830, Guizot se prononce contre les ordonnances de Charles X et se rallie à Louis-Philippe.
Pendant la monarchie de Juillet, Guizot anime le parti de la résistance. Presque constamment ministre, il fait adopter en 1833 une importante loi sur l'enseignement primaire. À partir de 1840, il exerce les fonctions de chef du gouvernement. Son refus de toute réforme est fatal au régime. Il est chassé du pouvoir par la révolution de 1848.

■ Gutenberg, Johannes Gensfleisch, dit (vers 1394 ou 1399-1468)

Né à Mayence, Gutenberg a une formation d'orfèvre. Il s'installe à Strasbourg en 1434. Expert dans le travail du métal, il invente les caractères mobiles en métal. De retour à Mayence, à partir de 1447, il y applique son invention qui révolutionne l'imprimerie, car les caractères sont réutilisables. Au début des années 1450, il publie une Bible. Endetté, il mène une vie difficile. Il est anobli par le prince-évêque de Mayence. Si d'autres artisans ont poursuivi les mêmes recherches, c'est son nom que l'histoire retient pour symboliser l'apparition du livre imprimé.

Après le coup d'État qu'il organise le 2 décembre 1851, le prince-président devient empereur l'année suivante. À la chute du Second Empire, le souverain déchu vit en Angleterre jusqu'à sa mort.

Paul de Tarse (vers 15-vers 67)

Juif de la Diaspora, Saül ne fait pas partie des premiers apôtres. Il est né à Tarse en Cilicie (sud de l'Asie Mineure) dans une famille de notables. Citoyen romain, il a reçu une éducation soignée, à la fois juive, grecque et romaine. Il est d'abord très hostile aux chrétiens. Puis, lorsqu'il se rend à Damas pour persécuter les chrétiens de cette ville, il a une vision, à la suite de laquelle il se convertit au christianisme. Il prêche la nouvelle religion au cours de ses voyages en Asie Mineure et en Grèce.
Il est arrêté en 58 et transféré à Rome en 60 pour y être jugé par l'empereur, comme il en a le privilège en tant que citoyen romain. La fin de sa vie est mal connue. Emprisonné à Rome, il est sans doute relâché, avant d'être de nouveau arrêté. Victime des persécutions, il meurt vers 67.

Périclès (vers 494-429 av. J.-C.)

Périclès est le fils d'un homme politique influent, Xanthippe, et apparenté par sa mère au réformateur Clisthène. Il institue le *misthos* qui permet au *démos* de participer à la vie politique, et fait exécuter de grands travaux sur l'Acropole. Élu stratège quatorze fois de suite entre 443 et 429, il domine la vie politique athénienne pendant cette période. Il renforce la flotte et utilise la ligue de Délos pour développer Athènes et fonder un véritable empire en mer Égée. La guerre du Péloponnèse engagée contre Sparte (431-404 av. J.-C.) est fatale à la puissance athénienne. Périclès meurt au début de la guerre, lors d'une épidémie de peste qui frappe Athènes en 429.

Pierre (?-vers 64 ou 67)

Pêcheur juif du lac de Tibériade, Simon devient un des douze disciples de Jésus, avec son frère André. D'après les Évangiles, Jésus donne à Simon, le nom de Képha (« roc » en araméen, Petros en grec, Petrus en latin, Pierre en français).
Parce qu'il a été le premier à reconnaître en Jésus le Messie, Pierre reçoit la mission d'être le principal apôtre de la nouvelle religion (« Tu es Pierre, et sur cette pierre je bâtirai mon Église » lui dit Jésus). La tradition chrétienne fait de Pierre le premier évêque d'Antioche, puis le premier évêque de Rome. Il meurt pendant la persécution de Néron, vers 64 ou 67, peu de temps avant Paul.

Proudhon, Pierre Joseph (1809-1865)

Né à Besançon, Proudhon est un philosophe autodidacte. D'origine modeste, il travaille comme ouvrier typographe puis fonde sa propre imprimerie en 1836. Indigné par les inégalités sociales, il devient l'un des premiers théoriciens français du socialisme.
Il récuse le capitalisme et dans son ouvrage *Qu'est-ce que la propriété ?*, il lance la célèbre formule : « la propriété, c'est le vol ». En fait, il reproche seulement à la propriété de donner au propriétaire le droit de percevoir un revenu sans travail. À ses yeux, le travail seul est la justification de la propriété, parce que seul il est productif. Il préconise la libre association des travailleurs (le mutuellisme) et propose un crédit gratuit pour permettre le développement des coopératives ouvrières de production.
Dans le domaine politique, il est considéré comme l'un des grands théoriciens du mouvement anarchiste car il est opposé à toute forme de pouvoir étatique ; l'État étant aboli, la société serait organisée par des contrats librement consentis entre « différents groupes naturels » (familles, professions, communes, régions, etc.).
Condamné à deux reprises à trois ans de prison, Proudhon est fortement critiqué par Karl Marx dont il réfute la « dictature du prolétariat ».
Si l'influence de Proudhon dans le mouvement socialiste fut largement supplantée par celle de Marx, son idéalisme a cependant influencé de nombreux socialistes français (Jean Jaurès) et ses tendances libertaires sont reprises par les anarchistes (Élisée Reclus).

Raphaël, Raffaello Sanzio dit (1483-1520)

Né à Urbino, en Italie centrale, Raffaello Sanzio se forme en Ombrie auprès du Pérugin, puis travaille à Pérouse, Rome, Florence, et devient, à la cour des papes Jules II et Léon X, architecte en chef et surintendant des édifices. Assimilant aussi bien les découvertes de Léonard de Vinci que la manière de Michel-Ange, Raphaël joue remarquablement du sens de la composition, de la précision du dessin et de la délicatesse des couleurs. Auteur de nombreux portraits et de célèbres madones, il est aussi le créateur d'une partie des fresques des « chambres » du Vatican (*L'École d'Athènes, Le Parnasse*).
Raphaël meurt jeune encore, en pleine gloire. Mais, par son talent et son aptitude à synthétiser les différents courants de la Renaissance, il s'impose pour plusieurs siècles comme la référence suprême de l'académisme.

Robespierre, Maximilien de (1758-1794)

Avocat à Arras, Robespierre est élu député aux états généraux de 1789. Il fait partie du petit groupe des « démocrates », situé politiquement très à gauche. Influent au club des Jacobins, surnommé l'Incorruptible, il est élu député à la Convention. À la tête des Montagnards, il combat violemment les Girondins. Il entre au Comité de salut public en juillet 1793 et prend la tête du gouvernement révolutionnaire. Il élimine à la fois les Enragés qui veulent accentuer la Terreur et les partisans de Danton qui veulent la limiter. Mais il s'isole ainsi progressivement. Il décide alors d'accentuer la Terreur : c'est la « Grande Terreur », qui fait encore plusieurs milliers de morts. Des députés de la Convention, qui redoutent eux aussi d'être éliminés, le font arrêter le 9 thermidor an II (27 juillet 1794). Robespierre est guillotiné le lendemain.

Rousseau, Jean-Jacques (1712-1778)

Jean-Jacques Rousseau occupe une place originale dans

le monde des Lumières. Ce Genevois d'origine modeste – il est fils d'horloger – n'a jamais réussi à bien s'intégrer au monde des salons parisiens. Il est vrai qu'il n'a pas l'aisance d'un Voltaire, et qu'en soutenant que la société a perverti l'homme (*Discours sur les sciences et les arts*, 1750 ; *Discours sur l'inégalité*, 1755) il se brouille avec les encyclopédistes. Mais lorsqu'il réhabilite l'amour de la nature et les délices des sentiments, Rousseau a une influence considérable sur ses contemporains, et l'idéal politique qu'il défend dans *Du contrat social*, celui d'une démocratie de citoyens égaux, connaît un large écho pendant la période révolutionnaire.

Salâh ad-din Youssouf, dit Saladin (1137-1193)

D'origine kurde, Saladin est officier dans l'armée d'un chef turc. Envoyé en Égypte (1167), il abolit le califat fatimide chiite en pleine décadence, se proclame sultan et rétablit l'islam sunnite. En 1174, il rassemble les terres musulmanes d'Orient en un seul État allant de l'Égypte à la Mésopotamie. Il reprend le *djihad* contre les États latins d'Orient, remporte la victoire de Hattin sur les Croisés en 1187 et reprend Jérusalem ; les chrétiens voient leur territoire réduit à quelques places côtières.

Thiers, Adolphe (1797-1877)

Juriste, historien de la Révolution française et journaliste libéral. En 1830, Thiers contribue, en 1830, à l'avènement de Louis-Philippe. Il entame alors une carrière politique de député, puis de ministre et de chef de gouvernement. Orléaniste convaincu, il est peu favorable à l'affirmation du pouvoir royal ; l'arrivée de Guizot le rejette dans une opposition mesurée.
La révolution de 1848 fait de lui le chef du « parti de l'Ordre » : il appuie la candidature de Louis-Napoléon Bonaparte et combat pour restreindre le suffrage universel. Il quitte la France au moment du coup d'État de 1851 puis y revient. Sa carrière politique se poursuit sous le Second Empire et la IIIe République.

Thucydide (vers 460-vers 395 avant J.-C.)

Thucydide est un historien athénien. Son ouvrage, *Histoire de la guerre du Péloponnèse*, est considéré comme le premier véritable livre d'histoire. Thucydide est le premier à expliquer les évènements par la raison, en les distinguant de la mythologie et de l'intervention des dieux.
Il raconte avec beaucoup d'impartialité la guerre entre Athènes et Sparte, appelée « guerre du Péloponnèse » (431-404 avant J.-C.).

Tristan, Flora (1803-1844)

Fille illégitime d'un aristocrate péruvien, née à Paris en 1803, Flore Tristan-Morcoso connaît une jeunesse misérable et épouse très jeune un graveur. Mais comme ce dernier, alcoolique, la bat, elle le quitte dès 1825. Dès lors, elle mène une vie agitée, voyageant beaucoup. Son expérience personnelle et l'observation de la société de l'époque lui inspirent des idées à la fois socialistes et féministes. Dans *L'Unité ouvrière*, qu'elle publie en 1843, elle appelle les ouvriers et les ouvrières à s'unir par-delà leurs différences de métier, de pays ou de sexe. Elle milite aussi pour le rétablissement du divorce, qui a été supprimé en 1816. En 1844, elle entreprend un tour de France pour faire connaître ses idées dans le monde ouvrier. C'est au cours de ce périple qu'elle meurt, épuisée. Elle est la grand-mère du peintre Paul Gauguin.

Turgot, Anne Robert Jacques (1727-1781)

Intendant du Limousin de 1761 à 1774, Turgot est aussi un homme des Lumières. Ami des philosophes, il fréquente le salon de Madame Geoffrin. Aussi, son arrivée au gouvernement en juin 1774, comme contrôleur général des Finances, suscite-t-elle de grands espoirs. Mais sa politique libérale, notamment en matière de commerce des grains, mécontente le peuple, et ses projets de réforme fiscale inquiètent les privilégiés et les courtisans. Lâché par Louis XVI, il est renvoyé dès mai 1776.

Verdi, Giuseppe (1813-1901)

Compositeur italien, auteur de nombreux opéras (*La Traviata, Rigoletto, Nabucco, Aïda, Falstaff*), Verdi mêle opéra et combat politique. L'opéra *Nabucco* (1842) met en scène le peuple captif des Hébreux déporté à Babylone par Nabuchodonosor, roi de Babylone. Pour bon nombre d'Italiens, le peuple hébreu, captif, représente leur propre peuple dominé par l'Autriche.
L'œuvre de Verdi devient le symbole de la lutte pour l'unité de l'Italie autour du royaume de Piémont. Les lettres « VERDI » s'affichent sur les murs comme un slogan en faveur de l'unité : Vittorio-Emmanuel Re d'Italia = Victor-Emmanuel roi d'Italie. En 1848, Verdi exalte dans *La Bataille de Legnano* la victoire des cités italiennes contre l'empereur germanique Frédéric Barberousse en 1176 : « Nous jurons de mettre fin aux malheurs de l'Italie / En chassant ses tyrans au-delà des Alpes. »

Voltaire, François Marie Arouet dit (1694-1778)

François Marie Arouet, qui prend le pseudonyme de Voltaire, est issu de la bourgeoisie aisée et cultivée de la capitale. Après une jeunesse mondaine et libertine, un séjour en Angleterre lui inspire les *Lettres philosophiques* (1734), apologie des institutions anglaises et critique de celles de la France, qui lui valent quelques tracasseries. Bientôt rentré en grâce à la Cour (1744), un temps conseiller du roi de Prusse Frédéric II (1750-1753), il est déçu par l'ingratitude des Grands et finit par se fixer en 1759 au château de Ferney, près de la frontière genevoise.
Écrivain, il touche à tous les genres, mais c'est dans ses contes philosophiques, et notamment *Candide* (1759), que s'affirme le mieux sa pensée : plutôt que de se livrer à de vaines spéculations métaphysiques, « il faut cultiver son jardin ». C'est dans cet esprit qu'il dénonce les dogmes et les institutions politiques et sociales de son temps, et qu'il met son talent de polémiste au service des victimes de l'intolérance et de l'injustice.

Crédits photographiques

p. 8-9 : Y. Arthus-Bertrand / Altitude. **Chapitre 1 :** 1 p. 10 : The Art Archive / Dagli-Orti ; 2 p. 11 : The Art Archive / Dagli-Orti ; 1 p. 14 : Y. Kontos / Gamma ; 4 p. 15 : Lewandowski / RMN ; 5 p. 15 : AKG ; 6 p. 15 : Bridgeman ; 1 p. 16 : The Art Archive / Dagli-Orti ; 4 p. 17 : Mary Evans / Keystone-France ; 7 p. 17 : AKG ; 2h p. 18 : AKG ; 2b p. 18 : E. Lessing / Magnum ; 5h p. 19 : E. Lessing / AKG ; 5b p. 19 : musée des Beaux-Arts, Dijon ; 2 p. 20 : J. Hios / AKG ; 3 p. 20 : Artephot ; 4 p. 21 : Publi Aer Foto ; 1 p. 22 : E. Lessing / AKG ; 3 p. 23 : musée Calvet, Avignon ; 7 p. 23 : Bridgeman / Giraudon ; 2 p. 25 : The Art Archive / Dagli-Orti ; 3 p. 25 : Photothèque Gallimard ; 4 p. 25 : The Art Archive / Dagli-Orti ; 2 p. 26 : BPK ; 4 p. 27 : The Art Archive / Dagli-Orti ; 5 p. 27 : J. Hios / AKG ; 6 p. 27 : Bridgeman / Giraudon ; 7 p. 27 : Bridgeman / Giraudon ; 8 p. 27 : The Art Archive / Dagli-Orti ; 1 p. 28 : G. Blot / RMN ; 3 p. 28 : Éditions Albert-René ; 4 p. 28 : Royalty-Free / Corbis ; 6 p. 29 : Photothèque Hachette ; 7 p. 29 : Photothèque Hachette ; 8 p. 29 : Photothèque Hachette ; Bio h p. 30 : AKG ; Bio m p. 30 : Photothèque Hachette ; b p. 30 : Photothèque Hachette ; h p. 30 : BNF-Cabinet des médailles ; Bio b p. 30 : Josse ; 1 p. 35 : The Art Archive / Dagli-Orti. **Chapitre 2 :** p. 36-37 : Scala ; 1 p. 38 : Bridgeman / Giraudon ; 2 p. 39 : J.-G. Berizzi / RMN ; 3 p. 42 : BPK, Berlin, Dist. RMN / Dietmar et Marga Rieman ; 4 p. 43 : Magnum / Hoepker ; 5 p. 43 : BNF ; 4 p. 45 : Scala ; 5 p. 45 : Scala ; 2 à 13 p. 46-47 : Scala ; 3 p. 49 : Bridgeman / Charmet ; p. 50 : Held ; p. 51 : Oronoz / Photos12.com ; p. 52 : Scala ; p. 54 : Leemage. **Chapitre 3 :** 1 p. 56 : Pontifica Commissione di Archeologia Sacra, Vatican ; 2 p. 57 : The Art Archive / Dagli-Orti ; 1 p. 58 : Malcolm Varon (DR) ; 1 p. 60 : E. Lessing / Magnum ; 4 p. 61 : bibliothèque Mazarine, Paris ; 1 p. 62 : Renate Pillinger / Université de Vienne ; 3 p. 62 : Bridgeman / Giraudon ; 3 p. 65 : Anwar Abdel Ghaffour (DR) ; 6 p. 65 : J.-M. Lambin (DR) ; 3 p. 67 : The Art Archive / Dagli-Orti ; 1 p. 68 : Édimédia ; 3 p. 69 : Scala ; 4 p. 69 : Scala ; 5 p. 69 : AKG ; 1 p. 70 : The Art Archive / Dagli-Orti ; 4 p. 71 : Bridgeman / Giraudon ; Bio h p. 72 : E. Lessing / Magnum ; Bio m p. 72 : J. Pole ; Bio b p. 72 : The Art Archive / Dagli-Orti ; b p. 72 : RMN ; 1 p. 74 : The Art Archive / Dagli-Orti ; 2 p. 74 : Bridgeman / Giraudon. **Chapitre 4 :** 1 p. 78 : R. et S. Michaud / Rapho ; 2 p. 79 : Photothèque Hachette ; 1 p. 82 : Éditions Coprur ; 4 p. 83 : Debaisieux ; 1 p. 84 : Institut Amatller d'art hispanique ; 2 p. 85 : AKG ; 3 p. 85 : BNF ; 5 p. 85 : AKG ; 1 p. 86 : AKG ; 2g p. 87 : DR ; 2d p. 87 : DR ; 3 p. 87 : J.-C. Meauxsoone ; 4 p. 87 : Inventaire de Picardie / J. Philippot / © ADAGP, Paris, 2006 ; 1 p. 88 : bibliothèque Vaticane, Rome ; 2 p. 89 : E. Lessing / Magnum ; 4 p. 89 : Hannibal ; 4 p. 90 : AKG / Werner Forman ; 6 p. 91 : Josse ; 1 p. 92 : R. et S. Michaud / Rapho ; 7 p. 93 : Lewandowski / RMN ; 1 p. 94 : Kharbine-Tapabor ; 2 p. 94 : R. et S. Michaud / Rapho ; 4 p. 95 : The Art Archive / Dagli-Orti ; 5 p. 95 : Rapho ; Bio h p. 96 : The Art Archive / Dagli-Orti ; Bio m p. 96 : Bibliothèque Vaticane, Rome ; Bio b p. 96 : Photothèque Hachette ; p. 97 : BNF ; 3 p. 98 : Durazzo / Ana ; 4 p. 99 : Y. Arthus-Bertrand / Altitude ; p. 100 : Bridgeman / Giraudon. **Chapitre 5 :** 1 p. 102 : Rue des Archives / Tallandier ; 2 p. 103 : Bridgeman / L'Escorial ; 2 p. 104 : Bridgeman ; 3 p. 107 : J. Wishnetsky / Corbis ; 5 p. 107 : G.-A. Rossi / Altitude ; 3 p. 109 : Y. Arthus-Bertrand / Altitude ; 3 p. 110 : Oronoz / Photos12.com ; 4 p. 111 : The Art Archive / Dagli-Orti ; 2 p. 113 : E. Simanor / Hachette Photos Illustrations ; 3 p. 113 : Simeone / Photononstop ; 5 p. 113 : The Art Archive / Dagli-Orti ; 6 p. 113 : Burgerbibliothek, Berne ; 1 p. 114 : The Art Archive / Dagli-Orti ; 4 p. 115 : H. Stadler / Corbis ; 6 p. 115 : Burgerbibliothek, Berne ; Bio p. 116 : Bridgeman ; 1 p. 116 : Bridgeman ; 2 p. 116 : bibliothèque municipale de Boulogne-sur-Mer ; p. 117 : H. Isacher / Corbis ; 1 p. 118 : Gerster / Rapho ; 3 p. 119 : J.-L. Nou / AKG. **Chapitre 6 :** 1 p. 122 : Scala ; 2 p. 123 : R.-G. Ojeda / RMN ; 2 p. 124 : The Art Archive / Dagli-Orti ; 3 p. 125 : Oronoz / Photos12.com ; 1 p. 126 : Scala ; 3 p. 127 : Scala ; 1 p. 128 ; Photothèque Hachette ; 3 p. 128 : AKG ; 2 p. 130 : Bridgeman ; 4 p. 131 : BNF ; 5 p. 131 : The Art Archive / Dagli-Orti ; 1 p. 132 : E. Lessing / AKG ; 3 p. 133 : Scala ; 4 p. 133 : Bridgeman ; 1 p. 134 : E. Lessing / AKG ; 2 p. 134 : Scala ; 3 p. 135 : The Art Archive / Dagli-Orti ; 5 p. 135 : Scala ; Bio h p. 136 : Artephot ; Bio mh p. 136 : Scala ; Bio m p. 136 : The Art Archive / Dagli-Orti ; Bio mb p. 136 : Scala ; Bio b p. 136 : Scala ; p. 137 : Josse ; p. 138 : The Art Archive / Dagli-Orti ; p. 139 : The Art Archive / Dagli-Orti ; p. 140 : Bridgeman. **Chapitre 7 :** 1 p. 142 : BNF ; 2 p. 143 : Bridgeman / Giraudon ; 1 p. 144 : RMN / Bulloz ; 3 p. 145 : Josse ; 1 p. 146 : Scala ; 2 p. 146 : J. Schormans / RMN ; 3 p. 147 : The Art Archive / Dagli-Orti ; 4 p. 147 : Oronoz / Photos12.com ; 6 p. 147 : H. Champollion / AKG ; 4 p. 149 : AKG ; 6 p. 149 : Rue des Archives / The Granger Collection, New York ; 1 p. 150 : Rue des Archives / The Granger Collection, New York ; 4 p. 151 : Bridgeman ; 1 p. 152 : AKG ; 3 p. 153 : Bridgeman ; 1 p. 154 : The Art Archive / Dagli-Orti ; 2 p. 154 : The Art Archive / Dagli-Orti ; 3 p. 155 : Archivio Iconographico SA / Corbis ; 5 p. 155 : The Art Archive / Dagli-Orti ; 6 p. 155 : The Art Archive / Dagli-Orti ; Bio h p. 156 : Josse ; Bio mh p. 156 : E. Lessing / Magnum ; Bio m p. 156 : Bridgeman / Giraudon ; Bio mb p. 156 : Photos12.com ; Bio b p. 156 : Photos12.com ; haut p. 157 : The Art Archive / Dagli-Orti ; bas p. 157 : Photos12.com / Oronoz ; 1 p. 158 : H. Champollion / AKG ; 2 p. 158 : C. Rose / RMN ; 2g p. 159 : H. Champollion / AKG ; 2d p. 159 : C. Rose / RMN. **Chapitre 8 :** p. 162-163 : Josse ; 1 p. 164 : Josse ; 2 p. 165 : Photothèque Hachette ; 1 p. 166 : Bridgeman ; 3 p. 167 : Photothèque Hachette ; 1 p. 168 : Rue des Archives ; 2 p. 169 : The Art Archive / Dagli-Orti ; 2 p. 170 : Josse ; 3 p. 171 : Roger-Viollet ; 6 p. 171 : Photothèque Hachette ; 3 p. 173 : Bridgeman ; 5 p. 173 : BPK ; 3 p. 175 : The Art Archive / Dagli-Orti ; 2 p. 177 : musée de la Révolution française, Vizille ; 5 p. 177 : Photos12.com ; 6 p. 179 : Photothèque Hachette ; Bio h p. 180 : Bridgeman / Giraudon / Lauros ; Bio mh p. 180 : The Art Archive / Dagli-Orti ; Bio m p. 180 : Josse ; Bio mb p. 180 : The Art Archive / Dagli-Orti ; Bio b1 p. 180 : Photohèque Hachette ; Bio b p. 180 : The Art Archive / Dagli-Orti ; g p. 181 : Photothèque Hachette ; d p. 181 : Photothèque Hachette ; p. 182 : Bridgeman / Giraudon / Lauros. **Chapitre 9 :** 1 p. 184 : RMN ; 2 p. 185 : Bridgeman / Archives Charmet ; 2 p. 187 : Bridgeman ; 5 p. 187 : Josse ; 6 p. 187 : Josse ; p. 189 : Josse ; 2 p. 191 : Bridgeman ; 5 p. 191 : Bridgeman / Giraudon / Lauros ; 7 p. 193 : The Art Archive / Dagli-Orti ; 1 p. 194 : Bridgeman / Giraudon / Lauros ; 4 p. 195 : DR ; 6 p. 195 : Josse ; 3 p. 196 : Josse ; 4 p. 197 : Bridgeman ; 7 p. 197 : Bridgeman / Archives Charmet ; 2 p. 199 : RMN / Bulloz ; 3 p. 199 : PMVP / Degraces ; 4 p. 199 : Josse ; 6 p. 199 : Josse ; 1 p. 200 : Bridgeman ; 2 p. 200 : Josse ; 5 p. 201 : Roger-Viollet ; Bio h p. 202 : Josse ; Bio b p. 202 : The Art Archive / Dagli-Orti ; p. 203 : Bridgeman ; 3 p. 204 : DR. **Chapitre 10 :** 1 p. 206 : Josse ; 2 p. 207 : RMN / Daniel Arnaudet ; 2 p. 211 : Josse ; 6 p. 211 : Josse ; 5 p. 213 : Estampes / BNF ; 6 p. 213 : Lauros-Giraudon ; 7 p. 213 : Josse ; 1 p. 214 : Bridgeman / Giraudon ; 4 p. 215 : RMN ; 5 p. 215 : Archives nationales ; 6 p. 215 : Charmet-Bridgeman ; 1 p. 216 : BNF ; 6 p. 217 : Estampes / BNF ; 1 p. 218 : Josse ; 5 p. 219 : Bridgeman / Giraudon ; 5 p. 221 : musée de la Révolution française, Vizille ; 6 p. 221 : musée de la Révolution française, Vizille ; Bio p. 222 : Dagli-Orti ; h p. 223 : Josse ; b p. 223 : Josse ; p. 226 : Josse. **Chapitre 11 :** 1 p. 228 : RMN ; 2 p. 229 : BNF ; 2 p. 231 : F. Raux / RMN ; 4 p. 231 : Josse ; 1 p. 232 : Josse ; 4 p. 233 : BNF ; 6 p. 233 : Bridgeman / Giraudon ; 1a p. 234 : Bridgeman / Archives Charmet ; 1b p. 234 : Terence WISE, *Flags of the Napoleonic Wars (1). Colours, standards and guidons of France and her allies*, Colour plates by Guido ROSIGNOLI, Men-at-Arms Series © OSPREY Publishing Ltd, 1978. ; 1c p. 235 : Éditions du Léopard d'or ; 1d p. 235 : Éditions du Léopard d'or ; 1e p. 235 : Éditions du Léopard d'or ; 6 p. 235 : Bridgeman ; 1 p. 236 : AKG ; 2 p. 236 : AKG ; 3 p. 236 : Sotheby's ; 5 p. 239 : L'Illustration Keystone ; 6 p. 239 : Harlingue-Viollet ; Bio h p. 240 : Photothèque Hachette ; Bio mh p. 240 : Josse ; Bio m p. 240 : J. Abecasis / Artephot ; Bio mb p. 240 : Photothèque Hachette ; Bio b p. 240 : Photothèque Hachette ; h p. 241 : Josse ; b p. 241 ; Josse ; 2 p. 242 : Kharbine-Tapabor ; 5 p. 243 : RMN. **Chapitre 12 :** 1 p. 248 : AKG ; 3 p. 248 : Charmet ; 4 p. 249 : AKG ; 3 p. 251 : Photos12.com-ARJ ; 5 p. 251 : RMN / Arnaudet ; 6 p. 251 : BNF ; 2 p. 252 : AKG ; 4 p. 252 : BNF ; 5 p. 253 : Bridgeman / Giraudon ; 3 p. 255 : BNF ; 5 p. 255 : Josse ; p. 256 : AKG ; p. 257 : BNF ; 1 p. 258 : Walraf-Richartz-Museum, Cologne ; 2 p. 258 : Bridgeman. **Chapitre 13 :** 1 p. 260 ; Germanische national Museum de Nuremberg ; 2 p. 261 : BPK ; 4 p. 263 : PMVP / Ladet ; 1 p. 264 : Bridgeman / Archives Charmet ; 2 p. 265 : Iberphoto / Ricciarini ; 5 p. 265 : BNF ; 4 p. 266 : Bridgeman / Giraudon ; 5 p. 267 : J. Hios / AKG ; 6 p. 267 : RMN ; 1 p. 268 : RMN ; 2 p. 268 : musées royaux des Beaux-Arts de Belgique, Bruxelles ; 3 p. 269 : Dagli-Orti ; 4 p. 269 : AKG ; 1 p. 270 : DR ; 2 p. 270 : Art Archives / Dagli-Orti ; 5 p. 271 : Charmet / Bridgeman ; 6 p. 271 : AKG ; Bio h p. 272 : Dagli-Orti ; Bio m p. 272 : AKG ; Bio b p. 272 : Dagli-Orti ; 1 p. 274 : BNF ; b p. 274 : Roger-Viollet ; p. 275 : BNF ; 1 p. 276 : AKG ; 2 p. 276 : Harlingue-Viollet ; 3 p. 279 : AKG images ; 5 p. 279 : Landesmuseum für Technik und Arbeit / Klaus Luginsland. **Chapitre 14 :** 1 p. 280 : Bridgeman ; 2 p. 281 : AKG ; 2 p. 283 : RMN / Hervé Lewandowski ; 1 p. 284 : The Art Archive / Dagli-Orti / Écomusée de la Communauté du Creusot ; 4 p. 285 : Josse ; 5 p. 285 : Roger-Viollet ; 1 p. 286 : AKG ; 4 p. 287 : Bridgeman / Archives Charmet ; 5 p. 287 : Josse ; 2 p. 289 : AKG ; 2 p. 290 : Bridgeman-Giraudon ; 5 p. 291 : Josse ; 3 p. 292 : Josse ; 4 p. 293 : BNF ; 5 p. 293 : AKG ; Bio h p. 294 : AKG ; Bio hm p. 294 : AKG ; Bio m p. 294 : Josse ; Bio b p. 294 : AKG ; 1 p. 300 : Centre des monuments nationaux, Paris. **Biographies :** hg p. 314 : The Art Archive / Dagli-Orti ; bg p. 314 : The Art Archive / Dagli-Orti ; hm p. 314 : Bridgeman / Giraudon ; mm p. 314 : Photothèque Hachette ; mb p. 314 : Josse ; hd p. 314 : The Art Archive / Dagli-Orti ; bd p. 314 : Photo 12.com ; hg p. 315 : The Art Archive / Dagli-Orti ; bg p. 315 : Bridgeman ; hm p. 315 : The Art Archive / Dagli-Orti ; bm p. 315 : bibliothèque Vaticane, Rome ; hd p. 315 : J. Abecasis / Artephot ; bd p. 315 : Artephot ; hg p. 316 : Photothèque Hachette ; bg p. 316 : Photothèque Hachette ; hm p. 316 : Photos12.com ; mm p. 316 : Held ; mb p. 316 : AKG ; hd p. 316 : Scala ; md p. 316 : Photothèque Hachette ; bd p. 316 : E. Lessing / Magnum ; hg p. 316 : AKG ; bg p. 316 : Dagli-Orti ; hm p. 316 : AKG ; bm p. 316 : Scala ; hd p. 316 : Bridgeman / Giraudon / Lauros ; bd p. 316 : Photothèque Hachette ; hg p. 318 : J. Pole ; mg p. 318 : AKG ; bg p. 318 : E. Lessing / Magnum ; m p. 318 : Josse ; hd p. 318 : The Art Archive / Dagli-Orti ; md p. 318 : Josse ; bd p. 318 : Josse ; hg p. 319 : Bridgeman ; bg p. 319 : Josse ; hm p. 319 : Photothèque Hachette ; mm p. 319 : AKG ; bm p. 319 : Photothèque Hachette ; hd p. 319 : Dagli-Orti ; bd p. 319 : The Art Archive / Dagli-Orti.

Cartographie : Hachette Éducation
Conception couverture : Graphir (Didier Thirion)
Conception maquette intérieure : Graphic Data (Brigitte Mougin)
Édition : Antoine Auger, Anne-Sylvie Stern
Mise en pages : Graphic Data (Brigitte Mougin)
Préparation de copie : Les Quatre Coins Édition, Paris
Recherche iconographique : ÆDELSA (Nathalie Beaud, Marielle Blanc, Claudio Galleri), Lyon
Relecture pédagogique : Mme Caroline Preiss, professeur au Lycée Notre-Dame / Saint-Sigisbert (Nancy, 54)
Relecture typographique : Sylvie Blanchard-Bretagne

Achevé d'imprimer en France par Maury-Imprimeur en juin 2007
Dépôt légal : 06/2007 - Collection n°21 - Edition 03 - 13/5363/0